BREVE HISTORIA DE LA

REVOLUCIÓN MEXICANA

D1529135

BREVE HISTORIA DE LA REVOLUCIÓN MEXICANA

FELIPE ÁVILA - PEDRO SALMERÓN

CRÍTICA

Diseño de interiores: Manuel Brito

© 2017, Felipe Arturo Ávila Espinosa
© 2017, Pedro Salmerón Sanginés

Derechos reservados

© 2017, Ediciones Culturales Paidós, S.A. de C.V.
Bajo el sello editorial CRÍTICA M.R.
Avenida Presidente Masarik núm. 111, Piso 2
Colonia Polanco V Sección
Delegación Miguel Hidalgo
C.P. 11560, Ciudad de México
www.planetadelibros.com.mx
www.paidos.com.mx

Primera edición impresa en México: octubre de 2017
ISBN: 978-607-747-434-0

Impreso en los talleres de EDAMSA Impresiones, S.A. de C.V.
Av. Hidalgo núm. 111, Col. Fracc. San Nicolás Tolentino, Ciudad de México
Impreso y hecho en México - *Printed and made in Mexico*

CONTENIDO

INTRODUCCIÓN

¿POR QUÉ HUBO EN MÉXICO UNA REVOLUCIÓN?

Cualquier observador externo de las fastuosas fiestas con las que el presidente Porfirio Díaz celebró el Centenario de la Independencia, en septiembre de 1910, quedaría convencido de la fortaleza y la estabilidad de ese régimen. Pocos percibieron las fisuras y menos aún las poderosas inconformidades que se agitaban bajo la superficie. Parecían superadas las divisiones entre las elites políticas que se ventilaron públicamente en 1908 y 1909. Se habían diluido los ecos de la entrevista que el viejo gobernante le dio al periodista James Creelman, y que por unos meses pareció mostrar que el país estaba listo para la democracia. El dilema de la sucesión presidencial parecía resuelto. Los ecos de la entrevista que el viejo gobernante había dado a Creelman, que agitó a la opinión pública con la esperanza democrática, parecían diluidos y olvidados. Don Porfirio se había reelegido por séptima vez y sus rivales parecían destruidos o derrotados: el general Bernardo Reyes estaba en el exilio y su organización desmantelada, y Francisco I. Madero, el empresario coahuilense que le tomó a Díaz la palabra dada en la entrevista a Creelman y lo desafió electoralmente, fue arrestado en vísperas de las elecciones, y su movimiento reprimido y desarticulado. Nadie parecía acordarse de Ricardo Flores Magón y sus compañeros, perseguidos y encarcelados en los Estados Unidos. Y sin embargo, el régimen, que parecía más sólido que nunca en su apoteosis con-

7

memorativa, sería barrido por una revolución popular antes de que pasara un año.

En junio de 1911 Porfirio Díaz renunciaría a la Presidencia de la República y partiría a su exilio en París; el largo período al que había dado su nombre —el Porfiriato—, era ya parte de la historia. ¿Qué sucedió? ¿Qué estaba pasando bajo la superficie de los acontecimientos que no pudo ser percibido casi por ninguno de los observadores contemporáneos?

Lo que ocurrió en 1910 fue una revolución social, ahora lo sabemos. ¿Por qué ocurrió?, ¿cuáles fueron sus causas?, ¿quiénes sus actores?; ¿era inevitable? De manera más general, ¿cuáles son las circunstancias que permiten que ocurra una revolución?, ¿cómo es que el descontento popular, presente en todas las épocas de la historia de todas las sociedades, desemboca, bajo ciertas circunstancias, en un estallido social?, ¿cómo y qué tipo de revolución fue la que ocurrió en México a fines de 1910? Intentemos contestar brevemente a estas interrogantes.

La Revolución mexicana fue una revolución mayoritariamente campesina. Conviene subrayar esto: como toda revolución social, tuvo múltiples causas, motivos y actores. Al lado de la demanda de tierra estuvieron también otras causas y motivos en el campo: la desigualdad social, la pobreza, el deterioro en las condiciones de vida, la concentración de la tierra, el caciquismo, el rechazo al avance de las relaciones de mercado y la modernización productiva en algunas áreas, la centralización del poder político en detrimento de las libertades regionales, la oposición a las medidas impuestas por la clase política que restringían los derechos y libertades en los municipios y comunidades así como el descrédito de buena parte de la clase política. En el mundo laboral las razones también sobraban: condiciones insalubres de trabajo, bajos sueldos, pobreza, proletarización, largas jornadas laborales, ausencia de libertades, rechazo a los mecanismos de control patronal, abusos e injusticias, despidos, desempleo, recesión económica, entre muchos otros. Otros sectores sociales, como las clases medias urbanas, también tenían motivos para rebelarse, por la ausencia de mecanismos suficientes para el ascenso social, la falta de oportunidades, la cerrazón del sistema político porfiriano y la restricción de las libertades políticas. A estas causas objetivas, por llamarlas de alguna manera, se agregaron las causas subjetivas: la forma en que esta situación fue percibida por los hombres y mujeres que la vivieron, la decisión extrema de no tolerarlo más, y los motivos interiores que los empujaron a la lucha. Todas estas razones convergieron para producir el estallido volcánico de 1910. Sin embargo, entre todas ellas, la agraria era la principal, como bien fue percibido desde los primeros momentos por los propios actores revolucionarios, y como lo corroboraron después los narradores, cronistas, novelistas e historiadores académicos que escribieron sobre ella y la explicaron.

¿Por qué se rebelaron los campesinos mexicanos en 1910? Diversos estudiosos de las revoluciones sociales las han analizado comparativamente, tratando de explicar las razones por las cuales los campesinos abandonan la rutina, la tranquilidad y la aparente pasividad de su vida cotidiana y se lanzan a la insurrección, arriesgando su vida, su patrimonio y la seguridad relativa que habían tenido hasta esos momentos. En el caso mexicano se dieron de manera aguda algunas condiciones que se repetían en otras latitudes, entre las que destacan un rápido deterioro de las condiciones de vida ligado a la imposición del capitalismo comercial, subordinado al imperialismo; y la convicción de que el deterioro del nivel de vida se debe a la acción del Estado y de las elites propietarias de la tierra, produciendo un persistente sentimiento de injusticia o agravio.

La aparición de una revuelta campesina depende de una conjunción crítica de agravios y oportunidades; el empeoramiento súbito en los niveles de vida de los campesinos es una causa que conduce a la rebelión, pero no es suficiente. Ni siquiera en los casos más dolorosos, como cuando campesinos acostumbrados a la autonomía y a bastarse por ellos mismos para su reproducción son orillados, súbitamente, a una dependencia sin seguridad, o cuando campesinos que dependen para su subsistencia de hacendados o de otros tipos de propietarios rurales, pierden de pronto la seguridad de esa dependencia. Esta transformación, cuando ocurre en poco tiempo, de modo que los sujetos y actores de una misma generación la puedan percibir como una amenaza que atenta contra el valor moral supremo de ganarse la vida y garantizarla a sus familias, tiene que combinarse con circunstancias favorables, para que pueda transformarse en una rebelión. Los campesinos descontentos tienen que darse cuenta de que existen signos de división en las clases dominantes, que el descontento que ellos sienten lo comparten otros grupos, que tienen o pueden conseguir apoyo en otros sectores y regiones y que, por tanto, existen posibilidades de triunfar en su desafío, antes de decidirse a emprenderlo.

Esas razones pueden explicar por qué cundió el llamado de Madero a rebelarse contra el gobierno de Porfirio Díaz el 20 de noviembre de 1910 en algunas regiones de Chihuahua, Durango, Sonora y Morelos, rebelión que pronto se extendió a otras regiones y, también, ayuda a entender por qué no fue secundado por otros sectores, en los que el maderismo electoral de 1909-1910 creía haber preparado el terreno, como las clases medias y los trabajadores de las principales ciudades del país, que permanecieron casi al margen de la revolución armada en 1910 y 1911 y sólo se incorporaron después, cuando ya estaba en marcha una rebelión campesina de grandes dimensiones.

Como se verá en el libro, las rebeliones agrarias de Chihuahua, Morelos y otros estados, se ajustan en buena medida a las formas atrás explicadas en lo que toca a la opresión, despojo y agravio de los campesinos, así como a su percepción de que las elites estaban divididas y se presentaba por tanto una ventana de oportunidad especial, en el caso nacional, por la irrupción del desafío maderista, un desprendimiento de uno de los miembros más distinguidos de la oligarquía agraria y comercial nacional, o por la división de elites locales, como fue la candidatura de Patricio Leyva, hijo de uno de los grandes caudillos en el caso de Morelos; o la de Venustiano Carranza, en Coahuila. El llamado de Madero a las armas en noviembre de 1910 fue la señal de que había esa división de las elites y de que existía la posibilidad de establecer alianzas con sectores de otras regiones, lo que le daba una dimensión más allá de lo local a la revuelta.

El descontento agrario por despojos de tierras, por la imposibilidad de seguirlas cultivando como arrendatarios y aparceros, por el avance de la agricultura comercial y una serie de agravios, percibidos como injusticias, fue la causa fundamental que explica la insurrección de distintos grupos de campesinos en los primeros meses de la rebelión maderista. La enorme violencia popular que desató esa irrupción, a través de la destrucción y quema de haciendas y campos de labor, y de la ejecución sumaria y ataques contra hacendados, administradores, capataces, mayordomos, usureros y comerciantes en regiones de Chihuahua, Durango, Morelos, Puebla y Guerrero es indicativa de la profundidad de los agravios acumulados en los grupos campesinos y agrarios contra las elites regionales dominantes.

Hay otras razones importantes que explican el estallido revolucionario: los agravios de los grupos subalternos debidos a los abusos y lo que consideraban injusticias cometidos por las elites y las autoridades locales. La quema de palacios municipales, la destrucción de archivos y oficinas públicas, los ataques a cárceles y liberación de presos durante los meses de marzo, abril y mayo de 1911, son una muestra cruda de ese cúmulo de agravios acumulados que fueron vengados bajo la fuerza de las multitudes movilizadas que se sumaron a la rebelión.

Al abuso y la arbitrariedad de las autoridades locales, se sumó el rechazo al avance de la centralización del Estado a costa de los poderes regionales, la supresión de la democracia municipal, las alzas de impuestos que afectaron a las clases medias a fines del Porfiriato, así como los efectos de la crisis económica y agrícola de 1907-1908, que incrementó el deterioro en la condiciones de vida de los sectores populares, que echó a la calle a miles de trabajadores que perdieron su empleo y que elevó el costo de la vida.

Un último factor a considerar es la concentración del poder en manos de Díaz. El régimen porfirista envejeció junto con su líder,

perdió la capacidad de inclusión de nuevos sectores y de equili-
brar a los diversos grupos nacionales y regionales de poder, agudizándose el carácter excluyente del régimen. Díaz mismo se fue
quedando solo ante la desaparición física y el envejecimiento de
la generación con la que conquistó el poder. La administración
pública controlada por los *científicos* careció de la habilidad para
resolver los nuevos desafíos y fue rebasada por el crecimiento de
las clases medias urbanas, la movilización de los trabajadores, la
protesta de elites regionales desplazadas y el desafío de las oposiciones políticas. Estos sectores carecieron de canales de participación en un gobierno envejecido y cerrado en sí mismo. Al no
encontrarlos, fueron agrupándose y organizándose en la oposición, hasta constituir, a lo largo de la década final del régimen de
Díaz, un auténtico desafío para el sistema.

Ese gobierno con decreciente capacidad de respuesta, entró en
crisis cuando no pudo resolver correctamente el problema de la
sucesión de Porfirio Díaz. El dictador era la pieza de la que dependía todo el sistema que, con el paso de los años, perdió la ca-
pilaridad para asimilar y canalizar las demandas de los nuevos
grupos sociales, entre ellos las clases medias y los trabajadores
urbanos. La salida ideal que Díaz había imaginado mediante una
alianza entre Limantour y Bernardo Reyes, no funcionó por la
rivalidad entre ambos personajes y la incompatibilidad de sus
proyectos. Díaz entonces eligió la modernización y la administración que representaban los *científicos* e hizo a un lado a los reyistas. La incapacidad estructural del régimen para resolver la sucesión y la incertidumbre provocada por ello tuvieron un papel
relevante ante los signos de vejez y enfermedad de Díaz y las respuestas insuficientes que dio a los desafíos inéditos originados
por el reyismo y el maderismo entre 1908 y 1910.

La imposibilidad del régimen para incluir a los sectores emergentes, y la mala gestión de la sucesión fueron los detonantes de la
rebelión, que se convirtió en revolución por la conjunción de los
factores hasta aquí enunciados. La revolución no surgió de manera
espontánea: en buena medida fue la continuación de múltiples

luchas, movilizaciones resistencia, tradiciones y propuestas desarrolladas a lo largo del siglo XIX y, particularmente, después del triunfo sobre la intervención francesa. La resistencia y las rebeliones indígenas y campesinas contra la ofensiva liberal que buscaba despojarlas de sus tierras, la lucha guerrillera contra los franceses, la persistente organización y movilización obrera para mejorar sus condiciones laborales y la creciente participación de las clases medias, de los obreros y de los círculos opositores al régimen de Díaz para ejercer las libertades políticas, así como una cultura popular de resistencia a las distintas manifestaciones de la opresión, inspiraron y constituyeron los referentes de los que se nutrió una nueva etapa de ese proceso de concientización, movilización y resistencia popular, sólo que en una escala mucho mayor, que se precipitó con la revolución de 1910.

El otro aspecto que debe señalarse es el de las ideas. La revolución que comenzó Madero, y que arreció tras su asesinato, no partió de cero: tuvo como base el liberalismo —en su versión mexicana, juarista—. La tradición liberal que partía de la Constitución de 1857, ofrecía un programa que comprendía la defensa de las garantías individuales, de las libertades políticas, de la correcta aplicación de la ley y de la justicia, así como el ideal de una sociedad democrática. Había también valores compartidos por sectores e individuos de todas las clases: la importancia de la educación y del trabajo, de la honestidad. Muchos liberales buscaban también limitar lo que consideraban la perniciosa influencia de la Iglesia, así como el alcoholismo. A ese sustrato ideológico se agregaron las demandas de los campesinos e indígenas, las de los obreros y artesanos, las de las clases medias, en una amalgama que mezclaba un liberalismo popular con ideas agraristas, nacionalistas, mutualistas, del catolicismo social de las que se desprendieron las propuestas de las diversas facciones revolucionarias en los diez años que siguieron al llamado de Madero.

La rebelión maderista, que estalló por causas políticas a las que pronto se añadieron las otras razones explicadas, necesitó solo seis meses para obligar a Díaz a renunciar, pues su gobierno fue incapaz de someter una vigorosa revolución popular, una revolución en buena medida espontánea, mayoritariamente agraria, con un alto grado de violencia plebeya contra las elites y las instituciones,[1] muy diferente a aquélla revolución urbana, de clases medias, con poca violencia, que Madero había planeado. Esa fue la revolución que estalló en 1910 y que, luego de seis años en los que pudo aniquilar al Estado porfirista y acabar con la dictadura de Victoriano Huerta, y luego de una guerra civil entre Villa y Zapata de un lado contra Carranza y Obregón del otro, cambió en buena medida las estructuras económicas, políticas, sociales, jurídicas y culturales del país y dio paso a un nuevo Estado y a un renovado pacto social del que emergió el México del siglo xx.

Y, con todo, la revolución no era inevitable, no se puede inferir linealmente que de esas causas descritas tuviera necesaria y forzosamente que ocurrir una revolución. Pero una vez que ocurrió se puede explicar y entender a partir de esas causas principales, de otras menos importantes y de circunstancias fortuitas que terminaron amalgamándose para provocarla y que fue llevada a cabo por hombres y mujeres que por sus biografías, por sus deseos y sentimientos, decidieron jugarse la vida para mejorar sus condiciones de vida y cambiar al país. Toca a los historiadores narrar y explicar no sólo por qué, sino también cómo, cuándo, en dónde y quiénes llevaron a cabo esos cambios históricos.

***

Las revoluciones sociales son el factor fundamental que origina y explica los grandes cambios en la historia. Las revoluciones, esas grandes irrupciones de las masas populares para tomar en sus manos su propio destino, son un punto de inflexión decisivo, que cataliza y acelera cambios que, de otra manera, llevaría mucho más tiempo realizar. Las revoluciones son fenómenos que ocurren cuando los grupos subalternos (normalmente sujetos al control cotidiano por los mecanismos de la dominación), aprovechan una coyuntura favorable y deciden lanzarse a la rebelión aprovechando, por lo general, una fractura entre las clases dominantes.

Para poder caracterizar a una rebelión como revolución deben ocurrir, al menos, tres cosas: una auténtica y significativa movilización popular; el objetivo de tomar el poder del Estado a partir de una propuesta política alternativa de organización de la sociedad y, por último, el cambio significativo en las estructuras económicas, sociales, políticas, jurídicas y culturales prevalecientes. Desde luego, la realización de esos cambios es un proceso prolongado: la transformación de las estructuras económicas, la modificación de las relaciones básicas entre las clases sociales, la consolidación de un nuevo tipo de Estado y la emergencia de nuevos patrones culturales son eventos que ocurren en el largo plazo. Eso ha acontecido en todas las grandes revoluciones de la historia, como la francesa, la rusa y la china. Sin embargo, aunque los resultados de largo plazo producidos por las revoluciones tengan continuidad con tendencias anteriores o que sus logros hayan sido efímeros o se hayan revertido, no se puede negar que son las revoluciones las que detonan y precipitan los procesos de transformación; las que dejaron un legado histórico que permanece; y sobre todo, que hayan sido un momento vivido como una experiencia inédita por los grupos subalternos que fueron actores conscientes de que su acción organizada era capaz de poner el mundo de cabeza, derribar gobiernos y autoridades, destruir instituciones y revertir los valores dominantes.

En el caso de México, la revolución que tuvo lugar entre 1910 a 1920 y sus secuelas de las dos décadas siguientes, dio lugar a cambios fundamentales en la historia del país que moldearon su evolución a lo largo del siglo XX. La Revolución mexicana destruyó al Estado oligárquico dominado por los terratenientes y el gran capital transnacional, que prevalecía en el Porfiriato, sustituyéndolo por un Estado benefactor, que se convirtió en propietario de sectores estratégicos de la economía y en el rector del desarrollo económico. Un Estado que estableció una nueva forma de dominación sobre la sociedad al apropiarse de las principales demandas sociales, incorporarlas —y mediatizarlas— como derechos constitucionales, y organizar corporativamente a los grupos sociales para controlarlos políticamente. Además, la revolución creó nuevas instituciones encargadas de administrar y canalizar el nuevo pacto social. En la cuestión agraria, por mencionar una de las más significativas transformaciones, le dio un giro diferente a la evolución del capitalismo agrario dominado por la gran propiedad desde la época colonial. La revolución modificó la tenencia de la tierra al poner en manos de campesinos, ejidatarios y comuneros más de la mitad del territorio nacional. Además, destruyó al ejército federal porfirista, que fue sustituido por el ejército revolucionario triunfante. Esas transformaciones no fueron menores: moldearon al México posrevolucionario y le dieron legitimidad al nuevo Estado, uno de los más estables, longevos y exitosos del siglo xx.

Desde hace años ha sido frecuente la crítica y la descalificación de la Revolución mexicana a partir de una visión contemporánea, *a posteriori*, de sus resultados. Se ha dicho que la revolución no sustituyó, sino que perfeccionó el sistema de acumulación capitalista, que no mejoró las condiciones de pobreza y marginación de la mayoría de la población, que no cambió la profunda inequidad social ni impidió la constitución de una nueva oligarquía ya no terrateniente, sino industrial y financiera, que no eliminó la dependencia externa —particularmente los vínculos económicos, comerciales y tecnológicos con el extranjero, principalmente con los Estados Unidos—, y que no permitió una mayor libertad para los grupos sociales ni eliminó la represión para quienes desafiaban su control.

Se ha sostenido, también, que el Estado posrevolucionario se convirtió en un poderoso Leviatán, que subordinó y manipuló a las clases populares para perfeccionar el sistema de dominación, y que las estructuras corporativas en que fueron organizados desde arriba los sectores populares (particularmente los sindicatos de trabajadores y empleados y las centrales campesinas), se convirtieron en instrumentos antidemocráticos, de control y represión sobre sus agremiados, en donde la corrupción y las prebendas del poder político permitieron un enriquecimiento extraordinario de sus líderes que contrastaba con las precarias condiciones de sus bases sociales.

En fin, los más prominentes intelectuales orgánicos del régimen, aseguran que la Independencia y la Revolución no sólo fueron inútiles en el largo plazo, sino contraproducentes, que el país de todas formas habría cambiado, que sus costos (la pérdida de decenas de miles de vidas, la destrucción de buena parte de la infraestructura productiva, el estancamiento o la involución de algunas ramas económicas, entre otros) fueron mucho mayores que sus beneficios.

Esas descalificaciones, sin embargo, tienen un punto de partida equivocado. Son juicios que descalifican el pasado desde el presente: a partir de una visión sesgada de los resultados, se descalifica el origen, de manera lineal. Ese procedimiento es ahistórico. En primer lugar porque las revoluciones, como cualquier otro evento social de envergadura no son fenómenos que se produzcan a voluntad y sobre cuyo curso se tenga el control absoluto. Son, por el contrario, convulsiones que estallan de manera imprevista, cuando los grupos subalternos se atreven a desafiar al poder para cambiar una situación intolerable y cuando ven oportunidades de triunfo en su desafío. En esas raras ocasiones en que ocurren, la gente común decide arriesgar su vida, su patrimonio, la seguridad y tranquilidad de su vida cotidiana y se lanza a tratar de mejorar su situación y construir un mejor futuro para ellos y para las nuevas generaciones. Esos momentos excepcionales de libertad tienen un alto costo en vidas y en destrucción, pero son sacrificios que las generaciones que las llevan a cabo no pueden evitar y que asumen, además, como necesarios para conseguir los fines que buscan.

Las revoluciones sociales ocurren. El papel de la historia y de los historiadores y estudiosos de otras disciplinas, no es juzgarlas, ni condenarlas, sino investigarlas, entenderlas y explicarlas. El historiador, el investigador social, no se puede erigir en Gran Inquisidor. Lo que tiene que hacer es más simple: investigar los hechos ocurridos y tratar de darles sentido. Para hacerlo, es necesario meterse en los zapatos de los hombres y las mujeres que hicieron las revoluciones y buscar entender sus motivaciones, sus deseos, sus temores, sus obstáculos, sus acciones. El historiador tiene ante sí la tarea de reconstruir la experiencia excepcional vivida por esas generaciones y explicar qué fue lo que intentaron hacer y por qué y cómo lo hicieron, con los medios que tenían a su alcance y con la conciencia de lo que hacían y lo que querían.

Y es necesario seguir paso a paso las vicisitudes y los obstáculos de los procesos puestos en marcha. No hay una relación lineal entre lo que intentaron quienes hicieron la revolución y en lo que terminó esta. Los obreros rusos insurrectos de 1917 no fueron los responsables del estalinismo. Zapata y los campesinos que lo siguieron no fueron los responsables de la burocratización y manipulación de la reforma agraria, del enriquecimiento de los líderes ejidales caciquiles ni de la corrupción y manipulación política de las centrales campesinas oficialistas; los magonistas y militantes obreros de esa década no tuvieron la culpa del charrismo sindical ni de la corrupción y enriquecimiento escandalosos que cometieron y cometen muchos de los líderes sindicales, ni de la traición a la clase obrera de la mayoría de esas centrales; el presidente Lázaro Cárdenas y los trabajadores petroleros que lo respaldaron en la expropiación de esa industria, no pueden ser juzgados por la corrupción e ineficiencia de Pemex. Del mismo modo, los miles de combatientes que pusieron el país de cabeza en la década revolucionaria no pueden ser condenados por el ogro no muy filantrópico de la «dictadura perfecta» en que se convirtió el régimen emanado de la revolución.

El presente trabajo es resultado de la confluencia de distintas fuerzas que empujan en direcciones diferentes, con sus particulares intereses y proyectos, a menudo contrapuestos entre sí, por lo que el producto final, a menudo, es uno con el que no se identifican sus protagonistas. Es necesario, por lo tanto, estudiar esas fuerzas distintas para entender por qué la revolución perdió su curso original que buscaba una sociedad más justa, equitativa y democrática. Para empezar, habría que señalar que no se puede hablar de una sola revolución mexicana, sino de varias: la maderista, la zapatista, la villista, la constitucionalista, así como numerosas variantes regionales. Hay que explicar qué pasó con cada una de las corrientes y cómo la que triunfó, la constitucionalista, la más moderada de todas, se pudo imponer a sus rivales pero tuvo que recuperar algunas de las demandas de las que fueron derrotadas pero ignoró otras y cómo esa misma revolución triunfante, la constitucionalista, generó sus propias contradicciones y se desdobló en la carrancista —también derrotada—, y la obregonista, la verdadera fracción ganadora de la revolución, que construyó el andamiaje institucional y legal sobre el que transitó el México posrevolucionario. Y al pasar revista a esa historia y a los acontecimientos posteriores, no queda duda que la revolución transformó el país, al Estado, a las instituciones, a las leyes, a la cultura y a las prácticas de los actores y la relación de estos con el nuevo aparato estatal. La Revolución mexicana marcó un antes y un después en aspectos fundamentales de la vida nacional.

Es necesario, además, considerar que los sectores populares obtuvieron conquistas innegables: la reforma agraria, los derechos laborales, las prestaciones sociales, los incrementos salariales, las instituciones de seguridad social, la educación popular masiva y gratuita, el acceso a los bienes culturales por mencionar sólo algunas. No fueron concesiones gratuitas de un poder público maquiavélico que las utilizó para controlar, manipular y subordinar a los grupos populares, sino que sobre todo fueron conquistas conseguidas por la organización, la movilización y la lucha de los grupos subalternos que utilizaron la experiencia que dejó en su conciencia el proceso revolucionario.

En fin: entre los legados de la revolución destaca su permanencia en el imaginario colectivo de las clases populares. A lo largo del siglo xx, numerosas organizaciones campesinas, indígenas, de trabajadores, estudiantiles y de otros sectores populares, a su manera, rescataron la memoria de los principales ejércitos y caudillos revolucionarios, los usaron como símbolos de sus nuevas luchas y se arroparon con la legitimidad que conservaba en su conciencia la revolución, para movilizarse y buscar la solución a sus problemas. La organización popular, la acción colectiva, la movilización en las fábricas, ejidos y calles, la resistencia a la dominación en sus distintas formas y, en algunos casos, los enfrentamientos con las fuerzas del orden que proliferaron y siguen siendo parte de la política de masas mexicana, no pueden disociarse de ese acontecimiento que cumplió hace poco el primer centenario de su inicio. La revolución, así, se convirtió no sólo en el mito fundacional, en la ideología oficial y en el basamento de la legitimidad del régimen que capitalizó su triunfo en ella y de quienes fueron sus principales beneficiarios. También alimentó las conquistas, los avances, la resistencia, la organización, la conciencia y la lucha de los sectores populares que fueron su principal sustento y que siguieron utilizándola para negociar sus demandas, para poner un freno a los signos más ominosos de la dominación y para alcanzar algunos logros parciales, en el largo proceso de dominación-resistencia-negociación que caracteriza las relaciones entre los distintos grupos sociales y el Estado. La historia de esa revolución popular que transformó a México en su etapa armada 1910-1920 es la que se cuenta en las páginas que siguen.

Capítulo I
LA CRISIS DEL PORFIRIATO

1. ¿Contra qué se hizo la Revolución mexicana?

La Revolución mexicana puso fin a un prolongado período de gobiernos liberales en materia económica y crecientemente autoritarios en lo político, que inició en 1867, con el triunfo de la República sobre la intervención francesa y el imperio de Maximiliano. A veces se nos olvida que entre 1862 y 1867 el pueblo mexicano, encabezado por la mejor clase dirigente de su historia, combatió y expulsó a un invasor poderoso y ensoberbecido, a costa de ingentes sacrificios y más de 90 000 muertos y mutilados. Con la victoria de la República terminó la época en que la principal preocupación nacional fue la defensa de la soberanía y la integridad del territorio frente a la ambición de las grandes potencias, cuatro de las cuales habían enviado a sus fuerzas de mar y tierra contra nosotros en el curso de medio siglo, lo que nos obligó a gastar los precarios recursos de un país en bancarrota, en pagar un Ejército de privilegios que —aliado con la Iglesia— controló durante ese período la vida nacional, sin poder evitar la pérdida de los vastísimos territorios del norte, a manos de los invasores estadounidenses.

El triunfo de la República trajo variaciones inmediatas a la vida de México. La primera en percibirse fue la transformación de nuestras relaciones con las potencias extranjeras: el desdén, los insultos y abusos de la diplomacia imperialista, tanto europea como estadunidense, dieron paso al respeto que se debe a las naciones soberanas organizadas conforme a derecho. En lugar del falso concepto que se tenía de los mexicanos como pueblo degenerado, y de nuestros conflictos como convulsiones de una nación que se disuelve, se entendió a nuestro país como una sociedad que se esforzaba por constituirse a sí misma. Además, se superó el gran problema anterior a 1867, de cuál debía de ser la organización política del país. El triunfo de la República fue también el de un modelo político moderno, duradero y permitió alcanzar un equilibrio político que duró 47 años.

Sin embargo, fracasó el intento de establecer un régimen democrático capaz de superar el atraso; y en 1876 el último cuartelazo victorioso del siglo XIX llevó al poder al general Porfirio Díaz, héroe de la guerra contra los franceses. Desde el primer momento, Díaz ofreció un programa que puede resumirse en dos frases: imponer la paz y promover el desarrollo económico. El camino elegido fue fortalecer a la clase dominante, cuyo sector hegemónico era el de los terratenientes o hacendados; y abrir el país a la inversión extranjera. Las clases dominantes fueron el sustento de la dictadura, y poco a poco los trabajadores y los campesinos fueron borrados como sujetos políticos de un sistema cuyo fin, cada vez más explícito, era la política del privilegio. De 1876 a 1911 México fue gobernado por un régimen de privilegio en el que privó como meta principal, acaso única, el crecimiento económico, con las dos fallas que trae aparejadas un pensamiento así: por una parte el descuido o sacrificio de las libertades públicas, lo que acaba por producir descontento, irritación y, finalmente, rebeldía; y por otra, la desigual repartición de la riqueza. Aunque de 1877 a 1910 la población se duplicó y la economía creció de un modo tangible, espectacular, incluso, este crecimiento económico no se reflejó en el aumento del nivel de vida de las mayorías, por el contrario, los más pobres vivían peor en 1910 que en 1877. Algunos de ellos incluso en condiciones de verdadera esclavitud.

El ciclo presidencial de Porfirio Díaz y la dictadura militar de Victoriano Huerta que intentó preservar su modelo político contra el vendaval revolucionario, coincide con la etapa de la historia del mundo llamada «la era del imperio»; época que se caracterizó por la división territorial del globo entre las grandes potencias, en colonias formales e informales y esferas de influencia. Esta división del mundo tenía, fundamentalmente, una dimensión económica. En ese contexto, el papel de México, como el de otros países de Latinoamérica, era la producción de materias primas para beneficio de los imperios: México era una semicolonia cuyos principales recursos y cuya infraestructura (petróleo, minerales preciosos e industriales, henequén, caucho natural, industrias eléctrica y textil, bancos, ferrocarriles) estaban en manos de trasnacionales, que poco dejaban a cambio del saqueo, todo lo cual se justificaba con un discurso pretendidamente científico: las leyes de la historia dictaban que así tenía que ser.

Quizá sea exagerado decir que el régimen de Díaz haya sido un mero agente u operador de los intereses imperialistas: si bien la apertura al capital extranjero fue amplísima y su influencia en los principales rubros de la economía se volvió decisiva, también es cierto que Díaz mantuvo importantes —de hecho crecientes— niveles de autonomía frente a los gobiernos de las potencias, consolidando la conquista de la soberanía nacional consumada simbólicamente en 1867. Además, al mismo tiempo que se alentaba la inversión extranjera, el régimen apoyó y fortaleció a un sector de la burguesía nacional ligada al campo —los latifundistas—, actuando como pivote de la acumulación de capital mediante el fomento a las inversiones, la construcción de infraestructura y el mantenimiento de la aparente paz social.

A pesar de eso, y aunque Díaz y muchos de sus colaboradores creían que el que eligieron era el camino necesario, acaso único, para sacar a México del atraso, muchos aspectos del régimen sí lo muestran como agente de los intereses económicos imperialistas: el discurso de la necesidad científica para justificar sus decisiones, así como el racismo y la exclusión política de las mayorías; la supresión de libertades, la falta de democracia tras una fachada de normalidad institucional y electoral; la polarización económica que empobreció aún más a los pobres; la auténtica esclavitud humana en algunas regiones del país (sobre todo en aquellas en que se concentraban las plantaciones tropicales para el mercado mundial); los salarios de hambre, la ausencia de derechos laborales y la guerra de exterminio (genocida) contra los indígenas rebeldes.

Eso obliga a preguntarse por el progreso, la paz y el orden presentados como los aportes centrales del Porfiriato. En efecto, el progreso material fue visible, pero fue ese un progreso que benefició a un pequeñísimo número de mexicanos y propició el saqueo de nuestros recursos. Los datos, las pruebas son irrefutables: para la mayoría de la población, el Porfiriato no sólo fue sinónimo de supresión de las libertades: también lo fue de empobrecimiento, hambre y, para muchos, genocidio y auténtica esclavitud.

Repitiendo en México el discurso racista, organicista (el llamado «darwinismo social») y «civilizador» de los imperios, el Porfiriato convirtió las guerras endémicas contra apaches, comanches, yaquis y mayas en guerras de exterminio fundadas en el mismo tipo de argumentos científicos con los que el imperialismo británico justificaba las atrocidades que perpetraba en África ecuatorial o del sur; el francés en Argelia o la corona belga en el Congo (los mismos argumentos del Holocausto nazi o de las leyes de segregación vigentes en Estados Unidos hasta bien entrado el siglo xx). En ese aspecto, como en otros, el porfirista fue un régimen entreguista, al servicio de los intereses económicos de las grandes potencias. En el Porfiriato se hablaba abiertamente de civilizar o exterminar y el discurso «científico» que respaldaba esas políticas fue absorbido por importantes sectores de las clases medias y populares y persiste hasta nuestros días.

***

Así pues, la clave del Porfiriato la dan sus propios términos: «Orden y Progreso». Es decir, gobierno fuerte que garantice la paz; y paz para el desarrollo económico. Más que dictatorial, como ha sido calificado, el Porfiriato puede ser definido como «tiranía», que se define como «abuso de poder o fuerza en cualquier concepto o materia» y, mejor aún, la palabra «autoritario» para calificar al régimen, pues esa palabra significa «partidario extremoso del principio de autoridad». Y eso era precisamente don Porfirio, no solo por su experiencia militar, que lo acostumbraba a ser obedecido, también, porque era, sobre todo, un hombre de acción, es decir, prefería ejecutar las cosas que planearlas, idearlas y sobre todo, discutirlas.

La concentración del poder en la persona de Díaz no se dio de manera automática, sino luego de un proceso que duró poco más de diez años, durante los cuales Díaz fue restando fuerza a los poderes Legislativo y Judicial de la federación así como a los gobernadores, jefes políticos, legisladores y jueces de las entidades; acotando en la práctica las libertades públicas, particularmente las de imprenta, opinión y asociación; destruyendo el poder de los caudillos y caciques surgidos de la guerra contra los franceses, para hacer de los gobernadores meros operadores de sus políticas y garantes del orden en sus entidades; en fin, impulsando las reformas constitucionales que le permitieron reelegirse en 1884 —tras la presidencia del general Manuel González—, y de manera indefinida a partir de 1888. Hacia ese último año, el presidente Díaz terminó de reunir los mecanismos del poder en su persona.

Ahora bien, el régimen y sus ideólogos justificaban el autoritarismo por sus propósitos y resultados, sintetizados en el segundo término del binomio *orden y progreso*. En efecto: si cabe una generalización sobre el Porfiriato, es que en 35 años se alcanzó la centralización u homogeneización como jamás se había logrado antes, tanto en lo político, a pesar —y a causa— de que Díaz era un tirano, como, sobre todo, en el terreno económico. Porque hasta 1867, México fue una masa económica endeble y desarticulada. Varias circunstancias habían pesado para impedir que México adquiriera siquiera la fachada de una nación. La primera, la geografía: un territorio de considerable extensión tasajeado en mil pedazos por las montañas y los desiertos. En seguida, la población, agrupada en millares y millares de aldehuelas aisladas;

atomización acentuada por la diversidad étnica y cultural. De ahí que toda la organización social, política y económica se fincara en incontables unidades distintas y separadas. En estas condiciones, la fuerza local, centrífuga o separatista, tenía que prevalecer sobre cualquier elemento general que pretendiera comunicarlas y uniformarlas.

La situación económica empezó a cambiar en la República restaurada, cuando la estabilidad política y la seguridad personal volvieron relativamente seguros los caminos, permitiendo la circulación de personas y bienes. Las vías férreas, que fueron tendiéndose con más lentitud de la deseada, comunicaron regiones antes aisladas entre sí, uniendo un mercado local con otro, fundiéndolos poco a poco para hacer un solo mercado regional, amplio y homogéneo, acercándose a la construcción de un mercado nacional. Estas mismas líneas férreas entraron a zonas cuya explotación había sido marginal o imposible a causa de su aislamiento, pues la falta de transportes hacía incosteable la venta de sus productos potenciales. Por si algo faltara, los ferrocarriles provocaron un proceso de relocalización de enormes consecuencias, empobreciendo temporal o permanentemente unas zonas y enriqueciendo a otras de modo más estable, con provecho de la economía general del país. Las nuevas rutas postales y los vertiginosos medios de comunicación que fueron el telégrafo, el cable y el teléfono, también mejoraron y ampliaron el sistema circulatorio nacional.

Además de avanzarse notablemente en el proceso de pasar de los numerosos mercados locales aislados a los mercados regionales y a la construcción del mercado nacional, también se avanzó de manera palpable en la incorporación de México al mercado mundial. Las comunicaciones y los transportes recién construidos vincularon a México con el mundo exterior a través de las tres líneas troncales al puerto de Veracruz, Nuevo Laredo y Ciudad Juárez, el telégrafo y el cable internacionales. En 1894 se alcanzó el equilibrio presupuestario y el gobierno consideró prudente crear una reserva de diez millones de pesos para hacer frente a algún eventual déficit en las finanzas públicas, que no llegó, por lo que más adelante el gobierno empezó a hacer inversiones directas para fomentar el desarrollo, las más importantes de ellas en obras portuarias.

Unos pocos datos nos permitirán medir la magnitud del progreso económico: según el Censo de 1910, la población del país llegó a 15.2 millones de habitantes, casi el doble de los que tenía en 1867. El comercio exterior pasó de 40 millones de pesos en 1877 a 288 en 1910 y su composición señala aún mejor los progresos: la plata y el oro perdieron importancia y la ganó la exportación de mercancías elaboradas. Las importaciones, que aumentaron de 49 millones de pesos a 214, crecieron más lentamente que las exportaciones, de lo que resultó una balanza comercial favorable, además de que el peso de las importaciones recaía en elementos que favorecían el progreso general: si en 1877 los bienes de consumo constituían el 75% de las importaciones, en 1910 representaban el 43%: el 57% restante correspondía a bienes de producción, sobre todo maquinaria y equipos de los ferrocarriles y las minas.

La Revolución mexicana se hizo contra un gobierno que había alcanzado logros sobresalientes, que había logrado darle al país estabilidad política y que pudo romper el estancamiento económico. ¿Por qué, entonces, hubo una revolución en México? Una de las razones estriba en el desequilibrio y las contradicciones que el crecimiento de las ramas productivas, comerciales y financieras, generaron en la sociedad. Las cuantiosas inversiones extranjeras no convirtieron a México en un país industrializado, sino que consolidaron la dependencia tecnológica y económica frente a las grandes potencias imperialistas, principalmente Reino Unido, Estados Unidos y Francia. Un proceso similar se vivió en el resto de América Latina.

La exportación de materias primas baratas y la importación de bienes de producción y consumo caros; el control por compañías extranjeras de los renglones fundamentales de la economía; los brutales abismos económicos entre los pobres y los ricos; la concentración de la tierra y la riqueza en pocas manos; un ingreso *per capita* muy inferior al de las potencias desarrolladas y un evidente rezago educativo con elevados porcentajes de analfabetismo, eran rasgos comunes a todos los países de América Latina. También eran comunes a principios del siglo XX la centralización del poder del Estado, sobre todo en aquellos países en que hubo dictadores liberales, el más notable de los cuales, pero no el único, fue Porfirio Díaz.

Aunque la falta de democracia y los problemas económicos generaban un amplio malestar en toda América Latina, la de Díaz fue la única dictadura de aquella época que cayó víctima de una rebelión popular. Sería un error basar la explicación de este hecho en las condiciones de un subdesarrollo extremo. De hecho, México era el país latinoamericano menos dependiente; tampoco era Díaz el más odiado de los gobernantes: por el contrario, en 1910 seguía teniendo una elevada tasa de popularidad.

¿Cómo puede explicarse entonces la singular experiencia histórica de México? Primero, porque en México se estaba dando, más rápidamente que en América Latina, el desarrollo de la clase media y de una pequeña y mediana burguesía vinculada a la naciente industrialización del país, y estos grupos buscaban mayor poder político y económico. En Argentina y Brasil la transición del poder de la vieja oligarquía terrateniente a estas clases emergentes se dio sin necesidad de transformaciones violentas, solo en México hizo falta una revolución, lo que se debió tanto a la tradición nacional de violencia política como a la eficacia y a la solidez del régimen, que no abrió espacios graduales de participación a esos sectores.

Pero la revuelta iniciada por las clases medias y la nueva burguesía condujo a una gigantesca movilización de masas, cuya explicación se encuentra en otros procesos que ocurrieron durante el Porfiriato y que explicaremos en los siguientes apartados: la acumulación del malestar popular en el campo y la ciudad. El deterioro en las condiciones de vida de los grupos populares. La miseria concentrada en las zonas rurales y en las nuevas colonias de pobres urbanos. El despojo —muchas veces violento— de las tierras de los pueblos y comunidades mediante las políticas de desamortización, deslinde y colonización del régimen. El peso de la oligarquía terrateniente en las decisiones del gobierno. La inequidad de la condiciones laborales de los trabajadores, los bajos salarios y la ausencia de oportunidades de mejora tanto para los grupos más marginados como para las clases medias y grupos desplazados de las elites económicas se conjugaron en un proceso que desembocó en huelgas, motines, revueltas y rebeliones que entroncaron, a su vez, con una larga tradición de resistencia popular frente a los abusos de los poderosos. Fue por esas razones, por las que la rebelión política a que convocaron los voceros de las clases medias a partir del 20 de noviembre de 1910, se convirtió en una revolución.

2. Las corrientes subterráneas

Campesinos y grupos rurales

La Revolución mexicana fue un movimiento predominantemente rural. Miles de campesinos, indígenas, arrendatarios, medieros, rancheros, pequeños propietarios, peones y arrieros respondieron al llamado insurreccional de Madero y formaron multitud de bandas armadas que proliferaron en distintas partes del país. Las raíces y la explicación de la revolución están en buena medida, aunque no únicamente, en el campo.

En 1910, el 73% de la población del país vivía en el medio rural, en el que coexistían tres formas fundamentales de propiedad: las haciendas, los ranchos y los pueblos. Las haciendas eran dueñas, desde la época colonial, de las mejores y más fértiles tierras y durante el siglo XIX los grandes propietarios habían avanzado todavía más el proceso de concentración de la tierra. Se estima que, a fines del Porfiriato, entre un 10 y un 20% de los habitantes del campo vivían dentro de los límites territoriales de las haciendas., aunque es necesario subrayar la enorme diversidad regional. En el norte, árido y extenso, la gran propiedad de los hacendados concentraba enormes superficies, a menudo decenas de miles de hectáreas en manos de una sola familia. En el centro y sur, más densamente poblados y con una mayor presencia de pueblos y comunidades campesinas y con una creciente clase media rural representada por los rancheros, la gran propiedad era de mucho menor tamaño pero más productiva y valiosa, como lo probaban las haciendas azucareras de Morelos y las haciendas cerealeras del Bajío. Sin embargo, en términos generales, en la zona central los pueblos, propietarios originales de muchas de esas tierras, así como de los ríos y lagos que las regaban, a pesar de su lucha por conservarlas en sus manos, las fueron perdiendo. Esa era una larga historia. El último siglo de la era virreinal está plagado de litigios agrarios en los que los pueblos defendieron sus derechos originarios sobre las tierras de las que se habían ido apoderando las haciendas. En esos litigios, algunos de ellos centenarios, muchos pueblos indígenas perdieron la propiedad legal de sus tierras y se vieron obligados a retirarse hacia regiones periféricas, montañosas, frías y menos fértiles. Otros conservaron parte de sus tierras y permanecieron en los valles, donde establecieron una relación simbiótica, de beneficio mutuo con las haciendas. Los habitantes de estos pueblos trabajaban estacionalmente en las tierras de las haciendas, como medieros, arrendatarios o trabajadores asalariados temporales. Estos grupos rurales poseían tierras y se diferenciaban de los campesinos que no las tenían y que se habían convertido en trabajadores permanentes de las haciendas, conocidos como peones, que vivían dentro de los terrenos de las grandes propiedades.

Desde fines de la Colonia y durante el siglo XIX, las elites gobernantes nacionales, que asumían el liberalismo como modelo para el desarrollo y la modernización del país, emprendieron una sostenida y prolongada ofensiva contra la propiedad comunitaria de las poblaciones campesinas e indígenas, pues consideraban que la propiedad comunal y que las formas de organización del trabajo colectivas eran un obstáculo para el establecimiento de una agricultura y ganadería modernas, comerciales, basadas en la propiedad individual y sujetas a las leyes del libre mercado. La propiedad comunal era, además, uno de los fundamentos de la sociedad estamental, dividida por diferencias raciales, sociales y económicas que caracterizaban a las sociedades medievales y coloniales, que las elites liberales modernizadoras se proponían cambiar. Esa ofensiva liberal contra la propiedad comunal de los pueblos tuvo dos momentos culminantes: la Ley Lerdo, de 1856, que estableció la desamortización de las tierras de la Iglesia católica y de las comunidades campesinas, así como las Leyes de Terrenos Baldíos del Porfiriato. Tanto las leyes de Reforma como las de Baldíos, continuaron el proceso de concentración de la propiedad agraria en las haciendas que venía desde la Colonia, en perjuicio de los pueblos campesinos.

Sin embargo, en este panorama general deben matizarse y precisarse varios puntos. En primer lugar, que el proceso de configuración del campo mexicano tuvo una considerable diversidad regional. En el siglo XIX el latifundio avanzó más en el norte, escasamente poblado y con menor presencia de pueblos indios y de tierras comunales, por lo que se produjo una relación compleja entre los grandes hacendados con las comunidades indígenas pacíficas y los propietarios medios, conocidos como rancheros, entre los cuales se establecieron alianzas para combatir a los pueblos indios rebeldes del norte hasta muy avanzado el siglo XIX, cuando fueron derrotados los apaches. En el centro, la región más poblada desde los tiempos prehispánicos, las haciendas y las comunidades campesinas coexistieron y establecieron una relación simbiótica. Las haciendas poseían las mejores tierras de los valles, pero los pueblos conservaron parte de sus antiguas propiedades. Haciendas y pueblos campesinos coexistían con los ranchos, que eran pequeñas y medianas propiedades familiares —una especie de clase media rural—, las cuales habían proliferado en regiones como el Bajío y el centro del país, que se dedicaban, en buena medida, a la producción de cultivos comerciales. En el sur y sureste, en contraste, los pueblos indios habían logrado mantener la mayor parte de sus antiguas posesiones, sin embargo, en sus fértiles valles y sus selvas se fueron asentado grandes haciendas que se insertaron exitosamente en mercados de exportación con productos que tuvieron una fuerte demanda en la nueva era industrial, como el henequén y el caucho.

En segundo lugar debe señalarse que, además de la tierra, el vínculo entre haciendas y pueblos indígenas y campesinos se basaba también en otros dos factores: el trabajo y las relaciones sociales y económicas entre ellos. Por cuanto al trabajo, en el siglo XIX se habían desarrollado tres variantes: en primer lugar estaban los peones, que eran campesinos que habían perdido sus tierras y no tenían otra alternativa de subsistencia, por lo que se habían convertido en trabajadores permanentes de las haciendas y muchos de ellos vivían dentro de sus límites territoriales y dependían completamente de ellas para vivir. Más allá de estos rasgos generales, el peonaje tenía una considerable variación regional. En el norte de la República, donde existían menos pueblos campesinos y comunidades indígenas, así como vastos territorios deshabitados, los peones gozaban de una relativa libertad y recibían un salario regular por su trabajo. Para conservar la mano de obra que requerían, los hacendados se veían obligados a pagar salarios más altos a sus peones que los que se pagaban en otras regiones del país, aunque en las regiones en las que se asentó la agricultura comercial, ante la escasez de mano de obra libre, se recurriera a mecanismos de coacción extraeconómica, con la intervención de las autoridades, para enganchar a los indígenas y presos a las faenas productivas de las haciendas. Finalmente, los peones que vivían en peores condiciones eran los del sur y sureste, donde los pueblos habían conservado la mayor parte de sus tierras y por lo tanto no les interesaba y no tenían necesidad de trabajar para la hacienda; en esas regiones sureñas, además, se había desarrollado una floreciente agricultura de exportación que demandaba numerosa mano de obra. En esas condiciones de escasez de trabajadores para el campo, se desarrolló un mecanismo de reclutamiento forzoso de campesinos e indígenas que eran obligados a trabajar en las plantaciones en condiciones de semiesclavitud y en donde, además de los raquíticos salarios que recibían, los dueños de las fincas los hacían endeudarse en las tiendas de las haciendas, por lo que muchos de ellos acumulaban enormes deudas que los obligaban a trabajar de por vida en las fincas y, a menudo, heredaban esas deudas a sus descendientes, para que no pudieran escapar al control de la hacienda. Ante la ausencia de trabajadores voluntarios que aceptaran esas duras condiciones, con frecuencia los peones acasillados, como se les nombraba, eran indígenas deportados por su rebeldía procedentes de otras regiones, como fue el caso de los indios yaquis y mayos de Sonora capturados y deportados por defender sus tierras invadidas por la compañías agrícolas comerciales durante el Porfiriato.

Otro tipo de campesino era el de los trabajadores agrícolas estacionales, que a su vez se dividían en dos grupos: unos eran parte de los pueblos campesinos con tierras a los que no bastaba su propiedad para satisfacer sus necesidades y por tanto requerían emplearse por temporadas en las haciendas a cambio de un jornal o de pagos en especie; otros, eran trabajadores provenientes de otras regiones que migraban temporalmente a otras zonas de acuerdo a los períodos de siembra y cosecha, solos o con sus familias, para emplearse en fincas con cultivos que demandaban abundante mano de obra. Unos y otros, al contar con tierras propias, dependían en menor medida de las haciendas pero también tenían menos seguridad que los peones y estaban a merced de los finqueros que los contrataban, los cuales les pagaban bajos salarios y podían negarles el trabajo si había malas cosechas o sobreoferta de mano de obra.

Finalmente estaban los arrendatarios, aparceros y medieros, que poseían también tierras, bien fuera como vecinos de los pueblos o como rancheros individuales, y que rentaban regularmente los terrenos de temporal de las haciendas, bien fuera con parte de la cosecha o con dinero, para sembrar maíz y otros cultivos tradicionales. Al igual que los trabajadores estacionales, los arrendatarios, aparceros y medieros tenían mayor libertad que los peones pero su seguridad era menor, porque asumían los altos riesgos de la agricultura, asolada frecuentemente por las variaciones climáticas, como el retraso, el exceso o la falta de lluvias, heladas y, también, plagas y enfermedades, además de las continuas fluctuaciones en los precios de los productos agrícolas, sujetos cíclicamente a caídas en los precios y a merced de los especuladores y coyotes. En varias regiones del país como El Bajío o Morelos, donde las haciendas cultivaban sus tierras de riego con productos agrícolas de alto valor comercial como el trigo o la caña de azúcar, sus tierras de temporal eran ocupadas, ciclo tras ciclo, por arrendatarios, medieros y aparceros.

Además de esa compleja diversificación y estratificación de los grupos rurales, las relaciones sociales y económicas entre haciendas y pueblos tenían también una marcada variación regional. Aunque a menudo se ha sostenido que las grandes haciendas, desde la Colonia y hasta el Porfiriato eran instituciones económicas feudales, poco productivas y atrasadas, con trabajadores sujetos por condiciones de semiesclavitud, los estudios de las últimas décadas han mostrado que esa visión, prevaleciente en la mayor parte de la historiografía tradicional de la Revolución y del Porfiriato, no refleja cabalmente la compleja realidad de las haciendas mexicanas de esa época. Buena parte de ellas producían para el mercado con elevados niveles de eficiencia, productividad y uso intensivo de la tecnología, y pagaban a sus trabajadores salarios en efectivo. A menudo, las más eficientes no eran las más grandes, sino las que habían podido combinar adecuadamente sus recursos, alcanzando una notable integración productiva, elevada productividad y menores costos. Eso no significa que no siguieran existiendo haciendas con grandes extensiones de tierras ociosas e improductivas, ineficientes, con altos costos y con relaciones despóticas con sus trabajadores y con los grupos rurales vecinos. Esas haciendas, por consiguiente, enfrentaban la disyuntiva de modernizarse o quedarse rezagadas y depender de una mayor explotación de sus recursos y de sus trabajadores dependientes. Geográficamente, las haciendas más grandes, por la aridez del terreno, la escasez de población y la historia regional, caracterizada por la lucha constante durante la época colonial contra los pueblos indígenas, estaban concentradas en el norte, dedicadas muchas de ellas a la ganadería, aunque había también grandes propiedades en el centro y sur, pero de menor extensión.

A pesar de esa considerable diversidad regional, está fuera de discusión que la hacienda era el actor preponderante en el campo mexicano de fines del xix, como también que la vía del desarrollo agrario había sido un proceso basado en la concentración de las tierras y recursos productivos en las grandes propiedades. Las haciendas no sólo eran el factor preponderante en términos económicos, sino que en una gran medida todos los demás grupos agrarios, bien fueran peones, artesanos y vaqueros residentes en ellas, o arrendatarios, aparceros y trabajadores agrícolas estacionales dependían de la relación económica que establecían con ellas a través del intercambio de trabajo, productos y servicios.

La tendencia de desarrollo del capitalismo agrario en México, a lo largo del siglo xix, estaba pues basada en la gran propiedad y en el sometimiento y subordinación de los pueblos y comunidades campesinas e indígenas a las haciendas. Esa configuración del capitalismo agrario fue el resultado de un proceso de largo plazo que había comenzado desde el siglo xviii y que se aceleró durante el Porfiriato. Los hacendados, como clase, no solamente eran el actor central en el campo mexicano sino que, además de su poder económico tenían una gran influencia política y eran uno de los soportes principales del régimen oligárquico de Porfirio Díaz, que no sólo representó fielmente los intereses de los grandes propietarios sino que incluyó a muchos de ellos como parte de la clase gobernante nacional y estatal. Ese proceso de largo plazo, basado en el fortalecimiento de la gran propiedad y en la subordinación de la agricultura campesina, debido el peso de los terratenientes en el Estado oligárquico porfiriano, no iba a desembocar por sí mismo en una fragmentación de los latifundios ni en una reforma agraria que aliviara la situación de las comunidades campesinas e indígenas que no tenían tierras o que dependían de las haciendas para subsistir. Antes al contrario, la tendencia era el sometimiento y la mayor dependencia de los grupos rurales subordinados a las grandes propiedades agrarias, en paralelo a la modernización de las grandes y medianas unidades productivas.

Con frecuencia se ha sostenido que la Revolución mexicana fue producto del descontento campesino, originado por el descomunal despojo que tuvo lugar durante el Porfiriato, cuando las haciendas se apoderaron ilegalmente de las pocas tierras que todavía conservaban las comunidades, provocando con ello la desaparición de muchos pueblos y agravando hasta la desesperación la condición de los poblados sobrevivientes. La revolución habría sido la única y última alternativa que encontraron para remediar esa apremiante situación. Este cuadro, común en la historiografía tradicional de la revolución, también ha sido también matizado por los estudios más recientes sobre la evolución agraria en el siglo XIX y en la primera década del siglo XX.

Lo que han mostrado esas investigaciones más recientes es que el proceso de consolidación de la gran propiedad agraria no significó la desaparición de las comunidades campesinas, muchas de las cuales resistieron los embates de la ofensiva liberal contra sus tierras y lograron conservar al menos una parte de ellas y de sus recursos naturales. En algunas regiones, los pueblos pudieron reconstituirse y se dio también un crecimiento y desarrollo de pequeñas y medianas propiedades agropecuarias, los ranchos, en zonas densamente pobladas. De hecho, desde mediados del siglo XIX y hasta el fin del Porfiriato hubo un crecimiento notable en el número de pueblos en el país, particularmente en las zonas más pobladas y con mayor dinamismo económico y demográfico. Los ranchos, a su vez también tuvieron un notable aumento y pasaron de 6 000 en 1810 a 50 000 en 1910.

Es un hecho que, durante el régimen de Porfirio Díaz, como resultado de la aplicación de las leyes de Baldíos, hubo una masiva transferencia de la propiedad agrícola: 39 millones de hectáreas —casi la cuarta parte del territorio nacional, hasta entonces en manos de los pueblos, de hecho o de derecho—, fueron privatizadas. Los principales beneficiarios de esa transferencia masi-

va fueron terratenientes y especuladores, pero también rancheros, individuos y pueblos que supieron sacar provecho de esa
oportunidad. De las tierras denunciadas y privatizadas al amparo
de las leyes de Baldíos, sólo 40% de las compañías deslindadoras
—las encargadas de hacer la regularización— recibieron terrenos.
El resto fueron hacendados, rancheros y las propias comunidades campesinas.

Debe subrayarse, además, que los pueblos y comunidades
campesinas no fueron entes pasivos que hubieran aceptado con
resignación la pérdida de sus tierras. Por el contrario, muchos
pueblos se defendieron legalmente y supieron utilizar los instrumentos e instituciones legales y ganaron los litigios, demostrando
una notable capacidad para protegerse y utilizar en su favor las
leyes y tribunales. Otros pueblos sacaron provecho de la coyuntura y pudieron regularizar sus tierras en disputa contra pueblos
vecinos o contra haciendas. Otros más, se opusieron violentamente a la pérdida de sus propiedades y lograron mantener su
posesión de ellas. El extremo de esa resistencia fueron las numerosas rebeliones indígenas y campesinas que tuvieron lugar en el
Porfiriato, las más emblemáticas de las cuales fueron las de los
indios yaquis y mayos, en Sonora, así como los mayas de Yucatán.

Otro proceso, que generó también un notable descontento y
que está en el origen del estallido revolucionario fue la modernización productiva y comercial en el campo que tuvo lugar durante el
gobierno de Díaz. En ese período se constituyó por primera vez un
auténtico mercado nacional. La estabilidad política alcanzada por
Díaz permitió un prolongado período de crecimiento económico.
Se establecieron nuevas industrias, la red de ferrocarriles conectó
las principales ciudades del país con la frontera con los Estados
Unidos y con los grandes puertos, y a los nuevos centros urbanos
con las principales regiones productoras. Las zonas agrícolas de
mayor dinamismo, en el norte y noroeste, el Bajío y las zonas del
centro y sureste del país, que crecieron a partir del cultivo de productos de alto valor comercial, dominadas por empresarios capita-
listas —muchas veces extranjeros—, recibieron importantes in-

versiones de capital para modernizar la maquinaria, el transporte, la infraestructura de riego y los procesos productivos.

Ese proceso transformó las relaciones sociales y económicas prevalecientes hasta entonces en el medio rural del país. La demanda de nuevos productos generada por el mercado nacional y por los mercados exteriores provocó que las grandes propiedades agrarias, no solamente buscaran ser más eficientes y productivas, sino que también ampliaran las superficies de sus cultivos. Eso significó que suspendieran los contratos de arrendamiento y aparcería de sus tierras, lo que implicó que muchos de los pueblos que se habían acostumbrado a trabajar en ellas para complementar sus necesidades se encontraran súbitamente privados de ese sustento. Esos pueblos vieron en la privación de ese uso de las tierras arrendadas una afrenta, que violaba el pacto moral que habían establecido con las haciendas y consideraron que se atentaba contra un derecho natural para trabajar la tierra y ganarse la vida. Así, el equilibrio y la simbiosis entre haciendas y pueblos que se había establecido desde los tiempos coloniales, súbitamente comenzó a desquebrajarse ante el avance de la agricultura comercial.

También es necesario señalar que en las regiones en donde primero prendió y con más fuerza la revolución convocada por Madero —Chihuahua, la comarca lagunera y Morelos— tuvo lugar un proceso de modernización productiva de las haciendas que afectó las relaciones de estas con las comunidades campesinas porque ante el éxito en cultivos comerciales como el azúcar, el algodón y el guayule, así como los pastizales para el ganado, los hacendados ampliaron la superficie de cosecha y prohibieron la renta o el uso de tierras de las haciendas que cultivaban los pueblos aunque los propietarios legales fueran los hacendados. En los años previos al estallido revolucionario pueblos como Anenecuilco en Morelos, o Cuencamé, en Durango, fueron privados del acceso a las tierras que arrendaban de las haciendas colindantes y a los pastizales, la privación de ese derecho visto como un derecho natural por las comunidades campesinas fue uno de los detonantes que, sumado a los agravios políticos y a la defensa contra la represión, provocaron la irrupción de la rebelión campesina que muy pronto se convirtió en revolución, al ser secundada por muchos otros grupos rurales y urbanos de otras regiones.

Otros dos elementos agravaron el cuadro. Por una parte, el crecimiento económico y el cosmopolitismo de la oligarquía terrateniente porfiriana habían ido creando un nuevo tipo de hacendado. Los dueños de las grandes plantaciones y sus hijos a menudo ya no vivían en el campo sino en las principales ciudades. Dejaron el manejo de sus negocios en manos de administradores y capataces, por lo que las relaciones sociales paternales y directas, que anteriormente habían sido un fuerte elemento de cohesión entre los hacendados y los habitantes de los pueblos se erosionaron, convirtiéndose en frías y antagónicas relaciones impersonales de subordinación. La legitimidad de los hacendados —basada en tradiciones y costumbres ancestrales, en su contribución a las fiestas religiosas de las comunidades, en proveer educación y servicios médicos, prácticas prevalecientes en muchas de las haciendas de la época, como lo mostró el censo agrario elaborado durante el gobierno de Madero—, también se erosionó. Como lo evidenció la revolución, todos esos agravios y afrentas acumulados por las comunidades y familias rurales contra los dueños, administradores y capataces de las haciendas afloraron y fueron uno de los principales motivos iniciales de la rebelión maderista, por lo que la dimensión moral de agravio de los pueblos fue un factor adicional fundamental, aunque no cuantificable, que impulsó a los pueblos a la revuelta.

Otro elemento disruptivo fue la creciente centralización política puesta en práctica por el régimen de Díaz. Una de las claves de la estabilidad política que este logró fue la capacidad que tuvo para imponerse y subordinar a los poderes y caciques locales y fortalecer el poder del Estado nacional. El control político se extendió desde el centro a los gobiernos estatales y municipales, que fueron sometidos al poder presidencial al igual que los legisladores y jueces, tanto federales como locales. Un fenómeno semejante de centralización del poder político ocurrió a nivel estatal, donde los gobernadores avanzaron en restringir las libertades que habían conservado los municipios y los pueblos, que perdieron la facultad de elegir libremente a sus autoridades y fueron sometidos a los designios de los gobernadores y jefes políticos. Los municipios, los pueblos y comunidades perdieron la relativa libertad y autonomía que habían conservado respecto al centro político nacional y estatal. Además, la modernización administrativa porfirista y la creación de la infraestructura ferrocarrilera y portuaria llevada a cabo por Díaz tuvieron que financiarse con mayores impuestos, por lo cual la mayor carga impositiva fue vista también como un motivo más de descontento en todos los grupos afectados. La imposición de autoridades locales desde el centro, la pérdida de facultades municipales, el rechazo a los jefes políticos y el aumento en los impuestos fueron otros tantos motivos de descontento rural que se añadieron a los agravios anteriores. Esto fue particularmente agudo en el norte de la República y muy especialmente en el estado de Chihuahua, donde los pueblos estaban acostumbrados a un virtual autogobierno y a la organización de la autodefensa contra las incursiones apaches, que fueron la trama central de su vida pública hasta bien entrada la década de 1880. Estos pueblos perdieron parte de sus recursos y sus tradiciones de libertad municipal en el transcurso de pocos años, con el regreso del mayor hacendado del país, Luis Terrazas, al gobierno de Chihuahua en 1903 y por la política de alza de impuestos y una nueva ofensiva legal contra las tierras de los pueblos llevada a cabo por el yerno de Terrazas, Enrique C. Creel, quien se hizo cargo del gobierno de esa entidad en los años postreros de la administración de Porfirio Díaz, lo que provocó descontento y rebelión en varios de los pueblos afectados.

Por lo demás, durante el siglo XIX, a pesar de lo precario de los mecanismos electorales, en los pueblos del norte se había construido una rica vida político-electoral, y los presidentes municipales eran auténticos representantes, si no del pueblo, sí de los grupos y facciones dominantes en cada región. En un contexto marcado por la cruenta guerra contra apaches y comanches, los jefes políticos y presidentes municipales eran los auténticos líderes de los vecinos de los pueblos. El agudo sentido de autonomía de estos pueblos ante las amenazas y ofensiva del centro, se tradujo en varios motines y revueltas, desde Tamaulipas hasta Sonora, en las décadas de 1880 y 1890. La demanda de devolver al pueblo la elección de los funcionarios municipales y distritales, anuladas por las reformas políticas centralizadoras de Díaz y por la imposición de los jefes políticos, el anhelo de fortalecer la autonomía municipal y las posibilidades de autodefensa eran tan significativas para estos pueblos, que fueron advertidas e incorporadas al Programa del Partido Liberal de 1906, como se verá más adelante. Mientras tanto, los vecinos de los pueblos, hicieron de la queja constante y la movilización política municipal, tempranos mecanismos de resistencia contra las autoridades impuestas por el gobierno central y los gobernadores de los estados.

Un factor coyuntural se sumó a los anteriores agravios: la crisis agrícola ocasionada por las malas cosechas de 1908-1909, así como las repercusiones de la crisis financiera de esos años que afectó a otras ramas económicas y que ocasionó cierres de fuentes de trabajo y desempleo, se tradujo en una escasez de alimentos, carestía y un creciente descontento que minó la legitimidad de las autoridades locales, de hacendados y comerciantes, como se demostró en la violencia rural que afloró espontáneamente desde las primeras semanas del levantamiento revolucionario maderista contra esos actores, los símbolos más visibles e inmediatos de la dominación.

Así pues, el descontento agrario que provocó el estallido de la revolución se dio por la combinación de varios factores, unos muy añejos, otros más recientes y otros coyunturales. Entre estos factores estuvieron: el aumento en la concentración de las mejores tierras por las haciendas y la consiguiente disminución y subordinación de la propiedad campesina; el despojo de tierras llevado a cabo por las grandes y medianas propiedades contra la tierra de los pueblos, así como la persistencia de una memoria histórica de larga duración en los pueblos y comunidades campesinas e indígenas que no habían renunciado a sus derechos originarios ancestrales sobre sus tierras, a pesar de haberlas perdido legalmente desde mucho tiempo atrás; las transformaciones, desequilibrios y amenazas provocados por el avance de la agricultura comercial; la ruptura del pacto de las haciendas con los arrendatarios y la imposibilidad de estos de seguir sembrando en las tierras que rentaban; el debilitamiento de las relaciones patriarcales de los hacendados con las comunidades rurales; la pérdida de legitimidad de las haciendas y una serie de agravios contra los capataces y administradores de ellas; la enconada resistencia de grupos como los yaquis que vieron en la rebelión una oportunidad para reanudar su añeja lucha para recuperar sus tierras y aguas y expulsar a los blancos y a las compañías agrícolas que los habían despojado de su fértil valle; el deterioro de las condiciones de vida de los peones residentes en las haciendas y las dificultades ocasionadas por las malas cosechas de los años inmediatamente anteriores; finalmente, el rechazo a la centralización política y a la pérdida de libertades locales y al aumento en los impuestos, así como el desprestigio y rechazo contra gobernadores, jefes políticos, hacendados, administradores y comerciantes. Todo ello, aunado a reclamos particulares de las comunidades y pueblos, antiguos y recientes, creó una situación explosiva en el campo que estalló ante el llamado maderista a la rebelión en noviembre de 1910. Y fueron esos pueblos y comunidades campesinas e indígenas, así como antiguas colonias militares, rancheros y hacendados, descontentos todos ellos por una multiplicidad de motivos económicos, políticos y morales, los que articularon una rebelión inédita que, en 6 meses, puso fin al largo gobierno de Porfirio Díaz.

***

Trabajadores y artesanos

Al mismo tiempo que se acumulaban estos agravios en el sector rural, el ámbito del trabajo urbano y semiurbano, industrial y artesanal, sufría alteraciones profundas de similares dimensiones. Al iniciar el siglo xx los trabajadores constituían un complejo mosaico en el que existían numerosas ocupaciones, oficios, tradiciones, ideologías y experiencias. La principal división era entre artesanos y obreros industriales. Los primeros se dedicaban a antiguos oficios manuales de todo tipo, muchos de los cuales conservaban organizaciones, tradiciones y una cultura que venían desde mucho tiempo atrás. Se dividían, a su vez, en artesanos de las poblaciones rurales —muy vinculados a las formas de vida campesina—, y los de las zonas urbanas. Estos últimos, a su vez, se separaban entre los de los oficios más antiguos —zapateros, carpinteros, sastres, sombrereros, talabarteros, plateros, herreros, albañiles—, con los artesanos de los sectores económicos más modernos, como los de los transportes, la electricidad, la imprenta y la construcción. Los artesanos eran la mayor parte de los trabajadores mexicanos —se estima su número en 150 000, según los censos de la época—. La urbanización, la modernización económica y el desarrollo de nuevas industrias, aunque construyeron un nuevo entorno en el que los nuevos procesos fabriles comenzaron a sustituir los viejos oficios por nuevas actividades mecanizadas, no eliminaron al grueso de los artesanos del país.

Paralelamente, la acelerada industrialización, la construcción de la amplia red ferrocarrilera, la urbanización, el crecimiento demográfico y el auge de la minería, permitieron el surgimiento del proletariado moderno, es decir, trabajadores que no tenían propiedades, herramientas, ni negocios propios y que vendían su fuerza de trabajo por un salario. Este nuevo sector estuvo constituido sobre todo por los trabajadores textiles, los mineros, los ferrocarrileros, los obreros metalúrgicos, los tabacaleros y los estibadores de los puertos. Los nuevos proletarios provenían en su mayoría del mundo rural, laboraban en condiciones de trabajo mecanizadas y especializadas y formaban parte de grandes colectivos, en ocasiones de miles de operarios, como era el caso de las mayores fábricas de hilados y tejidos.

Las primeras formas de organización de artesanos y obreros fueron las sociedades mutualistas. Sociedades de panaderos, carpinteros, sastres, tejedores, costureras, albañiles, zapateros, canteros, talabarteros o pintores, oficios muy antiguos, compartían con otras agrupaciones más recientes de empleados de comercio, meseros, linotipistas, conductores de coches y tranvías, hicieron suyas la ideología y las prácticas de ayuda mutua, así como los valores del ahorro, la moralidad, la educación y el combate al alcoholismo. La mejora y la superación de los artesanos y de sus familias era una labor, desde esa perspectiva, sobre todo educativa, de formación de valores y de ética. Las relaciones entre trabajadores y patrones, para los seguidores del mutualismo, no eran antagonismos de clase, como lo consideraban las corrientes vinculadas al anarquismo y al socialismo, por lo que las sociedades mutualistas más tradicionales pregonaban la conciliación y la armonía entre las clases. La unión, la fraternidad, la elevación moral e intelectual, la protección del gremio ante las amenazas externas y la solidaridad eran los pilares para la mejora de las clases trabajadoras. Dentro del mutualismo estaba muy arraigada la idea de que la actividad política era perniciosa y corruptora, por lo que buscaban mantener a sus agremiados alejados de ella.

Sin embargo, a pesar de esos principios, a menudo muchas sociedades y líderes mutualistas participaron en la política, establecieron alianzas y buscaron el apoyo de políticos y autoridades públicas. Del mismo modo, aunque el mutualismo pregonaba el apoliticismo y condenaba la agitación y las huelgas, con frecuencia diversas organizaciones de artesanos recurrieron a la movilización, a la protesta y a la huelga como medidas de presión para conseguir sus demandas.

Dentro del mutualismo se desarrolló una importante variante ideológica y organizativa, la de las agrupaciones laborales católicas. La Encíclica *Rerum Novarum*, proclamada por el papa León XIII, que buscaba resolver la «cuestión social» a través de una vía intermedia entre el capitalismo y el socialismo —vistos como los grandes males de la época—, dio inicio a una intensa labor misional llevada a cabo tanto por clérigos y párrocos, como por laicos vinculados a la iglesia católica, quienes promovieron la organización y el fortalecimiento de asociaciones laborales católicas. Esas agrupaciones combinaron el mutualismo con la difusión de las prácticas de la doctrina católica y tuvieron un considerable éxito, sobre todo en las regiones en las que el catolicismo estaba más arraigado, como el Bajío, Jalisco, Aguascalientes, Puebla y Oaxaca aunque también tuvo impacto en regiones más alejadas como Chihuahua. Impulsadas por la jerarquía eclesiástica, se constituyeron numerosas agrupaciones laborales que tenían a las parroquias como su centro organizativo. Desde ahí, proliferaron las actividades educativas, artísticas y de propaganda entre los trabajadores y artesanos, vinculadas a su participación en las principales festividades religiosas y en la práctica de la moral cristiana. Los líderes de esas agrupaciones, que tenían una fuerte dependencia de la jerarquía católica más comprometida con los problemas sociales, compartían con el mutualismo los objetivos de la elevación moral, la educación y la solidaridad como las vías para resolver los problemas de los trabajadores y rechazaban, también, la participación política y las huelgas. Esa propuesta de organización laboral católica tuvo un notable auge en los años finales del régimen de Díaz y durante los primeros años de la revolución y logró aglutinar a una parte considerable de los trabajadores de la época. De hecho, la Unión Católica Nacional, fundada en 1909, era probablemente la mayor organización de obreros y artesanos del país en las postrimerías del Porfiriato y hasta el estallido de la revolución, con miles de afiliados en varias de las principales ciudades de la república. No pocos dirigentes y militantes de estas mutualidades, tanto las tradicionales como las social-cristianas, se convertirían en maderistas, abandonando su apoliticismo.

El anarquismo y el socialismo fueron corrientes minoritarias y marginales dentro del espectro laboral mexicano durante el Porfiriato y aún en la revolución. Las posturas radicales no encontraron mucho eco en la mayoría de los trabajadores de la época y sólo fueron pequeños núcleos, fuertemente ideologizados y con un alto grado de militancia y compromiso los que se adhirieron a ellas. El anarcosindicalismo y las corrientes seguidoras del socialismo influyeron en sociedades artesanales y obreras y participaron en la organización y radicalización de algunas movilizaciones y huelgas, pero privilegiaron la educación y la formación ideológica de los trabajadores y, en la mayoría de las huelgas que estallaron en esos años, los líderes radicales casi nunca estuvieron al frente.

El gobierno fue siempre un referente central para las organizaciones laborales. Durante el siglo XIX, la postura predominante del gobierno ante la cuestión laboral y las organizaciones de los trabajadores se inscribía dentro del paradigma liberal clásico, que consideraba que el papel del Estado era no interferir en las relaciones obrero-patronales y que debía restringirse a establecer las condiciones de orden, estabilidad y funcionamiento adecuado de las instituciones que permitieran el buen desempeño de las actividades productivas. Sólo en los casos en que hubiera conflictos que desbordaran el orden legal, el Estado-policía del liberalismo clásico debía intervenir para restablecer el orden y castigar a sus infractores. Esa postura fue evolucionando a lo largo del siglo —al igual que ocurría en algunos países europeos—, hacia un moderado intervencionismo estatal. Fue evidente para algunos pensadores y políticos liberales, que las relaciones entre obreros y patrones no eran simétricas; los empresarios tenían mayor poder económico y político y la situación de los trabajadores empeoraba paulatinamente. Desde el punto de vista de la razón de Estado, a los gobernantes les convenía moderar ese desequilibrio y no permitir que la explotación y la avaricia de los patrones continuaran deteriorando las condiciones de vida de los trabajadores, ya que eso ponía en riesgo la paz y la estabilidad social. Por ello, en la segunda mitad del XIX, y como consecuencia de las movilizaciones y la presión de los trabajadores, algunos gobiernos europeos comenzaron a establecer legislaciones e instituciones que protegieran a la parte más débil, la de los asalariados. El Estado buscó entonces mediar en los conflictos obrero patronales y presionar a los empresarios para que aceptaran reducir las jornadas de trabajo, mejorar las condiciones higiénicas de las fábricas, indemnizar a los trabajadores que sufrieran accidentes laborales e incrementar los salarios.

En México, con retraso, esta postura comenzó a ser aplicada a finales del Porfiriato por algunos gobernadores como Bernardo Reyes en Nuevo León, Teodoro Dehesa en Veracruz y Guillermo de Landa y Escandón en el Distrito Federal. Esos gobernadores promovieron reformas para mejorar la condición de los trabajadores con medidas como salarios mínimos, indemnización para los accidentados en el trabajo, construcción de viviendas y escuelas para los obreros. Establecieron una relación cercana, de padrinazgo, con varias organizaciones laborales. Empezaron, además, a intervenir como mediadores en los conflictos obrero-patronales, buscando conciliar a las dos partes. Estos gobernantes descubrieron, pragmáticamente, que el apoyo de las asociaciones de trabajadores les redituaba beneficios políticos y lo aprovecharon.

La vida de las organizaciones de trabajadores estaba volcada hacia el interior de sus propias agrupaciones. Las largas jornadas laborales, en muchos casos de 14 y hasta 16 horas diarias, la inexistencia del descanso sabatino y dominical obligatorio, las labores domésticas y la convivencia familiar, absorbían casi todo el tiempo de los artesanos y obreros, hombres y mujeres, por lo cual asistir a las reuniones gremiales implicaba un considerable esfuerzo y compromiso. Los artesanos, al no estar sujetos a la rígida disciplina laboral de las fábricas, tenían un poco de más tiempo para asistir a las actividades de sus asociaciones. La rutina común de estas eran sesiones semanales, sabatinas o dominicales, en donde sus miembros participaban en pláticas moralizantes, recibían educación y, con frecuencia, disfrutaban o participaban en actividades artísticas y recreativas con sus familias. En el caso de las asociaciones católicas, las actividades regulares estaban vinculadas a programas y festividades doctrinales, así como la asistencia a misas, peregrinaciones y celebraciones parroquiales.

Sin embargo, a pesar del predominio de la ideología mutualista y socialcristiana y de su rechazo a las huelgas y movilizaciones, la historia de los trabajadores mexicanos durante el Porfiriato está plagada de luchas. La gran mayoría de las huelgas y protestas laborales fue por motivos económicos, para conseguir aumentos salariales y mejorar sus condiciones laborales, así como para protestar contra reglamentos que los afectaban o contra los abusos y malos tratos de capataces y administradores. Casi todas esas protestas eran locales y rara vez conseguían sus propósitos. La mayor fuerza de los patrones, la inexistencia de una legislación laboral de carácter nacional, la neutralidad o el rechazo de las autoridades, se conjugaban para que las amenazas y presiones, la falta de organización y de fondos de resistencia condujeran al desgaste y la derrota de las movilizaciones de los asalariados. La represión selectiva, los despidos de los líderes y trabajadores más activos y el endurecimiento de los controles patronales establecían condiciones más difíciles para la continuación de las luchas obreras y artesanales, a pesar de lo cual la resistencia, manifiesta o soterrada, se mantenía y, en ocasiones, resurgía la protesta abierta que llegó incluso, en casos extremos, hasta el motín.

La movilización de los trabajadores tuvo diferentes etapas. Cuando el régimen porfirista no estaba todavía plenamente consolidado, en la década de 1880, hubo un mayor desafío de luchas obreras que decayó en los años siguientes, como producto de las derrotas, la represión selectiva, la cooptación de los líderes y organizaciones, así como por el aumento de los salarios reales ocasionado por el continuo crecimiento económico y el desarrollo de nuevas ramas y sectores productivos. Con el nuevo siglo decayó el crecimiento económico, bajó el dinamismo de varios sectores productivos y, con la recesión y crisis financiera internacional de

1906-1908 hubo cierre de fábricas, despidos y descenso de los salarios. Esa situación, así como el crecimiento de las organizaciones laborales y de sus protestas, provocaron una nueva etapa de ascenso en la organización y movilización de los trabajadores, cuyos puntos simbólicos culminantes fueron las huelgas de Cananea y Río Blanco de que daremos cuenta en el apartado final de este capítulo. En ese contexto de resistencia, la revolución maderista dio un nuevo auge a la organización y movilización de los trabajadores en varias de las principales ciudades y zonas industriales del país y fue un componente central del cambio en la actitud y la conciencia de los obreros y artesanos que formó parte de las transformaciones generadas por la revolución.

3. La tradición de rebeldía

El descontento social resultante de los fenómenos atrás reseñados produjo numerosos motines, asonadas, revueltas y rebeliones que nos deberían obligar a revisar la idea que tenemos del Porfiriato como un período en el que imperaron la paz y el orden.

Es cierto que el campo mexicano tenía una larga tradición de rebeldía contra la opresión y los abusos: desde el levantamiento popular acaudillado por el cura Hidalgo, hasta la respuesta de los grupos rurales al llamado a las armas hecho por Francisco I. Madero, se han registrado más de un centenar de levantamientos campesinos, la mayoría de ellos concentrados en la segunda mitad del siglo XIX. No se trató únicamente de levantamientos de los pueblos: también hubo auténticas guerras de castas y participación activa de la población rural en rebeliones regionales y conflictos nacionales. Los levantamientos de pueblos, las asonadas y los motines generalmente buscaban solucionar abusos coyunturales, la mayor parte de las veces referentes al problema de la tierra. Las guerras de castas buscaban la supresión de los mecanismos de dominación y la expulsión o exterminio de los blancos y mestizos de las regiones indígenas.

En ese sentido, el Porfiriato heredó, de la reforma liberal y de procesos previos, los dos tipos de movimientos armados: las respuestas inmediatas y localizadas a los abusos y usurpaciones de tierras; y al menos dos prolongadas guerras de castas: la de los mayas yucatecos, iniciada en 1847 y que se resolvería militarmente en la década de 1900; y la de los yaquis de Sonora, iniciada en la década de 1870 y que no se apagaría sino en el período posrevolucionario. Sin embargo, el doble proceso de la aceleración de la concentración de la tierra y de supresión de las libertades municipales, agudizó el número y la violencia de las rebeliones agrarias en el último cuarto del siglo XIX.

Los estudios comparativos permiten afirmar que el campo mexicano presenció más revueltas campesinas entre 1760 y 1910 que ninguna otra región del hemisferio occidental. Las luchas de más de un siglo en defensa de la tierra y los derechos de los pueblos habían preparado a buena parte de la población rural para el huracán desatado por la crisis política de 1910-1911, de modo que tampoco es posible explicar la peculiar experiencia histórica mexicana de la revolución, sin atender en su justa medida a esa tradición de rebeldía. A estas rebeliones hay que sumar el bandolerismo social, que produjo algunos personajes legendarios durante el Porfiriato, como Heraclio Bernal, en Sinaloa, y Santana Rodríguez, en Oaxaca.

Muchas de estas formas de protesta buscaban únicamente la solución de sus problemas inmediatos, relativos a la tierra o a los abusos de autoridades locales, pero no faltaron las que trascendieron las demandas inmediatas, como la de la Sierra Gorda en 1879-1881, la de Puebla-Tlaxcala en 1879 y las de la sierra de Chihuahua a partir de 1891. También podríamos contar en esta oleada rebeliones similares en Ciudad del Maíz, S.L.P.; en la mixteca de Oaxaca, los altos de Chiapas, las de Acayucan y Papantla, Veracruz, así como la etapa final de las rebeliones de Manuel Lozada en Nayarit y de la guerra de castas en la península de Yucatán. Las rebeliones armadas de la década de 1900 tuvieron ya un nuevo cariz, puesto que las motivaba la oposición explícita, política, al régimen porfirista.

La iniciada en 1879 en la Sierra Gorda fue el último episodio de una larga serie de rebeliones indígenas en esa región, que se remontaban a más de un siglo atrás. Aunque en esta ocasión se confundió con la rebelión política del general Miguel Negrete (héroe del 5 de Mayo de 1862) contra el naciente gobierno de Díaz, los indígenas rebeldes articularon sus propias demandas en el «Plan de la Barranca», que denunciaba el sistema rural basado en el latifundio y proponía un gobierno «socialista» regido por un Congreso Agrario, cuya misión sería devolver a los indígenas las tierras usurpadas y repartir los terrenos no cultivados de las haciendas.

En 1877 el liberal poblano Alberto Santa Fe, veterano de la guerra contra la intervención francesa, fue nombrado presidente del Comité Central Comunero por una asamblea de pueblos poblanos, tlaxcaltecas y mexiquenses reunida en la ciudad de México. Meses después el coronel Santa Fe participó en la fundación del Partido Socialista Mexicano, que propuso la expropiación de la gran propiedad, mediante indemnización, y la entrega de una parcela, medios de producción y capital a cada familia. Aunque vinculado al socialismo utópico, el programa de este partido no buscaba otra cosa que la supresión del latifundismo. En 1879, varios pueblos de Puebla y Tlaxcala se levantaron en armas defendiendo estas ideas, denunciando el despojo sistemático de que habían sido objeto por parte de las haciendas vecinas, con la complicidad de las autoridades. El gobierno de Díaz combinó la represión con la negociación para terminar con el estallido campesino.

Las rebeliones de la sierra de Chihuahua de la década de 1890 mezclan los dos elementos fundamentales del descontento campesino, el despojo de sus tierras y recursos naturales y la supresión de las libertades municipales, con elementos de religiosidad popular que, durante mucho tiempo, fueron el aspecto más conocido de esos episodios. El más famoso de ellos se dio en el pueblo de Tomóchic, que entre noviembre de 1891 y octubre de 1892 —cuando fue destruido por una fuerza gobiernista desmesurada— cuyos habitantes se enfrentaron y rechazaron al gobierno y cuanto de él se desprendiera, logrando derrotar primero y luego resistir la represión del ejército antes de ser masacrados.

La derrota de esas rebeliones y al aumento notable de la eficacia de la policía rural, que en la década de 1890 sofocó en su cuna otros movimientos a lo largo del país, pareció terminar con la aceptación de los pueblos y comunidades a la nueva situación, o con la búsqueda de otras formas de defensa de la tierra —en la década de 1900 están registrados en los tribunales centenares de recursos jurídicos levantados por los pueblos contra las haciendas—, pero como veremos al estudiar el zapatismo, el villismo y otros movimientos agrarios, hay nexos directos entre esta tradición rebelde y la revolución. La década de 1900 también trajo otras formas de protesta social: en 1906 y 1907 tuvieron lugar dos grandes movilizaciones obreras: la huelga de los mineros de Cananea y la de los trabajadores textiles del centro del país que terminó con la masacre de Río Blanco.

Las minas de cobre de Cananea eran propiedad de la empresa estadounidense *Cananea Consolidated Cooper Company*. En ellas trabajaban mineros mexicanos y estadounidenses; las fricciones entre unos y otros eran frecuentes y existía un fuerte resentimiento en los mexicanos por los mejores sueldos y condiciones laborales que tenían los mineros del vecino del norte y por los malos tratos de los administradores de ese país. Así, el 31 de mayo de 1906 la organización de los mineros mexicanos decidió estallar una huelga como protesta por la modificación del contrato de trabajo y el anuncio de que se despediría a varios trabajadores; levantaron un pliego petitorio en el que incluían un salario mínimo de cinco pesos, jornada laboral de 8 horas, el cese a los malos tratos y que el 75% de los empleos fuera para mineros mexicanos.

El 1º de junio de ese año, al realizar una movilización afuera de la mina, se produjo un altercado con mineros estadunidenses quienes, estando armados, asesinaron a dos trabajadores mexicanos. Esa agresión provocó la airada respuesta de los mineros mexicanos que arremetieron contra sus agresores y los expulsaron del pequeño poblado de Cananea. La indignación creció y se produjo un motín popular; los mineros quemaron varias instalaciones de la empresa. El dueño de la mina, con el consentimiento del gobernador de Sonora, solicitó un destacamento de *rangers* de Arizona, quienes llegaron a la población el 2 de junio y no solo protegieron las instalaciones de la mina sino que, con el apoyo de los rurales mexicanos, se enfrentaron y reprimieron a los mineros huelguistas. El saldo fue de 23 trabajadores muertos, 22 heridos y decenas de trabajadores despedidos. Varios de los líderes fueron apresados y deportados, entre ellos dos que luego tendrían una destacada participación en la revolución: Esteban Baca Calderón y Manuel M. Diéguez, quienes formaban parte de la asociación minera y eran lectores y distribuidores de *Regeneración*, órgano del magonista Partido Liberal Mexicano.

El otro importante conflicto ocurrió a fines de 1906 y principios de 1907 en el corredor industrial textil de la zona Puebla-Orizaba-Tlaxcala y tuvo como epicentro la fábrica de Río Blanco, en Orizaba. Los trabajadores textiles eran el sector mejor organizado y combativo de la clase obrera mexicana desde la segunda mitad del siglo xix y habían logrado no solamente constituir fuertes organizaciones laborales por fábrica sino que habían establecido una coordinación regional entre ellas, por lo que el conflicto en una fábrica con frecuencia se extendía a otras, que se solidarizaban con las demandas y se movilizaban también. A través de varias luchas previas, habían construido un pliego petitorio central que incluía la reducción de la jornada de trabajo (que en algunas fábricas era de 16 horas diarias), el establecimiento de una tarifa salarial general por tipo de trabajo, la reglamentación del trabajo infantil y nocturno, y el reconocimiento de sus organizaciones. Las fábricas textiles de Puebla y Tlaxcala iniciaron una huelga en cumplimiento de ese pliego petitorio el 1º de diciembre de 1906. Sin embargo, los industriales dueños de las fábricas, que también habían construido una fuerte y unificada organización patronal, se negaron a resolver las demandas y, en respuesta, iniciaron un paro patronal el 24 de diciembre de ese año. Ante ello, la representación de los trabajadores solicitó la intervención del presidente Porfirio Díaz, quien se reunió con ambas partes y emitió un laudo conciliatorio y llamó a reanudar las labores. Todas las fábricas aceptaron el fallo excepto los trabajadores de Río Blanco, quienes el 7 de enero de 1907 se negaron a entrar a trabajar. Mientras estaban reunidos en los alrededores de la fábrica, un empleado de la empresa disparó contra ellos. Esa provocación fue la chispa que incendió el motín. Los obreros, iracundos, quemaron la tienda de raya de la fábrica, matando a los dependientes, para luego atacar la cárcel y liberar a los presos. Con el apoyo de la población de esas localidades, el motín se extendió: quemaron y saquearon varios comercios y casas de familias acaudaladas y se dirigieron a las vecinas fábricas de Nogales y Santa Rosa, donde se les unieron los obreros de ambas. Ante la magnitud del motín, el gobierno de Díaz aplicó una solución extrema: intervino el 13° batallón del ejército que masacró indiscriminadamente a obreros, mujeres y niños. Hubo decenas de muertos entre obreros y civiles, multitud de heridos y la organización de los trabajadores fue desmantelada. Los líderes fueron detenidos o despedidos y muchos tuvieron que huir. La brutal represión de Río Blanco fue el episodio límite y el parteaguas del movimiento obrero mexicano durante la etapa final del Porfiriato.

Con la represión desatada, los industriales y el Estado aplicaron un recurso extremo que demostró ser únicamente una solución aparente y temporal a los problemas que habían aflorado. No sólo no se habían resuelto los motivos que originaron la protesta obrera (los bajos salarios, las largas jornadas de trabajo, las malas condiciones laborales, las multas por la descompostura de las máquinas, las excesivas rentas por las viviendas que les proporcionaban las compañías, la rigidez de los reglamentos internos, los malos tratos de los capataces) sino que estos mismos motivos reaparecieron, casi bajo la misma forma, cuatro años después, durante el régimen maderista.

La represión en Cananea y Río Blanco provocó que el régimen de Díaz sufriera una fuerte erosión en su legitimidad. El estigma de su gobierno como represor se propagó durante los años postreros del Porfiriato y persistió después, como caracterización no solo de su política laboral sino de todo su largo gobierno. La denuncia de la represión a los trabajadores de Cananea y Río Blanco se convirtió en una bandera política de los opositores a Díaz. Sin embargo, el movimiento obrero mexicano de fines del Porfiriato no puede reducirse ni explicarse por los acontecimientos de Cananea y Río Blanco. Hubo importantes luchas y movilizaciones obreras antes, y siguió habiéndolas después. Se ha exagerado la importancia que ambas luchas tuvieron como precursoras de la revolución y también la presencia en ambas de líderes magonistas. Después de ambos movimientos tanto los patrones como el gobierno recuperaron el control de la situación laboral y no tuvieron nuevos desafíos. La participación de los trabajadores textiles y mineros fue importante en el desafío político opositor que se extendió en 1908 y 1909 pero no tanto en la rebelión maderista. Y con relación a los líderes de Cananea y Río Blanco vinculados al magonismo, si bien tenían relación con células de esa corriente no fueron ellos quienes organizaron las huelgas y protestas ni quienes dirigieron los movimientos. El grueso de la clase trabajadora mexicana estuvo concentrada en resistir las duras condiciones laborales y, sus sectores más combativos y organizados, se movilizaron para mejorar su situación y para consolidar y extender sus propias organizaciones.

Luego de la represión, el régimen de Porfirio Díaz intentó una tibia política de acercamiento hacia el movimiento obrero y presionó a los industriales para que elevaran los salarios y eliminaran algunas de las causas principales de las protestas, como las tiendas de raya de las fábricas y las altas rentas por las viviendas. No fue una política consistente ni se plasmó en una legislación laboral que abordara con plenitud los problemas; más bien intentó atenuarlos en las zonas conflictivas, particularmente en la zona textil de Puebla, Tlaxcala y Veracruz y en el sector de los ferrocarrileros. Continuó la vigilancia de los líderes y las organizaciones obreras peligrosas para el régimen, así como la cooptación de dirigentes del conflicto textil.

Desde la segunda mitad de 1908 y durante los siguientes dos años descendió la actividad huelguística nacional. A las consecuencias de la represión se añadió la agudización de la crisis económica que durante toda la década deterioró las condiciones de vida de los asalariados. Además, el país entró en una situación política inédita debido a la efervescencia que tuvo lugar con motivo de la reelección de Díaz y con los movimientos nacionales de oposición a ella que cristalizaron, primero, en el reyismo y, luego, en el antirreeleccionismo maderista. Los trabajadores no fueron ajenos a este proceso y muchos de ellos se incorporaron, tanto al reyismo como al maderismo. Grupos de asalariados urbanos fundaron clubes obreros, participaron en los actos de campaña, en mítines, reuniones y marchas en favor de los candidatos opositores.

La participación de los trabajadores en la revolución no se ha estudiado todavía satisfactoriamente. La historiografía tradicional ha menospreciado su papel en la rebelión y en las grandes transformaciones sociales que tuvieron lugar desde los primeros meses de la revolución. Se ha sostenido que su incorporación a las bandas y ejércitos rebeldes fue mínima, que permanecieron mayoritariamente al margen de los acontecimientos, que cuando actuaron lo hicieron por reivindicaciones económicas y que carecieron de organización y propuestas políticas. Más aún, que cuando finalmente algunos sectores de ellos se sumaron a la revolución, lo hicieron manipulados por líderes militares y políticos que los utilizaron como carne de cañón para cumplir sus fines y que el Estado emergente de la revolución los organizó y controló corporativamente, construyendo con su apoyo una de las bases de su hegemonía y legitimidad.

Esa visión, sin embargo, parte de no considerar a los trabajadores como sujetos, sino como objetos inconscientes y manipulables y de ver las transformaciones de la revolución como el resultado de la iniciativa de un Estado leviatánico y maquiavélico y no como el fruto de las luchas, las movilizaciones, las presiones y la negociación de los trabajadores con ese mismo Estado. La construcción de la hegemonía que permite la dominación es siempre un proceso de lucha y negociación permanente entre el Estado y los grupos subalternos y eso es algo que debe reconocerse en el caso de los trabajadores y la Revolución mexicana.

Así pues, si bien es indiscutible que en la revolución —sobre todo en su primera etapa— la presencia de los grupos rurales fue mayoritaria, existen múltiples evidencias de la participación de mineros, ferrocarrileros, textiles, estibadores e infinidad de artesanos en las primeras bandas rebeldes y después en los más consolidados ejércitos insurgentes. Desde luego, la preponderancia de las organizaciones mutualistas, católicas, oficialistas y aun anarquistas contrarias a la participación política fue un factor que inhibió la simpatía y la incorporación de muchos de sus afiliados con los grupos rebeldes. Las fábricas, además, ejercían un mayor control y disciplina sobre los trabajadores que el que podían tener hacendados y autoridades con los diversos grupos rurales. A pesar de ello muchos artesanos, obreros y desempleados engrosaron las filas insurrectas, si bien su participación no fue tan numerosa como la de aquellos que siguieron a Reyes y a Madero en su desafío cívico-electoral de 1908-1910.

Pero además, la lucha económica de los trabajadores no puede considerarse como prepolítica y limitada. Las movilizaciones obreras, su resistencia cotidiana y sus huelgas fueron minando el poder y la legitimidad tanto del Estado porfirista como de los patrones y autoridades al nivel de la fábrica y de los talleres y fueron creando un contrapoder que se manifestó con mayor fuerza en las fases posteriores de la revolución, desde el interinato de León de la Barra y hasta el cardenismo. Hubo, además, movilizaciones y motines populares con participación de trabajadores y artesanos de las distintas localidades que acompañaron y fortalecieron la actividad de las bandas revolucionarias en varias ciudades del país en las semanas previas a la caída de Porfirio Díaz y, después del triunfo de la insurrección maderista, una inusitada ola de ascenso huelguístico y organizativo a nivel nacional tanto en el interinato como en el gobierno de Madero. Los trabajadores

y artesanos, desde sus centros laborales, realizaron una transformación profunda que se sumó y alentó la ola revolucionaria nacional
y que finalmente cristalizó en un nuevo Estado, una nueva legislación y una nueva correlación de fuerzas entre los sindicatos, los
patrones y el Estado, como se verá con detalle más adelante.

4. El Partido Liberal Mexicano

El general Porfirio Díaz aplicó durante su gobierno una política
de conciliación con la iglesia católica, convirtiendo en letra muer-
ta algunos postulados fundamentales de las Leyes de Reforma,
que prohibían la posesión de bienes por las corporaciones religiosas, impedían el establecimiento de órdenes monásticas y limita-
ban la educación religiosa en las escuelas. Como consecuencia de
esa política, el poder del clero católico resurgió de manera significativa. El fortalecimiento del clero católico fue considerado
como una amenaza para la estabilidad política y como una traición de Díaz a los principios liberales por un sector de intelectuales de clases medias y profesionistas de diversas ciudades que, en
los primeros años del nuevo siglo, se agruparon teniendo como
principal bandera el anticlericalismo y la reivindicación de un liberalismo radical e intransigente.

Los nuevos liberales, aglutinados alrededor de Camilo Arriaga,
ingeniero potosino y sobrino de Ponciano Arriaga, una de las figuras clave de la Reforma, convocaron al primer congreso del
Partido Liberal Mexicano en 1901, en la ciudad de San Luis Potosí. Entre sus organizadores estaban jóvenes y miembros de las
clases medias urbanas como Antonio Díaz Soto y Gama, Librado
Rivera, Antonio I. Villarreal, Juan Sarabia y su primo Manuel
Sarabia, y acudieron delegados de otras regiones del país, como
los hermanos Ricardo, Enrique y Jesús Flores Magón, oaxaqueños que estudiaban en la capital de la República. Del congreso
liberal surgió una nueva agrupación política, el Partido Liberal
Mexicano (PLM), que estableció redes sociales con sus miembros

y simpatizantes en muchos lugares de la República y decidió que el periódico *Regeneración* —fundado por los hermanos Flores Magón un poco antes—, fuera su medio de expresión.

Si bien el detonante de la organización fue la reacción contra la política conciliadora de Díaz hacia la Iglesia, los nuevos liberales pronto se convirtieron en críticos acervos del régimen, en un ambiente en el que, hasta entonces, toda oposición y crítica había sido local, limitada y sin mayor repercusión. Los liberales enarbolaron de inmediato una bandera muy clara: el retorno de la democracia y con ella, de la legalidad, lo que permitiría poner fin a la polarización económica y al autoritarismo político y a la venalidad en la administración de la justicia. Permitiría también sacudir las trabas puestas a la libre iniciativa y acabar con el régimen de privilegios para las clases pudientes.

La valerosa beligerancia política del PLM y su abierta oposición a las sucesivas reelecciones de Díaz, atrajo casi de inmediato la represión contra varios de sus más destacados dirigentes. La represión no sólo no intimidó a los nuevos liberales sino que hizo que sus posturas se radicalizaran: del anticlericalismo y el antirreeleccionismo evolucionaron a una crítica frontal contra todo el sistema porfirista, denunciando la explotación a los trabajadores, la represión contra los opositores y la falta absoluta de libertades. Del núcleo liberal fundador, la parte más militante y radical, encabezada por los hermanos Flores Magón, fue tomando la dirección del movimiento, separándose cada vez más, hasta romper en 1906, con Camilo Arriaga, cuyas posturas más moderadas se volvieron irreconciliables con las de aquéllos.

Los nuevos liberales trataron de cambiar la situación imperante en el país a través de la educación del pueblo mexicano mediante la difusión de sus ideas y de la formación de organizaciones filiales en todo el país, dirigidas y controladas por el núcleo central. Esa pedagogía política tenía en la prensa liberal uno de sus principales instrumentos y lograron establecer importantes redes sociales con organizaciones afines y sociedades obreras a los que llegaba *Regeneración*.

La radicalización del PLM provocó el aumento de la represión gubernamental. Los principales dirigentes liberales fueron arrestados una y otra vez. El núcleo fundador se trasladó a la ciudad de México, desde donde mantuvieron su oposición hasta 1904, cuando, ante la intensificación de la represión porfirista, tuvieron que huir y refugiarse en los Estados Unidos.

En Estados Unidos, el grupo encabezado por Ricardo y Enrique Flores Magón —Jesús permaneció en el grupo liberal más moderado de Camilo Arriaga, también exiliado— entró en contacto con el movimiento obrero estadounidense y con el anarcosindicalismo, con los trabajadores migrantes mexicanos y europeos; esto los llevó a un nuevo estudio de la realidad nacional y enriqueció su formación teórica y política. El fruto de esa maduración fue el Programa del Partido Liberal Mexicano, que salió a la luz en 1906. Ese programa constituyó el análisis y la propuesta de solución más sólidos para los grandes problemas nacionales que se hubiera hecho hasta entonces entre los grupos opositores a Díaz, y tuvo una considerable influencia no sólo en los años postreros del Porfiriato, sino que también moldeó en buena medida el horizonte político e ideológico construido por los grupos revolucionarios mexicanos durante la siguiente década.

Los mayores aportes del Programa de 1906 —que además de Enrique y Ricardo firmaron Juan Sarabia, Antonio I. Villareal, Librado Rivera y Manuel Sarabia—, consistieron en la incorporación al ideario liberal de las demandas específicas de las masas populares, es decir, los problemas generados por la acumulación de la tierra y la situación de los trabajadores y artesanos y, sobre todo, en el llamado a la insurrección: los magonistas, como empezaría a ser conocido este grupo, llegaron a la conclusión de que la dictadura había cerrado todas las vías legales y pacíficas de cambio, dejando al pueblo solamente la insurrección armada, a la cual convocaron. Con esto, no rompían ni se alejaban de los principios doctrinarios del liberalismo: harían falta cinco años más para que Ricardo, Enrique, Librado Rivera y Praxedis Guerrero culminaran el tránsito del liberalismo al anarcosindicalismo.

Los magonistas, adoptaron una forma de organización clandestina insurreccional semejante a la de los anarquistas y revolucionarios rusos de la época, organizaron algunos levantamientos armados en poblaciones pequeñas como Las Vacas y Viesca, en Coahuila en 1908, y buscaron que esas pequeñas insurrecciones fueran la chispa que desatara una rebelión mayor contra la dictadura porfirista. Sin embargo, esos intentos fueron un rotundo fracaso que no fue secundado por ningún grupo campesino u obrero ni por los militantes y simpatizantes que tenía la organización y ese intento insurreccional fallido aunado a la constante represión y persecución tanto del régimen porfirista como de la policía estadounidense, los llevó a aislarse todavía más de la política nacional, justo cuando comenzó a configurarse un nuevo desafío —inédito hasta entonces por su dimensión nacional y por su amplitud multiclasista—, en el reyismo y el maderismo electoral de 1908 y 1909.

Después de esas insurrecciones fracasadas, el grupo magonista exiliado se alejó todavía más de la escena política nacional. La dureza del exilio y de la represión, los continuos y prolongados encarcelamientos en el vecino país del norte y sus posturas extremas y a menudo sectarias impidieron que pudieran alimentar una corriente política más amplia y fuerte que tuviera un papel destacado en los inesperados acontecimientos que tuvieron lugar en el país y que darían fin a la dictadura de Díaz, a la que los magonistas, más que ninguna otra corriente, supo desnudar y denunciar.

Con todo, es indudable que el PLM y los magonistas tuvieron un notable papel como formadores ideológicos de una nueva generación de opositores mexicanos. Muchos de los militantes y dirigentes que tendrían un papel destacado en la primera etapa de la revolución maderista, sobre todo en el norte, en algún momento estuvieron influidos o fueron parte de los numerosos grupos magonistas que se formaron en el país. El programa magonista, el más completo, radical y claro de los programas políticos formulados durante los largos años de oposición al régimen de Díaz, y las incansables denuncias y artículos de batalla que alimentaron periódicamente *Regeneración*, cuya lectura ha sido documentada en muchos de los que después fueron líderes revolucionarios del norte, sirvió como guía para los nuevos líderes que se inspiraron en él para orientar y justificar su lucha. Sin embargo, esa corriente política tuvo muy poca influencia directa en la revolución popular de 1910 a la que ellos, quizá más que ninguna otra corriente, habían contribuido a desencadenar. Ricardo Flores Magón estuvo encarcelado en los Estados Unidos de 1908 a 1910 con varios de sus más destacados compañeros, y al salir de la cárcel la revolución maderista estaba prácticamente en marcha. Al salir de la cárcel, y mientras en México ardía la insurrección —con importantes contingentes magonistas en Chihuahua y otros lugares—, Ricardo y sus compañeros más cercanos culminaron su tránsito al anarcosindicalismo. Esa posición, que para muchos de sus antiguos seguidores —como Antonio I. Villarreal y los primos Sarabia— resultó extremista, terminó aislándolos del movimiento revolucionario.

No obstante, de la experiencia magonista deben rescatarse dos cosas: que su labor pedagógica y educativa en la nueva ideología liberal radical fue la más importante a nivel nacional en los últimos años de la dictadura de Díaz; y que el PLM fue la única organización que se había dedicado seriamente a preparar la revolución, y que contaba con estructura, cuadros y experiencia en el trabajo clandestino. Por eso líderes magonistas como Praxedis Guerrero, José Inés Salazar, y otros, fueron fundamentales en la primera fase de la rebelión maderista en el norte, una rebelión rural espontánea que carecía de dirigentes con formación política y experiencia, y que no tenía una propuesta ideológica clara de transformación de la sociedad. Sin embargo, la falta de arraigo y de vínculos del magonismo con la mayoría de los grupos insurrectos, sus posiciones radicales, y la negativa de los hermanos Flores Magón a trasladarse a territorio nacional una vez que había estallado la rebelión maderista, además de su deslinde de Madero, al que llamaron a combatir por considerar que la propuesta de este era una revolución burguesa, fueron factores que los aislaron y que permitieron que el líder coahuilense, no sin dificultades, pudiera imponer su liderazgo nacional y subordinar a los pocos líderes magonistas que participaron en la fase inicial de la revolución. Esa ausencia, sin embargo, le restó claridad ideológica a la revolución popular, violenta y plebeya pero desarticulada que ocurrió en las semanas que siguieron al llamado maderista a la rebelión, y quizá también influyó en que pudiera ser controlada temporalmente luego de la caída de Díaz.

El magonismo fue una fundamental escuela de cuadros revolucionarios que echa por tierra la falsa aunque difundida idea de que la Revolución mexicana fue hecha por hombres que nunca pensaron hacer una revolución. El propio Francisco I. Madero apoyó económicamente al PLM hasta 1906, y numerosos oficiales de los ejércitos revolucionarios se formaron en la discusión y el análisis político con la lectura de *Regeneración*. Ya hablaremos de los dirigentes de las huelgas de Cananea y Río Blanco que aparecerían después en la revolución, como Manuel M. Diéguez y Heriberto Jara. Veremos también que un contingente fundamental de la revolución maderista en Chihuahua lo aportaron dirigentes magonistas como Praxedis Guerrero, José Inés Salazar y Lázaro Alanís, y que el propio Pascual Orozco, principal caudillo militar de la revolución en su primera etapa, era distribuidor de *Regeneración*. Jesús Flores Magón, Antonio I. Villarreal, Juan Sarabia, Camilo Arriaga, Antonio Díaz Soto y Gama y otros de los fundadores del PLM serían importantes compañeros de Madero y luego destacados revolucionarios. Más adelante, entre los dirigentes del constitucionalismo, habría bastantes magonistas de 1906 y 1908, como Pablo González Garza, Eulalio Gutiérrez, Lucio Blanco, Francisco Coss, Alberto Carrera Torres, Atilano Barrera, Reynaldo Garza y Francisco J. Múgica. Y al menos un futuro general villista, Orestes Pereyra, fue perseguido por la policía por su participación en la rebelión de 1908 en La Laguna.

Muy pocos de ellos mantuvieron vínculos políticos con Ricardo y Enrique Flores Magón y Librado Rivera después de 1911. Militaron en las filas del liberalismo político, incluso del liberalismo radical, pero no más allá de eso. Formados en la tradición juarista (muchas veces por vínculos familiares directos: los apellidos Blanco, Carranza, López de Lara, Zuazúa, Múzquiz, Treviño, Neira, Dávila, provienen del juarismo nordestino; los antepasados de Pascual Orozco y Abraham González están vinculados al liberalismo de Chihuahua; así como los de Pesqueira y Maytorena en Sonora), en un horizonte ideológico formado en la tradición nacionalista y liberal de las escuelas públicas y de una historia patria jacobina, juarista y anticlerical.

Para los nietos de altos funcionarios juaristas, como Pascual Orozco, Lucio Blanco y César López de Lara; para los hijos de liberales juaristas desplazados por don Porfirio, como Ignacio L. Pesqueira, Abraham González, Francisco Murguía y Francisco Naranjo; para aquellos cuyos padres y tíos escribieron sus nombres en los anales de la guerra contra los franceses, como Camilo Arriaga, Venustiano Carranza, Fortunato Zuazúa y Rafael Múzquiz, la oposición al porfirismo inició con el resurgimiento del liberalismo y fue eso, lo que los vinculó con el Partido Liberal Mexicano, el verdadero movimiento precursor de la Revolución mexicana y una de sus principales fuentes ideológicas y organizativas.

Capítulo II
LA REVOLUCIÓN DEMOCRÁTICA

1. La lucha cívica

L a primera década del nuevo siglo presenció el despertar de la política en el país. El sistema político porfirista, con el paso de los años, se había vuelto un sistema cerrado, excluyente, en el que no tenían cabida los sectores populares ni tampoco buena parte de las elites provincianas y, menos aún, las nuevas generaciones y los grupos sociales que habían crecido notablemente con el desarrollo económico y urbano que tuvo lugar desde el último tercio del siglo xix. Sin embargo, el régimen logró mantener el control político, sorteando incluso los conflictos que dividieron al grupo en el poder entre 1903 y 1904, cuando se creó la figura de vicepresidente de la República, pues la avanzada edad de Díaz hacía previsible su muerte. Sin embargo, cuando a principios de 1908 empezó a prepararse la sucesión de 1910, la efervescencia política sucesoria reapareció en escena con una intensidad y amplitud inéditas hasta entonces.

Paradójicamente, fue el propio Díaz quien inició esta discusión al conceder a James Creelman, periodista de la *Pearson's Magazine*, una entrevista publicada en México por *El Imparcial*, el 3 de en marzo de 1908, en la que el presidente anunciaba que México estaba listo para la democracia, que no se presentaría como candidato a las elecciones de 1910 y que saludaría con gusto la organización de partidos políticos. Los primeros en tomarle la palabra fueron los seguidores del general Bernardo Reyes, el más popular militar del ejército, eficaz gobernador de Nuevo León y exsecretario de Guerra; así, sus simpatizantes, desde 1908, se organizaron en clubes reyistas y en enero de 1909 llamaron a constituir el Partido Democrático.

El movimiento reyista tuvo un notable éxito. En poco tiempo se formaron clubes seguidores del general en varias de las principales ciudades del país en los que se incorporaron sectores de clases medias, profesionistas, empleados, estudiantes, obreros y artesanos en lo que fue el despertar amplio de la política ciudadana como hacía mucho tiempo no se veía. El empuje del reyismo se manifestó a nivel local en las elecciones que tuvieron lugar en Morelos, Coahuila y Yucatán, donde se aglutinaron movimientos electorales alrededor de los candidatos vinculados al reyismo que desafiaron a los candidatos oficiales impulsados por el gobierno central. De manera inédita, como se vio en la elección para gobernador de Morelos, las elites opositoras al régimen llamaron a movilizarse a los sectores populares en contra de los candidatos oficiales y fueron seguidos por miles de ciudadanos que mostraban su hartazgo con la clase política porfiriana y sus deseos de cambio democrático. Ante la amenaza del desbordamiento popular que estaba comenzando a rebasar a los dirigentes reyistas, el gobierno de Díaz recurrió al viejo recurso de la represión abierta a los sectores populares y la coerción y amenazas contra los miembros de las clases altas disidentes, a los que logró neutralizar.

Los líderes reyistas no eran enemigos del régimen, sino integrantes y beneficiarios del mismo, pero sentían que estaba retrasándose excesivamente el relevo generacional del grupo gobernante, lo que ponía en riesgo la estabilidad nacional y sus propias posibilidades de ascenso personal. Algunos pensaban que el tránsito generacional debería implicar también un tránsito gradual hacia formas políticas más modernas, quizá no estrictamente democráticas en el sentido de un hombre un voto, elecciones libres y respeto al sufragio, pero sí que permitieran la discusión política y la incorporación de las clases medias ilustradas y los modernos empresarios a la vida pública. No pocos reyistas se daban cuenta que el modelo de desarrollo fundado en los privilegios y concesiones dadas a las compañías extranjeras no sólo ponía en riesgo la soberanía nacional y vinculaba desventajosamente a México con el mercado mundial, sino que se había convertido en un freno para un desarrollo menos desigual, menos contradictorio y explosivo. Sin embargo, el movimiento fracasó, porque el general Reyes, hombre formado en el sistema porfirista y leal a este y más todavía a don Porfirio, nunca estuvo dispuesto a enfrentar a Díaz y renunció a la lucha política y a sus cargos públicos, aceptando un exilio disfrazado de cargo diplomático en Europa. Sin Reyes, se esfumó el reyismo, aunque muchos de sus simpatizantes, ante la claudicación de su líder, buscaron nuevos cauces para sus inquietudes políticas, encontrándolas en el Partido Nacional Antirreeleccionista recién fundado por Francisco I. Madero, que se había desarrollado casi en paralelo al reyismo y que a diferencia de este, sí enfrentó de manera consecuente al sistema político porfirista.

El renacimiento de los grupos liberales y la gran movilización cívica reyista fueron las primeras señales de una insurgencia cívica que se expresó con fuerza inusitada en 1908-1910 y culminó en el maderismo. Madero tuvo la virtud de diagnosticar, catalizar y conducir ese proceso con el que las nuevas generaciones, las elites excluidas y las clases medias y populares urbanas buscaban abrir el sistema porfirista y democratizar la vida política del país.

Madero era un personaje singular. Como miembro de una de las familias más ricas de México, aunque desplazadas de la vida política por el Porfiriato, Madero había recibido una esmerada educación en su estado natal, Coahuila, complementada en Estados Unidos y Francia. A su regreso a México, era un joven empresario acaudalado, con una acentuada vocación humanista y espiritual que fue consolidando con el paso de los años. Sus ideas filantrópicas y su ética de redención pronto encontraron su cauce natural en la política. En 1903 y 1904 se involucró en las elecciones locales, combatiendo a los candidatos de la continuidad reyista en el noreste (y al propio Reyes, antiguo enemigo de la familia Madero). Cuando sus intentos de oxigenar la política local fueran ahogados por el gobierno, regresó temporalmente a la vida privada y se dedicó a sus negocios y al estudio de la historia y de la realidad nacional. Luego de leer la entrevista Díaz-Creelman decidió tomarle la palabra al dictador y organizar un partido democrático, cuyas razones están expuestas en su célebre libro, publicado a fines de 1908, *La Sucesión Presidencial en 1910*, obra que tuvo un impacto extraordinario y que detonó la organización de un partido antirreeleccionista nacional

En el libro, Madero hizo suyo el liberalismo de los intelectuales opositores a Díaz. Enarboló como banderas la democracia política y la restauración plena de la Constitución de 1857, fundada en los principios de la república democrática, representativa, popular y federal. Madero era un demócrata sincero y quería un cambio político; estaba convencido de que todas las transformaciones que el país necesitaba vendrían como ineludible consecuencia del mismo. Si el pueblo tenía libertad para elegir y se respetaba su voto, escogería a buenos gobernantes que harían las leyes que resolverían los grandes problemas nacionales. Lo que el país necesitaba era una urgente apertura política y Díaz tendría que aceptarla o sería rebasado. Madero no era un revolucionario social, era un reformador y un demócrata que quería hacer los cambios necesarios de manera pacífica y a través de las instituciones. Su libro era un alegato de esa necesidad de transformar al país. La parte más importante del libro era la tercera, que partía de la pregunta fundamental: «¿Estamos aptos para la democracia?,» y su respuesta era definitiva: «*sí estamos aptos* para la democracia». Pero para que esta aptitud fuera posible, hacía falta «un vigoroso esfuerzo» de los mexicanos patriotas.

Madero proponía orientar ese esfuerzo hacia la organización de un partido «Nacional Democrático» con todos aquellos dispuestos a exigir el fin del poder absoluto, el respeto a la Constitución y a las leyes y a buscar «que la voluntad nacional pueda libremente intervenir en el nombramiento de los gobernantes». Ese partido debía tener un programa de gobierno lo más conciso posible, que partiría de los principios «Libertad de sufragio. No reelección.

Una vez obtenido el triunfo del primer principio y establecido en nuestra Constitución el segundo, entonces será tiempo de estudiar con entera calma y con las luces de la experiencia, cuáles serán las reformas que convenga hacer.» Y, tras fijar esos principios y dejar claro que ese partido debía organizarse de una vez, sin esperar la ausencia física o política del dictador, Madero advertía que si el gobierno en las próximas elecciones «recurre a medidas demasiado violentas para obtener su triunfo…bien puede darse el caso de que la Nación indignada por las violencias y por las persecuciones de que son víctimas sus buenos hijos, tan solo porque quieren hacer uso de sus derechos, se levante en masa y presenciemos otra revolución popular como la de Ayutla». Esta clara advertencia era la verdadera y premonitoria conclusión del libro.[1]

Mientras lo redactaba, mantuvo una activa correspondencia con personajes que habían manifestado la necesidad de buscar una alternativa democrática a la dictadura. Entre ellos estaba el licenciado Emilio Vázquez Gómez, quizás el primero en oponerse seria y sistemáticamente a las reelecciones de Díaz. Durante más de veinte años fue un crítico y opositor moderado de la autocracia porfirista, por lo que Madero se puso en contacto con él. Emilio contaría así su encuentro y la manera en que empezaron a organizar su movimiento:

> En una de sus cartas el señor Madero me dijo que luego que acabara la impresión de un libro que había escrito [...] me lo enviaría y se vendría a México a trabajar en la formación de un partido político independiente, y que entonces me vería y hablaríamos.
>
> Recibí aquel libro, y como en febrero de 1909, se presentó en mi despacho el señor Madero y hablamos sobre la formación del partido político que se deseaba. Desde luego, hubo acuerdo en que ese partido sería sostenedor del principio de No Reelección.[2]

Luego de varias conversaciones, Madero le llevó «un manifiesto a la nación, ya impreso, largo, apasionado, con palabras muy duras para la administración, sobre todo para el general Díaz.»

Vázquez le dijo que el manifiesto no serviría para formar un partido político, sino para llevar a sus firmantes a la cárcel. Madero reflexionó, y algunos días después «me trajo —dice Vázquez— unas bases breves, sin expresiones pasionales, claras y sencillas: califiqué esas bases como buenas y adecuadas», y fueron las mismas que sirvieron para convocar a crear el Centro Antirreeleccionista de México, que se fundó el 22 de mayo de 1909. Su mesa directiva, presidida por el licenciado Emilio Vázquez Gómez, quedó conformada por Francisco I. Madero, Toribio Esquivel Obregón, Filomeno Mata, Paulino Martínez, Félix F. Palavicini, José Vasconcelos, Luis Cabrera, Octavio Bertrand, Bonifacio Guillén, Felipe Xochihua y Manuel Urquidi, es decir, un próspero hacendado (Madero), cuatro abogados de prestigio (Vázquez, Esquivel, Vasconcelos y Cabrera), tres conocidos periodistas (Mata, Martínez, Palavicini) y otros cuatro representantes de las clases medias emergentes. Entre sus fundadores —ochenta personas asistieron a la primera reunión— se contaban otros jóvenes profesionistas e intelectuales que pronto habrían de cobrar fama, como Roque Estrada, Federico González Garza, Eduardo Hay y Alfredo Robles Domínguez.

El 15 de junio de 1909 se anunció al público la existencia del Centro Antirreeleccionista mediante una encendida proclama que iniciaba con la evocación del centenario que estaba por celebrarse: «El año entrante, cuando nuestra patria cumpla cien años de haber proclamado su independencia, deberemos resolver un problema fundamental, de cuya solución dependerá nuestro porvenir como nación libre y soberana»: el problema era acabar con la reelección indefinida del presidente, que había concentrado en sus manos un poder absoluto y se había convertido en el nudo de los males nacionales.

A esto debemos atribuir que ahora la justicia ampara al más fuerte; que la instrucción pública se imparte sólo a una minoría de quienes la necesitan; que los mexicanos son postergados a los extranjeros; que los obreros mexicanos emigran al extranjero en busca de más garantías y mejores salarios; que se han emprendido guerras sangrientas, costosas e inútiles contra los yaquis y los mayas; que se han hecho peligrosas concesiones al extranjero; y por último, que el espíritu público está aletargado, el patriotismo y el valor cívico deprimidos. Lo que actualmente pasa en nuestro País, causa pena y vergüenza.

Los mexicanos tienen miedo de ejercer sus derechos cívicos, decía el manifiesto, por temor a la autoridad. Esa situación sólo tenía un remedio: la unión de los mexicanos amantes de su patria para poner fin a la autocracia, luchando por los principios de «Sufragio Efectivo, No Reelección». El primero, «para salvar a la República de las garras del absolutismo, volver a los Estados su soberanía, a los municipios su libertad, a los ciudadanos sus prerrogativas, a la Nación su grandeza». El segundo, para evitar que en lo sucesivo se adueñen del poder nuestros gobernantes y establezcan nuevas dictaduras; y por lo pronto, para obtener una renovación en el personal del Gobierno», para formarlo con ciudadanos «que quieran estar gobernados por la ley y no por un hombre». Para alcanzar esos propósitos, se conminaba a los ciudadanos a formar clubes antirreeleccionistas en todo el país. El manifiesto terminaba señalando: «MEXICANOS: ya conocéis nuestra bandera».[3]

Apenas publicado el manifiesto, Madero inició una serie de giras por buena parte del país, fomentando la fundación de clubes antirreeleccionistas. Con Madero nació la política mexicana moderna. Nunca en el país se había hecho política de esa forma. El partido antirreeleccionista fue el primer partido político de ciudadanos, formado con base en principios y no en personalidades. Ese partido realizó también las primeras campañas políticas modernas en el siglo xx mexicano. Madero, Félix Palavicini, Roque Estrada y los dirigentes antirreeleccionistas locales hablaron ante miles de personas en las plazas, caalles y auditorios, convocando a una lucha cívico-electoral para 1910. Madero estaba convencido, como lo muestran algunas de las cartas escritas en ese período, que las giras eran el medio más eficaz para la propaganda y la única manera en que un partido independiente, del que los periódicos hacían caso omiso, podía darse a conocer a nivel nacional. Su carisma, su apasionada oratoria, la convicción absoluta de la urgente necesidad de acabar con el poder absoluto y su gran capacidad de trabajo, lo convirtieron pronto en un dirigente nacional. El resultado fue que, a mediados de 1910, había clubes antirreeleccionistas en las principales ciudades el país y se había tejido una red política nacional independiente de ciudadanos, principalmente urbana, decidida a enfrentarse al poder.

Los clubes antirreeleccionistas de todo el país se erigieron en partido político en su convención nacional, celebrada en la ciudad de México los días 15 al 17 de abril de 1910, con la presencia de 120 delegados. De la Convención surgieron las candidaturas de Francisco I. Madero a la presidencia de la República y de Francisco Vázquez Gómez a la vicepresidencia. También se eligió la mesa directiva del Partido, encabezada por Emilio Vázquez Gómez y se aprobaron la plataforma electoral y los documentos básicos. La candidatura vicepresidencial del doctor Vázquez Gómez fue impulsada por Madero para atraerse a los reyistas, por ese entonces la principal fuerza opositora, que se encontraba en desbandada por la claudicación de Bernardo Reyes y de la que formaba parte el doctor Vázquez Gómez. Y efectivamente, el Partido Nacionalista Democrático, la cabeza organizativa del movimiento reyista nacional, encabezado por el ingeniero Alfredo Robles Domínguez y el periodista Juan Sánchez Azcona, asistió con sus delegados a la convención nacional del antirreeleccionismo y fundió sus fuerzas con el naciente partido maderista.

El 1º de mayo el nuevo partido mostró su fuerza en una manifestación en la que participaron unas 7 000 personas; una semana después Madero reanudó sus giras, ya como candidato presidencial. Entre el 8 y el 29 de mayo, entusiastas multitudes aclamaron al candidato opositor en Guadalajara, Puebla, Xalapa, Orizaba y la ciudad de México. El acto más significativo de esa gira fue en Puebla, no solo por la cantidad de asistentes, sino por la presencia de los jefes del antirreeleccionismo poblano.

Entre los obreros textiles de los llanos de Puebla-Tlaxcala y del vecino valle de Orizaba, había calado con fuerza la propaganda magonista y los efectos de la huelga textil de 1906 y la masacre de Río Blanco habían dejado importantes secuelas de organización y resistencia en algunos círculos de obreros y artesanos. Así, muchos de los obreros que habían participado en el movimiento de 1906 se involucraron en el maderismo y eligieron de entre ellos a sus dirigentes, entre los que destacaba el zapatero socialista Aquiles Serdán.

Cuando comenzó el movimiento maderista a Porfirio Díaz le preocupaba mucho más acabar con el reyismo. Díaz temía más a Reyes, el militar más popular en el ejército, con muchos apoyos y amarres a nivel nacional y del que sospechaba pudiera levantarse en armas. Madero se aprovechó de ese relativo menosprecio para avanzar en consolidar la organización de sus fuerzas y pudo darle una dimensión nacional a su partido. Una vez que Díaz logró someter a Reyes, quien no se atrevió a desafiar a su jefe y prefirió abandonar el país, Díaz creyó que podía hacer lo mismo con el antirreeleccionismo. Sin embargo, Madero era un personaje atípico: no se había formado en el sistema político porfiriano y por lo tanto no asumía sus códigos y valores ni se sentía comprometido con él. Díaz creyó que podía desactivar el maderismo como había desactivado todas las disidencias de las elites en el pasado: con señales de su desacuerdo, intentos de cooptación y amenazas. Pero Madero no entendía ni respetaba esas señales e hizo lo que ninguno de los líderes opositores anteriores se había atrevido a hacer —salvo el caso extremo de los magonistas—: enfrentar abiertamente al viejo líder. Díaz seguía pensando y ejecutando la política del cacique del siglo XIX; Madero, en cambio, comenzaba a hacer la política del ciudadano del siglo XX. Eran dos visiones y dos lógicas irreconciliables. Por eso, cuando Díaz se dio cuenta de que no podía neutralizar pacíficamente a Madero, y que este era un verdadero desafío a su poder decidió reprimirlo. Hubo arrestos y persecuciones en Puebla y otros lugares, no obstante lo cual más de 25 000 personas se reunieron el 14 de

mayo de 1910 para aclamar a Madero en la capital poblana. Inmediatamente después de la visita de Madero, el gobierno del
estado arreció la represión, encarcelando o desterrando a Quintana Roo a medio centenar de activistas. Esta oleada represiva
coincidió con el recrudecimiento de la persecución de los maderistas en todo el país. En diversas localidades fueron encarcelados
los maderistas más visibles y el propio Madero fue aprehendido
en Monterrey y conducido a la penitenciaría de San Luis Potosí,
en la que fue encerrado el 21 de junio de 1910, cinco días antes
de la primera ronda electoral, que se realizó, según los antirreeleccionistas, en medio de «omisiones, comisiones y abusos de
toda especie». La segunda ronda, el 10 de julio, fue de mero
trámite, pues ya los porfiristas se habían asegurado los votos de
casi todos los electores. El maderismo parecía haber sido derrotado. Sin embargo, Madero había tenido un notable éxito y había logrado avances importantes e impensables para su movimiento un año antes: el Partido Nacional Antirreeleccionista era
una organización nacional, con cientos de clubes en las principales ciudades del país; había logrado encauzar la insurgencia cívica que había despertado con el reyismo y la había conducido a
un enfrentamiento frontal contra el sistema porfirista; Madero
se había convertido en un conocido y carismático líder nacional
y se había investido de una legitimidad política que no había
logrado ninguno de los líderes opositores anteriores a él.

Madero fue todavía más lejos: desde su prisión potosina instruyó a sus seguidores a que documentaran el fraude electoral y
que impugnaran la elección que había otorgado a Díaz la presidencia por séptima vez ante las instancias legales correspondien-
tes. Los dirigentes de los clubes antirreeleccionistas de todo el
país, o quienes tomaron su lugar por la prisión de los maderistas
más connotados, levantaron actas pormenorizadas de las violaciones a las leyes electorales y demás actos fraudulentos cometidos
por las autoridades durante las elecciones, y las enviaron al Comité Ejecutivo Electoral, encabezado por Federico González Garza,
segundo vocal en funciones de presidente, pues los jefes de la or-

ganización nacional estaban presos o escondidos. Como explicaría Roque Estrada en 1912:

> En medio de encarcelamientos y persecuciones, el Comité Ejecutivo iba determinando la evolución del Partido. El señor Lic. Federico González Garza, erguido en aquel ambiente de amenazas y zozobras, recababa los datos necesarios para la confección de un «memorial» que debería presentarse ante la Cámara de Diputados en solicitud de la nulidad de las elecciones.[4]

Con el auxilio de los pocos miembros del Comité que permanecían activos y libres, Federico González Garza reunió la documentación y le dio un sólido sustento jurídico, presentando el 1º de septiembre el extenso Memorial y la copiosa documentación adjunta «a la mesa de la Primera Junta Preparatoria de la Cámara de Diputados Correspondiente al XXV Congreso de la Unión», erigido en colegio electoral.

El «memorial» es un interesante documento que explica y documenta las formas del fraude, así como las amenazas y la violencia latente que privaron en numerosas localidades el 26 de junio, día de la primera ronda electoral.

> El fraude fue en todas partes descarado; las mesas estuvieron en continua comunicación con las autoridades políticas y con los jefes de policía; si los antirreeleccionistas estaban por ganar una elección, rápida y disimuladamente se sacaba del cajón de la mesa un fajo de boletas falsificadas y por arte de prestidigitación todas las cosas cambiaban y cuando no se tenían ocultas esas boletas en el acto llegaba un gendarme con el rollo de falsas boletas y las ponía en manos del presidente, diciéndole, unas veces con infinito descaro y otras con absoluta inconsciencia, que se las enviaba el jefe político, el presidente municipal o el «leader» corralista que en automóvil recorría casillas para atender en el acto cualquier emergencia de esa naturaleza.[5]

Por las múltiples violaciones a las leyes electorales documenta-
das concluía: «existe un íntimo, sincero y profundo convencimiento de que las elecciones verificadas en los meses de Junio y
Julio de este glorioso año del Centenario, fueron en su inmensa
mayoría, completamente nulas por haber sido violadas las leyes
tutelares del procedimiento electoral». Por lo tanto, y de acuerdo
con las leyes vigentes y los preceptos constitucionales vigentes, los
antirreeleccionistas mostraban que las causales previstas para declarar la nulidad de una elección estaban «perfectamente compro-
badas» y eran «plenamente suficientes» para declarar nulas las
elecciones.

El régimen de Díaz, ufano y en plena euforia celebratoria del
Centenario de la Independencia, hizo caso omiso de esas denuncias. Así, el 10 de septiembre la primera comisión escrutadora dio
su respuesta «a los CC. Federico González Garza y demás signa-
tarios del memorial de primero de septiembre de mil novecientos
diez, que no ha lugar a lo que objetan».[6] Los antirreeleccionistas
presentaron nueva documentación el 23 de septiembre y el 27
recibieron la respuesta definitiva de la Gran Comisión, tan caren-
te de explicaciones y argumentos como la primera: «no ha lugar».
Al día siguiente la Cámara de Diputados hizo la declaración formal del triunfo de Díaz y Ramón Corral (candidato a vicepresidente en fórmula con Díaz) y ese mismo día el Comité Ejecutivo
Electoral Antirreeleccionista se disolvió por haber concluido la
misión para la que había sido electo.

Canceladas por el régimen las vías legales y pacíficas del cambio, perpetrado un fraude descarado e innecesario, puesto que
Díaz habría ganado de todas maneras en una elección limpia —en
virtud del peso de la maquinaria estatal, de las inercias políticas
de tantos años, del control corporativo y tutelar del voto en las
comunidades rurales y de la escasa experiencia y conciencia democrática en el México de entonces—, Madero nuevamente dio
un paso más allá que confirmó su dimensión como líder con una
visión estratégica: decidió que estaban dadas las condiciones para
una insurrección, que tenía la legitimidad para llamar a ella y que

no quedaba otro camino que la vía armada para derrocar a un caudillo empecinado en mantenerse en el poder. Escapó de San Luis Potosí, donde estaba en libertad bajo caución, y se estableció en San Antonio, Texas, a donde llamó a sus colaboradores más cercanos para preparar la insurrección. Llevados por esa lógica, Madero y sus compañeros discutieron y redactaron un plan insurreccional, que fecharon el 5 de octubre, último día que Madero estuvo en San Luis Potosí.

El Plan de San Luis es uno de los documentos más trascendentales en nuestra historia. En él se declaraba burlada la soberanía nacional, cuya representación asumía Madero, se desconocían todos los poderes electos en junio y julio y se llamaba a la rebelión contra el gobierno a partir del 20 de noviembre de 1910 a las 6 de la tarde. En el artículo 3º se incluyó un párrafo de imprevisibles consecuencias:

Abusando de la ley de terrenos baldíos, numerosos pequeños propietarios, en su mayoría indígenas, han sido despojados de sus terrenos por acuerdo de la Secretaría de Fomento o por fallos de los tribunales de la República. Siendo de toda justicia restituir a sus antiguos poseedores los terrenos de que se les despojó de un modo tan arbitrario, se declaran sujetas a revisión tales disposiciones y fallos y se les exigirá a los que los adquirieron de un modo tan inmoral, o a sus herederos, que los restituyan a sus primitivos propietarios, a quienes pagarán también una indemnización por los perjuicios sufridos.[7]

El Plan terminaba con una nota que instruía a los conjurados a no difundirlo fuera de los círculos más seguros, sino hasta después del 15 de noviembre, pero la verdad fue que circuló con mayor profusión de la prevista y las redes antirreeleccionistas fueron transformándose parcialmente en redes de la conspiración. Hubo un necesario recambio de líderes, pues no todos los que habían figurado en primera fila en la lucha política estaban dispuestos a encabezar una rebelión, y muchos que habían visto escépticamente aquélla se comprometieron rápidamente con la lucha armada. De ese modo, la organización antirreeleeccionista intentó dejar de ser un partido político para pasar a la clandestinidad y convertirse en una amplia red conspirativa. Sin embargo esa transformación no era un paso fácil. El maderismo había sido un exitoso movimiento cívico electoral asentado en las principales ciudades del país. Convertir un movimiento cívico en una organización insurreccional rebasaba las posibilidades del movimiento, que no tenía la preparación, los cuadros, los recursos ni la experiencia para la lucha armada. La única que sí estaba preparada para ello, pero que nunca tuvo una dimensión considerable, ni siquiera a nivel local o municipal, la magonista, había sido derrotada y se encontraba marginada, con sus principales líderes presos en el exilio y los líderes que quedaban de esa corriente, en el norte, tenían una escasa influencia y no pudieron disputarle a Madero el liderazgo del movimiento cuando este ocurrió.

Madero no se arredró ante esas dificultades y siguió con sus planes. Los jefes designados por Madero que se comprometieron con la rebelión empezaron a reunir armamento, aunque en algunas regiones, sobre todo del norte, muchos hombres de campo ya estaban armados. Las redes de conspiradores y contrabandistas funcionaron muy bien en la frontera, pero en el centro del país y en la Comarca Lagunera la policía obró con celeridad, desmantelando la rebelión antes de su inicio.

El golpe policiaco más espectacular ocurrió en Puebla, donde la oleada represiva había diezmado las filas maderistas desde septiembre de 1910, aunque el principal líder maderista de la entidad, Aquiles Serdán, pudo huir a los Estados Unidos, para regresar clandestinamente al país a fines de octubre, dispuesto a iniciar la lucha armada a que convocaba el Plan de San Luis. Serdán consiguió armas y diseñó un plan para adueñarse de Puebla en la noche del 19 al 20 de noviembre, pero no pudo llevarlo a cabo: la policía allanó las casas de varios compañeros y Serdán ordenó adelantar los planes para la noche del 18, pero esa misma mañana llegó la policía, cuyo jefe, Miguel Cabrera, llamó a la puerta de la casa donde esperaban los hermanos Serdán y una veintena de compañeros, siendo muerto en el acto por las balas disparadas por Aquiles, iniciándose así un desigual combate que duró tres horas en la que cayeron la mayoría de los rebeldes hasta que los últimos maderistas se rindieron. Aquiles Serdán se ocultó en el sótano hasta la mañana siguiente, cuando fue encontrado y asesinado. Esta acción descabezó al maderismo en Puebla y Tlaxcala. La muerte del jefe policiaco Miguel Cabrera y del conspirador revolucionario Aquiles Serdán, además de otros 21 maderistas y cuatro policías, marcó el final de la lucha cívica y el inicio de la lucha armada.

2. LA LUCHA ARMADA

Francisco I. Madero creía que su llamado a las armas tendría una respuesta masiva y espectacular. Pensaba que más que una guerra civil, una especie de huelga general armada en las principales ciudades del país, con el apoyo de un sector del ejército, derribaría en pocos días a la dictadura, pero esos planes eran una ilusión y fallaron por completo: el 20 de noviembre apenas una ciudad de mediana importancia, Gómez Palacio, Durango, cayó en manos de los maderistas, que fueron inmediatamente desalojados y dispersados, y sólo remotas poblaciones en algunos estados fueron controladas temporalmente por grupos armados que se pronunciaron contra el gobierno.

La medida del fracaso pudo medirse en los planes para apoderarse de Ciudad Porfirio Díaz (hoy Piedras Negras), en los que había participado directamente Francisco I. Madero. La ciudad fronteriza debía convertirse en la sede del gobierno provisional anunciado en el Plan de San Luis, pero el desaforado optimismo de Madero se encontró ese día con sólo un puñado de partidarios en el margen mexicano del Bravo, y enfrente con una guarnición advertida y preparada. Madero no pudo siquiera ingresar al territorio nacional y regresó a San Antonio, donde sus parientes y casi todos los miembros de su círculo íntimo le propusieron que, visto el fracaso, desistiera de sus proyectos revolucionarios, pero aunque vacilante, el líder se mantuvo a la expectativa, sin ceder a la presión. Madero se ocultó en Santo Antonio y luego en Nueva Orleáns, donde incluso pensó embarcarse para Europa. Estuvo escondido en Estados Unidos los siguientes dos meses después del 20 de noviembre.

La revolución urbana, de terciopelo, de clases medias, planeada por Madero no ocurrió. El movimiento cívico electoral antirreeleccionista de las ciudades no se convirtió en movimiento armado. Ni los obreros ni las clases medias de las ciudades lo secundaron y mucho menos algún sector del ejército, como ilusamente había creído el líder coahuilense. En cambio, se produjo una rebelión muy distinta, mayoritariamente rural, de diversos grupos vinculados al campo que se rebelaron no por lo que quería Madero en el Plan de San Luis, para acabar con el régimen de Díaz y establecer la democracia, sino por una variedad de motivos, entre los que destacaban los problemas agrarios y los agravios sociales y políticos, en contra de la elites y las autoridades locales. La revolución política en la que había pensado Madero muy pronto se convirtió en una masiva revolución social, porque aunque fallaron los cálculos de Madero, el 20 de noviembre sí fue una campanada cuyo tañido de mayor significación, pero no único, se dio en Gómez Palacio, Durango, donde los maderistas se apoderaron de la ciudad encabezados por el tranviario Jesús Agustín Castro y el herrero Orestes Pereyra. Y aunque fueron desalojados pocas horas después por las fuerzas del gobierno, su acción, así como el pronunciamiento de otros grupos en las cercanías de San Pedro de las Colonias y Matamoros, hizo de la Comarca Lagunera un foco revolucionario sólo superado por Chihuahua, del que saldrían numerosos soldados y jefes que harían carrera revolucionaria en los años por venir.

En otras partes del país, hubo acciones de armas y motines aislados: Cesáreo Castro, amigo de Venustiano Carranza (este un veterano político local, quien había sido senador y gobernador provisional de Coahuila y seguidor de Bernardo Reyes, en quien Madero pondría una confianza creciente en los siguientes meses), se levantó en armas en la región de Cuatro Ciénegas; el compañero de Aquiles Serdán, Juan Cuamatzi, al frente de un grupo de indígenas, ocupó San Pablo, Tlaxcala; Cándido Aguilar se pronunció cerca de Paso del Macho, Veracruz, con los trabajadores de la finca familiar y algunos vecinos y compañeros; en el mismo estado, Camerino Mendoza y Gabriel Gavira, al frente de algunos obreros textiles, atacaron el palacio municipal de Río Blanco; Rafael Cepeda y Pedro Antonio de los Santos salieron con varios compañeros, en son de guerra, del mineral de San Pedro hacia la ciudad de San Luis Potosí, pero se dispersaron en cuanto supieron que el 20 de noviembre había resultado un fracaso; finalmente, el arriero Domingo Arrieta ocupó brevemente la población de Canelas, Durango, de donde salió para las escarpadas cumbres de la sierra de esa entidad.

Muchos de los protagonistas de estas acciones alcanzarían fama en los años siguientes pero, entretanto, todos fueron batidos y dispersados por las fuerzas del gobierno. Los rebeldes fracasaron en los pocos lugares en donde siguieron el llamado de Madero. La llama revolucionaria fue rápidamente extinguida por las fuerzas del gobierno y pareció que la revolución quedaría en una vana quimera. Sin embargo, hubo una región del país en la que las cosas fueron distintas.

Fue en el estado de Chihuahua donde se produjeron los más significativos de los pronunciamientos del 20 de noviembre y donde, en menos de una semana, los rebeldes obtuvieron resonantes victorias en escaramuzas todavía poco importantes, pero que empezaron a preocupar al gobierno por el incremento notable de la revuelta. Antes de que terminara el mes, fuertes contingentes de soldados federales empezaron a llegar al estado grande. La revuelta de Chihuahua le dio vida y continuidad al llamado insurreccional de Madero, permitió que la llama de la revolución siguiera encendida y que su ejemplo se extendiera a otras regiones. En los dos meses que siguieron al 20 de noviembre, los rebeldes de Chihuahua —entre los que empezaron a destacarse Pascual Orozco y Pancho Villa—, enfrentaron prácticamente solos al ejército federal y su ejemplo contagió muy pronto a los rebeldes de otras regiones que se sumaron al desafío contra el régimen porfirista. El impacto de la revuelta chihuahuense y la entrada de Madero al país para ponerse al frente de la rebelión en febrero de 1911, fueron poderosas inyecciones al ánimo de los maderistas de todo el país, lo que alentó la multiplicación de las partidas rebeldes a partir de ese mes, hasta llegar a un punto, en mayo, en que los sueños maderistas del levantamiento masivo de la ciudadanía parecían acercarse a la realidad. Y aunque la caída de Díaz sólo puede atribuirse a la multiplicación nacional de las partidas guerrilleras, hay que reconocer en el grupo del occidente de Chihuahua el catalizador y detonador de la revuelta nacional.

Lo que ocurrió en Chihuahua fue una rebelión local que confluyó con el llamado a las armas que hizo Madero. La organización maderista en el estado pudo formar redes conspirativas clandestinas que prepararon e iniciaron la lucha armada en varios pueblos en los que había habido fuertes movilizaciones y luchas locales en los años inmediatos anteriores y en los que existía un fuerte descontento contra el gobierno del clan Terrazas-Creel. Más prudentes o más hábiles que en otros lugares del país, los maderistas estaban listos el 20 de noviembre. Pero tan pronto iniciaron los combates con las fuerzas del gobierno, grupos y personajes inesperados que no eran parte de los clubes maderistas del estado se sumaron a la lucha y saltaron a la fama, al igual que temas y problemáticas no previstos por Madero.

Los problemas sociales de Chihuahua —parcialmente compartidos con otros estados de la frontera norteña— fueron uno de los motivos por los que la rebelión política convocada y encabezada por los voceros de las clases medias y la burguesía emergente, se transformaron en una revolución social. Dadas las condiciones de guerra crónica de los colonos contra la tribus apaches hasta la década de 1880, así como el colapso en el siglo XIX de las estructuras gubernamentales, eclesiásticas, y de las haciendas, los pueblos tenían la necesidad y la costumbre de la autodefensa y el autogobierno, que retomaron en 1910, cuando se incorporaron masivamente a la lucha armada y se dieron rápidamente una organización y un mando propios que resultaron sumamente eficaces.

De esa manera, entre el 14 y el 21 de noviembre se pronunciaron contra el gobierno una veintena de partidas armadas, la mayoría de ellas en el occidente del estado. En pocos días los dirigentes clasemedieros designados por Abraham González, a quien Madero había nombrado jefe de la revolución en Chihuahua, fueron desplazados por los líderes pueblerinos elegidos por los propios rebeldes y que demostraron ser más capaces en el arte de la guerra. El 10 de diciembre, luego de varios combates exitosos, la mayoría de estos nuevos jefes eligieron comandante supremo al joven arriero Pascual Orozco Vázquez. Entre estos jefes surgidos desde abajo y electos por sus pares destacaban Francisco Villa, José de la Luz Blanco, Toribio Ortega, Luis A. García, Marcelo Caraveo y los magonistas José Inés Salazar y Lázaro Alanís. El origen popular, ranchero o pueblerino y el estilo bronco de estos nuevos dirigentes quedó de manifiesto el 12 de diciembre, cuando Pascual Orozco, luego de despedazar una columna federal, ordenó embalar los uniformes recogidos a los enemigos muertos, heridos y prisioneros, y se los envió a Porfirio Díaz con la siguiente nota: «Ahí te van las hojas, mándame más tamales».

Las victorias de los rebeldes de esa región obligaron a Díaz a concentrar ahí a una parte importante del ejército federal, que constaba aproximadamente de 30 000 hombres. Para principios de 1911, tan solo en el distrito Guerrero, del occidente de Chihuahua, había cerca de 2 500 federales y otros tantos en el resto del estado: la sexta parte de un ejército que tenía además que guarnecer las ciudades, los ferrocarriles, los puertos y demás instalaciones estratégicas de todo el país. Esa fuerte presencia federal en el estado norteño había obligado a Orozco a trasladar su principal base de operaciones del distrito Guerrero al de Galeana (es decir, de la sierra al noroeste de Chihuahua), y había causado algunas derrotas poco significativas a los rebeldes, aunque en una de ellas, en Janos, murió Praxedis Guerrero, uno de los más destacados compañeros de Ricardo Flores Magón.

A comienzos de febrero de 1911, Orozco amagó tomar Ciudad Juárez y obligó a los federales a abandonar casi todas las poblaciones del estado y concentrarse en las líneas ferroviarias. Esa acción abrió el espacio para que Madero, después de varios intentos fallidos, pudiera por fin entrar a territorio nacional. En la madrugada del 14 de febrero, con medio centenar de exiliados, el jefe del antirreeleccionismo, decidido a convertirse en el jefe real y no solo formal de la revolución, cruzó el río Bravo y se estableció en Guadalupe, donde lo alcanzaron parte de las fuerzas de Orozco, quien había regresado al distrito Guerrero para recuperar las poblaciones abandonadas por los federales.

El 6 de marzo, al frente de 600 hombres Madero atacó Casas Grandes, en un combate en que se probó la incompetencia de los oficiales traídos por Madero de Texas y que no terminó en un desastre absoluto porque, para fortuna de Madero, Orozco acababa de llegar a Galeana con su gente y envió a Heliodoro Olea y Luis García a rescatarlo. A pesar de ese fracaso, Madero pudo imponer su liderazgo sobre los rebeldes chihuahuenses porque era una figura nacional, tenía la legitimidad de haber sido él quien había convocado a la revuelta y demostró la habilidad política y la valentía para subordinar a los líderes rebeldes, ninguno de los cuales tenía todavía la dimensión para disputarle el liderazgo.

El 24 de marzo Madero y Orozco, ya unidos, arribaron a la hacienda de Bustillos, donde dieron la orden de que se concentraran ahí todas las fuerzas de Orozco, así como las de otros capitanes que operaban de manera más o menos independiente —como Pancho Villa, que llegó al frente de 700 jinetes bien armados—, mientras la rebelión ardía en las regiones de Ojinaga, Parral, Villa Aldama y Ciudad Camargo, al mismo tiempo que los rebeldes del norte de Durango y La Laguna acrecentaban sus acciones y cada vez más grupos, siguiendo el ejemplo del norte, tomaban las armas en el resto del país.

La concentración de fuerzas en Bustillos tenía por objeto el inicio de la ofensiva sobre las posiciones federales, fijándose como primer objetivo Ciudad Juárez, hacia donde partieron los revolucionarios. En el camino se suscitó un incidente altamente significativo entre Madero y los jefes magonistas de Galeana, que motivó que estos desconocieran la autoridad de Madero quién, a su vez, ordenó a Pancho Villa que los desarmara y los enviara arrestados a Ciudad Guerrero. En el camino, la escolta, formada por hombres de Orozco, permitió que sus compañeros de armas se fugaran. No fue ésa la primera diferencia entre Madero y los jefes de origen popular, pero el líder de la revolución empezó a observar que algunas de esas diferencias no tendrían solución.

El 19 de abril 2 000 revolucionarios pusieron sitio a Ciudad Juárez, defendida por 900 soldados federales. Los sitiadores estaban nominalmente a las órdenes de Madero, pero en realidad sólo obedecían a sus jefes rancheros y, sobre todos los demás, a Orozco y Villa, cuya autoridad sobre los otros jefes terminó de imponerse durante las tres semanas que estuvieron acampando frente a Ciudad Juárez.

Sólo tres días habían combatido los rebeldes contra las avanzadas de las fuerzas federales encerradas en Ciudad Juárez cuando, el 23 de abril, Madero aceptó el armisticio propuesto por los representantes de Díaz. El gobierno del viejo caudillo había mostrado su incapacidad para contener una revuelta rural desperdigada por muchos lugares del territorio nacional y, con el regreso de Limantour al país, quien había estado en Europa desde antes de las fiestas del Centenario de la Independencia, buscó afanosamente contener la revuelta maderista y negociar el cese de las hostilidades. Madero, quien tenía problemas para imponer su autoridad sobre los jefes rebeldes y evitaba ser rebasado por lo que se iba convirtiendo en una revolución social, aceptó de buena gana el ofrecimiento de cesar hostilidades porque además temía la reacción de los Estados Unidos si al reanudarse los enfrentamientos se afectaba a la población estadounidense de El Paso. Hasta el 8 de mayo los revolucionarios estuvieron estacionados frente a Ciudad Juárez sin combatir, mientras las negociaciones de paz se empantanaban. El armisticio, sin embargo, sólo era válido para un cuadrado comprendido entre Ciudad Juárez,

Casas Grandes, Miñaca y Chihuahua, por lo que en el resto del país continuó la lucha.

La larga inactividad frente a Ciudad Juárez hizo aparecer en las filas revolucionarias una creciente impaciencia. Orozco y Villa querían tomar la plaza, Madero se oponía. Esas discrepancias y tensiones, aunadas a la inseguridad y las vacilaciones, las pequeñas rencillas pueblerinas, las murmuraciones y las peleas que empezaban a aflorar, fueron advertidas por Orozco y Villa, quienes decidieron poner fin a esa situación. El 7 de mayo, en una larga reunión que sostuvieron con sus capitanes, unilateralmente y en contra de la opinión de Madero, diseñaron un plan para romper el armisticio y forzar la batalla, que inició el 8 de mayo y duró dos días. Unos y otros, federales y revolucionarios combatieron con valor. Sin embargo, la supremacía numérica de las fuerzas de Orozco y Villa y el aislamiento del ejército federal obligaron a la capitulación de la plaza. Con la toma de Ciudad Juárez terminó la guerra en Chihuahua y empezaron las negociaciones de paz. Sin embargo, aunque fue un acontecimiento decisivo, no fue la caída de Ciudad Juárez en manos de los rebeldes, lo que provocó la renuncia de Porfirio Díaz a la presidencia y el inicio de la transición: fue la multiplicación en buena parte del territorio nacional de los grupos rebeldes y la proliferación de la lucha guerrillera lo que para mayo de 1911 había rebasado la capacidad de respuesta del ejército federal y ponía en riesgo la continuidad del Estado porfiriano y los logros alcanzados durante la larga etapa de crecimiento económico.

El ejército federal había sido sistemáticamente debilitado desde 1902, por la rivalidad entre Bernardo Reyes y Limantour (este, desde la secretaría de Hacienda, había reducido el presupuesto de la institución armada de la que Reyes era su principal exponente) y por la desconfianza de Díaz de que un ejército fuerte podía significar un riesgo latente de levantamiento contra su gobierno. Creía que luego de la larga bonanza económica y la estabilidad política, lo que necesitaba el país era una buena administración y hacer a un lado la política y las armas. Así pues, se había reducido significativamente el número de las fuerzas armadas, disminuido su presupuesto y abandonado la reforma y modernización de la institución que había intentado Reyes cuando estuvo al frente de la Secretaría de Guerra en 1902. El ejército porfirista, que había sido muy efectivo para aplastar levantamientos indígenas y populares localizados y asilados en el siglo XIX, mostró su ineficacia y falta de movilidad y organización para combatir a una multitud de bandas guerrilleras que asolaron el medio rural y exhibieron las inercias, la lentitud y la incapacidad de la institución castrense que, desde marzo y abril, se concentró en la defensa de las principales ciudades y en los entronques ferrocarrileros y dejó el campo en manos de los rebeldes. La inmovilidad del ejército alentó a su vez la proliferación de bandas rebeldes. Además, los intentos de controlar una rebelión guerrillera extendida por la vasta geografía del campo mexicano exhibió la debilidad de un ejército federal relativamente pequeño, cuyos nuevos elementos de tropa, reclutados mediante la leva y movilizados hacia zonas que no conocían pronto perdían la motivación para el combate y eran incapaces de perseguir a las bandas rebeldes que hacían del conocimiento de la geografía local una de sus mayores fortalezas. Los intentos desesperados de Díaz y los gobernadores de los estados en los que había prendido más la rebelión para reclutar nuevas tropas mostraron también la falta de apoyo social y la incapacidad de las elites locales para defender sus intereses y combatir a los alzados. Sin perder todavía una gran batalla el ejército federal y Díaz estaban perdiendo estratégicamente la guerra al no poder controlar la proliferación de los levantamientos armados que cundieron conforme pasaban las semanas por buena parte del territorio nacional. Las medidas políticas de Díaz tampoco funcionaron. En abril Díaz hizo renunciar a todo su gabinete y sólo permaneció en el cargo Limantour, quien se convirtió en el operador político para tratar de salvar la crisis del régimen. Ofrecieron a Madero la renuncia de Ramón Corral a la vicepresidencia así como la mitad del gabinete federal a personas designadas por Madero así como la sustitución de 14 gobernadores. Esas ofertas, tuvieron el efecto contrario al que esperaban Díaz y Limantour, pues fueron interpretadas como un signo de debilidad de un régimen agonizante y sólo sirvieron para reafirmar la confianza de los rebeldes y para que estos aumentaran aún más sus exigencias.

En efecto: desde principios de 1911 puede advertirse una curva ascendente en las acciones revolucionarias, sean motines, pronunciamientos, ataques a instalaciones o fuerzas del gobierno u ocupación de pueblos y ciudades. Según consta en los archivos de la Secretaría de la Defensa Nacional, en noviembre de 1910 hubo 39 acciones de armas en siete estados, la mayor parte de ellas concentradas en los días 20 y 21 y en el occidente de Chihuahua. En diciembre se cuentan 44 acciones en nueve estados; y en enero de 1911, 52 acciones en siete estados. Esta curva ascendió bruscamente en febrero, llegando a 77 hechos registrados en 16 entidades y en marzo la cifra casi se duplicó, al llegar a 140 acciones de armas. Esa tendencia continuaría registrándose al acontecer 145 hechos de armas en abril y 199 en el mes de mayo.

Es importante situar geográficamente estas acciones militares para tener una comprensión cabal de los lugares en los que había prendido con más fuerza la revuelta y que luego serían bastiones maderistas. En Chihuahua, además de Ciudad Juárez y los distritos serranos, ocupados por grupos más o menos subordinados a Pascual Orozco, otras fracciones rebeldes se habían adueñado de las ciudades de Ojinaga, Camargo, Jiménez, Parral y varias más, por lo que la única población de importancia retenida por el gobierno era la capital del estado, aislada del resto del país. En esas acciones destacaron los chihuahuenses —o avecindados en Chihuahua— Toribio Ortega, Rosalío Hernández, Maclovio Herrera, Tomás Urbina y Manuel Chao, así como el coahuilense Cesáreo Castro, y el nuevoleonés Antonio I. Villarreal, que acababa de romper estrepitosamente con Ricardo Flores Magón, para unirse al maderismo.

También en el vecino estado de Durango y en la Comarca Lagunera las fuerzas del gobierno habían quedado reducidas a las ciudades de Durango y Torreón. En la primera semana de mayo de cinco a siete mil rebeldes cercaron Torreón. Los mandaba no-minalmente Emilio Madero, hermano del máximo líder de la re-volución, aunque los jefes reales de los rebeldes eran el tranviario Jesús Agustín Castro, el herrero Orestes Pereyra, el sastre Benja-mín Argumedo y el ranchero Sixto Ugalde. Poco después tam-bién sitiaron Durango los rebeldes comandados por el campesino agrarista Calixto Contreras y el arriero Domingo Arrieta.

Luego de más de diez días de combates, el 15 de mayo los fede-rales evacuaron Torreón, la segunda ciudad del norte de la Repú-blica. Tan pronto como los rebeldes notaron la ausencia de los fe-derales, algunos grupos empezaron a entrar a la plaza y unidos a los habitantes más pobres de Torreón, notoriamente bebidos unos y otros, saquearon los principales comercios y perpetraron una terrible matanza entre la numerosa colonia china. Demasiado tar-de para los chinos, Orestes Pereyra y Emilio Madero lograron po-ner fin a los desmanes. El saqueo de Torreón y la matanza de chi-nos aterrorizaron a las autoridades de Durango, que negociaron la entrega de la ciudad.

En el resto del estado de Coahuila, en los meses de marzo y abril fueron cayendo varias poblaciones en manos de los rebeldes y, tras la caída de Díaz, ocuparon Monclova varios centenares de rebeldes mandados por Pablo González, Lucio Blanco y Luis Alberto Gua-jardo, hombres de clase media acomodada cercanos a Venustiano Carranza. También pertenecían a los sectores medios los jefes del millar de rebeldes que ocuparon Saltillo: el doctor Rafael Cepeda de la Fuente, Eulalio Gutiérrez, Francisco Coss y Gertrudis Sán-chez. En los estados vecinos destacaron Alberto Carrera Torres, que se apoderó de Tula, Tamaulipas; y los hermanos Cedillo, que ocuparon Ciudad del Maíz, San Luis Potosí. En la huasteca pulu-laban innumerables bandas entre cuyos jefes sobresalía el joven abogado y próspero ranchero Pedro Antonio Santos; y en Veracruz brillaron Gabriel Gavira y Cándido Aguilar. En los estados del Noroeste se hicieron conocidos en mayo de 1911 los nombres de Benjamín Hill, Plutarco Elías Calles, Salvador Alvarado, Ramón Iturbe y Juan Banderas.

Entre tanto, en el sur, también en esos días, unos 4 000 insurrectos encabezados por el líder campesino Emiliano Zapata, tomaron la ciudad de Cuautla tras varios días de asedio, consolidando la posición de una revolución campesina que dio muestras muy tempranas de sus objetivos agraristas, al atacar varias de las principales haciendas azucareras del estado y esgrimir con fuerza la demanda de que los pueblos tenían que recuperar las tierras de las que habían sido despojados por los grandes propietarios.

La insurrección zapatista fue el ejemplo típico de una revolución campesina. Sus orígenes estuvieron en una problemática agraria de larga duración, cuyos antecedentes se remontaban a la época colonial, en la que tuvo lugar una áspera y centenaria disputa por los valiosos recursos naturales de los fértiles valles de Cuernavaca y Cuautla entre las comunidades indígenas y campesinas, propietarias originarias de esos recursos, y los hacendados azucareros asentados en la región desde los primeros tiempos de la Colonia. En esa añeja disputa, los pueblos habían perdido la mayor parte de sus tierras ante el avance de las haciendas desde fines del siglo XVIII pero mantuvieron sus reclamos a lo largo del XIX. Esos conflictos agrarios endémicos reaparecieron con gran fuerza cuando estalló la rebelión maderista en el norte del país contra el gobierno de Porfirio Díaz, coyuntura que fue aprovechada por los pueblos campesinos, que además de sus reivindicaciones ancestrales tenían nuevos motivos de descontento, pues ante el avance de la agricultura comercial y la modernización productiva de la agroindustria azucarera que tuvo lugar en el último tercio del Porfiriato se rompió el equilibrio y la simbiosis entre las haciendas y los pueblos mediante los cuales estos arrendaban temporalmente tierras de los hacendados para cultivar productos tradicionales con los que complementaban sus ingresos. Ante la modernización productiva y la mayor demanda de azúcar en el mercado nacional y de exportación, los dueños azucareros impidieron el acceso a esas tierras rentadas a los pueblos, algunos de los cuales se vieron orillados a reivindicar por la fuerza su derecho a cultivarlas y las ocuparon, como fue el caso del pueblo de Anenecuilco, cuyo líder natural, Emiliano Zapata, se convertiría en el principal dirigente del movimiento campesino morelense y cuya influencia muy pronto traspasó las fronteras de esa pequeña entidad.

La rebelión campesina zapatista fue organizada por dirigentes campesinos de los sectores rurales bajos y medios del campo morelense, por Emiliano Zapata, pequeño propietario de tierras y diestro jinete y domador de caballos, quien junto con líderes como Gabriel Tepepa, veterano de las luchas contra la intervención francesa originario de Jojutla, Pablo Torres Burgos, maestro rural y tendero, Otilio Montaño, también profesor rural de Villa de Ayala y líderes campesinos tradicionales como Genovevo de la O, carbonero del pueblo de Santa María Ahuacatita iniciaron una rebelión agraria que pronto se extendió por el estado y les permitió ocupar Jojutla en marzo de 1911, y en abril tomar Tepoztlán, Tepalcingo, Yautepec, Jonacatepec, Atlachaloaya y Tlayacapan, en Morelos, así como Tzicatlán, Alpuyeca e Izúcar, en Puebla, y llegaron también a Guerrero, ocupando Olinalá y Huamuxtitlán, para poner sitio a Cuautla el 12 de mayo, la que tomaron el 21, luego de nueve días de violentos enfrentamientos, con lo cual, al ocurrir la renuncia de Porfirio Díaz el zapatismo controlaba todo el estratégico estado morelense, con la excepción de la capital Cuernavaca.

En el vecino estado de Guerrero, la familia de rancheros de Huitzuco, los hermanos Figueroa, logró extender la rebelión y se convirtió en la principal fuerza insurgente de la entidad. El avance de la rebelión en el sur y la amenaza que constituía para la cercana ciudad de México, en la que comenzaron las movilizaciones populares exigiendo la salida de Díaz, fue uno de los factores que influyó en la decisión de Díaz de renunciar a la Presidencia, lo que ocurrió el 25 de mayo de 1911, pues tras la caída de Ciudad Juárez, Madero endureció su postura y exigió la renuncia inmediata de Díaz a la Presidencia de la República y de Ramón Corral a la Vicepresidencia.

Desde una perspectiva nacional, entre febrero y mayo de 1911 tuvo lugar una verdadera revolución popular con un carácter social muy diferente al que había planeado Madero. Fue una rebelión de grupos rurales y de una abigarrada mezcla de sectores populares del campo y, en menor medida, de las ciudades, entre la que figuraban campesinos con y sin tierra, arrendatarios, medieros, peones agrícolas, indígenas, rancheros, arrieros, artesanos, trabajadores textiles, mineros, ferrocarrileros, miembros de las clases medias, maestros, profesionistas y comerciantes, así como algunos personajes de las elites provincianas desplazadas o bloqueadas por el sistema político porfirista. Esa rebelión popular muy pronto mostró un alto grado de violencia. Las incursiones armadas contra poblaciones pequeñas y medianas con frecuencia terminaron en motines, saqueos, quema de oficinas públicas y de archivos, liberación de presos de las cárceles y, también, hubo muchos asesinatos de jefes políticos, policías rurales, comerciantes y autoridades vinculadas con el sistema de dominación porfirista a nivel local. La violencia también llegó a las haciendas: las bandas campesinas a menudo atacaron los cascos de ellas, quemaron sus campos de labor y asesinaron a sus administradores. Esa violencia de clase era indicativa de los múltiples agravios que los sectores populares habían acumulado en contra de las elites y autoridades locales y que estuvo en la base de su incorporación al llamado de Madero a las armas. Esa rebelión popular y violenta, esa furia que había generado sus propios liderazgos surgidos de abajo, sin embargo, era un movimiento con el que Madero y sus principales colaboradores no se identificaban. La revolución de Madero ponía énfasis en los cambios políticos y en la democracia como la vía para la transformación y el desarrollo del país. La revolución popular en la que se convirtió el llamado maderista a la insurrección, en cambio, ponía el acento en las transformaciones sociales y en la justicia. Muy pronto, una y otra se fueron distanciando y eso se reflejó en la decisión prematura de negociar entre Madero y Díaz para poner fin a una revolución en ascenso que amenazaba con arrasar con el orden y las instituciones prevalecientes y que ponía en riesgo los privilegios de las clases acomodadas.

Hay que subrayar, además, que la incapacidad del ejército para acabar con la revuelta y la debilidad de Díaz al iniciar pláticas de paz en abril y al realizar medidas políticas desesperadas e infructuosas, como fue la renuncia en ese mes de todo el gabinete, menos Limantour, y la remoción de los gobernadores de los estados en donde más fuerza tenía la rebelión, lo que provocaron fue dar más confianza a los rebeldes y fortalecer a los dirigentes cercanos a Madero que tenían una postura más firme de exigir la salida del dictador. Se produjo también un efecto de cascada luego de la toma de Ciudad Juárez, pues muchas de las ciudades medias y varias de las capitales de los estados fueron tomadas por los rebeldes, en ocasiones, sin resistencia. El incremento exponencial en la confianza y en la actividad de las bandas rebeldes contrastaba con la desmoralización y el pasmo del ejército, cuyos jefes quedaron como espectadores de lo que se decidía en Palacio Nacional. Con la toma de Ciudad Juárez comenzó a quebrarse la moral de Díaz y los pocos colaboradores en los que seguía confiando y eso repercutió también en la moral del ejército federal que ya no puedo reponerse del golpe.

¿Ahora bien, cuáles fueron las razones de la prematura caída de Díaz? En primer lugar, Porfirio Díaz y José Yves Limantour, quien siguió siendo el ministro más influyente y el de mayor confianza para el anciano gobernante, tomaron la decisión de capitular cuando se dieron cuenta de que no era posible desactivar una revolución popular, sobre todo rural, que había cundido en muchas partes del territorio nacional y que había rebasado la capacidad de respuesta del ejército federal. Fue una decisión estratégica que tomaron para evitar más derramamiento de sangre y porque comprendieron que no podían ganar la guerra y que entre más se prolongara esta iba a ser más costosa y destructiva. En segundo lugar, porque con su renuncia, Díaz trató de preservar los logros del régimen porfirista y de garantizar la continuidad de las instituciones y de la ruta que él había trazado. En tercer lugar, porque Díaz y Limantour, con las manifestaciones populares de la ciudad de México exigiendo su salida y la rebelión zapatista a pocos kilómetros al sur de la capital, se dieron cuenta de que no tenían el respaldo de la población y eso quebró definitivamente la moral y el orgullo que conservaban. Como comentó Limantour poco después y el propio Díaz lo expresó en su renuncia, habían perdido la confianza de la población. Finalmente, porque ambos temían una intervención de Estados Unidos y la movilización de 20 000 soldados estadounidenses a la frontera con México que decidió el presidente de ese país en abril de 1911, los convencieron de que era muy probable que si la guerra se prolongaba el poderoso vecino del norte no dudaría en invadir nuestro país. Limantour expresó con claridad ese razonamiento en una carta que le envío desde Francia a Manuel Flores pocos meses después de la caída de don Porfirio:

> Ni en nuestra historia ni en la de ningún otro pueblo que yo conozca, se ha dado el caso de que un gobierno fuerte, con un ejército fiel y las arcas repletas de dinero, entregara el poder a los primeros cañonazos serios de los revoltosos, movido solamente por la persuasión de que había perdido el apoyo de la opinión pública y de que la guerra civil traería la intervención extranjera; y de que los hombres de la revolución, sin grande esfuerzo, se apoderaran de la situación encontrándose con la mesa puesta, los servicios bien organizados, el crédito inmejorable y… con la disolución completa y definitiva del antiguo partido con el cual se levantaron. Se les entregó todo y se les dejó el campo libre de adversarios.[8]

El pensamiento de Limantour es diáfano y expresa la conciencia que tenían de las causas de su derrota: habían perdido el apoyo de la sociedad —de la opinión pública, en sus palabras—, temían la intervención estadounidense y querían que los revolucionarios conservaran lo que ellos habían creado. Por eso admitieron su derrota. Y aunque Limantour no lo dice, entregaron el poder porque su ejército no pudo derrotar a las múltiples bandas revolucionarias y no tenía sentido prolongar una guerra que desde los primeros movimientos estaba ya perdida.

Madero, por su parte, también tenía poderosas razones para negociar con Díaz el fin de la revolución que encabezaba. Estaba al frente de una revolución popular, de carácter plebeyo, con un alto grado de violencia de clase con la cual no se identificaba y que amenazaba con rebasarlo. Por eso, cuando pensó que había alcanzado su principal objetivo, la caída de Díaz, decidió que la revolución había triunfado y que era tiempo de iniciar la transición. Esa convergencia entre Madero y Díaz, aunque cada uno por distintos motivos, de negociar el fin de la rebelión y de preservar lo más posible el orden jurídico y las instituciones prevalecientes, cristalizó en el Pacto de Ciudad Juárez, que por un lado dio lugar a la renuncia al poder Ejecutivo federal de Díaz y de Ramón Corral, y presupuso la de todos los gobernadores y que dejó en el poder a un gobierno de transición que allanaría el camino de Madero a la presidencia, pero por el otro, preservó los poderes Legislativo y Judicial, así como del resto de las instituciones porfiristas. Con los acuerdos de Ciudad Juárez, Madero y Díaz negociaron poner fin a la primera etapa de la revolución, desarmar a las bandas revolucionarias y preservar el orden constitucional y los poderes públicos, tanto de la Federación como de las entidades federativas y formar un gobierno interino en el que estarían tanto representantes de la revolución como del régimen porfirista. La insurrección maderista había triunfado y se abría paso a la transición.

3. EL GOBIERNO INTERINO

El 26 de mayo de 1911, Francisco León de la Barra —quien había sido nombrado apenas dos meses antes secretario de Relaciones Exteriores del gobierno de Porfirio Díaz y antes había ocupado la embajada de México en Washington— asumió la presidencia interina de la República ante la renuncia de Porfirio Díaz a la presidencia y la de Ramón Corral a la vicepresidencia. La revolución maderista había triunfado y, como parte del compromiso pactado en Ciudad Juárez entre los líderes revolucionarios y el gobierno de Díaz, el grupo maderista aceptó compartir el poder con un sector de la clase política porfiriana. Comenzó así la transición entre el Porfiriato y la revolución, un período que, a pesar de su brevedad —tan solo duró seis meses—, fue uno de los más intensos y agitados en la historia de la Revolución mexicana.

Los miembros del gabinete pactado entre Madero y los representantes de Díaz fueron escogidos por su cercanía con el líder de la revolución, por su moderación y porque garantizaban un relevo del poder sin contratiempos, a través de una alianza con los principales grupos políticos tanto del régimen porfirista como de los revolucionarios. Así, participaron en él los maderistas Emilio Vázquez Gómez (secretario de Gobernación), Francisco Vázquez Gómez (antiguo exreyista y compañero de fórmula de Madero en la campaña electoral de 1910, en Instrucción Pública), Ernesto Madero (tío del líder de la revolución, amigo de Limantour y cercano a los *científicos*, en Hacienda), Rafael Hernández Madero (primo también de Madero, en Justicia) y Manuel Bonilla (en Comunicaciones). Asimismo, el régimen porfirista se aseguró de que al menos parcialmente los intereses de las elites económicas y políticas estuvieran protegidos a través de León de la Barra como titular del Poder Ejecutivo, del general Eugenio Rascón cómo ministro de Guerra y del reyista Manuel Calero como secretario de Fomento. Los otros dos poderes federales, las cámaras de Diputados y de Senadores, así como la Suprema Corte de Justicia, permanecieron sin ningún cambio. La composición del gabinete expresaba el deseo de Madero de iniciar una transición política sin sobresaltos; todos los elegidos se caracterizaban por su moderación y estaban vinculados a los principales grupos políticos de ese momento: los maderistas más cercanos a su líder, los porfiristas y los reyistas, y todos ellos estaban lejos de representar a los sectores populares más radicales y plebeyos que se habían destacado en las semanas previas de la insurrección.

Las tres tareas centrales del gobierno interino, acordadas también en el Pacto de Ciudad Juárez, fueron la pacificación del país, el desarme de las tropas revolucionarias y la organización de las elecciones federales para dar paso a un gobierno electo constitucionalmente. Sin embargo, para llevar a cabo esas tareas, el gobierno interino necesitaba la colaboración de Francisco I. Madero, el líder de la revolución triunfante, quien era en esos momentos la figura política de mayor influencia nacional y quien tuvo un papel central en ese período, pues muchas de las principales decisiones que tomó el presidente León de la Barra las hizo con el consentimiento de Madero. Por ello, el interinato se puede considerar como un cogobierno de *facto* entre Madero y León de la Barra, sobre todo en las primeras semanas, pues luego ambos personajes se fueron distanciando como consecuencia de la diferencia de intereses y de proyectos que representaban y el conflicto entre la autoridad legal y legítima que ambos representaban.

El primero de los problemas que tenía que resolver el gobierno interino era el de la pacificación, que implicaba el reconocimiento y subordinación de todos los actores políticos y militares a la autoridad estatal. Se requería someter al orden al ejército federal, a los rurales, a las policías locales y a las numerosas bandas rebeldes que habían continuado tomando poblaciones luego de la capitulación de Díaz. La pacificación del país se pudo llevar a cabo en las primeras semanas del interinato gracias a la colaboración de Madero con De la Barra y a la intermediación de destacados maderistas, como Alfredo Robles Domínguez, a quienes se encomendó la negociación con las fuerzas insurgentes en las distintas regiones del país.

En casi todas ellas, las tropas insurgentes acataron las instrucciones de detener los enfrentamientos con los federales y conservar las posiciones que habían alcanzado sin tener fricciones con el ejército ni atentar contra la población civil. La mayoría de las capitales y ciudades medias del país fueron tomadas pacíficamente por las tropas revolucionarias en los días inmediatos posteriores al Acuerdo de Ciudad Juárez. Sin embargo en otros lugares los federales se negaron a entregar las plazas y los líderes rebeldes se opusieron a obedecer las órdenes de Madero, por lo que hubo violencia, saqueos y choques con las fuerzas gubernamentales. Uno de los más notables disturbios ocurrió en Guadalajara, donde el gobernador porfirista ordenó disparar a una manifestación maderista que pedía su renuncia, por lo cual se originó un motín popular que duró varios días y que provocó la destitución del gobierno local. En Guanajuato, el líder maderista Cándido Navarro ocupó varias de las principales ciudades del estado con una alta dosis de violencia, con motines y saqueos a comercios y casas de la gente adinerada de las ciudades tomadas. Lo mismo ocurrió con la ocupación de Tehuacán por el maderista Camerino Mendoza, así como en Cholula y Tlaxcala. Ese mismo patrón se repitió en otros lugares como Durango, Culiacán, Mazatlán y Tampico.

No obstante, los esfuerzos de Madero y sus colaboradores, así como del gobierno provisional, lograron en pocas semanas la pacificación de todas las regiones, con excepción de Baja California, donde ocurrió un complicado levantamiento magonista en el que confluyeron voluntarios internacionalistas y mercenarios estadounidenses que lograron apoderarse de Tijuana y Ensenada y controlar ese lejano territorio fronterizo en el que los magonistas intentaban crear una república socialista. Para derrotarlos, el gobierno federal envió al ejército federal, que logró su cometido a fines de junio de 1911.

En términos generales, el desarme de las tropas rebeldes se realizó con relativo éxito. La mayoría de los contingentes insurrectos y sus respectivos jefes, no sin manifestar su desacuerdo, aceptaron el desarme y regresaron a sus regiones. Las fuerzas insurgentes, al momento del triunfo sobre Díaz, ascendían a unos 60 000 hombres, desperdigadas en buena parte del territorio nacional. En las primeras semanas del interinato, los líderes maderistas, a quienes se había encargado la tarea de convencer a los jefes rebeldes de que depusieran las armas y aceptaran el pago que se les hacía por sus servicios (en Chihuahua, por ejemplo, les dieron cincuenta pesos a cada combatiente, más 25 o 30 pesos por cada arma entregada), lograron que se desarmara a más de 50 000. Los restantes o bien fueron incorporados a las tropas irregulares de los estados

—sobre todo en el norte del país—, o bien se negaron a entregar las armas, como fue el caso de las tropas encabezadas por Emiliano Zapata quienes exigieron como condición que se cumpliera con el artículo 3º del Plan de San Luis, que establecía, como se ha visto, la recuperación de sus tierras por los pueblos que hubieran sido despojados de ellas.

El desarme no fue tampoco fácil, pues algunos de los jefes rebeldes querían mantener el mando de sus fuerzas e incorporarse a los cuerpos rurales, o bien tenían aspiraciones políticas y sufrieron un fuerte desencanto ante la postura de Madero de excluirlos. Tal fue el caso de jefes como Pascual Orozco, el principal y más popular líder de la revolución en el norte, quien quería competir por la gubernatura de Chihuahua, del poblano Camerino Mendoza, del guanajuatense Cándido Navarro, del veracruzano Gabriel Gavira y del duranguense Calixto Contreras, quienes querían construir una carrera política, luego de su importante papel en la rebelión, y vieron con malos ojos que se les hiciera a un lado, por lo que se retiraron a la vida privada temporalmente, desilusionados de la revolución maderista y esperando mejores tiempos para volver por sus fueros. Varios de ellos se rebelaron contra Madero poco tiempo después. La exclusión de esos jefes militares rebeldes, que habían sido la columna vertebral de la insurrección maderista, significó el comienzo de una ruptura en la amplia coalición revolucionaria y se convirtió en uno de los principales problemas políticos durante el interinato y en el gobierno constitucional de Madero. Muchos de los revolucionarios que en las semanas precedentes se habían dado cuenta de la fuerza de la insurrección triunfante, que habían logrado no sólo derrotar al ejército federal y deponer a Porfirio Díaz, sino también golpear los intereses y atemorizar a las elites locales que los oprimían, tenían fundadas esperanzas de que el triunfo de la revolución les traería beneficios inmediatos, que recuperarían sus tierras o podrían acceder a ellas quienes no la tenían, que obtendrían mejores salarios y que lograrían elegir a nuevas autoridades que respondieran a sus intereses y no a los de las familias pudientes. Para muchos de ellos fue una enorme decepción ver que Madero negociaba con sus enemigos, que el ejército federal al que se habían enfrentado y vencido permanecía intacto y que sus jefes y ellos mismos eran despedidos y enviados de regreso a sus hogares con apenas una suma simbólica de dinero que no compensaba el esfuerzo realizado. Esa frustración hizo más grande la fractura que ya había aflorado entre Madero y la mayoría de los grupos revolucionarios que querían continuar con la revolución y que tuvieron que entregar sus armas y esperar que los nuevos gobernantes que sustituyeron a las autoridades porfiristas comenzaran a cumplir las promesas revolucionarias.

La otra tarea del gobierno interino, la organización de las elecciones federales requería, como condición previa, que los estados y territorios de la República hubieran sido pacificados totalmente y que las nuevas autoridades locales se consolidaran en cada una de las entidades y pudieran organizar los comicios para renovar los poderes federales. Ese fue también un proceso complicado porque, aunque Madero en el Acuerdo de Ciudad Juárez había exigido la sustitución de 14 gobernadores porfiristas —precisamente en aquellos estados donde había tenido más fuerza la insurrección—, pronto se dio cuenta de que el proyecto revolucionario que encabezaba necesitaba la renovación completa de todos los gobernadores y jefes políticos de los territorios de la República.

De ese modo, desde las primeras semanas del interinato dio comienzo una verdadera revolución política en los estados. En menos de dos meses, se produjo el cambio de todos los gobernadores, todos ellos representantes del régimen porfirista y de las elites regionales, y accedieron al poder local gobernadores identificados con el maderismo. Para Madero el control de la política en los estados era fundamental para impulsar su proyecto de cambio democrático, por lo que puso particular empeño en que los nuevos titulares del poder en los estados fueran personajes cercanos a su partido y que fueran bien vistos por la gente de sus entidades. Así, fueron nombrados gobernadores interinos destacados miembros del maderismo que habían acompañado a Madero en la etapa electoral y que habían sido en la mayoría de los casos, los líderes del maderismo electoral en sus estados, como José María Maytorena en Sonora; Abraham González en Chihuahua; Venustiano Carranza en Coahuila; Guadalupe González en Zacatecas; Alberto Fuentes en Aguascalientes; Rafael Cepeda en San Luis Potosí; David Gutiérrez en Jalisco; Miguel Silva en Michoacán; Juan Castelazo en Guanajuato; Francisco Figueroa en Guerrero; Benito Juárez Maza en Oaxaca; Rafael Cañete en Puebla; Agustín Sánchez en Tlaxcala, Manuel Bonilla en Sinaloa y José María Pino Suárez en Yucatán. Poco después fueron nombrados Leobardo Chapa en Nuevo León; Luis Alonso Patiño en Durango; Manuel Mestre Ghigliaza en Tabasco; Manuel Castillo Brito en Campeche; Juan Carreón en Morelos; Espiridión Lara en Tamaulipas; Jesús Silva en Hidalgo; Rafael Hidalgo en el Estado de México, y León Aillaud en Veracruz. En las entidades restantes, en donde la revolución maderista apenas había tenido incidencia, también se llevó a cabo la sustitución de los gobiernos locales en los días posteriores: Trinidad Alamillo asumió el cargo en Colima, Alberto García Granados en el Distrito Federal, José Antonio Septién en Querétaro, Manuel Gordillo en Baja California Norte, Santiago Díaz en Baja California Sur y Manuel Sánchez en Quintana Roo.

Quienes ocuparon los gobiernos en los estados eran casi todos miembros destacados del maderismo en su etapa electoral. Nuevamente Madero prefirió que ocuparan el poder los líderes moderados provenientes de las clases medias urbanas y de las elites que lo habían acompañado durante el antirreeleccionismo, excluyendo otra vez a los jóvenes rebeldes populares que habían sostenido la insurrección. Con esa elección, Madero ratificaba que su verdadero proyecto de clase era el del maderismo antirreeleccionista y volvió a poner distancia con el radicalismo popular de la insurrección. La revolución había sido un paréntesis no deseado, aunque necesario; una vez logrado el triunfo Madero gobernaría con sus compañeros de la etapa electoral, no con los rebeldes populares con los que no se identificaba.

No obstante, los nuevos gobernadores, a pesar de su moderación, habían llegado al poder por obra de la revolución y representaban una esperanza de cambio. Varios de ellos, como Abraham González, en Chihuahua, y Rafael Cepeda, en San Luis, comenzaron a promover reformas que fueran resolviendo algunas de las demandas populares más sentidas, como la mejora en las condiciones laborales y la reforma agraria. Muchos cambios, sin embargo, se quedaron en el tintero por la brevedad de su mandato, pero sobre todo porque el escenario político nacional siguió convulsionado por la persistencia de problemas y disputas entre los viejos y los nuevos actores y por la inestabilidad política que caracterizó al interinato. Además, la sustitución de todos los gobernadores porfiristas por gobernadores maderistas provocó una renovación en cascada de los siguientes eslabones de autoridad local: los jefes políticos, los presidentes municipales y los jueces auxiliares.

Así, uno de los cambios más significativos producidos por la revolución maderista fue la sustitución completa, en todo el país, de las autoridades locales, sustitución que llevó al poder, en la mayoría de los casos, a gente comprometida con la revolución. Ese relevo, significó un cambio profundo en la política nacional y en los equilibrios de poder y fue una de las consecuencias inmediatas de la revolución. No obstante, fue un proceso complicado que generó nuevos problemas, pues alteró los viejos equilibrios entre las fuerzas políticas, las elites y los caudillos locales y contó con nuevos actores surgidos de la revolución que reclamaban una mayor presencia. Además, provocó también nuevas fracturas en la coalición maderista pues la mayoría de los gobernadores provisionales, que solamente podían ocupar su cargo por un breve período para permitir la organización de nuevas elecciones, se volvieron a postular como candidatos y utilizaron su puesto para obtener ventajas sobre sus adversarios. Así, gobernadores como Carranza, Lagos Cházaro, Abraham González o Miguel Silva, permanecieron en el gobierno hasta poco antes de las elecciones estatales, alargaron la convocatoria electoral para desgastar a sus rivales cuando estos tenían un fuerte arraigo, y se valieron del poder y de los recursos legales para debilitar a sus opositores. El caso más singular fueron las maniobras para impedir la postulación de Pascual Orozco al gobierno de Chihuahua (sin duda mucho más popular y con más apoyo que el candidato oficial maderista, Abraham González), a quien se le negó el derecho a ser candidato porque no cumplía con la edad establecida por la legislación estatal para hacerlo y de igual modo, con recursos legales o ilegales se obstaculizó la postulación de candidatos populares surgidos de la rebelión maderista como Gabriel Gavira en Veracruz, Martín Espinosa en Nayarit, y Juan Banderas en Sinaloa, quienes a pesar del papel destacado que habían tenido en la insurrección y de su popularidad local fueron nuevamente ignorados y vencidos por los candidatos más cercanos a Madero.

La revolución provocó también una nueva configuración de la política nacional. Con el empuje de la revolución y la caída del gobierno de Díaz se crearon nuevas fuerzas políticas nacionales. El partido antirreeleccionista de Madero se reestructuró y depuró sus filas, eliminando a aliados importantes como los hermanos Vázquez Gómez, quienes se fueron distanciando paulatinamente de Madero durante la fase insurreccional y una vez en el gobierno, sus ambiciones personales y posturas políticas distintas a las del líder coahuilense los alejaron todavía más, haciendo inevitable la ruptura. Madero cerró filas con sus seguidores más cercanos y creó un nuevo partido, llamado Constitucional Progresista, que pronto se convirtió en la principal fuerza política en el país, desplazando a los porfiristas y a los *científicos,* que habían dominado la política nacional por décadas. El nuevo partido maderista aprovechó la legitimidad y la popularidad de Madero para constituir una organización nacional en julio de 1911 y postuló a Madero para la Presidencia de la República y al tabasqueño José María Pino Suárez para la vicepresidencia.

Los porfiristas y los *científicos* fueron prácticamente borrados de la política nacional. Estigmatizados y criticados fuertemente como los causantes de los males del país que habían originado la revolución, casi toda la plana mayor porfirista tuvo que exiliarse. El resto de los sectores porfiristas tradicionales, desconcertados y sin un líder que los unificara, permanecieron a la expectativa, esperando que la fuerza y la popularidad de Madero se desgastaran para reorganizarse y buscar la revancha. Ente los viejos símbolos del porfirismo, sólo Bernardo Reyes, el viejo general que había rehusado desafiar a Díaz, regresó a México de su exilio europeo y reagrupó a sus partidarios, que lo postularon otra vez a la presidencia del país. Madero, cuya familia era enemiga de Reyes desde décadas atrás, había impedido el arribo de Reyes en las semanas postreras del Porfiriato, decisión en la que coincidieron Díaz y Limantour. Cuando finalmente pudo llegar al país, el régimen de Díaz, del que había sido uno de sus pilares, había pasado a la historia.

No obstante, Reyes todavía contaba con un gran prestigio dentro del ejército, por lo que Madero, deseoso de ganarse a los altos mandos militares y conocedor de la popularidad de Reyes en varias regiones del país, le ofreció la Secretaría de Guerra una vez que alcanzara la Presidencia. Sin embargo, esa alianza se vino abajo porque los jóvenes maderistas, y principalmente su hermano Gustavo A. Madero, el más influyente de sus consejeros, se opusieron a abrirle espacios a uno de los más connotados representantes del antiguo régimen. Reyes, además, conservaba la ambición de siempre y se dejó seducir por el canto de las sirenas de sus partidarios y de los grupos conservadores porfiristas que querían poner fin al clima de incertidumbre y amenazas a sus privilegios que había provocado la revolución y decidió postularse como candidato a la presidencia de la República.

La revolución alentó también, indirectamente, la constitución de otro gran partido nacional. En los días postreros del Porfiriato la jerarquía católica, encabezada por el arzobispo primado de México, Antonio Mora y del Río, temerosa de que el triunfo de Madero pusiera fin a la larga etapa de tolerancia que habían gozado los católicos durante el gobierno de Díaz, convocó a la creación de un Partido Católico Nacional. Esa fue la primera y la única vez en la historia política nacional que los católicos constituyeron un partido nacional con identidad propia. Con el apoyo de obispos y clérigos y gracias a la influencia de estos sobre una población mayoritariamente católica, así como al trabajo de los años finales del Porfiriato en los que los católicos comprometidos con la acción social habían constituido importantes redes y organizaciones católicas entre la población de varias de las principales ciudades, el nuevo partido pronto alcanzó una notable presencia, sobre todo en el centro y en el occidente del país. Los líderes católicos del nuevo partido, sin embargo, pronto se dieron cuenta de que la popularidad de Madero era todavía muy grande para disputarle la presidencia de la República y se agruparon en torno al presidente León de la Barra postulándolo como candidato a la vicepresidencia.

En ese clima, y con esas tres fuerzas políticas nacionales —maderistas, reyistas y católicos— comenzó la competencia electoral por la presidencia del país. No obstante, a pesar de que las nuevas y viejas fuerzas políticas iniciaron las contiendas electorales en un clima inédito de efervescencia y libertad, pronto quedó claro que el partido dominante era el maderista, el cual sacó provecho de la popularidad que conservaba Francisco I. Madero y utilizó a una parte del aparato estatal que controlaba para llevar al triunfo al líder de la revolución, quien no tuvo problemas para imponerse a sus rivales. La campaña de Bernardo Reyes fue hostigada sistemáticamente por los grupos maderistas más radicales, algunos de ellos encabezados por su hermano Gustavo, que sabotearon sus actos y efectuaron provocaciones para reventarlos. La candidatura de Reyes no creció. Madero conservaba mucha fuerza y el reyismo de 1911 no era el mismo de 1908-1909. Este había sido un movimiento de clases medias y sectores populares que buscaba abrir el cerrado sistema porfirista. El reyismo de 1911, en cambio, era un movimiento conservador, de restauración, de elites resentidas y temerosas ante la revolución y de sectores vinculados al régimen de Díaz. Sin embargo, aunque había renacido el clamor entre los grupos conservadores de la necesidad de una mano dura que pusiera fin a la revolución, no estaban todavía dadas las condiciones para el triunfo de un movimiento de restauración porfirista. Madero mantenía todavía una alta popularidad, su partido tenía la legitimidad de la revolución triunfante y controlaba una parte importante del aparato y de los recursos del Estado. Así, al darse cuenta de la inutilidad de su candidatura y al no conseguir que se pospusieran las elecciones, como había sido su reclamo —lo cual fue rechazado por el Congreso—, Reyes renunció a postularse como candidato y salió del país, resentido y con claras intenciones golpistas que más tarde llevaría a cabo, también infructuosamente.

Madero ganó sin dificultad, de manera abrumadora, la presidencia de la República en octubre de 1911. La verdadera contienda fue por la vicepresidencia, donde hubo tres fuertes candidatos. Pino Suárez, el compañero de fórmula de Madero, se impuso a Francisco León de la Barra, candidato de los católicos, y a Francisco Vázquez Gómez, el antiguo aliado de Madero quien había sido desplazado, junto con su hermano Emilio, por las diferencias crecientes con el líder de la revolución. Esas fueron las primeras elecciones libres del México moderno. Por primera vez hubo una contienda abierta, con campañas políticas y propuestas programáticas más allá de los caudillos y, más importante aún, con respeto a la voluntad ciudadana expresada en las urnas.

Sin embargo, no fueron elecciones equitativas puesto que el partido maderista actuó, en los hechos, como el partido oficial y se benefició del apoyo y los recursos que le daban el controlar a buena parte del aparato gubernamental nacional y en las provincias. Y, además, permanecieron muchas de las prácticas que habían prevalecido durante el Porfiriato: abstencionismo, coacción e inducción del voto, control de las casillas, intimidación hacia los grupos opositores, todo lo cual mostraba que la construcción de la democracia no era posible de manera inmediata y que, a pesar del cambio establecido por la revolución y de la voluntad de Madero y de los demás líderes políticos que buscaban construir un régimen democrático, había todavía un largo camino que recorrer para superar prácticas y vicios antidemocráticos todavía muy arraigados en la cultura política mexicana.

Otro protagonista central del interinato fue el gobierno de León de la Barra. Este, después de un comienzo discreto y sin protagonismo, en el que el presidente interino se limitó a desempeñar un papel casi protocolario, poco a poco se fue consolidando y ganó fuerza y presencia política. De antemano se había convenido que el suyo tendría que ser un gobierno acotado, no sólo por la brevedad de su mandato, sino porque al carecer de la legitimidad de las urnas, se acordó que no podría tomar ninguna decisión trascendente y que se limitaría a resolver el desarme de los revolucionarios y la organización de las elecciones en el menor tiempo posible. A través del ejército federal y el desarme de los grupos revolucionarios, el gobierno interino logró restablecer la paz en la mayor parte del territorio nacional. Al cumplir con su papel de garantizar la legalidad y el funcionamiento de las instituciones y al asumir cada vez más la responsabilidad de poner coto a los cambios más radicales, De la Barra se ganó la confianza de los sectores pudientes que vieron en él al hombre que mejor los representaba. El presidente interino se dio cuenta de ello y comenzó a alentar ambiciones personales para mantenerse en el poder. Esas ambiciones y el percatarse de que la popularidad de Madero se iba desgastando y debilitando al distanciarse de los revolucionarios más radicales, lo llevaron a tomar cada vez más autonomía, a no consultar a Madero en decisiones importantes o, incluso, a enfrentarse a él como ocurrió en el caso de la negociación de Madero con Zapata que describiremos más adelante, en la que el presidente interino jugó un papel central para provocar la ruptura entre aquellos. Además, De la Barra fue muy hábil en ganarse el apoyo del ejército federal y esta institución, que había sufrido la humillación de la derrota ante la revolución, tuvo cada vez una mayor presencia y se convirtió en otro de los actores centrales de la política nacional.

El ejército federal, incapaz de derrotar la insurrección maderista, había sido hecho a un lado en las negociaciones de Díaz con

Madero. Algunos de sus altos mandos, como Victoriano Huerta, se habían opuesto a la capitulación del régimen y habían pedido a Díaz autorización y más apoyo para combatir y derrotar a los revolucionarios. El viejo dictador se negó a seguir luchando y dejó a una institución militar prácticamente intacta y herida en su orgullo. Para su sorpresa, Madero decidió no solamente conservar al ejército federal tal y como estaba, sino que eliminó de la escena al ejército revolucionario y, de manera todavía más sorprendente para los altos mandos, Madero no solo los trató con respeto sino que confió en ellos la seguridad nacional y trató de ganárselos para su causa. Los altos mandos militares nunca vieron con buenos ojos a Madero, para ellos un advenedizo que había desatado la furia popular y que amenazaba llevar al país al caos. Al igual que León de la Barra, después de un primer momento de incertidumbre y desconcierto, cuando vieron que Madero no afectaba al ejército y que buscaba incorporar a su proyecto a la figura más emblemática del ejército porfirista, al general Bernardo Reyes, a quien quería encomendarle la reforma de las fuerzas armadas, fueron ganando confianza. Esta se acrecentó al ver que Madero no sólo buscaba reconciliarse con la institución castrense, sino que en los casos en los que había conflicto entre los federales y fuerzas revolucionarias, como fue el caso del enfrentamiento entre militares y maderistas en Puebla en junio de 1911, que culminó con la masacre de simpatizantes de Madero en la plaza de toros de la capital poblana, Madero terminaba justificando y dando la razón a los militares.

El asunto en que el ejército federal logró mayor relevancia fue en el desarme de las fuerzas zapatistas. Zapata, a diferencia de la mayoría de los jefes rebeldes, se negó a entregar las armas incondicionalmente y exigió que antes los pueblos pudieran recuperar las tierras de las que habían sido despojados y se negó también a que desde el centro se impusiera a un gobernador en Morelos contrario a las aspiraciones revolucionarias. El desarme se suspendió y Madero personalmente se trasladó a Morelos a negociar con Zapata, ofreciendo a este que atendería el problema agrario cuando tomara posesión como presidente y prometiendo que el gobernador sería Eduardo Hay, un revolucionario norteño comprometido con las reformas sociales. Ese acuerdo y el desarme zapatista que comenzó a realizarse, no obstante, se frustraron porque De la Barra junto con los altos mandos castrenses, no estuvo de acuerdo con los términos de ese compromiso y decidió movilizar al ejército y obligar a los zapatistas a rendirse sin condiciones, atacándolos cuando estaba en curso todavía la negociación con Madero. Fue a todas luces una provocación deliberada que, incluso, puso en peligro la vida de Madero. Zapata interpretó esa acción como una traición de Madero y rompió con él. El zapatismo se puso nuevamente en pie de guerra y al crecer su desafío, se convirtió en las semanas siguientes en el principal problema político del interinato. A su vez, el fracaso de la negociación con el zapatismo tuvo notables consecuencias, pues distanció aún más a Madero con De la Barra. El líder de la revolución juzgó la actuación del ejército como un complot ejecutado por el jefe de la campaña militar contra Zapata, el general Victoriano Huerta, orquestado por Bernardo Reyes y al que se habría prestado el presidente interino. La ruptura con Zapata, además, aceleró el distanciamiento de los sectores más radicales e impacientes del maderismo, descontentos por la tibieza de Madero para enfrentar al cada vez más beligerante renacimiento conservador y, sobre todo, por convalidar la represión contra un movimiento que tenía legítimas demandas sociales como era el zapatismo

En medio de todas estas tensiones y disputas, el gobierno interino pudo restablecer el funcionamiento de la administración pública en todo el país. Las responsabilidades públicas de garantizar la seguridad y el funcionamiento de las leyes e instituciones, pronto volvieron a la normalidad. Un rasgo característico del gobierno interino fue la marcada continuidad con la administración pública porfiriana. La mayor parte de la burocracia siguió en sus puestos, pues solamente cambiaron los primeros niveles jerárquicos. Así, hubo continuidad en las instituciones, en la legislación, en los programas y políticas de gobierno y en el personal administrativo gubernamental.

Continuó también la concepción prevaleciente en la época de que el papel del gobierno era básicamente la protección de la sociedad, la defensa de la soberanía, la recaudación fiscal y la creación de un marco jurídico e institucional que alentara la participación y el esfuerzo de los sectores productivos y la acción individual. En esa concepción, el Estado no debía interferir en las actividades económicas, no podía resolver los problemas sociales a través de la reforma agraria o laboral sino que podía solamente garantizar la aplicación de la ley. Sin embargo, la presión social catalizada por la revolución, las demandas populares de tierras y las luchas de los trabajadores mejor organizados y combativos por conseguir reformas laborales, así como la apertura del gobierno interino hacia las nuevas ideas que se iban abriendo camino en los países más desarrollados, hicieron que se comenzaran a dar pasos para que el gobierno atendiera de manera más decidida la problemática social.

En el tema laboral, en medio de una oleada nacional de huelgas textiles en el verano de 1911, que reavivaron la lucha obrera en el sector textil por las demandas que habían quedado pendientes luego de la represión de los años postreros el Porfiriato, el gobierno interino intervino como mediador en el conflicto y propuso la creación de un Departamento del Trabajo, cuya función sería reglamentar las condiciones de trabajo, fijar la duración de la jornada laboral, establecer una legislación que protegiera a los trabajadores, así como crear organismos especiales de conciliación y arbitraje. Esa iniciativa cristalizó pocos meses después, cuando el Departamento del Trabajo comenzó sus funciones en el gobierno constitucional de Madero.

El otro asunto que comenzó a atender el gobierno interino fue el problema agrario, que era reconocido como el origen de la revolución. Para el gobierno provisional su solución era de naturaleza jurídica y tenía que hacerse mediante los canales institucionales. Así, se decretó la creación de una Comisión Nacional Agraria que propondría las alternativas de solución que incluían también la creación de un mercado de tierras, a través de la venta

de terrenos nacionales y la división y venta voluntaria de los latifundios, al igual que mediante la colonización de los terrenos
baldíos.

El interinato concluyó el 6 de noviembre de 1911. Ese día, el
presidente León de la Barra presentó su informe de gobierno ante
el Congreso. En él manifestó que había cumplido la principal
encomienda de su gobierno, el restablecimiento de la paz y la
organización de elecciones libres. Asimismo, reconoció los temas
pendientes de su gestión. Aunque se logró desarmar a la mayoría
de las tropas revolucionarias, existían aún grupos que no habían
podido ser licenciados y que desafiaban al gobierno federal. El
caso más notable era el del zapatismo, al que reconoció como el
principal problema político del país. De la Barra informó también de las dificultades para resolver los problemas laborales y
agrarios, pero señaló que se habían dado ya los primeros pasos
para ello, con la creación del Departamento del Trabajo y de la
Comisión Nacional Agraria. Finalmente, reafirmó su compromiso con la no reelección y el cumplimiento de su palabra de no
contender por la presidencia del país, entregando unas finanzas
públicas sanas. Llegó así a su fin el interinato, un breve pero decisivo período en la historia de la revolución.

4. El gobierno de Madero

Madero tomó posesión como Presidente Constitucional de la República el 6 de noviembre de 1911. Asumió el poder en medio de
una enorme expectativa y con una gran legitimidad y apoyo popular. Los campesinos y los diversos sectores populares veían con
esperanza los cambios que esperaban se implementarían desde el
gobierno por el líder que había derrotado a don Porfirio. Sus seguidores, que lo habían acompañado en su campaña electoral o
en la rebelión armada, confiaban en que respondería cabalmente
a sus aspiraciones y demandas y que a los líderes y personajes revolucionarios más destacados les correspondería un lugar en la

administración federal, en los gobiernos locales o en las jefaturas de las fuerzas armadas irregulares que se crearon en algunos estados como apoyo a los gobernadores surgidos de la revolución. Las clases acomodadas y las oligarquías temían que el gobierno maderista aplicara medidas que afectaran sus intereses y que transformaran radicalmente el clima de paz y estabilidad que permitió el florecimiento de sus negocios durante el largo mandato de Díaz. El ejército federal, derrotado y humillado, aunque prácticamente intacto, esperaba con desconcierto cuál sería la postura que el nuevo jefe supremo de las fuerzas armadas asumiría ante la institución castrense, si disolvería al ejército o, por el contrario, lo haría parte de su proyecto de gobierno.

Madero, por su parte, al asumir la titularidad del Poder Ejecutivo, culminaba la intensa odisea que comenzó cuando decidió lanzarse a la arena política en su natal Coahuila, siete años atrás. Tenía la Presidencia de la República y, desde ahí, podía impulsar los cambios políticos y democráticos que transformarían y modernizarían a México, esos cambios por los que había luchado y arriesgado su vida, la de su familia, amigos y seguidores. Con el poder nacional en sus manos, Madero inició el primer y más profundo experimento de transformación democrática que hubiera tenido lugar en el país hasta entonces. El gobierno de Madero, sin embargo, como veremos, fue un drama en el que ocurrió el fracaso de ese experimento democrático, que culminó con su trágica muerte.

Madero, como presidente del país, continuó con el proyecto que había comenzado a trazar desde las negociaciones de Ciudad Juárez y durante el gobierno interino de León de la Barra: lo fundamental era instaurar la democracia, garantizar elecciones libres y permitir el nombramiento de gobernantes legítimos, que se encargarían de llevar por buen cauce las instituciones para responder a las demandas de los diversos sectores sociales: campesinos y trabajadores, pero también empresarios, comerciantes y terratenientes. Madero no era revolucionario ni radical, pero tampoco era contrario a las reformas sociales, no se negaba a resolver el problema agrario o mejorar las condiciones de los trabajadores. Sólo que desde su óptica, correspondía a los sectores y grupos sociales plantear sus demandas y al gobierno atenderlas, dentro de los cauces legales e institucionales. Si hacían falta nuevas leyes el procedimiento era similar: correspondía al gobierno garantizar elecciones libres y que las distintas fuerzas políticas contendieran en igualdad de condiciones para ganar el voto ciudadano. Los representantes populares así electos, cumplirían con el mandato y con las demandas de sus representados y promulgarían las leyes necesarias que los distintos niveles de gobierno se encargarían de ejecutar. Lo mismo ocurriría con el poder judicial, cuyos magistrados también eran electos. Un aparato judicial elegido democráticamente garantizaría un sistema de impartición de justicia equitativo. Correspondía nuevamente a Madero garantizar la plena independencia, autonomía y respeto entre los tres poderes federales y poner el ejemplo de lo que debía hacerse, a su vez, con los poderes de las entidades federativas.

El problema de fondo del proyecto maderista era que, al tratar de instaurar la democracia política, había puesto en marcha una amplia revolución popular que demandaba cambios más profundos y rápidos y que, al mismo tiempo, esa revolución popular había comenzado a afectar los intereses de las clases altas que no estaban de acuerdo ni con las reformas sociales que demandaban los sectores populares radicalizados, ni con la apertura democrática que propugnaba Madero. El drama de Madero —que comenzó a escribirse desde el compromiso de Ciudad Juárez—, fue que trató de llevar a cabo una conciliación entre la revolución y el Porfiriato, una conciliación imposible en las condiciones provocadas por la revolución maderista que lo llevó a quedar en medio de la confrontación entre los sectores populares radicalizados, que querían llevar la revolución hasta sus últimas consecuencias, y las elites conservadoras, que querían acabar con la revolución y mantener el *statu quo* porfiriano. Madero estaba a medio camino entre ambos y terminó por no representar ni a unos ni a otros y a ser combatido abierta o soterradamente por unos y otros.

El gabinete de Madero fue muy semejante, por su moderación, al del Interinato, aunque el que nombró cuando asumió la primera magistratura del país sí fue auténticamente maderista, sin los aliados reyistas y porfiristas, con los que había roto en los meses anteriores. Así, repitieron sus familiares Ernesto Madero en Hacienda, Rafael Hernández en Fomento (ambos cercanos a los *científicos*), así como Miguel Díaz Lombardo en Instrucción Pública. La importante cartera de Guerra la encomendó a su pariente José González Salas, quizás el único militar de alto rango en el que confiaba y el otro ministerio clave, el de Gobernación, lo encomendó a su cercano colaborador, el chihuahuense Abraham González. En Relaciones Exteriores nombró a Rafael Calero, a Manuel Vázquez de Tagle en Justicia y a Jaime Gurza en Comunicaciones. De nueva cuenta Madero recurrió a personas preparadas, respetables, que inspiraban confianza y cumplían con los requisitos que consideraba indispensables: lealtad a su persona, moderación, capacidad y eficacia. Ni remotamente contempló la posibilidad de incorporar a alguno de los líderes revolucionarios populares. En los gobiernos estatales continuaron los gobernadores maderistas que habían sido electos en las urnas en el Interinato.

Durante el gobierno de Madero continuó la renovación política comenzada en la administración de León de la Barra: fueron remplazadas todas las jefaturas políticas, así como las presidencias municipales. Llegó al poder una nueva generación de líderes locales, muchos de ellos con un origen social distinto al que había prevalecido en el Porfiriato, como Álvaro Obregón, pequeño agricultor en Huatabampo, Sonora, o Manuel M. Diéguez, veterano minero de la huelga de Cananea quien ocupó la presidencia municipal de esa emblemática localidad. Y aunque en varios de los estados y localidades los nuevos gobernantes no impulsaron cambios profundos y permitieron la permanencia o el regreso de las elites vinculadas al porfirismo, hubo un cambio completo en el cerrado y oligárquico sistema político que había prevalecido hasta entonces; se habían alterado los equilibrios, una nueva clase media y de elites desplazadas llegaba al poder y los sectores populares habían tomado confianza en la fuerza de su movilización para exigir la solución a sus demandas.

Madero demostró su compromiso con la democracia en los distintos niveles que correspondían a sus facultades y liderazgo. Ante la prensa, permitió una irrestricta libertad y tolerancia, que pronto degeneró en abusos e irresponsabilidad por parte de un sector que estaba acostumbrado a la mordaza o a la corrupción. Nunca antes los medios habían podido publicar lo que quisieran, sin censura y, al quedarse sin el patrocinio del gobierno, pronto comenzaron a atacar a Madero y a su régimen y, al percatarse que no tenían ya una mordaza, se convirtieron en portavoces de los sectores antimaderistas más recalcitrantes, que se envalentonaron al comprobar que Madero no los reprimía. La crítica y las burlas a Madero y a su gobierno fueron despiadadas. Desde la prensa, mayoritariamente antimaderista, se comenzó a derruir la legitimidad del gobierno de Madero ante la opinión pública y a preparar las condiciones para el eventual golpe militar que le puso fin. Y aunque Madero hizo intentos por contrarrestar la influencia negativa de sus opositores con la fundación de *Nueva Era*, el periódico oficial de su proyecto, y con la compra de *El Imparcial*, el diario más influyente del Porfiriato, así como a través de un intento temporal y parcial de censura por razones de Estado ante la recrudecida guerra contra el zapatismo, en el momento más álgido de esta, esos intentos fueron limitados.

Esa misma actitud de tolerancia y respeto tuvo Madero con el Congreso y el Poder Judicial federales. De acuerdo al compromiso de Ciudad Juárez, los legisladores, electos en 1910, permanecerían en sus cargos hasta terminar su mandato de tres años. Con ellos tuvo que trabajar el gobierno maderista los primeros meses hasta que, a mediados de 1912, fue electa la XXVI legislatura. La composición de esta reflejaba la nueva relación de fuerzas nacionales. El partido que había ganado las elecciones, el Constitucional Progresista, de Madero, era el partido oficial y el de mayor presencia y fuerza en el país. No obstante, no había arrasado en las elecciones como un año atrás en las de gobernadores y en la presidencial de Madero y solo alcanzó una mayoría exigua. Las divisiones en el maderismo le habían hecho mella, pero sobre todo la reorganización y el fortalecimiento de los sectores conservadores. El más notable de ellos fue el crecimiento espectacular del Partido Católico Nacional, que se consolidó como la segunda fuerza política del país al arrasar en Jalisco y ganar en los estados del centro con mayor organización de los católicos, como Zacatecas, Aguascalientes, Michoacán, Guanajuato, México y Puebla. Aunque formalmente no había ya partido porfirista, algunos notables personajes vinculados a ese régimen se presentaron a las elecciones y ganaron su curul, como fue el caso de cuatro experimentados legisladores porfiristas, Nemesio García Naranjo, José María Lozano, Querido Moheno y Francisco de Paula Olaguíbel, quienes constituyeron el famoso *cuadrilátero* que fue el principal y más articulado grupo opositor desde el congreso a las iniciativas del gobierno maderista.

Ese mismo fenómeno de surgimiento de nuevas propuestas políticas y de reorganización de los sectores conservadores se repitió, en mayor o menor grado, en los estados, reflejando los nuevos equilibrios políticos regionales y locales. Como en las elecciones de 1911, las de 1912 fueron un ejercicio democrático en donde se respetó la voluntad mayoritaria de las elecciones. Y como en las de un año antes, las de 1912 fueron también elecciones en las que hubo también resabios antidemocráticos de inequidad, manipulación e inducción del voto desde las oficinas del gobierno o desde el púlpito. Y parecía también estarse consolidando la tendencia hacia un sistema bipartidista como el que existía en algunos países occidentales, en este caso, entre el partido liberal de Madero y el conservador partido católico. Finalmente, el abstencionismo mayoritario en las dos elecciones efectuadas durante el maderismo mostró que seguía existiendo una amplia brecha entre el proyecto de democracia liberal de las nuevas elites gobernantes y la cultura política tradicional de buena parte de la sociedad rural de la época.

El maderismo, que fue muy exitoso como movimiento electoral y como insurrección armada, no tuvo la misma eficacia como gobierno. El problema estaba en su proyecto. Era un movimiento democrático liberal que aspiraba a conquistar el poder mediante el voto, pero que tuvo que hacer una rebelión armada para triunfar, ante la cerrazón y la represión del gobierno de don Porfirio. Pero esa rebelión había sido un paréntesis temporal y un mal necesario. Sin haberlo previsto, Madero y sus principales colaboradores habían provocado una revolución social convirtiéndose en sus líderes, pero su proyecto no era el de los dirigentes populares que emergieron en la revuelta, quienes querían acabar con el latifundio, repartir las tierras y conseguir amplias reformas sociales a favor de los trabajadores y campesinos. Sin embargo, hay que subrayarlo, el proyecto de Madero no era tampoco el de restaurar el régimen de privilegios, oligárquico y cerrado del porfirismo. Madero quería resolver los problemas sociales, pero de manera paulatina y a través de las instituciones y su propuesta era el establecimiento de un sistema democrático. No obstante, el intento democratizador demostró ser insuficiente para convencer a los revolucionarios radicales e impacientes, y al mismo tiempo, peligroso para las elites amenazadas por la revolución, así como prematuro todavía para las condiciones de la escasa cultura política democrática del país.

El gobierno de Madero fue atacado tanto por la izquierda como por la derecha. Tuvo que combatir las rebeliones conservadoras de Bernardo Reyes y Félix Díaz; las rebeliones populares de Zapata y Orozco, y una última, combinada, de Reyes y Díaz que, aunque fracasó, provocó un segundo y casi inmediato levantamiento militar encabezado por Victoriano Huerta que, a diferencia de sus anteriores intentonas, esa vez sí contó con el apoyo de un sector del ejército y que fue la que lo derrocó. El gobierno de Madero así, estuvo inmerso en un clima de inestabilidad y zozobra. Por ello no tuvo tiempo ni recursos suficientes para llevar a cabo su proyecto de transformación democrática del país, empeñado casi desde el principio en sobrevivir y sofocar esas rebeliones mayores y una serie más de levantamientos y protestas locales de menor envergadura.

La primera rebelión conservadora fue la de Bernardo Reyes. Luego de fracasar en su intento de posponer las elecciones que llevaron a Madero al poder, el viejo general jalisciense se refugió en Estados Unidos con el propósito de levantarse en armas contra Madero. Lo hizo finalmente a principios de diciembre de 1911, por la frontera texana, pero su incursión fue un rotundo fracaso que no encontró respaldo alguno en el ejército ni en los grupos que antes lo habían aclamado. Derrotado, él mismo se entregó a fines de ese mes y fue recluido en la prisión militar de Tlatelolco, en la ciudad de México. Ese fracaso fue la confirmación de que el reyismo había pasado a la historia y que el Reyes del ocaso nada tenía que ver con el movimiento progresista de 1909, pues había sido sustituido por el maderismo y rebasado por la revolución y que, en las nuevas circunstancias, la figura del viejo general sólo podía atraer a las elites y clases medias más conservadoras, así como a la clases empresariales nacionales y extranjeras, deseosas de una mano firme que aplastara el desafío popular y corrigiera las indecisiones de Madero. No era todavía, sin embargo, el tiempo de la restauración, que necesitaría erosionar más la fuerza y la legitimidad de Madero.

La otra rebelión restauradora fue la del sobrino de don Porfirio, Félix Díaz, que estalló en Veracruz en octubre de 1912. Díaz justificó su revuelta por el convulsionado clima político y la incapacidad de Madero para distenderlo. Al igual que Reyes, Félix Díaz escuchó el canto de las sirenas de quienes pedían el retorno de la mano dura y, como aquél, creía que el renombre de su apellido bastaría para atraer al ejército federal, lo que no ocurrió. Su algarada no prendió más allá de algunas partes de Veracruz, por lo que el gobierno de Madero no tuvo problemas para derrotarla y encarcelar al frustrado y ambicioso sobrino de don Porfirio. De manera significativa, aunque Madero tenía elementos para fusilar a Reyes y a Félix Díaz, decidió perdonarles la vida por su vocación pacifista y para no causar problemas con el ejército federal y acallar las críticas de los grupos conservadores que hicieron campaña por su indulto.

En Chihuahua surgió el mayor desafío al nuevo gobierno. Ya en diciembre de 1911 se habían pronunciado varios grupos revolucionarios que se declararon contrarios a Madero y sostenedores del Plan de Tacubaya y de Emilio Vázquez Gómez, sumándose a los rebeldes magonistas que estaban en armas desde junio y julio de ese año. En febrero de 1912, unidos magonistas y vazquistas, encabezados por José Inés Salazar, Emilio P. Campa y Antonio Rojas, se apoderaron de Casas Grandes y de Ciudad Juárez, y empezaron a dirigir cartas a Pascual Orozco, pidiéndole que se pusiera al frente de la nueva revolución y a quien el Plan de Ayala, proclamado en noviembre de 1911 muy lejos, al sur, nombraba jefe de la revolución zapatista. Finalmente, a principios de marzo Pascual Orozco aceptó la jefatura de la nueva rebelión y ocupó la ciudad de Chihuahua, tras lo cual se pronunciaron, en favor suyo, numerosos contingentes en ese estado y en los vecinos de Coahuila y Durango.

El 25 de marzo los rebeldes de Chihuahua proclamaron el programa de su desafío, llamado Plan de la Empacadora, que constaba de 37 puntos, los 33 primeros de los cuales trataban cuestiones políticas, entre las que destacaban tres: la declaración de que Madero «falseó y violó» el Plan de San Luis, por lo que se llamaba a derribarlo; la defensa de la tradicional autonomía de los pueblos del norte y del viejo federalismo de los caudillos liberales norteños del siglo XIX; y un rechazo a la injerencia estadounidense en las cuestiones mexicanas. Finalmente, el artículo 34 consignaba las medidas en materia obrera que el gobierno emanado de la revolución tomaría, y que no eran otra cosa que las demandas que las sociedades mutualistas y la acción católica social de Chihuahua venían planteando desde varios años antes del inicio de la revolución. Del artículo 35 se desprendían las demandas agrarias de los rebeldes norteños, basadas en la vieja aspiración utilitaria de la república de pequeños propietarios libres e independientes, correspondiente a la experiencia agraria de Chihuahua.[9]

Para sofocar la rebelión, Madero envió una fuerte columna federal al mando de José González Salas, su Secretario de Guerra, quien sufrió una fuerte derrota en Rellano, después de la cual se suicidó. Con un ejército popular de más de 8 000 combatientes, experimentado y eficaz, la rebelión de Orozco se convirtió en el mayor desafío militar contra el gobierno maderista. En ella no solamente participaron excombatientes maderistas sino que tuvo un amplio respaldo popular y de clases medias e, incluso, la apoyó un sector de la oligarquía de Chihuahua, encabezada por el clan Terrazas-Creel, descontenta con el régimen de Madero y que buscaba mantener sus privilegios.

Tras la derrota y suicidio de González Salas, Madero nombró a Victoriano Huerta jefe de la columna federal, que con un número superior de efectivos y mayor armamento, se concentró en Torreón e inició su avance contra las fuerzas orozquistas. Aunque controlaba Chihuahua, el movimiento orozquista comenzó a tener dificultades por las divisiones internas entre sus líderes y por la falta de armamento, pues el gobierno de Estados Unidos, que nunca apoyó la rebelión de Orozco, le cerró la frontera y le impidió conseguir las municiones que necesitaba. La superioridad militar del ejército federal, al que se sumaron algunos veteranos maderistas que habían permanecido fieles, como Francisco Villa, así como el apoyo de nuevos jefes militares como Pablo González en Coahuila y Álvaro Obregón en Sonora, y el boicot en la venta de armas del gobierno de Estados Unidos hacia el orozquismo, se conjugaron para derrotar y hacer retroceder a las fuerzas orozquistas, las cuales finalmente fueron dispersadas en mayo de 1912, refugiándose unas pocas gavillas en la sierra de Chihuahua mientras otros grupos se dirigieron y asolaron Sonora y Coahuila.

A menudo se ha calificado al orozquismo como contrarevolucionario. Sin embargo, fue un amplio movimiento de carácter auténticamente popular que reivindicó algunas de las demandas más sentidas de la revolución, como la reforma agraria y la reforma laboral y que reclamó a Madero su incumplimiento y el haber preferido aliarse con sus enemigos. Tanto el orozquismo como el zapatismo, más que movimientos antimaderistas, fueron la expresión del auténtico maderismo popular y trataron de retomar el rumbo que se había desviado y detenido desde los acuerdos de Ciudad Juárez, aunque debe señalarse también que Orozco, a diferencia de Zapata, se alió y recibió el apoyo de la oligarquía terrateniente conservadora de Chihuahua que trató así de derrocar, sin éxito, a Madero. La derrota del orozquismo, sin embargo, junto con el estancamiento del problema morelense —en donde Zapata, a pesar de la feroz represión en su contra no había sido derrotado y persistía en su lucha—, pareció dar confianza y certidumbre al gobierno maderista. Pero esa fue una ilusión temporal, pues no significó la pacificación definitiva de los diversos sectores descontentos y beligerantes ni trajo la estabilidad política deseada.

La agitación, la movilización y la efervescencia políticas no se restringieron a las áreas rurales. La revolución y el clima de mayores libertades que había abierto esta permitieron que distintos sectores urbanos, principalmente de trabajadores y artesanos, aprovecharan las nuevas condiciones para organizarse y movilizarse por sus demandas. En el gobierno de Madero, como ya había ocurrido en el Interinato, tuvo lugar un inusitado auge organizativo y huelguístico.

El universo laboral de la época estaba compuesto por múltiples organizaciones, tradiciones e influencias políticas e ideológicas. La corriente predominante, el mutualismo, que proclamaba las ideas de unión, elevación moral e intelectual y protección gremial, dentro de un espíritu de armonía y conciliación entre las clases, encontró una notable afinidad y coincidencia con la ideología de Madero y de algunos de sus principales colaboradores. Varias organizaciones mutualistas establecieron una alianza con Madero y obtuvieron ventajas materiales y políticas a cambio de su apoyo. Al menos 20 organizaciones se crearon en la ciudad de México durante el gobierno de Madero. Todas ellas, al igual que las numerosas asociaciones mutualistas más antiguas, se valieron del clima de tolerancia y aún de simpatía oficial hacia sus demandas económicas, para revitalizar sus organizaciones y movilizarse para conseguir mejoras materiales.

Contaron, además, con un nuevo aliado, el Departamento de Trabajo, dependencia promovida por León de la Barra durante su breve gestión y que comenzó sus funciones en el gobierno de Madero. El nuevo Departamento se proponía mediar para resolver los problemas obrero patronales y partía de una nueva postura del Estado ante la cuestión laboral: el poder público no podía ser ajeno a la pauperización y malas condiciones en que vivía la mayoría de los trabajadores y debía promover su mejora mediante la inspección oficial, la implantación de la jornada de trabajo, la reglamentación del trabajo femenil e infantil, la indemnización por accidentes laborales, además de crear organismos especiales de conciliación y arbitraje que dirimieran las disputas obrero-patronales. El diputado maderista Antonio Ramos Pedrueza fue puesto al frente de la nueva dependencia que comenzó a realizar un censo industrial, otro de organizaciones laborales y uno más de huelgas y conflictos. La labor más notable del departamento fue la intervención constante en las relaciones obrero-patronales y el arbitraje en los conflictos. El Departamento se acercó a las organizaciones de obreros y a los dueños de empresas y comercios, estableció alianzas con muchas de las mesas directivas de las organizaciones laborales, promovió que fueran atendidos todo tipo de problemas que surgieran, individuales y colectivos, intercedió ante los patrones con el fin de revocar los despidos contra los trabajadores que solicitaron su intervención, buscó que los patrones disminuyeran la rigidez de los reglamentos interiores de trabajo, alentó la organización mutualista de los trabajadores y trató de utilizar toda su influencia para que marcharan de común acuerdo capital y trabajo.

A diferencia de lo que ocurría en el campo, ante el cual el maderismo gobernante fue muy refractario, con el movimiento laboral mutualista tuvo un notable acercamiento y coincidencias políticas e impulsó una especie de movimiento laboral oficial y promaderista que estaba en curso y que fue interrumpido por el golpe militar que derrocó a Madero. Esa alianza no fue sólo en el terreno laboral, sino también fue una alianza política y aún alcanzó mayores niveles de compromiso con los grupos laborales que recibieron instrucción militar rudimentaria y que se organizaron en varias ciudades para apoyar al régimen de Madero contra las diversas rebeliones que lo asolaron.

Hubo, sin embargo, otro sector laboral más radicalizado y comprometido con las movilizaciones y las huelgas, cuya más amplia y significativa expresión —aunque no la única—, fue la de los trabajadores textiles. Este sector era sin duda la vanguardia del movimiento laboral, el mejor organizado y combativo, y que aprovechó el impulso y las nuevas condiciones creadas por la revolución para dar un nuevo y vigoroso impulso a su lucha reivindicativa.

La movilización de los trabajadores textiles comenzó desde mediados de 1911, cuando retomaron sus demandas centrales: aumento salarial, disminución de la jornada de trabajo, rechazo a los malos tratos y modificación del reglamento de trabajo vigente desde 1907. Las principales fábricas de hilados y tejidos se fueron a la huelga y cuando Madero tomó posesión como presidente se encontraban en huelga todas las fábricas de los dos principales corredores textiles: el eje Puebla-Tlaxcala-Veracruz y el Valle de México; luego se sumaron varias de las principales fábricas textiles del país. Los trabajadores constituyeron un comité de huelga central que representara a todo el movimiento, que pronto entró en contacto con el Departamento del Trabajo. A pesar del llamado de las autoridades, los representantes patronales se negaron a negociar directamente con los obreros, por lo que cada parte comenzó a elaborar un reglamento y una propuesta de tarifa única, mientras que la huelga se levantó temporalmente. En junio de 1912, se realizó una Convención Nacional Textil en la que se presentaron dos propuestas radicalmente diferentes. Los trabajadores presentaron sus viejas demandas que incluían una jornada laboral de 10 horas y una tarifa única, que implicaba un salario igual para trabajo igual. Los patrones se negaron a discutir esa propuesta y presentaron la suya, cuyas cláusulas en su mayoría eran lesivas para los obreros: vigilaban y castigaban cualquier indisciplina, rechazaban la tarifa única, proponían una jornada de 12 horas que se podía extender cuando fuera necesario hasta las 16 o 18 horas. Las autoridades maderistas, a pesar de su simpatía por las demandas obreras, no pudieron someter a los patrones y aceptaron las resoluciones de la Convención, dominadas por la postura patronal. La mayoría de los trabajadores rechazaron la propuesta y en agosto estallaron nuevamente varias huelgas. El maderismo endureció su postura ante los patrones y decidió incrementarles los impuestos para obligarlos a aceptar la tarifa única, la cual entró en vigor en enero de 1913, ocasionando nuevas protestas y huelgas contra ella de parte de los trabajadores textiles más combativos. Cuando el régimen de Madero fue derrocado, el problema textil, al igual que los demás problemas laborales, no había sido resuelto.

Durante la presidencia de Madero fue notorio y se confirmó que el principal problema que había precipitado la participación campesina en la revolución era el de la propiedad de la tierra. El zapatismo, como adalid de la causa agraria fue un movimiento típico que tuvo manifestaciones parecidas en otras latitudes, como el movimiento encabezado por Calixto Contreras, en Cuencamé, Durango; el de Juan Banderas, en Sinaloa; el de Alberto Carrera Torres en Tamaulipas; o el de Domingo Arenas en Tlaxcala. El rompimiento de los líderes populares de la insurrección con Madero fue no solo por ver frustradas sus aspiraciones políticas sino también porque su reclamo de resolver el problema de la tierra no encontró respuesta favorable en el líder de la revolución.

Estas rebeliones agraristas no fueron solamente un problema militar y político para su gobierno que tuvo que enfrentarlos, sino que también pusieron sobre el tapete la discusión nacional sobre el problema agrario. Desde los principales diarios y en el Congreso se elevaron voces que coincidían en considerar al tema agrario como el principal problema a resolver y proliferaron las denuncias sobre el despojo de tierras y las difíciles condiciones de vida que aquejaban a la mayoría de los campesinos del país. Entre las voces más lúcidas que defendieron la necesidad de una reforma agraria que devolviera la tierra a las comunidades y que consideraban legítima la lucha zapatista estuvieron Luis Cabrera, desde la tribuna legislativa, y Juan Sarabia y Antonio Díaz Soto y Gama, desde las páginas del *Diario del Hogar*.

Madero y sus principales colaboradores tenían una posición diferente. Para el presidente, el problema agrario no era urgente. Más que un problema de despojo de tierras y de injusticia, el asunto tenía que ver con la escasa productividad. Había muchas tierras ociosas e improductivas que tenían que ser puestas a trabajar por quienes tuvieran recursos para ello. El Estado tenía que poner en venta los terrenos nacionales y los terrenos baldíos; correspondería a los propietarios privados hacerlos productivos y rentables. El modelo agrario de Madero, exitoso agricultor norteño, era el mismo que él había puesto en práctica, como muchos otros hacendados y rancheros norteños y como el que habían desarrollado los granjeros estadounidenses, que él también conocía. El ideal agrario maderista no era el gran latifundio ineficiente y con tierras ociosas, sino la pequeña y mediana propiedad productiva, tecnificada, moderna. Para Madero, el atraso agrícola no se superaría repartiendo la tierra que reclamaban las comunidades ni fragmentando los latifundios, pues de todas formas unas y otros seguirían siendo improductivos. Por eso se opuso a las ocupaciones de facto de tierras que proliferaron desde la insurrección y negó enfáticamente que él hubiera prometido repartir o devolver la tierra. Por eso combatió con la fuerza del Estado a los movimientos agraristas que lo desafiaron. En su lugar, promovió la creación de una Comisión Agraria encabezada por su primo Rafael Hernández, que propuso medidas extremadamente conservadoras que no sirvieron para resolver el problema agrario ni para desactivar el desafío de los movimientos agraristas.

Una vez que el orozquismo fue derrotado, y que el zapatismo y las otras rebeliones agrarias quedaron aparentemente bajo control, el gobierno de Madero parecía transitar hacia una etapa de relativa tranquilidad que le permitiría poner en práctica las reformas legales que transformarían y modernizarían al país en un sentido democrático y resolverían sus principales problemas sociales. Sin embargo, era una calma aparente, falsa y temporal. Para sofocar las rebeliones y mantenerse en el poder, Madero tuvo que apoyarse de manera creciente en el ejército federal, que se convirtió así en un actor fundamental y que comenzó a tener un protagonismo como sostén del régimen como no lo había tenido con don Porfirio. El ejército no solamente creció considerablemente con relación a 1910, sino que ejerció un mayor presupuesto y, sobre todo, fue ganando presencia en la vida política y tomando conciencia de su relevancia. Los militares, heridos en su orgullo por la derrota política y con un gran resentimiento contra los revolucionarios, fueron cortejados asiduamente tanto por De la Barra como por Madero, quienes se empeñaron en ganar su apoyo. Su lealtad, sin embargo, estaba con las instituciones más que con las personas, no obstante lo cual, varios de sus principales jefes no ocultaron públicamente sus diferencias y conflictos con Madero. El combate exitoso a las rebeliones de Reyes, Díaz y Orozco y la militarización de Morelos para sofocar al zapatismo hicieron del ejército federal el principal sostén del gobierno de Madero y los jefes militares se dieron cuenta de ese papel y de la necesidad que tenía Madero de contar con su apoyo. Paradójicamente, el ejército federal, con Madero, era más poderoso y estaba más politizado que con Díaz y pronto se convertiría en el victimario del experimento maderista.

El golpe militar que puso fin al maderismo en la Decena Trágica de febrero de 1913, se fraguó en las filas del ejército federal desde cuatro meses atrás. El general Manuel Mondragón y otros seguidores de Reyes y Félix Díaz reclutaron adeptos dentro de los mandos militares. Invitaron también a Victoriano Huerta, pero este rehusó sumarse a la rebelión aunque no los denunció. El cuartelazo estalló el 9 de febrero. Mondragón, al frente de 700 soldados de la guarnición de Tacubaya, liberó en la madrugada a Díaz y a Reyes de sus respectivas prisiones. Al frente de los infidentes, Reyes marchó a Palacio Nacional. Creyendo Reyes que el Palacio estaba en manos de sus partidarios, como había sido planeado por los conspiradores, marchaba al frente despreocupadamente sin saber del fracaso del contingente de rebeldes de la Escuela de Aspirantes de Tlalpan encargado de ocuparlo, ni que el Palacio estaba defendido por las tropas leales del general Lauro Villar, quien había recuperado el palacio de gobierno y encaró a los rebeldes. Villar conminó a Reyes a rendirse, pero el viejo general se negó y se lanzó en su último intento de gloria, siendo el primero en morir. Fue el fin trágico del emblemático jefe militar, seguidor y fiel rival de don Porfirio que había intentado infructuosamente sucederlo y que tampoco pudo suceder a Madero porque nunca comprendió que la revolución había acabado con su tiempo. En el enfrentamiento perecieron 400 personas, muchas de ellas civiles que pasaban por el Zócalo. Félix Díaz, al frente de los alzados, se refugió con 1 500 hombres en la Ciudadela, que era el principal depósito de armas del ejército federal, al poniente del centro de la capital. Madero, avisado en la mañana de ese día del golpe militar, se desplazó del Castillo de Chapultepec al Palacio Nacional, escoltado por cadetes del Colegio Militar, aunque tuvo que refugiarse cerca de la Alameda en una casa de fotografía ante el fragor de la batalla que hasta allá llegaba. Huerta se apersonó con él y le ofreció sus servicios para aplastar la rebelión. A pesar de las reservas de Madero con relación a Huerta, por el sabotaje con el que había reventado las negociaciones con el zapatismo, por recomendación del ministro de Guerra, Ángel García Peña y ante el hecho de que Huerta era el general de mayor jerarquía y prestigio dentro del ejército y había sido también el comandante en jefe que había aplastado la rebelión de Orozco, y porque lo que menos quería en esas difíciles condiciones era tener un conflicto con la institución armada, Madero aceptó su oferta y le encomendó la jefatura de armas de la ciudad de México para acabar con los rebeldes.

Así pues, el golpe militar del 9 de febrero fracasó, su principal líder, Bernardo Reyes, cayó muerto; el grueso del ejército federal no secundó la intentona golpista y recuperó Palacio Nacional, manifestando su lealtad al gobierno de Madero; los otros líderes de la asonada, Díaz y Mondragón, en inferioridad numérica, se atrincheraron en La Ciudadela y los sitios aledaños a esta y estaban cercados, aunque el considerable arsenal militar que capturaron en esa fortaleza les dio una notable capacidad de fuego. Los rebeldes parecían haber perdido la batalla. Sin embargo muy pronto las circunstancias tomaron un giro diferente.

Madero, en un intento desesperado de contar con un respaldo seguro, se dirigió temerariamente al estado de Morelos a entrevistarse con Felipe Ángeles, el único general federal en el que confiaba y regresó con él y con una parte de su tropa a la ciudad de México luego de que los zapatistas les permitieron el paso por su zona. Madero hubiera querido nombrar a Ángeles jefe de la defensa de la plaza de la ciudad de México pero se dio cuenta del rechazo que ese nombramiento ocasionaría en los altos mandos militares y se resignó a depender de Huerta.

Después de 2 días de relativa paz, el día 11 las fuerzas federales atacaron con artillería La Ciudadela y los edificios contiguos donde se habían atrincherado los rebeldes. Hubo 500 muertos, la mayoría civiles que sucumbieron por el bombardeo cruzado entre ambos bandos. La ciudad de México vio como cambiaba dramáticamente el panorama de paz y tranquilidad que había tenido hasta entonces. La artillería destrozó casas privadas, hubo escasez de víveres, terror, una granada abrió un boquete en la contigua cárcel de Belem y salieron muchos presos. A pesar de todo, con su aplastante superioridad numérica y de armamento, el ejército hubiera podido acabar con la rebelión, pero Huerta muy pronto vio que podía sacar provecho personal de la situación, estableció contacto con los golpistas y, deliberadamente, prolongó el enfrentamiento, permitió el abastecimiento de los rebeldes y sacrificó a parte de las fuerzas rurales a sus órdenes en mal planeadas cargas contra las defensas de la fortaleza que servía de refugio a Félix Díaz. De manera premeditada, para socavar la fuerza de Madero, Huerta puso en marcha una táctica de terror al sumir a la ciudad en una psicosis provocada por los bombardeos indiscriminados que afectaban a la población civil, al permitir que los enfrentamientos escalaran y al no resolver los problemas de escasez de víveres, carestía e inseguridad que padecieron los capitalinos en esos funestos días. El propósito de Huerta con esa táctica, era mostrar la incapacidad de Madero para resolver una guerra de artillería en pleno centro de la capital del país y vio en esa situación la posibilidad de presentarse como el único que podía alcanzar la paz y, al mismo tiempo, hacerse del poder, eliminando a Madero.

En medio de ese panorama desolador, entró en escena, por iniciativa propia y sin consultar a su gobierno, rindiendo informes falsos y negativos sobre Madero, el embajador de Estados Unidos, Henry Lane Wilson, quien quiso jugar un papel protagónico como mediador empujando la renuncia de Madero y arrastrando tras su postura a una parte del cuerpo diplomático: a los representantes de Gran Bretaña, Alemania y España. Madero rechazó la solicitud de los embajadores de renunciar, así como la petición que le hicieron en el mismo sentido su ministro de Relaciones Exteriores, Pedro Lascuráin, y un grupo de 25 senadores, quienes alegaban que su renuncia era necesaria para restablecer la paz y el orden.

Ante ese giro de los acontecimientos, Huerta decidió unirse a los rebeldes. Madero, sin embargo, no quiso destituir a Huerta, a pesar de las múltiples pruebas que tenía de su deslealtad. Incluso, lo liberó después de que su hermano Gustavo lo había arrestado. Arrinconado y sin otras opciones, Madero, que no tenía otra alternativa pues se había vuelto un rehén del ejército federal, encomendó nuevamente a Huerta acabar con la rebelión y le dio un plazo de 24 horas para hacerlo, sin saber que aquél ya había entrado en tratos con sus enemigos. Los conspiradores, entre los que Huerta había ganado el papel central, dieron el golpe final el 18 de febrero: el general Aureliano Blanquet arrestó a Madero en Palacio Nacional mientras Huerta, que comía con Gustavo A. Madero, apresó al hermano del Presidente y lo entregó a los soldados de Félix Díaz, quienes lo torturaron y asesinaron. Huerta le había ganado la partida a Félix Díaz. Con el presidente Madero y Pino Suárez en su poder y con el respaldo del ejército federal, la negociación en la Embajada de Estados Unidos estableció que Huerta sería presidente provisional y convocaría a elecciones para que Félix Díaz ascendiera a la presidencia. Entretanto, Huerta conservó preso a Madero, a quien se le dijo que sería enviado a Veracruz y partiría al exilio hacia La Habana, luego de presentar su renuncia a la Presidencia de la República, lo cual hizo, lo mismo que Pino Suárez quien firmó también su renuncia a la vicepresidencia del país. Sin embargo, todo era un engaño. Aunque Huerta había ofrecido a Madero y a Pino Suárez que se respetarían sus vida y las de sus familias y que la renuncia firmada sería entregada al congreso una vez que hubieran salido del país, la renuncia fue presentada sin que esas condiciones acordadas se cumplieran. Con la renuncia firmada, Huerta decidió hacerse del poder y eliminar a Madero. Así, luego de ser sacados de Palacio Nacional por órdenes de Huerta, Madero y Pino Suárez fueron asesinados sumariamente atrás de la prisión de Lecumberri la noche del 22 de febrero de 1913. La responsabilidad del asesinato fue de Huerta, Blanquet, Wilson y Díaz. Mientras tanto, Huerta consumó su asalto al poder pues una vez que Pedro Lascuráin, el ministro de Relaciones Exteriores tuvo la renuncia firmada de Madero y Pino Suárez en sus manos, presionado por Huerta, la entregó al Senado de la República, que la aceptó y se procedió a nombrar Presidente Provisional a Pedro Lascuráin, quien tomó posesión del Poder Ejecutivo y, en menos de una hora, renunció al cargo después de nombrar a Victoriano Huerta Secretario de Gobernación, consumándose así la farsa legal que puso fin al gobierno maderista y permitió el ascenso al poder del traidor Huerta.

Se ha hablado mucho de la ingenuidad de Madero y de su necedad de confiar en sus enemigos como la causa fundamental de su muerte. Sin embargo, lo que no se ha señalado es que la postura de Madero y las decisiones que había tomado antes, de desmovilizar a sus fuerzas y de mantener las instituciones y la legalidad porfirista y confiar en ellas lo dejaron inerme ante ellos desde el momento mismo de la negociación de Ciudad Juárez y la renuncia de Díaz. Fue su elección por negociar con el antiguo régimen antes que confiar en los revolucionarios radicales el origen de sus problemas. Y, sobre todo, la causa fundamental de su fracaso fue su aspiración de conciliar entre los cambios políticos democráticos y las reformas sociales paulatinas con el mantenimiento de lo esencial del *statu quo* porfiriano, conciliación, como se ha visto, imposible, que lo fue aislando aceleradamente de sus partidarios. Al hacer todo lo posible por debilitar al ejército revolucionario y congraciarse con el ejército federal, Madero, sin saberlo, estaba cavando su propia tumba.

La lucha por la supervivencia de su gobierno, lo obligó a depender del ejército federal y se volvió rehén de él. Así, no tenía otra opción que delegar en Huerta, el más prestigiado y más fuerte general del ejército en esos momentos, la defensa de su régimen y Madero lo sabía, porque eran circunstancias que él mismo había creado. No tenía una fuerza militar propia, las tropas maderistas que le dieron la victoria contra Díaz habían sido licenciadas y se había enemistado con muchos de los principales jefes revolucionarios como Orozco y Zapata, quienes lo habían combatido. No tenía manera tampoco de pasar por encima del ejército federal y no contaba con ningún militar de alto rango en quien tuviera confianza, una vez que González Salas había muerto y que Lauro del Villar había sido herido. El único que le quedaba y en quien confiaba era Felipe Ángeles, quien no tenía el rango requerido para ejercer el mando de las operaciones y era rechazado por la alta jerarquía militar. Además, el pacifismo de Madero y su búsqueda constante de una negociación se añadieron como factores que fueron aprovechados por sus rivales.

La muerte de Madero borró sus fracasos como gobernante y lo sacralizó como Apóstol de la Democracia. Se convirtió así en un poderoso símbolo que le dio un nuevo impulso a la revolución. Pino Suárez lo había previsto con lucidez: «¿cometerán la estupidez de matarnos? Tú sabes que nada ganarían, ya que seríamos más grandes después de la muerte que hoy en vida...».[10] Y en efecto, así ocurrió.

El gobierno de Madero fue una administración de buenos propósitos pero pocos logros, con muchas continuidades y pocas rupturas con la administración de don Porfirio. Al maderismo hecho gobierno le faltó decisión para llevar a cabo grandes medidas, además de presupuesto y tiempo. La obra pública para construir escuelas y para reparar y ampliar la red de ferrocarriles y telégrafos dañada por la insurrección fue magra. Y aunque no tuvo la estabilidad financiera de los últimos años del Porfiriato, tampoco sufrió una situación apremiante por falta de recaudación como la que imperaría en los años siguientes. Sin embargo la inestabilidad política y el protagonismo que le tuvo que dar al ejército federal para aplacar las múltiples rebeliones que lo asolaron, impidieron que pudiera llevar a cabo su proyecto de reformas dentro de la ley y a través de las instituciones.

Lo que explica el fracaso del maderismo fueron varios factores: en primer lugar que la revolución provocó el colapso del Estado porfiriano, con la desintegración de la autoridad central, la atomización de los poderes regionales y locales y el surgimiento de un nuevo caudillismo militar salido de las filas revolucionarias que no pudo ser controlado por un régimen que no destruyó ni sustituyó al Estado porfiriano y que fue notoriamente más débil y menos hábil para imponer su hegemonía al cúmulo de viejos y nuevos poderes que buscaban defender sus privilegios los primeros, y obtener poder y ventajas los segundos. En segundo lugar, porque el gobierno maderista, que había despertado enormes expectativas de cambio, fue reacio a emprender grandes transformaciones sociales y privilegió la política, a partir de un mal diagnóstico de la naturaleza y de las expectativas de los grupos y sectores populares que habían hecho posible la revolución. En tercer lugar, porque Madero intentó una conciliación imposible entre la revolución y el antiguo régimen y se quedó aislado, sufriendo los embates tanto de los revolucionarios impacientes a los que su tibieza y empeño en conducir los cambios de manera paulatina e

institucional les pareció una claudicación, como de los conservadores, que lo consideraban un traidor a su clase y a quien no le
perdonaron nunca que hubiera alborotado a la plebe y puesto al
país de cabeza. En cuarto lugar, el maderismo fracasó porque para
mantenerse a flote y derrotar las múltiples rebeliones que le estallaron, tuvo que darle un poder y protagonismo al ejército federal
que este antes no tenía, volviéndose rehén de los militares. Finalmente, porque el sueño maderista de instaurar la democracia resultó ser una utopía para la que el México de entonces no estaba
preparado.

5. El gobierno militar

El golpe militar de Huerta fue recibido con beneplácito por las
clases altas y los grupos conservadores. El regreso del hombre
fuerte que pondría fin a la anarquía y restablecería el orden des-
pertó simpatías y apoyos en los sectores pudientes nacionales y
extranjeros. El ejército federal y la burocracia lo aceptaron sin
chistar, lo mismo que la jerarquía católica y las clases medias conservadoras. El huertismo fue, objetivamente, una restauración
porfirista y así fue celebrado y apoyado por los sectores conservadores. En cambio, para los sectores populares, la caída de Madero
significó un regreso a las prácticas represivas, autoritarias y exclu-
yentes del porfirismo y la amenaza no solo de no lograr las reformas por las que habían estado luchando desde 1911, sino de perder su libertad y sufrir la intromisión de un poder central
sediento de control y sin escrúpulos ni contrapesos.

De acuerdo con el Pacto de la Embajada, Huerta asumiría la
Presidencia de la República de manera provisional para restablecer el orden y convocar en un lapso breve a elecciones en las que
se postularía Félix Díaz para la presidencia constitucional. Para
cumplir con las formas legales, ante la renuncia de Madero y Pino
Suárez quien asumió la presidencia del país, de acuerdo a la Constitución, fue el Secretario de Relaciones Exteriores, Pedro Lascu-

ráin. Este, tomó protesta como Presidente de la República el 19 de febrero de 1913 y acto seguido nombró a Victoriano Huerta como Secretario de Gobernación para inmediatamente renunciar él mismo, a los 45 minutos de haber asumido el poder. Mediante esa pantomima revestida de legalidad, Huerta asumió el poder y armó su gabinete provisional con sus aliados: felicistas, reyistas, porfiristas y católicos. Obtuvo el apoyo total del ejército federal y también del cuerpo diplomático, encabezado por el embajador de los Estados Unidos, quien, como se ha visto, había tenido un papel central en el complot golpista.

En los días posteriores al golpe militar parecía que a Huerta le sonreía la suerte. Pudo acabar o neutralizar a los principales líderes maderistas que podían haber intentado un levantamiento en su contra. Las clases altas lo apoyaban unánimemente y contaba con el respaldo del embajador estadunidense y con la actitud pragmática del cuerpo diplomático que respaldaba la vuelta a la normalidad y la no afectación de los intereses de las empresas y familias extranjeras. Buscó, además, atraer a algunos de los líderes populares que se habían distanciado de Madero.

La ilegitimidad de origen de Huerta fue, desde el principio, una debilidad que buscó atenuar con la cooptación de varios de los más importantes rebeldes antimaderistas. El más notable fue Pascual Orozco, del que consiguió su apoyo junto con el de varios de sus principales lugartenientes. Otros rebeldes importantes que combatieron a Madero, como Juan Andrew Almazán, Silvestre Mariscal y los zapatistas Jesús *El Tuerto* Morales y José Trinidad Ruiz también se amnistiaron y lo apoyaron, a cambio de prebendas y del reconocimiento de sus fuerzas, que se incorporaron como aliadas del ejército federal.

El régimen de Huerta tuvo un carácter marcadamente militar, con una naturaleza enteramente distinta a lo que había sido el gobierno de Díaz en su última etapa. Huerta militarizó no sólo al gobierno —puesto que los principales ministerios fueron ocupados por generales en los que confiaba—, sino también a la sociedad —mediante la formación de milicias armadas y el adiestramiento, reclutamiento y organización militar en centros de trabajo, oficinas públicas y escuelas medias—, en un grado sin precedente en la historia del país que no ha vuelto a repetirse desde entonces. Para Huerta, la política y los políticos eran un estorbo, por lo que muy pronto sustituyó a los civiles que formaban parte de su gabinete inicial —como León de la Barra— por militares de alto rango. El objetivo fundamental de su gobierno fue restablecer la paz e imponer el dominio del ejército a cualquier costo, abandonando por completo las formas legales.

Para llevar a cabo su propósito, además de la cooptación de líderes exmaderistas, y de antiguos colaboradores de Madero que habían acentuado su conservadurismo y su rechazo a la revolución y a las reformas, como Toribio Esquivel Obregón y Alberto García Granados, Huerta desbarató de manera implacable cualquier oposición. Así, asesinó a los maderistas más fieles, como el gobernador de Chihuahua, Abraham González, quien era el heredero natural de Madero, y apresó y destituyó a los gobernadores que se negaron a reconocerlo. Los que continuaron en sus cargos, lo hicieron renegando de su filiación maderista, convirtiéndose en aliados de la contrarrevolución. Casi todos los gobernadores electos durante el gobierno maderista, sucumbieron o claudicaron ante el golpe de mano de Huerta y reconocieron a su gobierno. Venustiano Carranza, de Coahuila, luego de una actitud inicial ambigua en que estableció negociaciones con enviados de Huerta mientras se preparaba para la guerra, terminaría por romper por completo con el gobierno y encabezaría la lucha por restablecer la legalidad interrumpida. Además del coahuilense, también el gobernador de Sonora, José María Maytorena, eludió el reconocimiento del régimen usurpador pero prefirió pedir permiso a la legislatura local y exiliarse a los Estados Unidos, asumiendo interinamente el gobierno Ignacio Pesqueira quien, respaldado por la legislatura local y varios presidentes municipales maderistas, se decidió también por el rompimiento con el gobierno golpista. También intentaron resistir, sin éxito, los gobernadores de Chihuahua, San Luis Potosí y Sinaloa. Los demás, no solo claudicaron ante el huertismo sino que se negaron a apoyar a quienes lo enfrentaron.

Con el Congreso federal ocurrió algo similar. La XXVI Legislatura avaló la renuncia de Madero y la investidura presidencial de Huerta. La tímida resistencia de algunos legisladores que se atrevieron a denunciar el atropello de las leyes y de las instituciones por el régimen militar, pronto fue avasallada por Huerta, que no permitió críticas ni oposiciones a sus iniciativas y terminó por disolver meses después el Congreso y apresar a la mayoría de diputados, luego de asesinar a los más dignos legisladores opositores como Belisario Domínguez y Serapio Rendón. El Poder Judicial, por su parte, fue igualmente sometido sin ofrecer mucha resistencia.

Huerta parecía haber recuperado el control del poder central. Desmantelado el maderismo, sometidos los otros poderes federales y los gobiernos estatales, con el respaldo pleno del ejército y de los grupos conservadores, con el reconocimiento y apoyo crediticio de las principales potencias extranjeras, y con el beneplácito de la amplia coalición contrarrevolucionaria y antimaderista, la restauración conservadora que impulsaba el régimen de Huerta parecía que no tendría problemas para aplastar los pocos focos de resistencia que continuaban encendidos, en la zona zapatista morelense y en los lejanos estados norteños de Coahuila, Sonora y Chihuahua.

Sin embargo la restauración conservadora pronto comenzó a complicarse. La muerte de Madero provocó que el maderismo popular de 1910-1911 resurgiera, sobre todo en el norte. No obstante, como pronto se observó, fue un nuevo maderismo, mejor organizado, con mayor claridad política y líderes más experimentados, que no cometió los errores del presidente caído y que decidió hacer lo que el apóstol no había querido: llevar la revolución hasta sus últimas consecuencias. Y, como había ocurrido con la insurrección de Madero, el movimiento de 1913 que se puso en pie de lucha contra Huerta también tuvo dos manifestaciones: una popular, radical, plebeya, encabezada otra vez por varios de los principales caudillos de la anterior etapa como Pancho Villa, Calixto Contreras, Toribio Ortega, Manuel Chao, Orestes Pereyra y otros, en los estados norteños de Chihuahua y Durango, y por gente como Emiliano Zapata en el sur. Paralelamente, se desarrolló un movimiento más moderado, sin radicalismos pero con una gran capacidad organizativa y administrativa y que se convirtió en la cabeza de la resistencia nacional, liderado por Venustiano Carranza, movimiento al que se sumaron los dirigentes revolucionarios de Coahuila, la mayoría de ellos subordinados de Carranza durante su gobierno, como Pablo González, Lucio Blanco, Francisco Murguía, Fortunato Maycotte, Francisco Coss, Alfredo Ricautt, Cesáreo Castro, Jesús Agustín Castro, y de Sonora donde apareció una nueva generación de revolucionarios como Álvaro Obregón, Benjamín Hill, Salvador Alvarado y Plutarco Elías Calles que aprovecharon las vacilaciones de los maytorenistas para irrumpir como la principal fuerza opositora a Huerta en ese estado fronterizo. Los líderes de Chihuahua también aceptaron formalmente subordinarse al liderazgo de Carranza quien de ese modo pudo hacer realidad su nombramiento como Primer Jefe del Ejército Constitucionalista del que lo había investido el Plan de Guadalupe proclamado por sus seguidores el 26 de marzo de 1913 que dio inicio a la lucha constitucionalista.

Como se verá más adelante, la lucha contra la dictadura huertista tuvo una marcada connotación regional y dio pie al desarrollo de tres corrientes revolucionarias, el villismo, el constitucionalismo y el zapatismo, que si bien convergieron en la lucha contra el enemigo común, tenían proyectos e intereses distintos. No obstante, la lucha combinada de esos tres movimientos opositores, que pronto constituyeron verdaderos ejércitos que controlaron en pocos meses sus regiones y que fueron derrotando y haciendo retroceder al ejército federal, modificó radicalmente el escenario nacional en el que pretendía Huerta llevar a cabo su proyecto de restauración conservadora.

El fin último del golpe militar de Huerta y de quienes lo apoyaron era aplastar la revolución popular, fortalecer al gobierno central y dar marcha atrás a las reformas liberales que Madero había comenzado a aplicar. Ante la ineficacia de la administración maderista y la preponderancia que habían alcanzado las fuerzas armadas, la decisión de los altos mandos militares y de las elites conservadoras había sido que el propio ejército tomara el poder y gobernara con mano de hierro para desactivar las protestas y reivindicaciones populares y restablecer el orden y la autoridad central.

Sin embargo, la solución militar y el ejercicio del poder estatal con criterios castrenses, en lugar de lograr la pacificación y la derrota de los movimientos populares, provocaron, por el contrario, que la revolución contenida durante el gobierno maderista tomara un segundo aire, se fortaleciera, se radicalizara y se convirtiera en un desafío mucho mayor que el que había enfrentado Madero. La militarización del Estado y de la sociedad que intentó realizar el huertismo sólo consiguió que la sociedad resistiera las amenazas y medidas represivas y que se incrementara el apoyo popular a los grupos que se decidieron a enfrentar a Huerta.

A diferencia del régimen de Díaz que había contado con el apoyo de las oligarquías regionales, del ejército federal y de la jerarquía eclesiástica católica, la restauración conservadora muy pronto fue perdiendo los apoyos iniciales de la vasta coalición antimaderista que asaltó el poder. Huerta sólo confiaba en los militares, por lo que el gabinete, los gobernadores, los legisladores y jueces fueron ignorados y sometidos. El gabinete surgido del Pacto de la Embajada, en el que estaban maderistas renegados como Toribio Esquivel Obregón. Alberto García Granados y Jesús Flores Magón, católicos porfiristas como León de la Barra, reyistas como Rodolfo Reyes y felicistas como Manuel Mondragón y Jorge Vera Estañol, fue disuelto a las pocas semanas. Huerta rompió su compromiso de convocar a elecciones y deshizo su alianza con los felicistas, mandando al exilio al sobrino de don Porfirio. Sus relaciones con el Congreso se fueron deteriorando porque, a pesar de que los legisladores le habían dado legitimidad al validar su asalto al poder y mantenerse en sus cargos, las decisiones unilaterales de Huerta de posponer la elecciones, de renunciar arbitrariamente a ministros y presionar al Congreso para que avalara los nombramientos como miembros del gabinete de sus incondicionales, sus continuas solicitudes de nuevos préstamos y de mayor presupuesto para combatir las rebeliones y, sobre todo, la creciente persecución política que incluyó el asesinato de los legisladores Belisario Domínguez y Serapio Rendón, fueron creando un abismo creciente entre ambos poderes. La culminación de ese enfrentamiento fue la decisión de Huerta de disolver el Congreso el 10 de octubre de 1913 y encarcelar a 110 diputados acusados de oponerse y de conspirar contra su gobierno, luego de que los legisladores habían decidido investigar la muerte del senador Belisario Domínguez.

La relación con los Estados Unidos también se deterioró aceleradamente. La postura de abierto apoyo al golpe militar del embajador Henry Lane Wilson no fue compartida por el nuevo gobierno estadounidense, encabezado por Woodrow Wilson, quien asumió el poder pocos días después de la Decena Trágica. El gobierno de Estados Unidos no reconoció a Huerta ni le otorgó préstamos y adoptó una actitud de cautela, en espera de que demostrara que era capaz de controlar la inestabilidad política, convocar a elecciones que dieran paso a un gobierno electo legítimamente y a que se resolviera favorablemente la disputa de territorios fronterizos que había dominado la agenda bilateral entre ambos países en los años previos. El presidente Wilson no aceptó las presiones de las compañías petroleras y mineras estadounidenses asentadas en México que le exigían otorgar el reconocimiento al gobierno de Huerta, otorgarle préstamos y permitir la compra de armas para el ejército mexicano. Ante ello, el gobierno huertista dependió totalmente del apoyo de las potencias europeas, cuyos gobiernos respaldaron los intereses de las empresas inglesas, alemanas y francesas establecidas en México y otorgaron préstamos y armas para sostener al dictador.

El crecimiento de la oposición a Huerta, que paulatinamente fue derrotando al ejército federal y controlando territorios cada vez mayores en el norte, centro y sur del país, el recrudecimiento de la represión oficial, la disolución del Congreso y la instauración de un Estado de excepción, hicieron que las reservas y la neutralidad iniciales del gobierno estadounidense se hicieran mayores y que pasara del no reconocimiento al embargo de armas y, en el extremo, a la medida que no se habían atrevido a dar desde la guerra con México de 1846-1848: la intervención militar que ocurrió en Veracruz en abril de 1914 cuando tropas de Estados Unidos ocuparon por la fuerza el puerto, con el pretexto de un incidente insignificante de unos marinos de ese país con tropas federales mexicanas en el puerto de Tampico. La actitud inicial del presidente estadounidense con relación al gobierno de Huerta pasó de la neutralidad y de la espera vigilante a la abierta hostilidad. Al darse cuenta de que Huerta era reacio a aceptar la solicitud de convocar a elecciones y dejar la presidencia para entregar el poder a un gobierno electo democráticamente, Wilson prohibió la venta de armas al gobierno mexicano y conminó a los países europeos a que hicieran lo mismo y a que aislaran económicamente a México. Como no surtieron efecto esas presiones diplomáticas y económicas, Wilson decidió utilizar la medida extrema: la intervención militar, escogiendo para ello los puertos mexicanos controlados por Huerta. El pretexto ideal fue un incidente bastante menor: ocho marinos estadounidenses del buque *Dolphin*, atracado en el puerto de Tampico, fueron arrestados por marinos mexicanos cuando desembarcaron sin permiso en el puerto, buscando combustible. En Tampico se libraba una fuerte batalla entre el ejército federal y atacantes constitucionalistas. Los marines fueron arrestados hora y media y luego fueron liberados. Al conocer los hechos, el almirante mexicano se disculpó pero el contralmirante del barco estadounidense no la aceptó y exigió que se hiciera un acto de desagravio a la bandera de ese país. El gobierno de Estados Unidos respaldó esa postura y envió un ultimátum a Huerta exigiendo el castigo a los responsables del arresto, que se izara su bandera en un lugar público y se le hicieran honores con una salva de 21 cañonazos. Huerta se negó a aceptar esas exigen-

LA REVOLUCIÓN DEMOCRÁTICA

cias por considerar que violaban la soberanía del país y propuso, en cambio, honrar a la bandera estadounidense si el *Dolphin* hacía lo mismo con la bandera mexicana.

Wilson rechazó la propuesta de Huerta y el 14 de abril de 1914 ordenó el desplazamiento de once buques de guerra de Estados Unidos hacia el Tampico, con 6 500 marinos fuertemente equipados y le dio a Huerta un ultimátum para aceptar sus condiciones. Después informó al congreso de ese país de su decisión y, antes de que el órgano legislativo discutiera y aprobara la medida, ocurrió la invasión a Tampico. En los planes originales de Wilson estaba la ocupación del puerto mexicano de Tampico y la protección a sus conciudadanos. Sin embargo las instrucciones de Wilson dieron un giro súbito cuando se enteró de que el barco alemán Ipiranga se dirigía a Veracruz cargado de armamento para el gobierno huertista. Wilson ordenó a su flota de guerra ocupar el puerto de Veracruz e impedir la entrega del material de guerra. La ocupación extranjera tuvo lugar el 21 de abril con 3 barcos y 1 289 marines. Las tropas estadounidenses no esperaban encontrar resistencia mexicana pues sabían que el grueso de la flota nacional estaba en Tampico. Lo que no esperaban tampoco era que hubiera resistencia armada ante la invasión.

La defensa del puerto nacional corrió a cargo de un grupo de soldados federales que pronto abandonaron el combate y, sobre todo, la realizaron los cadetes de la Escuela Naval, y la población civil, con decenas de voluntarios y presidiarios que fueron liberados para combatir al invasor. El combate fue muy desigual. La flota norteamericana tenía un poder de fuego muy superior y pronto el bombardeo de los cañoneros Prairie y Chester hizo estragos en el puerto. Al día siguiente llegaron otros barcos invasores y tres cañoneros más, el New Hampshire, el South California y el Vermont, apoyaron la avanzada de su infantería. El 22 de abril, había 19 barcos de guerra estadounidenses en la bahía de Veracruz y 44 en el Golfo de México. Los muertos extranjeros oscilan, según las fuentes, entre 19 y 333. Las bajas mexicanas fueron muchas más. Con esa superioridad militar, los invasores tomaron el control del principal puerto mexicano y establecieron el control del gobierno y la administración de la ciudad. El presidente Wilson esperaba haberle dado el golpe de muerte al gobierno de Huerta y el respaldo de los revolucionarios pero no contaba con la firme oposición a la invasión que esgrimió con maestría Carranza, quien la denunció como una agresión a la soberanía nacional y exigió la inmediata salida de las fuerzas extranjeras. Por lo demás, sus efectos para el gobierno de Wilson fueron contraproducentes pues Huerta pudo capitalizar el rechazo nacionalista a la invasión y pudo mantenerse en el poder todavía unos meses más, hasta que los triunfos revolucionarios en gran parte del país hicieron insostenible su gobierno y lo obligaron a renunciar tres meses después de la ocupación, que se prolongaría hasta noviembre de ese año.

Así pues, la actitud contraria del gobierno de los Estados Unidos, si bien no fue el factor decisivo para la caída del régimen huertista, si jugó un papel importante al negarle créditos y el reconocimiento a su gobierno y dificultar la compra de armas y nuevos préstamos de las potencias europeas, lo cual minó la capacidad de respuesta de la dictadura para acabar con la rebelión.

A medida que los ejércitos constitucionalista, villista y zapatista iban derrotando al ejército federal y consolidando su avance territorial, la respuesta de Huerta fue la de endurecer su postura y empeñarse en aumentar el presupuesto y el reclutamiento para el ejército, a través de una leva indiscriminada, que no sólo se limitó a los grupos tradicionales de indígenas, presos, delincuentes y vagos, sino que llegó a las ciudades y a ciudadanos que no contaban con los recursos económicos ni con las influencias para oponerse. El ejército federal, que tenía 50 000 hombres al final del maderismo, creció notablemente durante el huertismo. La magnitud de las fuerzas armadas alcanzada durante el huertismo, sin precedentes hasta entonces en la historia del país, sin embargo, no se tradujo en eficacia combativa pues siguió siendo un ejército sin organización, moral ni convicción, cuyos miembros, reclutados por la fuerza, desertaban a la menor oportunidad, se pasaban del lado de los revolucionarios o se rebelaban contra sus jefes. Aunque Huerta trató de capitalizar a su favor la intervención norteamericana tanto para obtener una tregua con los rebeldes que lo combatían como para incrementar el reclutamiento, sus resultados fueron magros, al igual que los intentos de militarizar a la sociedad y apoyarse en los cuerpos de «voluntarios» reclutados y financiados por hacendados y empresarios para defender sus propiedades y que actuaron como milicias privadas que combatieron a los rebeldes en acciones defensivas y locales.

El régimen de Huerta, como se ha visto, tuvo un carácter netamente militar. Huerta suprimió los partidos políticos, disolvió y apresó al Congreso, sometió al gabinete totalmente y luego prescindió de él, pues muchas decisiones las tomó aun en contra de sus ministros, acabó con la prensa independiente y maniató a la prensa oficial que subvencionaba, la cual ocultó las derrotas militares del ejército federal. El gobierno de excepción se fue quedando solo. Rompió primero con los felicistas y luego con los católicos y no permitió que sus aliados ocasionales, como los orozquistas, ocuparan puestos de poder. En esas condiciones la restauración conservadora y autoritaria que buscaba detener la revolución fue un completo fracaso, pues por el contrario, le dio nuevos aires a la rebelión popular y fue barrida por ésta.

La administración pública del gobierno huertista, a pesar de que contó con algunos prominentes personajes porfiristas como Jorge Vera Estañol, Querido Moheno y el expresidente León de la Barra o el hijo de Bernardo Reyes, Rodolfo, y no obstante que estos formularon iniciativas educativas, agrarias y laborales que estaban en sintonía con algunas de las reformas comenzadas a aplicar en las postrimerías del Porfiriato y durante el interludio maderista, no se concretaron en políticas públicas efectivas. El gobierno de Huerta fue así notoriamente más ineficaz que los tres que le precedieron. Puede explicarse en parte porque esas reformas propuestas por los ministros en turno no contaron con la venia de Huerta ni con la autorización del Congreso. Pero además fracasaron, fundamentalmente, porque la situación de guerra civil y las necesidades de una economía de guerra priorizaban otros objetivos imprescindibles para la supervivencia de un régimen que tenía muchos flancos abiertos y nula eficacia política para resolverlos. La caída de Huerta se debió a su derrota militar. Los ejércitos revolucionarios de Villa, Carranza y Zapata tuvieron la capacidad de ir minando al ejército federal y de tomar el control de vastas regiones del territorio nacional, sobre todo en el norte, lo que fue arrinconando a Huerta y lo obligó a renunciar. Después de las victorias villistas en la región lagunera en marzo de 1914 y de la toma de Zacatecas por la División del Norte villista, la moral del ejército federal se derrumbó y ya no ofreció resistencia. El 15 de julio de 1914 Huerta presentó su dimisión y partió al exilio, dejando en su Secretario de Relaciones Exteriores, Francisco S. Carbajal, la responsabilidad de formalizar la rendición ante las fuerzas constitucionalistas encabezadas por Venustiano Carranza. Así llegó a su fin el experimento militar que intentó, infructuosamente, detener la revolución popular. Fue también el fin de lo que quedaba del régimen porfirista que había resistido a la revolución maderista. Con la caída de Huerta se disolvió el ejército federal, las instituciones y el Estado porfiriano, que fueron hechos añicos por los ejércitos revolucionarios. Ese fue el final de lo que se ha conocido como el Antiguo Régimen y el inicio de uno nuevo que la Revolución hizo emerger y que se iría decantando y afirmando en los años siguientes, como se verá en los capítulos subsecuentes.

NOTAS

[1] Francisco I. Madero, *La sucesión presidencial en 1910. El Partido nacional democrático*, México, Editorial Los Insurgentes, 1960, pp. 310 y 328.

[2] Francisco Vázquez Gómez, *Memorias políticas, 1909-1913*, México, Imprenta Mundial, 1933, pp. 20-21.

[3] Véase el manifiesto en Isidro Fabela (ed.), *Documentos históricos de la Revolución mexicana*, México, Fondo de Cultura Económica, 1964, t. V, pp. 38-43.

[4] Estrada, *La revolución y Francisco I. Madero*, México, INEHRM, 1985, p. 272.

[5] Federico González Garza, *et al., Memorial presentado a la Cámara de diputados pidiendo la nulidad de las elecciones*, México, Comité Ejecutivo Electoral Antirreeleccionista, 1910, pp. 15-16.

[6] Federico González Garza, *La revolución Mexicana. Mi contribución político-literaria*, México, Instituto Nacional de Estudios Históricos de la Revolución Mexicana, 1985, p. 191.

[7] Graziella Altamirano y Guadalupe Villa (comps.), *La revolución mexicana. Textos de su historia*, México, Secretaría de Educación Pública/Instituto Mora, 1985, t. III, p. 24.

[8] José Yves Limantour a Manuel Flores, Biarritz, 27 de agosto de 1912, en *Achivo José Yves Limantour*, Archivo Histórico Grupo CARSO, rollo 68.

[9] Altamirano y G. Villa, *op. cit.*, t. III, p. 137-150.

[10] Carta de Pino Suárez a Serapio Rendón, citada en Stanley R. Ross, *Francisco I. Madero. Apóstol de la democracia mexicana*, México, Biografías Gandesa, 1959, p. 310.

Capítulo III
LA REVOLUCIÓN POLÍTICA

1. La respuesta al Cuartelazo

Con el asesinato de Madero y Pino Suárez, perpetrado el 22 de febrero de 1913, Huerta y sus cómplices pretendían descabezar al movimiento revolucionario contra el que dirigieron el golpe militar. Pero el cálculo les salió mal: la reacción fue instantánea y abrumadora. No importaba que muchos revolucionarios o políticos que en 1910 habían sido maderistas, estuviesen en febrero de 1913 distanciados del presidente o en franca rebelión contra su gobierno: la vileza del golpe de Huerta, su actuar traicionero y sinuoso, y las amenazas que para la nueva clase política surgida de la revolución representaba el gobierno castrense, las ansias restauradoras, el inmoral júbilo de los conjurados, cerraron muchas de las heridas creadas por el maderismo en el poder. Así lo explicó Francisco L. Urquizo, testigo de la tragedia:

> Creyeron que con la muerte física del señor don Francisco I. Madero daban el cerrojazo para tapar para siempre su personalidad y sus ideales y fue exactamente lo contrario. Vivo, el señor Madero tenía, como todos los hombres, partidarios, simpatizadores y enemigos y detractores; muerto, Francisco I. Madero ascendió a la categoría de símbolo de una idea y una norma. Fue la bandera de la legalidad y la democracia [...]
> Francisco I. Madero asesinado por Victoriano Huerta, en repre-

sentación de todas las negaciones reaccionarias y dictatoriales, es norma y medida de libertad y democracia auténtica.

Francisco I. Madero, muerto, vive y vivirá en la conciencia nacional.[1]

De hecho, la reacción contra el golpe militar había empezado desde el 18 de febrero, cuando el jefe del Cuartelazo giró un telegrama a todos los gobernadores y comandantes militares: «Autorizado por el senado, he asumido el poder ejecutivo, estando presos el presidente y su gabinete. V. Huerta». Esa misma noche y los días siguientes, se levantaron en armas o contemplaron la posibilidad de hacerlo al menos seis gobernadores (los de Chihuahua, Coahuila, Sonora, San Luis Potosí, Aguascalientes y Sinaloa), varios presidentes municipales y numerosos jefes de los cuerpos rurales o regimientos irregulares de la federación, que habían permitido a varios miles de rebeldes maderistas de 1910 dar vida a milicias profesionalizadas.

El 19 de febrero la mayor parte de los gobernadores y de los jefes militares le enviaron a Huerta telegramas aceptando el nuevo gobierno federal, pero hubo tres silencios harto significativos: el de los mandatarios de Sonora, Chihuahua y Coahuila, José María Maytorena, Abraham González y Venustiano Carranza, que tenían a sus órdenes fuertes núcleos armados. No sólo eran silencios: pronto supo Huerta que en el norte se acumulaban nubes de tormenta.

Al telegrama girado por Huerta el 18 de febrero, siguieron otros, cada vez más perentorios, que tuvieron efectos distintos en los tres estados norteños. Desde el inicio del Cuartelazo, don Abraham González ofreció total respaldo a Madero, pero ante los telegramas tranquilizadores de este esperó confiado el fin de los acontecimientos. Sorprendido por la repentina caída de Madero, don Abraham dejó sin respuesta al telegrama del 18 de febrero y los que siguieron, pero el general Antonio Rábago, jefe de la 2ª Zona Militar, felicitó de inmediato a Huerta. Ese jefe militar tenía a sus órdenes 6 000 soldados federales, la tercera parte de los cuales estaban en la capital del estado, por lo que Abraham González se convirtió en su virtual prisionero. El gobernador intentó poner a salvo los fondos del gobierno y alertó a los jefes de los regimientos irregulares. Era obvio que se preparaba para la guerra y que, presos los miembros del gabinete y los principales maderistas de la ciudad de México, nadie como él podría representar la continuidad de la revolución. Pero Huerta también lo sabía y el 22 de febrero ordenó a Rábago aprehenderlo y hacerse cargo del ejecutivo del estado sin parar mientes en ninguna consideración. Así se hizo, y para que el golpe en Chihuahua fuera idéntico al nacional, el 7 de marzo militares huertistas asesinaron a don Abraham a bordo del tren en que lo conducían preso a la ciudad de México. Así, Huerta eliminaba al jefe natural de la nueva revolución.

José María Maytorena, gobernador de Sonora, tenía frente a Abraham González una ventaja operativa: las fuerzas irregulares, mandadas por jefes jóvenes, enérgicos y ambiciosos, estaban concentradas en el centro del estado y dominaban la capital. Además, Maytorena no se confió en los telegramas tranquilizadores de Madero y desde el 15 de febrero alertó a sus partidarios para responder a la posible caída del régimen. Al recibir el telegrama del 18 de febrero convocó en el Palacio de Gobierno a los maderistas locales. Durante varios días, la indecisión fue la nota dominante en Hermosillo. No había noticias de los otros estados con que se suponía contar, y Sonora sólo no podría desafiar al nuevo poder; y peor, se tenía casi la certeza del apoyo total de los Estados Unidos al nuevo gobierno, pues el embajador Henry Lane Wilson había instruido a los cónsules para que así lo hicieran saber en todo el país. Desconocer a Huerta era la guerra desigual; reconocerlo, ponerse en manos de los odiados federales con el consiguiente suicidio lento, pero seguro, de la nueva clase política estatal. Lo conveniente era esperar, y en eso estaban.

El 24 de febrero llegó a Sonora la noticia de los magnicidios perpetrados treinta horas antes en la capital. Entonces sí se desató la ira de los maderistas: Benjamín Hill empezó a aprehender a los más connotados antimaderistas de Hermosillo; Manuel M. Diéguez se declaró en pie de guerra en Cananea y el comisario de policía de Agua Prieta, Plutarco Elías Calles, condujo una manifestación que terminó en enfrentamiento con los federales, tras lo cual cruzó la frontera, desconoció al gobierno federal y empezó a preparar la insurrección, auxiliado por el diputado local Adolfo de la Huerta.

Pero aún así, Maytorena no quería meter a Sonora en un conflicto abierto con el gobierno federal, ni subvertir el orden ni la economía del estado para encabezar una rebelión popular, por lo que el 25 de febrero pidió al congreso local una licencia para separarse seis meses del cargo de gobernador. En su lugar fue designado el diputado Ignacio L. Pesqueira, quien entendió de inmediato la terrible disyuntiva que había llevado a Maytorena a solicitar la licencia y procuró seguir difiriendo cualquier decisión, aunque los jefes de las fuerzas irregulares y otros maderistas ya estaban entrando, en la práctica, en la senda de la guerra. Finalmente, el 4 de marzo, los jefes de las fuerzas irregulares encabezados por Benjamín Hill y Salvador Alvarado, amenazaron a Pesqueira y al Congreso con «desconocerlos a ustedes y a Huerta» si los poderes del estado no lo hacían. Al día siguiente, 5 de marzo, las fuerzas mandadas por Álvaro Obregón, Juan Cabral, Hill y Alvarado, iniciaron las operaciones contra los federales.

De ese modo, la revolución en Sonora nació manchada por desconfianzas y suspicacias entre sus propios dirigentes, profundamente divididos entre sí. Estos conflictos, la fragilidad legal de la ruptura, basada en un gobernador interino sin consenso y en un congreso dividido, y la retórica confusa de Pesqueira, tendrían un resultado decisivo: la cabeza política de la revolución tendría que estar en otra parte. Pesqueira hablaba de Sonora como de un territorio ocupado por tropas extranjeras que por fin podía reasumir su soberanía, porque de eso se trataba, de «libertar» a Sonora, de «restaurar» su dignidad y soberanía. De ahí que en toda la primera fase de la insurrección no se tocaran los problemas sociales y económicos del estado ni de las aspiraciones de los combatientes. De ahí que se dieran garantías de orden a los propietarios y a los extranjeros, de ahí que se pensara que lo existente sólo se alteraría por los azares de la guerra. Esta «revolución administrada» fue complementada por la «moral del haber»: al concebirse la rebelión casi como una «guerra internacional» de Sonora contra el gobierno de México, fincada en prioridades del gobierno estatal y no en el propósito de resolver demandas sociales y políticas, el ejército sonorense tenía como última razón cohesiva, aparte del entusiasmo regional y la lealtad y admiración a sus nuevos jefes, el haber, la paga, el riesgoso empleo del soldado que sabe que recibirá su estipendio.

Por su parte, los gobernadores de San Luis Potosí y Aguascalientes, Rafael Cepeda de la Fuente y Alberto Fuentes Dávila, también intentaron oponerse al Cuartelazo, pero carecían de elementos militares para lograrlo. El 23 de febrero, Cepeda izó la bandera a media asta en el Palacio de Gobierno, pero estaba prácticamente prisionero en la capital del estado, ocupada por una fuerte guarnición federal cuyo jefe lo tenía bajo estrecha vigilancia y lo aprehendió el 6 de marzo. Enviado a la ciudad de México, Cepeda estuvo en la cárcel casi hasta la caída del gobierno de Huerta. A su vez, Fuentes Dávila trató de levantarse con un puñado de voluntarios, pero también fue aprehendido y remitido a la capital de la República. También fue encarcelado el mandatario sinaloense, Felipe Riveros, aunque sí reconoció al gobierno de Huerta, por lo que pudo escapar de un arresto flexible y se unió a los revolucionarios de su estado en abril de 1913.

En un nivel inferior, Eulalio Gutiérrez, presidente municipal de Concepción del Oro, Zacatecas, se levantó en armas el 19 de febrero al frente de una fracción del 2º Regimiento de Carabineros de San Luis, pero fue el asesinato de Madero lo que masificó la respuesta opositora. El 23 de febrero se levantaron en armas, cada uno por su cuenta, al frente de sus regimientos irregulares, los coroneles Toribio Ortega y Rosalío Hernández, en el desierto de Chihuahua. Antes de que terminara el mes estaban también en pie de guerra los irregulares de guarnición en Ciudad Guerrero y Casas Grandes, Chihuahua; los regimientos irregulares «Hidalgo» y «Juárez», en el sur de ese estado; Tomás Urbina y el «Regimiento Morelos», en el norte de Durango; Gregorio García en Matamoros de La Laguna, Coahuila; varios presidentes municipales y jefes de guarnición de las poblaciones de la sierra de Chihuahua; el coronel Juan García con su gente, en la sierra de Lerdo, Durango; y algunos otros contingentes en el resto del país. Todos estos «cuerpos irregulares» provenían de las fuerzas revolucionarias no licenciadas en 1911 o rearmadas por los gobernadores norteños para enfrentar la rebelión de Orozco. Muy significativa fue la constitución de la Junta Revolucionaria de Cuencamé, donde, como en Concepción del Oro, las autoridades municipales desconocieron al régimen de Huerta con toda la formalidad posible, aunque a diferencia de Eulalio Gutiérrez, que tenía apenas medio centenar de hombres, en Cuencamé se concentraron más de 500: el Regimiento Irregular «Benito Juárez» de Durango y el 22 Cuerpo Rural de la Federación, que mandaban Calixto Contreras y Orestes Pereyra.

En marzo continuaron los pronunciamientos: el «general honorario» Francisco Villa, refugiado en Texas después de fugarse de la prisión militar de Santiago Tlatelolco (donde había sido recluido en 1912, luego de que los hermanos de Madero lo salvaran del pelotón de fusilamiento al que lo condenó Victoriano Huerta, quien lo acusó de desobediencia durante la lucha contra la rebelión de Orozco) entró a territorio nacional el 8 de marzo y en dos o tres semanas, con esa capacidad organizativa prodigiosa que lo caracterizaba, reunió más de 800 maderistas del centro y el occidente de Chihuahua. Como en 1910, en el estado grande se concentraba la mayoría de estos pronunciamientos, pero ahora, más que entonces, tenían una dimensión que rebasaba ampliamente los límites de ese estado: en Michoacán se sublevaron los cuerpos rurales 28 y 41, de Gertrudis Sánchez y José Rentería Luviano; en Zacatecas una fracción del 26, a las órdenes de Pánfilo Natera, y la guarnición de Villa Coss, con Fortunato Maycotte al frente; en el centro del país, el 21 Cuerpo Rural, de Jesús Agustín Castro, el

36 de Macario Hernández, y parte del 2º de Carabineros de Coahuila, con Alfredo Elizondo al frente. Durango y La Laguna pronto fueron el segundo núcleo de la insurrección, cuando se rebelaron Domingo Arrieta, José Isabel Robles y otros jefes, que se sumaron a los que estaban en armas desde febrero. La inquietud social hizo su aparición en Tabasco y el sur de Veracruz e incluso declararon la guerra al huertismo algunos jefes agraristas que estaban en armas contra Madero, como Alberto Carrera Torres y Magdaleno Cedillo en los límites de San Luis y Tamaulipas; Juan Banderas y Felipe Bachomo, en Sinaloa; Jesús H. Salgado en Guerrero y, por supuesto, Emiliano Zapata, en Morelos, continuó la lucha contra Huerta, un enemigo al que ya se había enfrentado en 1911 y al que desafió con nuevos bríos y mayor fuerza.

Un enemigo de la revolución, el licenciado Jorge Vera Estañol, definiría de manera muy precisa el papel y significado de los cuerpos irregulares formados en 1911 y 1912 con revolucionarios maderistas, en el estallido de la revolución constitucionalista:

De espíritu congénitamente levantisco, y solivantados además por la atmósfera bien perturbada que había dejado la revolución, los nuevos cuerpos rurales no llegaron a conocer propiamente la disciplina, estuvieron constantemente en conflicto con las tropas federales, causaron no pocas inquietudes al gobierno por sus desórdenes y desenfreno y fueron en todo tiempo materia dispuesta para la insubordinación [...]

Representaban la materia ya elaborada, preparada, equipada y organizada para cualquier insurrección.

Sólo requerían un pretexto o una ocasión, un político que les diera programa y caudillos decididos que se pusieran a su cabeza.

Conseguido esto, constituirían el pie veterano para agrupar a su alrededor a la gran masa de los eternos enemigos del orden.[2]

Esta rebelión, múltiple y potente, pero sin coordinación, requería un liderazgo que le diera visión política nacional. Ese liderazgo, que Abraham González no pudo y José María Maytorena no supo aportar, recaería en la figura de don Venustiano Carranza Garza, gobernador de Coahuila, que había sido un político regional que tomó sus providencias desde que el 9 de febrero supo del estallido del Cuartelazo, y que para el 18 de febrero había asegurado temporalmente la ciudad de Saltillo y concentrado tropas leales en Monclova y la región carbonífera, dominios a los que añadiría Piedras Negras y la frontera de Coahuila en los siguientes días. Habiendo garantizado su integridad física y una bolsa de seguridad, cuando llegó a sus manos el primer telegrama de Huerta exigiendo su reconocimiento a los gobernadores, reunió en su casa a algunos diputados y otros colaboradores cercanos, con los que llegó al acuerdo de que

ера una obligación ineludible del gobierno coahuilense desconocer y reprobar inmediatamente semejantes actos, de tal manera que resultaba preciso recurrir al extremo expediente de las armas y hacer una guerra más cruenta que la de TRES AÑOS para lograr la restauración del orden legítimo, la gravedad del caso no arredraría a ningún ciudadano amante de su patria.[3]

La decisión ahí tomada fue irrevocable. El 19 de febrero el congreso local desconoció a Huerta y concedió «facultades extraordinarias» al gobernador. También llamó al resto de los gobernadores y a los jefes militares «federales, rurales y auxiliares» a secundar la actitud del gobierno de Coahuila. Durante las siguientes dos semanas Carranza y sus colaboradores civiles respaldaron esta decisión con todas las acciones legales a su alcance, mientras distraían a Huerta para ganar el tiempo que necesitaban, a fin de obtener los hombres y los recursos mínimos indispensables para iniciar la lucha. Algunas versiones sostienen que el gobernador Carranza estaba negociando con Huerta su posición de poder, pero la documentación de la época no deja lugar a dudas sobre la firmeza de su posición: en todos los mensajes enviados a gente confiable preparaban la guerra, así como todas sus acciones positivas en Coahuila; todos aquellos textos que hacen pensar en una posición ambigua, fueron enviados a personas o por medios que cabía esperar que caerían en manos de Huerta, y estaban pensados para engañarlo. Sea como fuere, el viejo zorro de la política que ya era Carranza pudo ganar tiempo para concentrar a sus fuerzas y conseguir recursos y apoyos políticos, además de que no podía esperar ningún beneficio si reconocía a Huerta y sabía que no podía confiar en él.

De ese modo, el 5 de marzo terminaron las aparentes negociaciones con Huerta: Carranza había obtenido los recursos económicos mínimos para iniciar la rebelión y tenía los argumentos legales que le darían enorme fuerza política. Para entonces ya sabía que no podía contar con ningún gobernador —no tenía noticias ciertas de lo que en Sonora ocurría—, pero sí con otros grupos rebeldes: no estaba solo, pero tendría que asumir el liderazgo de la incipiente reacción nacional contra el Cuartelazo y los magnicidios.

Además de eso, había consolidado la bolsa de seguridad de las regiones central y fronteriza de Coahuila, donde pudo reunir a las fuerzas que le eran leales, a las órdenes de Pablo González, Lucio Blanco, Cesáreo Castro, Jesús Carranza, Francisco Coss, Jacinto B. Treviño, Francisco Sánchez Herrera, Luis Gutiérrez, Alfredo Ricautt, Jesús Dávila Sánchez y otros jefes. Así pues, el 5 de marzo de 1913, para empezar la guerra contra el gobierno y el ejército federal, don Venustiano tenía algo menos de 125 000 pesos y un millar de soldados fogueados y entusiastas, mandados por jefes leales pero con escasa preparación y poca experiencia militar.

El 5 de marzo salió Carranza de Saltillo y dos días después el constitucionalismo estuvo a punto de morir antes de nacer, cuando la combinación de la desidia e inexperiencia de Carranza y los jefes que lo acompañaban permitió a los federales sorprenderlos por completo en la hacienda de Anhelo, en una acción de armas cuya importancia fue exagerada por la propaganda gubernamental. Y aunque casi no hubo bajas qué lamentar, don Venustiano decidió atacar Saltillo para contrarrestar la propaganda del gobierno. Del 21 al 23 de marzo, Carranza dirigió su primera batalla en un ataque sangriento y frustrado a la capital de su estado, en la que se revelaron sus escasas dotes militares y la mala organización de sus fuerzas y servicios. Todavía al día siguiente, una columna federal atacó a los rebeldes durante su retirada al norte, reforzando la sensación de derrota en muchos de los rebeldes. La insistencia de Carranza en combatir de frente reforzó en muchos jefes la idea de que la terquedad de Carranza, que podía ser útil en lo político, era desastrosa en el ámbito militar. Varios de sus jefes militares manifestaron el deseo de operar por su cuenta o en sus lugares de origen. La dispersión del pequeño núcleo trabajosamente reunido en el centro de Coahuila parecía inminente e inevitable y seguramente lo advirtió Carranza. Lo aceptó, pero antes de permitirlo, impuso una guía política general que mostraba que era él quien dirigía y quien ofrecía la perspectiva general. Esa guía fue el Plan de Guadalupe, redactado por Carranza y firmado por los oficiales irregulares presentes en la hacienda de ese nombre el 26 de marzo de 1913.

El documento desconocía al gobierno de Huerta y a todos los poderes federales y locales que, a su vez, no lo desconocieran en un plazo perentorio y nombraba «Primer Jefe» de la revolución, que habría de llamarse constitucionalista, a don Venustiano. Algunos artículos operativos completaban un documento que fue objetado de inmediato por los oficiales ahí reunidos, encabezados por Lucio Blanco y Francisco J. Múgica, que trataron de incluir las demandas sociales, pero alertado de lo que se tramaba, Carranza los encaró preguntándoles:

> ¿Quieren ustedes que la guerra dure dos años, o cinco años? La guerra será más breve mientras menos resistencias haya que vencer. Los terratenientes, el clero y los industriales son más fuertes y vigorosos que el gobierno usurpador; hay que acabar primero con este y atacar después los problemas que con justicia entusiasman a todos ustedes, pero a cuya juventud no le es permitido escoger los medios de eliminar fuerzas que se opondrían tenazmente al triunfo de la causa.[4]

La moderación de Carranza se impuso y su liderazgo, así formalizado por el núcleo coahuilense, sería negociado en las próximas semanas con los más importantes grupos rebeldes del resto del país, la mayoría de los cuales aceptarían a Carranza como Primer Jefe. Poco a poco fue imponiéndose la dirección política que Carranza le daba a una guerra que se concibió desde el principio como una guerra total: los rebeldes querían la destrucción del antiguo ejército; y a su vez, el gobierno de Huerta, el exterminio militar y político de los insurrectos. Ambos bandos emplearon para ello todos los recursos a su alcance.

Gracias a una serie de características personales que analizaremos más adelante, Carranza pudo sobreponerse a sus derrotas militares de marzo y a otras mayores que ocurrieron después, porque la proclamación del Plan de Guadalupe atrajo sobre el centro de Coahuila crecientes contingentes federales. A esto se sumó que Carranza dividió sus fuerzas al permitir que varios de los jefes reunidos en la región de Monclova salieran a operar en otras zonas por su cuenta y riesgo: Lucio Blanco partió hacia el oriente y, pasando por Nuevo León, se establecería en la región de Matamoros, Tamaulipas; Luis Gutiérrez salió a reforzar a su hermano Eulalio en Concepción del Oro, Zacatecas; y Jesús Dávila Sánchez fue enviado a San Luis Potosí con la misión —imposible— de rescatar al gobernador Rafael Cepeda. Pancho Coss ya actuaba por su cuenta en la sierra de Arteaga, Coahuila, y un mes después se desprendió Cándido Aguilar hacia la Huasteca. Esta dispersión, que por un lado cedía al ánimo de mando e independencia de esos jefes, permitió que la revolución se extendiera a todo el noreste y que amenazara regiones vitales para la economía del país, como la ciudad de Monterrey y la Huasteca veracruzana.

Pero a corto plazo, la concentración de fuerzas federales en Coahuila y la dispersión de sus propias fuerzas, parecieron resultar casi fatales para don Venustiano, que entre el 3 y el 10 de julio sufrió una serie de eficaces ataques de los federales que terminaron por arrebatarle toda la región de Monclova. Ese pudo ser el fin de las fuerzas de Coahuila, pero los federales no los persiguieron y Pablo González logró frenar la desbandada y concentrar a la tropa en Hermanas, unos 25 kilómetros al norte de Monclova. Los federales perdieron la oportunidad de destruir al núcleo principal de la revolución en Coahuila, y González organizó en Sabinas la nueva retaguardia de la revolución.

Entonces, Carranza decidió mover su cuartel general a Sonora. Y es que mientras en Coahuila se estaba acabando el espacio vital, lo que parecía no tener remedio, pues no había elementos ni recursos con los cuales enfrentar la ofensiva federal, en Sonora se habían consolidado el gobierno local y unas fuerzas revolucionarias exitosas y fogueadas. Además, las rencillas que dividían a los rebeldes de Sonora resultaron sumamente favorables para don Venustiano. Al decidir la marcha, Carranza pudo haber cruzado de incógnito la frontera en Piedras Negras, para viajar en ferrocarril por territorio estadounidense hasta Nogales, Arizona y, cruzando nuevamente la frontera, presentarse en Hermosillo uno o dos días después; pero emulando a Juárez, a quien tenía como modelo, se negó a salir del país, declarando que el jefe de la revolución no podía ni debía abandonar el territorio nacional, por lo que decidió emprender el viaje por tierra. Para ello, aceptó la invitación que le hicieron algunos enviados de los rebeldes de La Laguna para que los mandara personalmente en el asalto a la plaza de Torreón, no sin antes designar a Pablo González jefe de las fuerzas revolucionarias del noreste, ordenándole resistir en Coahuila el mayor tiempo posible.

En Torreón, Carranza cosechó una nueva derrota —tras la que decidió no volver a encabezar personalmente las acciones de armas—, ganándose además la enemistad de algunos caudillos populares que poco después confluirían en las filas villistas. De ahí continuó su viaje por Durango y Parral, luego cruzó la sierra y, dos meses después de haber salido de Cuatro Ciénegas, el 12 de septiembre, llegó a Chinibampo, Sinaloa, donde dos días después se encontró ahí con el general Álvaro Obregón.

2. LA REVOLUCIÓN EN SONORA

Al recibir a don Venustiano, el general brigadier Álvaro Obregón, jefe de la sección de Guerra del gobierno de Sonora, tenía 35 años y un discutible pasado revolucionario que hacía bastante precario el liderazgo militar que había ido afirmando mediante una sinuosa política de alianzas y, sobre todo, gracias a una serie de sorprendentes victorias en el campo de batalla. En ese momento, dentro del campo minado que era la política sonorense, el pequeño agricultor de Huatabampo se adelantaba a rivales, aliados y amigos. No se sabe de qué hablaron Carranza y Obregón, que se veían por primera vez, pero cualquiera que haya sido el diálogo, Carranza escuchó de Obregón la primera versión de los conflictos que dividían a los revolucionarios sonorenses, y tomó la decisión de cerrar con él una alianza que sería, como los mostrarían los acontecimientos posteriores, decisiva para ambos y para el destino de la revolución. Y en efecto, apenas pasados los festejos de bienvenida, el 27 de septiembre de 1913 Carranza nombró a Obregón comandante en jefe del Cuerpo de Ejército del Noroeste, con un mando militar que trascendía la geografía de Sonora, sólo equivalente, en ese momento, al de Pablo González en el Noreste.

¿Cuáles eran esos conflictos, que a los sonorenses se les hacían casi tan grandes como la guerra contra el gobierno federal? Cuando los poderes de Sonora se pronunciaron contra Huerta, el 5 de marzo de 1913, los rebeldes sonorenses tenían a su favor el tradicional aislamiento del estado, la prosperidad consolidada durante la eficiente administración del gobernador José María Maytorena y unas entusiastas tropas estatales, que sumaban más de 3 000 hombres, mandadas por jefes capaces y ambiciosos que rápidamente pusieron a los federales a la defensiva. En contra, los sonorenses tenían la escasa eficacia de un discurso incapaz de entusiasmar a las masas para una guerra revolucionaria, así como la virulencia de sus conflictos internos. Los argumentos para «liberar» a Sonora y «restaurar» su dignidad carecían de sentido para la gente común y no podían tomarse en serio los manifiestos «patrióticos» de lamentable prosa que empezaron a producir los jefes de la revolución en la entidad. En cuanto a los conflictos, tres grupos se disputaban ferozmente la hegemonía del movimiento: el de José María Maytorena, gobernador constitucional con licencia; el de Ignacio L. Pesqueira, gobernador interino; y el de los jefes militares, en el que si bien había importantes fisuras y rivalidades (sobre todo, la que enfrentaba a los todavía coroneles Álvaro Obregón y Salvador Alvarado), existía también un consenso de rechazo al grupo de Pesqueira y de decepción ante la vacilante actitud de Maytorena en los críticos días que siguieron al cuartelazo de la Ciudadela. Ninguno de estos tres grupos podía por sí sólo imponerse a los otros, de modo que voltearon fuera de Sonora, y en la primavera de 1913, la única alianza posible la constituía el señor Carranza.

Por lo pronto, Pesqueira nombró a Obregón jefe de la sección de Guerra, porque le temía menos que a hombres más radicales y de trayectoria más sobresaliente, como Salvador Alvarado y Benjamín Hill. Pero Obregón no era hombre que dejara pasar las oportunidades y entre el 13 de marzo y el 13 de abril tomó Nogales, Agua Prieta y Naco, con lo que los federales quedaron reducidos al puerto de Guaymas.

La toma de Nogales permitió a los jefes rebeldes enterarse detalladamente de lo que en Coahuila ocurría, creándose un activo puente telegráfico entre Nogales y Piedras Negras. Ahora los coroneles sonorenses vieron ante ellos una interesante alternativa: a diferencia de Maytorena, con quien no habían quedado en buenos términos, Carranza había asumido el mando de la insurrección; a diferencia de Pesqueira, a quien no querían, Carranza era gobernador constitucionalmente electo. Súmese a ello la lejanía que Carranza tenía respecto a los asuntos sonorenses, único horizonte en que los coroneles revolucionarios sabían moverse, y entenderemos la creciente simpatía con la que veían al varón de Cuatro Ciénegas y el rápido descenso de los bonos de Maytorena entre los coroneles que, salvo Plutarco Elías Calles, detestaban a Pesqueira. Más hábil que el resto, Obregón encontraría también, en la alianza con don Venustiano, la ruta hacia el liderazgo militar de la revolución en el Noroeste.

A fines de marzo empezaron a funcionar las aduanas de Nogales y Agua Prieta; las principales minas pagaban impuestos a Hermosillo, y había una base clara sobre la que podría seguir desarrollándose la guerra en el esquema institucional ya probado, pero si Sonora insistía en su aislamiento, sería fácil para el gobierno reforzar a los federales de Guaymas y barrerlos así que, para fines de marzo, los sonorenses empezaron a mirar, con atención creciente, más allá de los límites de su estado. Esta era una razón más para voltear hacia Coahuila y pronto las tres facciones locales empezaron a competir por ver quién se acercaba más rápido a Venustiano Carranza. Es cierto que este no había consolidado su posición en su estado natal y a primera vista tenía poco que ofrecer a los sonorenses, pero en realidad, representaba tanto la continuidad de la revolución con un plan que le daba legitimidad a su lucha, como el vínculo con las variopintas fuerzas rebeldes diseminadas por todo el país. Por eso, el 18 de abril los diputados locales Adolfo de la Huerta y Roberto Pesqueira, del grupo del gobernador interino, asistieron a la Convención de Monclova, citada por Carranza, y firmaron la adhesión de los poderes del estado de Sonora al Plan de Guadalupe, reconociendo de manera formal el liderazgo nacional de don Venustiano. Fue así como un movimiento militar regional más fuerte se subordinó a un liderazgo político externo con mayor visión estratégica que le podía abrir un horizonte más allá de lo local.

Entonces, las fuerzas revolucionarias de Sonora dieron un giro de 180 grados y avanzaron rumbo al sur, para enfrentar a la guarnición de Guaymas, que había iniciado un lento avance sobre Hermosillo que terminó cuando Obregón, secundado por Alvarado, Hill, Diéguez, Cabral y otros jefes que mandaban a unas tropas cada vez más entusiastas, despedazó a los federales en dos batallas: la de Santa Rosa, librada entre el 3 y el 12 de mayo de 1913; y la de Santa María, coronada los días 25 y 26 de junio con la destrucción de la columna federal.

Dos días después Obregón sitió Guaymas, aunque luego escribiría que se equivocó al no marchar violentamente sobre el puerto aprovechando el desastre de los federales en Santa María. Las horas de respiro habían permitido a los federales afianzar sus posiciones defensivas, apoyadas por la artillería de mar del cañonero «Tampico», anclado en la bahía. Luego de varios días de escaramuzas y de consultar con Diéguez y Alvarado, Obregón concluyó que intentar tomar la plaza, defendida por unos 4 000 hombres con treinta cañones (incluidas las piezas medianas de los tres buques anclados en la bahía), causaría bajas tremendas entre los rebeldes e incluso podría poner en riesgo todo lo ganado, «mientras que en la actualidad, con la mitad de la brigada es suficiente para tener a la guarnición de Guaymas embotellada».[5] Pesqueira aprobó la sugerencia de Obregón y Guaymas quedó sitiada durante largos meses.

Antes de avanzar hacia el estado de Sinaloa, donde Ramón F. Iturbe y otros jefes dirigían una activa campaña guerrillera contra los federales, los sonorenses dieron un paso adelante en la resolución de sus conflictos internos: Maytorena había decidido hacer válidos sus derechos al gobierno del estado y regresar por sus fueros, y sus enemigos no podían impedírselo sin renunciar a la legalidad constitucional que legitimaba la rebelión contra Huerta. Finalmente, Pesqueira le devolvió el poder estatal a Maytorena, no sin antes restarle grandes recursos que entregó al Primer Jefe, con quien se alió. Y aunque el general Obregón apoyó el regreso del gobernador constitucional, como una maniobra para reafirmar su discutido liderazgo militar, lo hizo de tal manera que logró convencer al coronel Calles y al diputado De la Huerta (los hombres clave de la facción pesqueirista) que sólo lo hacía por oportunidad política. Así, a finales de agosto se gestó el triunvirato sonorense, que habría de reforzar el liderazgo militar de Obregón y la jefatura del señor Carranza al colocar a Calles y a De la Huerta en una posición política privilegiada. El perdedor era Maytorena, a pesar de haber regresado al Palacio de Gobierno de Hermosillo.

Además del decreto que entregaba el control de los recursos federales en el estado a la Primera Jefatura, Pesqueira dejó otra manzana envenenada para el regreso de Maytorena: la invitación formal a don Venustiano para que instalara su gobierno en Sonora. Tras su largo y accidentado viaje, Carranza llegó a Chinibampo, Sinaloa, donde el 14 de septiembre, como se ha mencionado, lo recibió Álvaro Obregón y procedió a instalar su gobierno y su Primera Jefatura en el estratégico estado fronterizo.

Los meses de septiembre y octubre de 1913 marcaron un viraje significativo en la rebelión: por un lado, el gobierno de Huerta entraba en una espiral de conflictos crecientes con el presidente de los Estados Unidos, Woodrow Wilson, que terminarían por granjearle la enemistad de ese gobierno, que muy pronto levantaría el embargo de armas permitiendo a los ejércitos revolucionarios norteños adquirir legal y masivamente los pertrechos que hasta entonces habían tenido que adquirir de contrabando. Esta espiral de conflictos seguiría creciendo hasta provocar el desembarco de los infantes de marina estadounidenses en Veracruz, el 21 de abril de 1914, y la ocupación de ese vital puerto por las fuerzas extranjeras hasta noviembre de ese año. Al mismo, tiempo, el usurpador perdía parte de la escasa legitimidad que le restaba al disolver el Congreso de la Unión tras el asesinato del senador chiapaneco Belisario Domínguez, el 7 de octubre de 1913.

Por su parte, don Venustiano Carranza estableció en Sonora un gobierno legitimado por el Plan de Guadalupe, apoyado por los poderes de Sonora y sostenido con los recursos que los legisladores de ese estado habían puesto a su disposición. El movimiento constitucionalista originario de Coahuila se había transformado. Durante la travesía de dos meses desde Cuatro Ciénegas hasta Sinaloa, Carranza entró en contacto con líderes revolucionarios que reflejaban más fielmente la diversidad social y cultural del norte del país y que conocían las demandas específicas de cada región. Conocer a los rebeldes populares de Durango y enterarse de primera mano de los conflictos sonorenses, convencieron al Primer Jefe de que no podría mantener el liderazgo formal de la revolución con el puro contenido político del Plan de Guadalupe, por lo que al llegar a Hermosillo, el 24 de septiembre de 1913, pronunció el famoso discurso que luego fue llamado «Ya basta de hacer falsas promesas al pueblo», en el que anunciaba que, terminada la lucha armada contra el huertismo, las reformas sociales tendrían necesariamente que abrirse paso, y no serían solamente esta o aquella reforma específica: «Es algo más grande y más sagrado, es establecer la justicia, es buscar la igualdad, es la desaparición de los poderosos para establecer el equilibrio de la conciencia nacional.»[6]

Tras sorprender a muchos con este replanteamiento discursivo, Carranza se dedicó a bucear en las turbias aguas de la política sonorense. Su primer acto importante, tres días después de aquel célebre discurso, fue el nombramiento de Obregón como jefe del Cuerpo de Ejército del Noroeste, con el grado de general de brigada. Con eso, terminaba de romper la ya muy frágil alianza entre Obregón y Maytorena y atraía al exitoso caudillo a su círculo de influencia, además de que confirmaba la fuente de la que, a partir de entonces, debía emanar la legitimidad de los mandos revolucionarios en Sonora. Poco después se fue a la frontera, principal zona de influencia de sus aliados sonorenses y el 20 de octubre, de regreso en Hermosillo, dictó un decreto organizando el gobierno provisional de la revolución, por medio del cual anunciaba su voluntad de administrar directamente las rentas federales que el Congreso del estado le había entregado por decreto meses antes. Poco a poco, apoyado por sus aliados sonorenses, Carranza fue reuniendo en sus manos los recursos y el poder que le permitirían convertirse, efectivamente, en el Primer Jefe de la revolución. Con recursos económicos, un importante territorio liberado y un gobierno en embrión, Carranza pudo empezar a coordinar una revolución que estaba adquiriendo ya verdadera escala nacional.

3. LA ACUMULACIÓN DE FUERZAS

Cuando Carranza estableció su gobierno en Sonora, los rebeldes dominaban al menos otras dos regiones importantes en el norte (Chihuahua-Durango y el noreste) y numerosas áreas rurales en todo el país. Entre septiembre de 1913 y marzo de 1914, los revolucionarios consolidaron y ampliaron esas dos zonas que, junto a Sonora, habrían de convertirse en la base de tres ejércitos, tres formas y tres estilos de ver la revolución: el Ejército del Noroeste, con base en Sonora y Sinaloa; el Ejército del Noreste, con una primera base consolidada en Tamaulipas y partes de Coahuila y Nuevo León; y la División del Norte, con base en Chihuahua y Durango.

En el Noreste, Pablo González, con el mando y las instrucciones de Carranza, resistió en el centro y norte de Coahuila la embestida federal hasta fines de septiembre de 1913, cuando las fuerzas del gobierno le arrebataron la cuenca carbonífera. Tomó entonces la acertada decisión de abandonar Coahuila, donde pronto quedaría acorralado entre el río Bravo y los federales, y al frente de 1 200 jinetes mandados por Antonio I. Villarreal, Jesús Carranza y Francisco Murguía, rompió el cerco de los federales y entró a Nuevo León a principios de octubre.

Con esa maniobra, González entraba a la zona más densamente poblada y de mayor peso económico del norte del país, pero además, obligaba a los federales, que ya se preparaban para recuperar Matamoros, a defender la vital línea de Monterrey a Nuevo Laredo, con lo que Matamoros se consolidó definitivamente como la segunda base de apoyo del constitucionalismo. ¿Cómo había caído Matamoros en manos de la revolución?

Como vimos antes, tras la firma del Plan de Guadalupe varias columnas salieron de la región de Monclova para llevar la revolución a otros rumbos. Una de esas columnas estaba integrada por 280 hombres a las órdenes de Lucio Blanco, a quien Carranza dio el mando de la revolución en Nuevo León y Tamaulipas. Durante tres semanas, Lucio erró en territorio nuevoleonés hasta que se dio cuenta de que con sus escasas fuerzas no podía soñar siquiera con amenazar Monterrey, por lo que se internó en territorio tamaulipeco y a fines de abril de 1913 se estableció en los poco poblados llanos del noreste de ese estado, en torno a Santander Jiménez.

En Santander se unieron a Lucio Blanco dos contingentes: los Patriotas de Tamaulipas, de Luis Caballero, un expresidente municipal porfirista que se levantó contra el gobierno de Huerta tan pronto se enteró de la llegada de Blanco a la región; y el 21 Cuerpo Rural, un contingente de exmaderistas de la comarca lagunera que mandaba el coronel Jesús Agustín Castro. El 21 regimiento venía desde el corazón del país, tras pronunciarse contra Huerta en Tlalnepantla, Estado de México, el 30 de marzo. Los laguneros cruzaron sierras y desiertos, atacaron Ciudad Victoria el 14 de abril y se unieron a Blanco a fines de mes.

Al frente de todas esas fuerzas, Lucio Blanco salió rumbo al río Bravo, estableciendo su cuartel general en la hacienda de Colombres. El 10 de mayo ocupó Reynosa sin combatir, donde sumó a sus fuerzas a numerosos exmaderistas exiliados en Texas, y los días 3 y 4 de junio atacó Matamoros, adueñándose de la plaza tras reñidos combates. Desde entonces y hasta octubre, Blanco se encerró en Matamoros sin combatir, aunque aseguró esa retaguardia de la revolución y desde ahí salieron recursos y tropas para otras columnas revolucionarias del noreste y el oriente del país.

Además, preparó y efectuó un acto político simbólico a fines de agosto de 1913: el primer reparto agrario del constitucionalismo, que consistió en la entrega de 151 hectáreas de la hacienda *Los Borregos* a doce campesinos. Sin embargo, la importancia estribó no en lo repartido, sino en el precedente sentado. Ese acto lo hizo popular frente a muchos revolucionarios jóvenes, aunque disgustó a Carranza, que consideró que se había pasado por encima de su autoridad y era contrario a que el movimiento que encabezaba comenzara a repartir la tierra de las grandes haciendas.

Pero mientras la fama y la popularidad de Lucio Blanco se extendían por todo el norte, su autoridad militar decaía a ojos vistas en la región que dominaba. Sus lugartenientes, Cesáreo Castro, Luis Caballero y Jesús Agustín Castro, se desesperaban ante su inactividad pero, sobre todo, cuando entró Pablo González a Nuevo León iniciaron una serie de disputas por la autoridad máxima de la revolución en el noreste, puesto que Lucio Blanco desobedecía todas las órdenes emanadas de González. Finalmente, para evitarle problemas a este último y para dificultarle las cosas a Blanco, de quien le disgustaba la independencia que mostraba, Carranza lo sacó de Matamoros y le ordenó presentarse en Sonora, con una pequeña escolta. Allá fue nombrado jefe de las caballerías del Noroeste.

Se cree que fue el simbólico reparto agrario de *Los Borregos* lo que enfureció a Carranza, pero pasaron dos meses entre aquel evento y la remoción del joven general coahuilense. De hecho, Carranza lo toleró mucho más que a otros, lo que podría indicarnos no un encono contra él sino todo lo contrario: sólo la simpatía y el carisma de Blanco, así como la confianza preexistente entre ambos, parecen explicar que no lo removiera antes, o que no lo degradara. De alguna manera, Carranza entendió que sus cualidades podían ser bien aprovechadas, si ponía a Blanco a las órdenes de un jefe de indiscutible autoridad, como Obregón, evitando, de paso, que la autoridad de Pablo González fuera cuestionada en el noreste.

Mientras tanto, como ya vimos, la columna de Pablo González entró a territorio nuevoleonés a principios de octubre, tras eludir el cerco tendido en Coahuila por los federales. En ese momento, los rebeldes se proponían actuar en la zona más densamente poblada y mejor comunicada del norte de la República, a menor distancia de las bases federales, en las que estos podían disponer de contingentes muy superiores a los revolucionarios.

Tras una serie de movimientos calculados para aislar Monterrey, las fuerzas de Pablo González, unos 2 500 hombres, se presentaron frente a esa ciudad el 22 de octubre de 1913 y el día 23 iniciaron el ataque a Monterrey. Durante dos días se combatió en las calles de la ciudad hasta que la embriaguez de muchos revolucionarios —que se bebieron los depósitos de la Cervecería— y la oportuna llegada de refuerzos federales, obligaron a González a levantar el campo.

Aunque no pudo tomar Monterrey, en las semanas siguientes pudo afirmarse como jefe supremo de la revolución en el noreste gracias a la remoción de Lucio Blanco hacia Sonora. González encomendó entonces a Jesús Carranza la retaguardia estratégica de Matamoros y logró que se sumaran a su columna las fuerzas de Cesáreo Castro, Teodoro Elizondo, Luis Caballero y Jesús Agustín Castro, que hasta entonces habían operado por su cuenta o en la zona de influencia de Lucio Blanco. Dos de los jefes más cercanos a Blanco, Andrés Saucedo y Jesús Dávila Sánchez, fueron subordinados a Jesús Carranza para garantizar la defensa de Matamoros y de los otros puertos fronterizos en manos de la revolución. Entonces, González ordenó la concentración de todas las fuerzas disponibles sobre Ciudad Victoria. Camino de Tamaulipas, una serie de encuentros de caballería revelaron a Francisco Murguía y Cesáreo Castro como notables jefes tácticos de esa arma, lo que les valió su ascenso a generales.

El 18 de noviembre, luego de tres días de combate, Pablo González tomó Ciudad Victoria, ganando así su primera batalla formal: al frente de 6 000 soldados, había tomado una ciudad defendida por 700. Ahí reorganizó sus fuerzas, envió columnas a la Huasteca y a amagar Monterrey y Nuevo Laredo; mandó a Antonio I. Villarreal con una fuerte columna a atacar Tampico, y él se retiró a Matamoros, desde donde dirigió las operaciones militares sobre un territorio cada vez más vasto, a la vez que aseguraba el abastecimiento constante de recursos y dinero.

Durante el invierno de 1913 a 1914 Pablo González permaneció casi todo el tiempo en Matamoros, donde se dedicó a organizar las finanzas y los abastecimientos del ejército y de las regiones que estaban bajo su autoridad. El cada vez más fuerte Ejército del Noreste dependía de tres fuentes principales de recursos: la primera y más importante era el cobro de impuestos, sobre todos los aduanales por exportación de ganado, guayule y otros productos agropecuarios; así como las exportaciones de carbón y su venta a las fundidoras de Monterrey y Torreón, que los carrancistas no interrumpieron. Las peculiaridades de una revolución hecha sin subvertir la economía regional ni afectar a las grandes empresas, tuvieron en la zona de Matamoros su más clara expresión en el noreste. La segunda fuente de ingresos era la requisa de ganado y otros recursos de los «enemigos de la revolución», realizados en regiones que no podían ser controladas ni administradas por los revolucionarios. La tercera era tan precaria y provisional como las requisas, y consistía en los consabidos préstamos, impuestos a particulares o negociados con instituciones financieras: a fines del invierno de 1914, las deudas reconocidas por el Cuartel General del Noreste ascendían a 80 000 dólares.

Las eficaces actividades organizativas del Cuartel General gonzalista dieron como resultado que, en marzo de 1914, cuando se estrechó el cerco sobre Monterrey, las fuerzas que dependían directamente de Pablo González ascendían a 15 000 hombres bien armados y uniformados. Para entonces, aunque los rebeldes habían cosechado dos estrepitosos fracasos frente a Tampico y Nuevo Laredo, numerosas escaramuzas victoriosas les habían dado el dominio de todo Tamaulipas salvo esas dos ciudades, así como importantes porciones de los estados de Nuevo León, Coahuila y San Luis Potosí. En febrero y marzo del 14, esos recursos y contingentes fueron cercando la plaza clave del poder federal en la región: Monterrey.

Mientras tanto, los sonorenses habían extendido sus dominios al vecino estado de Sinaloa, al que Obregón entró a principios de octubre de 1913. Con el valioso respaldo de los rebeldes locales mandados por Ramón F. Iturbe, los sonorenses tomaron Culiacán el 14 de noviembre e inmediatamente pusieron sitio a Mazatlán. De ese modo, los dos ricos estados del Noroeste quedaron en manos de la revolución, salvo los puertos de Guaymas y Mazatlán, que Obregón no quiso tomar para evitar la carnicería que la artillería de la Armada causaría entre sus hombres. Sitiado Mazatlán, el grueso del ejército rebelde regresó a Sonora. Más allá de la política local y de las pugnas del nuevo grupo carrancista contra los maytorenistas, los fríos meses del invierno implicaron una reorganización fundamental del gobierno revolucionario y del Ejército del Noroeste, además de que la aparente pausa en las operaciones militares tenía una lógica nacional: los otros dos ejércitos norteños, el de Villa y el de González, se dedicaron esos meses a consolidar y asegurar las posiciones conquistadas, por lo que el avance de los sonorenses rumbo al sur los hubiera dejado solos frente a los principales contingentes enemigos. Terminado el invierno, Obregón inició los preparativos para continuar la marcha rumbo al sur, al mismo tiempo que Carranza salía hacia el estado de Chihuahua, donde se había consolidado un poderoso ejército revolucionario que significaba al mismo tiempo el principal sostén militar y el mayor desafío potencial a su autoridad como jefe de la revolución.

Ese desafío surgía del tercer grupo revolucionario norteño: a fines de septiembre de 1913 nació la División del Norte, cuando se unificaron varias de las guerrillas que controlaban buena parte del campo de Chihuahua, las cuales se unieron con los revolucionarios que desde el mes de julio tomaron la ciudad de Durango y controlaban prácticamente todo ese estado. Unidos también a rebeldes laguneros, los ya por entonces llamados villistas, por el nombre del jefe de la nueva unidad de combate, Francisco Villa, tomaron la vital plaza de Torreón —que recuperaron los federales poco después— y en noviembre conquistaron casi todo el estado de Chihuahua. A diferencia de Obregón y González, Villa no le debía su mando a don Venustiano y, como veremos en el siguiente capítulo, él y sus compañeros tenían orígenes y aspiraciones que los distinguían de los otros jefes constitucionalistas. Sin embargo, se consideraban aún parte de ese movimiento, pues casi todos los jefes norteños —Villa incluido—, antes incluso de formar la División del Norte, habían reconocido la remota autoridad nacional de don Venustiano. En marzo de 1914, Villa ordenó la movilización de 20 000 soldados rumbo a Torreón, por las mismas fechas en que González apretaba el cerco sobre Monterrey y Obregón reiniciaba el avance rumbo al sur.

Ahora bien: cuando los tres principales ejércitos constitucionalistas terminaron su relativa inactividad y pasaron a la ofensiva, la rebelión antihuertista tenía ya un carácter nacional que coadyuvaría notablemente a su rápido y exitoso avance. De esas otras fuerzas antihuertistas, la más importante era la del Ejército Libertador del Sur, comandado por Emiliano Zapata, que nunca reconoció el liderazgo nacional de Carranza, y que desarrollaba una eficaz campaña guerrillera en el centro sur del país. Del zapatismo, como del villismo, por sus características distintas a los ejércitos constitucionalistas, hablaremos en detalle en el siguiente capítulo.

Entre los demás grupos hay que considerar a varios contingentes cuyas acciones guerrilleras en esos meses aislaron y debilitaron a los federales del nororiente de la República, contribuyendo a la consolidación del Ejército del Noreste: Alberto Carrera Torres y Magdaleno Cedillo, en torno a Tula, Tamaulipas y Ciudad del Maíz, San Luis Potosí; Eulalio Gutiérrez en Concepción del Oro, Zacatecas; Francisco Coss en la Sierra de Arteaga; Francisco Mariel, Vicente Salazar, Daniel Cerecedo Estrada y otros jefes en la Huasteca; en fin, Luis Gutiérrez y Jesús Dávila Sánchez al frente de molestas columnas errantes, que se movían en la vasta geografía de esa región.

Más allá del norte, Gertrudis Sánchez y Joaquín Amaro habían consolidado un importante núcleo guerrillero en la tierra caliente de Michoacán y Guerrero, al que Carranza reconoció como División del Sur. En Zacatecas, Pánfilo Natera mandaba importantes fuerzas guerrilleras que sumadas a algunos grupos duranguenses no villistas, darían vida a la 1ª División del Centro. Natera incluso había tomado la capital de su estado en junio de 1913, ocupándola durante diez días. En los primeros meses de 1914 Cándido Aguilar, con recursos facilitados por Pablo González, pudo establecerse en la Huasteca veracruzana con el embrión de lo que sería la División de Oriente; al mismo tiempo que Jesús Carranza iniciaba la tarea de aislar las ciudades de Saltillo, Tampico y San Luis Potosí al frente de varios grupos guerrilleros a los que unificó con el nombre de 2ª División del Centro.

La dimensión nacional de la rebelión se advierte cuando se extiende la vista más allá de las regiones en que operaron las tropas a las que Carranza reconoció como cuerpos de ejército (del Noroeste y del Noreste) o divisiones (del Norte, 1ª del Centro, 2ª del Centro, de Oriente y del Sur): en Sinaloa, Nayarit y Jalisco operaron diversos grupos rebeldes que se incorporaron al Ejército del Noroeste conforme las fuerzas de Obregón entraron en esos estados. Los principales jefes en cada una de esas entidades eran Ramón F. Iturbe, Rafael Buelna y Julián C. Medina. Por su parte, el gobernador maderista de Campeche, Manuel Castillo Brito, se levantó en armas el 10 de junio de 1913 y muy pronto controló casi todo el territorio de su estado, aislado y poco poblado. Además de ellos, para completar la cuenta de rebeldes maderistas que se sumaron a la lucha contra Huerta hay que incluir algunas partidas en los estados de Guanajuato, Querétaro y Aguascalientes, en las que destacó la de Conrado C. Hernández; así como las del sureste del país: en Tabasco, Ramón Sosa Torres, Carlos Greene y otros jefes; en Oaxaca Juan José Baños y José «Che» Gómez; en Chiapas Juan Hernández; y en Yucatán José Morales, todos ellos grupos rebeldes que, sin disputar a los federales el dominio de aquellos estados, fueron una molestia permanente y obligaron al ejército federal a distraer elementos de las campañas del norte. Si a todo eso sumamos la fuerza de la rebelión zapatista en Morelos, Guerrero, Puebla, Tlaxcala, Estado de México y el Distrito Federal, podemos asegurar que, a fines de 1913, la rebelión tenía una dimensión verdaderamente nacional, de la que únicamente estaban libres los deshabitados extremos de Baja California y Quintana Roo.

4. Los nuevos liderazgos y sus estilos

Antes de contar la ofensiva final contra el huertismo, conviene que analicemos los orígenes y las razones de los actores individuales y colectivos que hemos puesto en escena, así como la legitimidad y el estilo de los liderazgos constitucionalistas, empezando por los del noreste, la base inicial de Venustiano Carranza, y que veamos también la trayectoria del propio Primer Jefe.

Al comprender que la guerra tenía objetivos políticos y que debía ser total, Venustiano Carranza asimilaba los «errores» conciliadores del maderismo pero, sobre todo, se mostraba como un hombre que entendía cabalmente el paradigma dominante en su época del pensamiento militar. Hijo de un coronel de las guerras de Reforma e Intervención, se había convertido en el hombre fuerte de la región de Cuatro Ciénegas (donde nació en 1859), vinculado por lazos familiares y de clientelismo a la elite regional, con estudios de preparatoria y superiores de medicina (truncos) en la ciudad de México, partícipe en una revuelta regional contra un gobernador al que consideraba impuesto, próspero propietario de tierras y, sobre todo, político local con 18 años de actividad ininterrumpida para 1910, cinco de ellos en el Senado de la República (antes había sido diputado federal y local). Además, Carranza había estudiado la historia de México y la política práctica, así como algo de teoría política y teoría de la guerra.

Vinculado durante casi dos décadas al gobernador de Coahuila, Miguel Cárdenas, e indirectamente a Bernardo Reyes, de quien era partidario, y apoyado por ambos como candidato al gobierno de ese estado en 1909, Carranza estaba, como ellos, convencido de la urgencia de modernizar económicamente al país y de la necesidad de la dictadura que, garantizando la paz y el orden, permitiera esa modernización. La vinculación entre los gobernantes y la oligarquía, los privilegios al capital extranjero y la supresión de las libertades públicas, características esenciales del proyecto y la práctica porfiristas, encontraron en el noreste dominado por Reyes, su mejor laboratorio y su más señalado campo de acción.

Quienes se organizaron en 1903 y 1908-1909 para promover la candidatura de Bernardo Reyes a la vicepresidencia de la República no eran enemigos ni críticos del régimen porfirista, sino integrantes y beneficiarios del mismo, que sentían que estaba retrasándose excesivamente el relevo generacional del grupo gobernante, lo que ponía en riesgo la estabilidad del régimen y sus propias posibilidades de ascenso personal.

Quizás algunos reyistas pensaran que el tránsito generacional podría o debería implicar también un tránsito gradual hacia formas políticas más modernas, quizá no estrictamente democráticas en el sentido del voto universal y de la libertad y respeto al sufragio y contiendas electorales equitativas, pero sí que permitieran la discusión política y la incorporación de las clases medias ilustradas y los modernos empresarios urbanos y rurales a la vida pública. Seguramente no pocos reyistas (sobre todo en 1908-1909, cuando la crisis económica mostró la fragilidad del desarrollo subordinado de México) se daban cuenta de que el modelo que se había seguido, fundado en los privilegios y concesiones dadas a las compañías extranjeras no sólo ponía en riesgo la soberanía nacional y vinculaba desventajosamente a México con el mercado mundial, sino que se había convertido en un freno para un progreso menos desigual, menos contradictorio. Pero de ningún reyista de 1908-1909 puede decirse, seriamente, que fuera un demócrata.

De aquí los nortes del Venustiano Carranza convertido en caudillo nacional: eficacia y disciplina políticas basadas en el autoritarismo personalista y el acotamiento o destrucción de los cacicazgos; continuación del modelo de desarrollo capitalista deteniendo la oleada popular que —desde su punto de vista— lo amenazaba, y amenazaba también con sumir a México en la anarquía; y nacionalismo político y económico que pusiera límites precisos a los intereses extranjeros en México. De ahí también que cuando fue Primer Jefe, rechazara a los maderistas de 1909-1910 y a los que acompañaron a Madero en su gobierno, para apoyarse en el mayor número posible de reyistas reciclados y en hombres del noreste, elección hecha no sólo por paisanaje sino por compartir la ideología y el modelo de administración de don Bernardo.

Este hombre, al que es difícil imaginar como jefe de una revolución, eligió personalmente a casi todos los cuadros dirigentes en el estado de Coahuila —salvo la Comarca Lagunera, región que se vincularía mucho más al maderismo, primero, y al villismo, después—. En efecto, en ese estado, quienes desfilaron en triunfo en las principales ciudades del estado en mayo de 1911, eran los jefes designados por Venustiano Carranza para dirigirla. A su vez, Venustiano Carranza había sido nombrado por Madero jefe de la revolución en Coahuila. En el resto del noreste sólo hubo una revuelta local de raigambre popular, encabezada por Alberto Carrera Torres en Tula, Tamaulipas.

Cuando se levantó contra Huerta, Carranza lo hizo al frente de los regimientos irregulares cuyos jefes le seguían debiendo el mando a él y que, junto con los rebeldes tamaulipecos de Luis Caballero y Alberto Carrera Torres, los laguneros de Jesús Agustín Castro y los veracruzanos de Cándido Aguilar, constituyeron la base del Ejército del Noreste.

Al salir a Sonora, en julio de 1913, Carranza expidió un decreto que organizaba al movimiento constitucionalista en seis cuerpos de ejército. Por ese decreto, intentaba subordinar a los guerrilleros de Chihuahua a las autoridades sonorenses, a la vez que constituía el Cuerpo de Ejército del Noreste con los rebeldes de Coahuila, Nuevo León y Tamaulipas, dando poco después el mando de dicho Cuerpo al general Pablo González Garza. Una vez más, de Carranza dependió el nombramiento militar decisivo en el noreste. A su vez, González reorganizó las fuerzas concentradas en Coahuila en tres brigadas de caballería y un batallón de infantería, dando el mando de las brigadas a los jefes en los que él confiaba (su primo Antonio I. Villarreal, don Jesús Carranza, hermano de Venustiano, y Francisco Murguía, que acababa de regresar a Coahuila desde el centro del país), sobre otros jefes de regimiento con mayor tiempo o prestigio en esa entidad.

Cuando las fuerzas coahuilenses rompieron el cerco de los federales, en el otoño de 1913, apoyándose en la retaguardia estratégica que en torno a Matamoros había construido Lucio Blanco, para conquistar el resto de Tamaulipas (salvo Nuevo Laredo y Tampico), Pablo González reorganizó otra vez a las fuerzas del noreste, confirmando a los mandos por él elegidos y añadiendo otros nuevos. En esta reorganización, en la que el Ejército nororiental quedó constituido por ocho divisiones y cinco brigadas sueltas, se confirmaron algunos mandos regionales previos, como el de Alberto Carrera Torres, pero sobre todo, se reafirmaron las designaciones hechas por Carranza en 1910-12, y por González en 1913. El único jefe con prestigio propio que intentó oponerse a las disposiciones y al liderazgo de Pablo González, el general Lucio Blanco, como ya se dijo, fue enviado a Sonora.

A pesar de las derrotas, que al menos en 1913 fueron más numerosas y llamativas que las victorias, el del Noreste era un ejército notable por el espíritu de sus hombres. Durante la revolución contra Huerta, las fuerzas del noreste estaban formadas por voluntarios que luchaban por principios políticos y lealtad a sus jefes, y también, por un salario y la posibilidad de promoción social. Era un ejército popular en el sentido de que se creó a partir de una situación de ascenso de la lucha popular contra la dictadura huertista y de que se vio obligado a improvisar: la voluntad común, la disciplina gustosamente aceptada, una gran proporción de voluntarios y la audacia del mando, características de un ejército popular, las tenía en mayor o menor grado ese conglomerado militar que giraba alrededor de González. No había una disciplina muy rigurosa, pero funcionaba, y si bien Pablo González no destacaba por esa cualidad ni por su talento militar, nadie puede dudar de la audacia de jefes como Francisco Murguía o Lucio Blanco. Al menos, sus hombres no dudaban.

Sin embargo, era un ejército cuyos líderes se fueron desligando cada vez más evidentemente de sus bases: al concebirse la revolución como una lucha institucional del gobierno legítimo de Coahuila contra la usurpación huertista; al fincar la revolución en argumentos legales y legitimistas y no en el propósito de resolver demandas sociales, las fuerzas revolucionarias de Coahuila —como las de Sonora— tenían como última razón cohesiva, aparte del entusiasmo regional y la lealtad y admiración a un jefe, el haber, la paga. Y a pesar de la moderación y aun del conservadurismo de varios de sus jefes, y notoriamente de Carranza, era un ejército cuya práctica, al igual que la de los villistas y zapatistas, estaba derruyendo las estructuras políticas y sociales prevalecientes, poniendo también la economía regional al servicio de la guerra y, en ese sentido, puede también, como el sonorense, considerarse un ejército revolucionario. Tanto en Coahuila como en Sonora surgió un ejército profesionalizado que aisló a los combatientes de su contexto social y a los jefes de las demandas específicas de sus soldados. Un ejército de hombres que, si bien luchaban por la victoria, la camaradería, la lealtad al jefe inmediato, lo hacían en última instancia por el salario, lo que permitió a los jefes dirimir sus ambiciones y medrar sin voltear atrás, manejando el capital político que representaba la lealtad de sus hombres. Este tipo de ejército requería la preservación de las estructuras sociales y económicas vigentes, no su transformación revolucionaria. Y con todo, a pesar de sus jefes, la violencia de la revolución y la acción de los ejércitos rebeldes, comenzaron a provocar cambios irreversibles: la desaparición de la antigua clase política oligárquica y su sustitución por una nueva, vinculada a la revolución, la afectación de las principales ramas y actividades económicas, la salida de las principales familias oligárquicas, la desaparición de los poderes y autoridades del antiguo régimen y la aplicación de una justicia basada en el poder de las armas.

¿Quiénes eran los jefes de este ejército? Tuvieron mando de división o equivalente los generales Antonio I. Villarreal, Francisco Murguía, Teodoro Elizondo, Cesáreo Castro, Luis Caballero, Alberto Carrera Torres, Francisco Coss, Jesús Agustín Castro, Jesús Carranza, Lucio Blanco, Jesús Dávila Sánchez, Eulalio Gutiérrez, Cándido Aguilar, Jacinto B. Treviño, Pablo A. de la Garza, Alberto Fuentes Dávila y Emilio Salinas.

Salvo Cándido Aguilar, Agustín Castro y los tamaulipecos Carrera y Caballero, estos hombres eran parte del núcleo formado en Coahuila en torno a Venustiano Carranza entre 1910 y 1912 y casi todos pertenecían de alguna u otra manera a las elites locales o a los sectores medios del noreste: Pablo González era, en

1910, administrador y yerno del dueño de un molino de trigo y harina en el que laboraban medio centenar de obreros. Eran propietarios de tierras acomodados, con intereses económicos y políticos que iban más allá de la agricultura, Jesús Carranza, Teodoro Elizondo, Cesáreo Castro, Emilio Salinas (cuatro hombres mayores de cincuenta años en 1913), Lucio Blanco y Jesús Dávila Sánchez. Quizá estos siete hombres no eran «burgueses» en el estricto sentido de la palabra, pero sí formaban parte de las elites regionales y sí pretendían el desarrollo económico e industrial de México, apoyados en sus experiencias de vida. Fuera del ámbito coahuilense, también Luis Caballero, presidente municipal porfirista de Santander Jiménez, Tamaulipas; y Cándido Aguilar, quien se lanzó a la revolución «armando a sus peones», eran prósperos propietarios. Eulalio Gutiérrez y Francisco Murguía eran pequeños empresarios con estudios medios y el segundo descendía de una acaudalada familia venida a menos. El profesor Alberto Carrera Torres, quien en muchos sentidos era un caso excepcional en el mando nordestino, no surgió de las clases humildes. Antonio I. Villarreal egresó de una normal superior y empezó como director de una escuela concentrada: los dos profesores de la lista, por origen familiar y destino laboral, no se parecían a los errabundos maestros rurales que se incorporaron a la dirección de los ejércitos villistas y zapatistas. Alberto Fuentes Dávila era médico, Pablo de la Garza abogado y Jacinto B. Treviño, ingeniero militar. En fin, sólo dos de los dieciocho pueden ser llamados «trabajadores»: Francisco Coss y Jesús Agustín Castro. No eran peones, sino trabajadores especializados, con estudios elementales.

¿Más sobre el origen de clase? Si pasamos al tercer escalón de mando, formado por 116 jefes que mandaron regimientos o fuerzas equivalentes, encontraremos un buen número de empresarios agrícolas o hijos de familias importantes y acaudaladas, como Ernesto Santos Coy, Juan Barragán, Francisco L. Urquizo, Andrés Saucedo, Francisco González Villarreal, Fortunato Zuazúa, Samuel Santos, Francisco de P. Mariel, varios sobrinos de don Venustiano y muchos otros. Súmense los médicos, los abogados, los maestros y los ingenieros, como Rafael Cepeda, David Berlanga, Jesús Garza Siller, Eleuterio Ávila, Daniel Ríos Zertuche o Vicente Dávila Aguirre. Si en la plana mayor sólo hay dos trabajadores asalariados, en el tercer escalón sólo dos tienen militancia en las mutualidades obreras, Alfredo Breceda y Benecio López Padilla. No hay un sólo peón de campo ni un solo pequeño propietario agrícola y, apenas, media docena de trabajadores manuales asalariados, en su mayoría en los talleres del ferrocarril.

La mitad de estos hombres se habían vinculado de una u otra forma al magonismo y unos veinte habían sido reyistas. Diversas fuentes mencionan la participación activa de Eulalio Gutiérrez, Francisco Coss y Lucio Blanco en los frustrados intentos de rebelión magonista de 1906. El futuro jefe del ejército nororiental, Pablo González, y otros jefes de división en 1914, como Cesáreo Castro, Alberto Carrera Torres, Cándido Aguilar y Jesús Agustín Castro, estuvieron involucrados en distintos momentos y a diferentes niveles con los magonistas. La proporción es similar entre los jefes del tercer escalón de mando: cerca de la mitad tienen antecedes magonistas, destacando algunos que tomaron parte en los levantamientos de 1906, como Luis Gutiérrez, Atilano Barrera y Reynaldo Garza. Los futuros diputados constituyentes Francisco J. Múgica y Reynaldo Garza fueron distribuidores y por algún tiempo corresponsales del más influyente periódico magonista, *Regeneración*. De la formación magonista y reyista —y no maderista— de la mayoría de los cuadros del Noreste, se desprende su liberalismo, su anticlericalismo, así como su escasa vocación democrática.

Los postulados del liberalismo magonista, incluso los expresados en el Programa del Partido Liberal de 1906, no se contraponen con lo que los carrancistas quisieron para el país ni con lo que pudieron hacer cuando tuvieron el poder: su primera exigencia era el retorno de la legalidad. El retorno de la legalidad permitiría poner fin a la polarización económica, al autoritarismo político y a la venalidad de la administración de la justicia. Permitiría sacudir las trabas puestas a la libre iniciativa y acabar con el régimen de privilegio. Además, como hemos visto, la incorporación de los problemas específicos de las masas populares en el Programa de 1906, no rompe ni se aleja de los principios liberales doctrinarios. La otra escuela política de los jefes del noreste fue el reyismo, y su significado lo vimos líneas arriba, al hablar de don Venustiano.

Otra serie de datos sumamente ilustrativos sobre los jefes del Noreste, tiene que ver con el nivel educativo, muy superior a la del resto de los mexicanos. No encontramos ni un solo analfabeta o sin educación formal y aunque de muchos de los jefes no hallamos datos concretos, tenemos datos indirectos que indican que, al menos, terminaron la primaria. En ese sentido, los dieciocho generales no se distinguen del centenar de jefes del tercer escalón de mando: hay dos o tres con estudios superiores (Treviño, Blanco y, probablemente, Cándido Aguilar), dos maestros (Villarreal, y Carrera), al menos dos más con estudios medios concluidos (Jesús Carranza y Dávila Sánchez), y todos los demás tenían al menos estudios de primaria completos, con la posible excepción de Coss.

Entre los jefes del tercer escalón de mando no había tampoco analfabetos y de muchos de los que no hay datos, existe casi la certeza de que cursaron más allá de la primaria. De quienes se tienen datos verificados, nueve concluyeron los estudios medios; cinco cursaron carreras comerciales o fueron al seminario; catorce cursaron estudios superiores, tres de ellos en Estados Unidos o Francia; finalmente, cuatro de los jefes del ejército egresaron del Heroico Colegio Militar. En suma: más de un 16% de profesionistas y militares de carrera; casi 25% que estudiaron más allá de la preparatoria, y ningún analfabeto.

A propósito del nivel cultural, hay algunos datos interesantes: entre los jefes militares del Noreste había un profesor de derecho: Francisco González Villarreal; y dos hombres que habrían de destacar en el panorama de las letras posrevolucionarias: Francisco L. Urquizo —uno de los más fieles carrancistas y de los pocos que lo acompañaron hasta el final— y Vito Alessio Robles —quien después de la ruptura revolucionaria se acercaría al villismo—. Otros

tres escribieron sus memorias con bastante solvencia (Juan Barragán, Manuel W. González y Alfredo Breceda) y, finalmente,
en vísperas de la revolución constitucionalista, varios habían destacado como periodistas de combate: Antonio I. Villarreal, Francisco J. Múgica, David Berlanga, Alfredo Rodríguez, Francisco
Cosío Robelo, Manuel García Vigil, Reynaldo Garza y Arturo
Lazo de la Vega.

Además de las experiencias magonista o reyista, hay otro ante-
cedente común que conviene tener en cuenta: como las de Sonora y Chihuahua, la del Noreste fue una sociedad de frontera durante el siglo xix. En Coahuila y el norte de Nuevo León y
Tamaulipas, la guerra y la paz con los indios nómadas fue el tema
más importante de la vida pública hasta la década de 1880, con
las breves excepciones de las guerras contra estadounidenses y
franceses. Los hombres de campo e incluso quienes pertenecían a
la minoría urbana, construyeron una sociedad de frontera, ines-
table y violenta, relativamente igualitaria y democrática, que sufrió profundas transformaciones cuando terminaron las guerras
con los apaches y los comanches.

Bernardo Reyes y Jesús Carranza padre, participaron activamente en la guerra contra los apaches y comanches, que vieron de
cerca Venustiano y Jesús Carranza, Teodoro Elizondo, Cesáreo
Castro, Emilio Salinas y Gabriel Calzada. Aunque la mayoría de
los jefes de la revolución de 1910 no vivieron en carne propia los
efectos de ésa guerra, sino una sociedad de frontera que se desva-
necía al calor de la acelerada modernización capitalista, sí guarda-
ban en la memoria colectiva, a una generación de distancia, la
costumbre de la violencia, de la organización militar, de la autodefensa, del orgullo regional. Quién más, quién menos, todos
poseían un arma larga y tenían a orgullo montar a caballo y también, heredaron casi todos apretadas redes de parentescos, com-
padrazgos y clientelismos. De alguna u otra manera, casi todos
los jefes oriundos de Coahuila y Nuevo León estaban vinculados
entre sí por esos lazos. Están plenamente identificados aquellos
unidos directamente con Carranza: sería timbre de orgullo de-

mostrar que uno era sobrino, consuegro, primo segundo o compadre del Primer Jefe, pero las redes eran mucho más extendidas.

Ahora bien, el constitucionalismo, como corriente política, no estuvo completo sino hasta que la estancia de don Venustiano en Sonora le permitió tejer alianzas decisivas con algunos jefes del noroeste. Los estilos de mando de estos eran similares a los de Coahuila en los puntos señalados anteriormente, pero también tenían diferencias significativas que explican tanto el hecho de que los jefes del Noroeste aceptaran el liderazgo nacional de Carranza y tardaran varios años más en consolidar en torno a ellos un grupo político propio y una opción alterna al grupo encabezado por el Primer Jefe, como su mayor eficacia militar y su más clara comprensión, en el largo plazo, de los desafíos planteados por la revolución.

Una primera diferencia significativa es que si Coahuila y Nuevo León habían sido dominadas por el reyismo, por lo que importantes políticos oficiales —el senador Carranza el primero— transitaron a la oposición en 1908 y 1909, Sonora fue gobernada con similar eficacia por Ramón Corral y su grupo, por lo que no hubo escisiones en el grupo gobernante en vísperas de 1910. Sin embargo, importantes familias sonorenses desplazadas por el corralismo, encabezaron el reyismo y el antirreeleccionismo en el estado. Destacaban entre ellos Francisco de P. Morales, próspero hacendado de Ures; los hermanos Mascareñas, dueños de la mayor hacienda de Nogales; Ignacio L. Pesqueira, sobrino del general y gobernador de igual nombre; Epifanio Salido, tío de Benjamín Hill y Álvaro Obregón; y por supuesto, José María Maytorena.

Junto a estos hombres, en la organización antirreeleccionista sonorense, como en la coahuilense, había abogados, agentes aduanales, funcionarios municipales, tenderos, boticarios, maestros de escuela y algún ranchero acomodado. Entre quienes brillarían después se cuenta Álvaro Obregón, pequeño agricultor, medio inventor, emparentado con la poderosa familia Salido; Plutarco Elías Calles, maestro de escuela, exalcohólico, reciclado en los importantes negocios de la familia Elías en el norte del estado; Juan G. Cabral, cajero de una maderería; Salvador Alvarado, boticario; Adolfo de la Huerta, hijo de un próspero comerciante de Guaymas, quien trabajó como contador y maestro de canto; y Manuel M. Diéguez, jalisciense que se había enrolado como criado en la armada y que participó de manera destacada en la legendaria huelga de Cananea.

Y justo aquí empiezan algunas diferencias significativas con el liderazgo coahuilense: en Sonora había dos tradiciones locales que ligaron más rápidamente a los jefes revolucionarios con los problemas sociales: la huelga de Cananea y la rebelión yaqui. Sin embargo, estas dos experiencias no aportarían inicialmente demandas distintas: los dirigentes de la huelga de Cananea que en 1911 se vincularon al régimen maderista local, no fueron más ni menos radicales que otros jefes militares surgidos de los sectores medios, con la excepción, tardíamente manifestada, de Esteban Baca Calderón. De hecho, el más importante de ellos, Manuel M. Diéguez, fue el principal de los jefes sonorenses que en la coyuntura de la Convención de Aguascalientes fue totalmente leal a la opción encabezada por Venustiano Carranza. A su vez, los principales caudillos yaquis vinculados al maderismo y al constitucionalismo, José María Acosta, Luis Espinosa, Luis Matus, Francisco Urbalejo y otros, se mantuvieron siempre en la línea política encabezada por José María Maytorena. El radicalismo posterior de generales como Salvador Alvarado, no apareció durante la lucha contra Huerta.

La otra experiencia distinta fue la falta de unidad política de los sonorenses, que los obligó a subordinarse a Venustiano Carranza. En febrero de 1913 se enfrentaron entre sí, casi hasta llegar a las armas, el grupo del gobernador Maytorena, apoyado por los contingentes yaquis y buena parte del aparato político local; el de los diputados locales encabezados por Adolfo de la Huerta e Ignacio L. Pesqueira, con las fuerzas fronterizas de Plutarco Elías Calles como brazo armado; y los cinco coroneles que mandaban a los principales contingentes irregulares: Álvaro Obregón, Benjamín Hill, Salvador Alvarado, Juan Cabral y Manuel M. Diéguez.

Las alianzas que los últimos dos grupos tejieron con Carranza en 1913, y la distancia que posteriormente fueron tomando respecto al Primer Jefe y sus políticas, redefinieron y alinearon de manera distinta a varios de los principales personajes de esos grupos: después de 1915, eran personajes clave de la facción carrancista Ignacio Bonillas, Roberto Pesqueira, Ignacio L. Pesqueira y el poderoso divisionario Manuel M. Diéguez, mientras se iba conformando un nuevo grupo en torno a los generales Obregón, Hill y Calles y el civil Adolfo de la Huerta, al que se sumaron carrancistas no sonorenses que se habían acercado a Obregón en la Convención de Aguascalientes. A su vez, Salvador Alvarado fundaba una corriente distinta de las anteriores en torno a su gobierno revolucionario en Yucatán, a partir de 1915.

Desde marzo de 1913, en Sonora aparecen con mayor claridad que en Coahuila las características de la revolución administrada y la moral del haber atrás descritas, gracias al rápido éxito militar de los rebeldes. El peculiar origen de esta rebelión, cuyo tono fue el de una nación que cierra filas frente a otra que la agrede, explica esas tradiciones sonorenses ya explicadas: el modelo insurreccional basado en el control ejercido por el aparato estatal sobre la vida pública; y la creación de un ejército profesionalizado, de paga, cuya eficacia pospuso o diluyó las demandas de los combatientes y encumbró a un liderazgo proveniente de las clases medias.

En su avance al sur, sobre todo en la primavera de 1914, los revolucionarios del Noroeste y del Noreste integraron a jefes rebeldes de otros estados, que rápidamente se identificaron con sus estilos y aspiraciones. De hecho, la facción sonorense no está completa sin los sinaloenses, tanto los que se integraron desde el principio, por haber vivido en Sonora antes de la revolución (como Salvador Alvarado y Francisco R. Serrano), como, sobre todo, los jefes sinaloenses incorporados durante el avance de Obregón, encabezados por Ramón F. Iturbe y Juan Carrasco. También se agregaron posteriormente jefes jaliscienses o que operaban en Jalisco, como Enrique Estrada. Más numerosos y más importantes fueron los caudillos asimilados al mando del noreste:

los jefes huastecos e hidalguenses: los hermanos Pedro Antonio y Samuel Santos, Francisco de P. Mariel, Daniel Cerecedo Estrada y Nicolás Flores, rancheros acomodados que encabezaron a sus peones y clientes en la lucha armada; los veracruzanos encabezados por Cándido Aguilar, cuyo origen y destino los asimila al mando del noreste (notable excepción, el líder obrero y revolucionario radical Heriberto Jara); los oficiales michoacanos y guerrerenses encabezados por los coahuilenses Gertrudis Sánchez y Alfredo Elizondo y el zacatecano Joaquín Amaro; y los potosinos que quedaron a las órdenes de los coahuilenses Rafael Cepeda y Eulalio Gutiérrez.

Estas características de los jefes carrancistas incidirían en el rumbo del movimiento y, en tanto que vencedores de la revolución, también en el diseño y la construcción del nuevo Estado.

5. LA REVOLUCIÓN A LA OFENSIVA

A finales del invierno de 1913-1914, los tres ejércitos norteños se habían reforzado considerablemente y pasaron a la ofensiva. Quienes marcaron el ritmo de esta, entre marzo y junio, y abrieron el camino para que los otros ejércitos avanzaran paralelamente a ellos, fueron los villistas. Conforme crecía el poder y el prestigio de la División del Norte y su independencia orgánica frente a la primera jefatura, crecieron también las diferencias entre este grupo revolucionario y don Venustiano, hasta llegar a la ruptura en el mes de junio de 1914; pero entre tanto, se libraron las grandes batallas de la División del Norte.

Entre el 20 de marzo y el 13 de abril de ese año se libró una larga batalla de posiciones entre más de 22 000 villistas contra 14 000 soldados del gobierno (reforzados hacia el final de la batalla por una segunda columna federal, de seis u ocho mil hombres), por la posesión de la vital Comarca Lagunera. Eventos culminantes de estas operaciones, en las que fueron destrozadas dos divisiones federales, fueron la toma de Gómez Palacio el 26 de marzo por la división villista; la de Torreón el 2 de abril y la de San Pedro de las Colonias, el 13 de ese mes. Esa fue la más prolongada y sangrienta de las batallas libradas hasta ese momento, en toda la Revolución y sin duda, la más importante de la lucha contra el huertismo, en términos militares. Fue una verdadera batalla de posiciones librada contra un enemigo fogueado, conducido por jefes capaces y celosos de su deber (puede apostarse, sin arriesgar mucho, que el general José Refugio Velasco, defensor de Torreón, era el mejor jefe militar del viejo ejército federal) que dejó numerosas lecciones que los villistas supieron aprovechar. Hay numerosos relatos de estos combates, que muestran el valor con el que se combatió por ambas partes y la dureza de la lucha. Por ejemplo, el testimonio de un testigo presencial del ataque al cerro de La Pila, llave de la posición de Gómez Palacio, realizado por los villistas durante la noche del 23 de marzo:

> Esta proeza digna de mencionarse como una de las epopeyas más cruentas que se hayan grabado en la historia de la revolución, puesto que 2 000 hombres en campo abierto iniciaron el asalto a las posiciones de un cerro que mide un kilómetro de largo, por cien metros de altura, con una pendiente como de 30 grados, cuyas fortificaciones se encontraban perfectamente artilladas, y con 600 hombres convenientemente pertrechados, que disponían de 6 cañones, 12 ametralladoras y, además apoyados por el fuego de las baterías del cerro de Santa Rosa y de la casa redonda.[7]

La División del Norte había conquistado a sangre y fuego la Comarca Lagunera, dando un golpe terrible a la voluntad de resistencia del enemigo. Puede afirmarse que en esas cruentas batallas fue donde se definió la derrota del ejército federal huertista, que salió herido de muerte de ellas, con la moral destrozada, y ya no pudo reponerse, por lo que los días de la dictadura huertista estaban contados. Al mismo tiempo, esas victorias convirtieron al ejército villista en el mejor organizado y pertrechado de todos los ejércitos revolucionarios, con la moral en su punto más alto y con un enorme arsenal que pudo quitarle al ejército federal, entre el cual se encontraba una poderosa artillería.

Pancho Villa hubiese querido marchar de inmediato hacia el centro del país, pero consideraciones militares y políticas de Carranza —las más importante de las cuales era limitar el poder del villismo e impedirle el paso franco hacia la ciudad de México— lo obligaron a desviarse hacia Saltillo, ciudad que, por órdenes del Primer Jefe, tomaron los villistas el 20 de mayo, luego de derrotar a los federales tres días antes, en Estación Paredón. Villa entregó Saltillo a Pablo González, que en el *inter* había tomado Monterrey, y regresó a Torreón para preparar su avance rumbo al sur, sin saber que mientras él tomaba Saltillo, don Venustiano le ponía piedras en la ruta lógica de sus armas: Zacatecas. En efecto, el Primer Jefe había viajado a Durango, donde convenció a Pánfilo Natera y a Domingo Arrieta de atacar por su cuenta la estratégica ciudad minera, punto de entronque entre las dos líneas de ferrocarril que conectaban la frontera norte con el centro del país y centro económico neurálgico de la región. Si Natera tenía éxito, Villa quedaría embotellado en los territorios ya conquistados, cercado por el oriente, el occidente y el sur controlados por los ejércitos fieles a Carranza, pero Zacatecas resultó una plaza demasiado fuerte para los 6 000 hombres que pudo reunir el jefe zacatecano y Carranza le exigió a Villa que le enviara refuerzos a aquél jefe.

Para entonces, ya se habían dado varias fricciones significativas entre la primera jefatura y los villistas, entre las que sobresalían la diferencia de opiniones sobre la ocupación de Veracruz por la Infantería de Marina de los Estados Unidos, el 21 de abril de 1914 (asunto sumamente importante, del que ya hemos hablado); y un angustioso llamado del gobernador de Sonora, José María Maytorena, a Pancho Villa, en que le pedía ayuda para poner coto a las cada vez más agresivas actitudes de sus enemigos carrancistas, comandados por Plutarco Elías Calles. Más importante aún era la desconfianza creciente del Primer Jefe hacia la independencia orgánica y política de la División del Norte, que estaba llevando a cabo en Chihuahua un experimento social que a Carranza le parecía nocivo y peligroso. De esa independencia y ese experimento daremos cuenta en el siguiente capítulo.

Por eso, cuando el 10 de junio de 1914 Carranza avisó formalmente a Pancho Villa que Natera había iniciado el ataque a Zacatecas y le ordenó que estuviera listo para reforzarlo en caso necesario, Villa reunió a sus generales y les explicó todo lo que había hecho el Primer Jefe para frenar o debilitar a la División del Norte, advirtiéndoles que al día siguiente, o en dos días a lo más, le exigiría enviar a Zacatecas fuerzas villistas que habría de subordinar a Natera. Así ocurrió, en efecto, al día siguiente, cuando Carranza ordenó a Villa enviar a una parte de su División para ponerla bajo las órdenes de Natera, iniciándose entonces un áspero intercambio telegráfico que terminó con la renuncia de Villa aceptada por Carranza y rechazada por los generales de la División del Norte y, finalmente, con la ruptura entre Carranza y los jefes villistas, una ruptura irremediable, aunque no se hizo pública, que contaremos en el capítulo IV de este libro. Inmediatamente después de romper con Carranza, la División del Norte preparó su marcha a Zacatecas, buscando la derrota del ejército huertista y, también, ganar la carrera por la ciudad de México.

Entre tanto, Natera y Arrieta, que habían iniciado el ataque a Zacatecas el día 9 de junio, para el 15 habían sido rechazados, retirándose a Fresnillo. Ahí esperaron a Pancho Villa, que llegó al frente de casi 20 000 hombres. El 23 de junio, luego de que los generales Tomás Urbina y Felipe Ángeles (el general del ejército que había permanecido leal a Madero durante la Decena Trágica, que lo acompañó en sus últimos momentos cuando fue también apresado por Huerta, y quien se acababa de incorporar al villismo) estudiaran las posiciones enemigas, Villa ordenó el ataque simultáneo de cinco columnas apoyadas por 38 cañones, que en pocas horas destrozaron a los defensores de Zacatecas. La sincronización del ataque y la eficacia de la preparación artillera han hecho de esta batalla la más famosa y la más estudiada de la División del Norte —y quizá de toda la Revolución Mexicana—, aunque el enemigo era más débil, estaba menos preparado y peor mandado que el que había defendido Torreón tres meses antes, y no había a la vista, como aquella vez, ninguna columna federal que viniera en auxilio de sus compañeros. Ahí se rompió la voluntad de resistencia del régimen huertista; sin embargo, luego de destrozar al ejército federal en Zacatecas, Carranza cortó las comunicaciones por tren hacia el sur y negó el abasto de combustible para los trenes villistas por lo que estos tuvieron que replegarse a Torreón para negociar con los jefes constitucionalistas que querían evitar el enfrentamiento de Villa con Venustiano Carranza y quienes cosecharon los frutos directos de la victoria fueron las fuerzas de Pablo González y Álvaro Obregón.

Si la División del Norte había asestado los golpes más espectaculares al ejército federal, las fuerzas del Noreste ocuparon, al mismo tiempo, regiones vitales para la economía del país. Desde febrero de 1914 Pablo González tenía a sus órdenes un verdadero ejército, formado por las cuatro divisiones que empezó a mover sobre Monterrey. También mandaba, desde lejos, las fuerzas que guarnecían Tamaulipas y mantenían sitiado Tampico y las columnas volantes que hostilizaban el tráfico ferroviario entre San Luis Potosí y Saltillo, y entre San Luis y Tampico.

Tras los fracasos frente a Tampico y Nuevo Laredo, en diciembre de 1913 y enero de 1914, González decidió dejar ambas plazas por la paz, relevando a casi todas las fuerzas que las amagaban, y se decidió por el cerco de Monterrey, cuya caída traería necesariamente la de Nuevo Laredo. En febrero iniciaron los movimientos contra la Sultana del Norte, pero los federales lanzaron una contraofensiva exitosa a mediados de ese mes, retrasando varias semanas el avance rebelde. González diseñó entonces un nuevo plan, cuya primera parte consistía en obligar a los federales a regresar a sus posiciones defensivas. Durante un mes, las llanuras nuevoleonesas y la frontera de Tamaulipas fueron teatro de numerosos encuentros y escaramuzas, hasta volver a encerrar a los federales en Nuevo Laredo y Monterrey, y posteriormente pasó al ataque nuevamente, aprovechando la fortísima presión que sobre los federales ejercían los villistas en La Laguna.

Tras aislar Monterrey, el 20 de abril González lanzó 8 000 hombres sobre los 3 000 defensores de la Sultana, que se defendieron vigorosamente durante cuatro días, al cabo de los cuales escaparon. Los revolucionarios del Noreste por fin habían conquistado la principal metrópoli regional, gracias a su abrumadora superioridad numérica y de elementos de guerra, aunque, como en batallas anteriores, una vez más Pablo González había limitado su estrategia a ataques simultáneos por todos los puntos cardinales, dispersando las fuerzas y medios, lo que se tradujo en un derroche innecesario de vidas y recursos. Por si fuera poco, la guarnición federal pudo escapar y refugiarse en Paredón.

La toma de Monterrey es pintada por los panegiristas de González como una hazaña militar, pero hay que considerar el contexto: apenas tres semanas antes, Pancho Villa al frente de la División del Norte había tomado Torreón, plaza defendida por una guarnición que cuadruplicaba en número a la de Monterrey, y de inmediato derrotó otra división federal en San Pedro de las Colonias. De cualquier manera, la ocupación de la Sultana por las fuerzas constitucionalistas puso fin a la presencia huertista en todo el norte, por lo que González ordenó concentrar en esa plaza las oficinas, hospitales y servicios que hasta entonces estuvieron en Matamoros y encargó a Antonio I. Villarreal el gobierno del estado y la nueva retaguardia estratégica y empezó a preparar el ataque a Tampico.

Mientras González cercaba y tomaba Monterrey, Francisco Murguía reconquistaba el centro y la frontera de Coahuila en una campaña fulminante, y aunque la lógica dictaba que todas las fuerzas del noreste confluyeran sobre Saltillo, Carranza les ahorró el duro combate contra los restos de las guarniciones de Monterrey, Nuevo Laredo y Torreón, concentrados en Saltillo, al ordenar a Pancho Villa —como ya contamos— que ocupara la capital de Coahuila. El 17 de mayo los jinetes villistas despedazaron a 5 000 federales en Paredón y los que quedaban en Saltillo huyeron más que a prisa a San Luis Potosí. El 20 de mayo los villistas ocuparon la capital de Coahuila y la entregaron a Pablo González, que venía de tomar Tampico.

En efecto: apenas tomado Monterrey, este movilizó hacia Tampico más de 4 000 hombres, con los que el 9 de mayo inició el ataque. El puerto estaba defendido por 2 000 federales apoyados por la artillería del cañonero *Veracruz* y la corbeta *Zaragoza*, anclados en el Pánuco. Las disposiciones defensivas y la topografía del puerto, obligaban a los revolucionarios a atacar frontalmente las posiciones federales, lo que durante cuatro días causó enormes bajas en las fuerzas rebeldes. Finalmente, la suerte se puso del lado de los carrancistas, pues en la madrugada del día 13 se desató un aguacero torrencial que duró varias horas e inundó las loberas y trincheras que los federales habían tendido en los dos accesos al puerto. Los revolucionarios se dieron cuenta que los federales salían de sus parapetos y don Pablo ordenó un nuevo ataque. Esta vez, los fuegos de la artillería de mar no bastaron para contener a los revolucionarios, aunque sí para cubrir la salida de la guarnición federal por ferrocarril, rumbo a San Luis Potosí. Don Pablo, desde la aduana, observó la fuga de los trenes y el hundimiento del *Veracruz*, cuya tripulación abrió las válvulas de inundación. La corbeta *Zaragoza* había salido del río la noche anterior, en medio de la tormenta. Así quedó don Pablo dueño de Tampico, el puerto de salida de las pujantes exportaciones petroleras.

Ocupado Tampico, González envió a Monterrey a los principales contingentes y, tras recibir Saltillo de manos de Pancho Villa, los trasladó a esa ciudad para preparar la ofensiva sobre San Luis Potosí, que se suponía más o menos simultánea con la de Pancho Villa sobre Zacatecas y la de Álvaro Obregón sobre Guadalajara, pero la salida habría de retrasarse varias semanas debido a los conflictos surgidos entre Venustiano Carranza y los jefes de la División del Norte.

Al llegar a Saltillo, a principios de junio de 1914, Venustiano Carranza se reencontró con sus primeros partidarios, once meses después de haber salido de Cuatro Ciénegas rumbo a Sonora. A su llegada, procedente de los territorios dominados por la División del Norte, Carranza llevaba consigo —y había dejado detrás suyo— las semillas de la escisión revolucionaria que, como vimos, se produjo de inmediato. Por esa razón, ordenó a Pablo González que retuviera al grueso del Ejército del Noreste en Saltillo y Monterrey y se preparara para avanzar sobre Torreón si fuera necesario, difiriendo la marcha hacia San Luis Potosí. Además de mantenerse en Saltillo, amenazando la base de operaciones del villismo, las fuerzas del Noreste cerraron el suministro de carbón para los trenes villistas, todo lo cual obligó al grueso de la División del Norte a replegarse a La Laguna después de la toma de Zacatecas. De ese modo, durante un mes entero dos poderosos ejércitos revolucionarios se mantuvieron en sus posiciones en Coahuila, más preocupados por quienes eran aún sus compañeros de lucha, que por los restos del gobierno de Huerta.

Sin embargo, ni los jefes villistas ni los carrancistas estaban dispuestos a arriesgar un triunfo claramente visible pero aún no asegurado, y Pablo González y Antonio I. Villarreal enviaron a Torreón mensajeros de paz, rápidamente acogidos por Pancho Villa. Los jefes de la División del Norte, en Zacatecas, fijaron su posición diciendo que no desconocían la autoridad del señor Carranza como Primer Jefe, pero querían que entre todos los revolucionarios se aclararan los alcances de esa autoridad, para lo cual citaban a los jefes del Ejército del Noreste a una conferencia en Torreón, para limar las asperezas y discutir los límites que tendría la autoridad de Carranza después del triunfo. Los jefes del Noreste pidieron a Carranza autorización para asistir y la obtuvieron. De ese modo, los días 5 y 6 de julio se celebraron las conferencias de Torreón entre los representantes de la División del Norte y los jefes del Ejército del Noreste, que terminaron en un acuerdo que difirió la escisión revolucionaria hasta después de la caída del antiguo régimen. En él, la División del Norte reiteró su reconocimiento a la Primera Jefatura de Carranza y se acordó que Villa permanecería al frente de la División del Norte, además del compromiso de convocar a una convención de generales y gobernadores revolucionarios que definiría la celebración de las elecciones federales y formularía un programa de gobierno que satisficiera las demandas populares. Aunque el arreglo de Torreón era más aparente que real y era evidente que tan pronto cayera el gobierno de Huerta, bastaría el menor incidente para que la ruptura se consumara, Pablo González pudo avanzar hacia el sur.

Don Pablo tenía prisa, porque dos días después de la firma del Pacto de Torreón, Álvaro Obregón había tomado Guadalajara tras una espectacular victoria, iniciando una carrera que tendría como objetivo la capital de la República. No hubo batalla por San Luis Potosí: cuando los federales conocieron que las fuerzas concentradas en Saltillo venían sobre ellos, abandonaron la ciudad, ocupada inmediatamente por Alberto Carrera Torres. El 20 de julio Pablo González entró a la ciudad, designó gobernador al general Eulalio Gutiérrez, y se preparó para continuar la carrera con ánimo de llegar a Querétaro antes que Obregón.

La exitosa ofensiva de los ejércitos norteños y las dificultades internacionales del gobierno de Huerta mermaron considerablemente la capacidad de maniobra del dictador y su voluntad de resistencia, lo que permitió el crecimiento de la fuerza e influencia de los grupos revolucionarios del resto del país. Así como las fuerzas zacatecanas y duranguenses de la 1ª División del Centro coadyuvaron a la toma de Zacatecas, y las huastecas y potosinas de la 2ª División del Centro prestaron su concurso al Ejército del Noreste para aislar a Monterrey, Tampico y San Luis Potosí; también los revolucionarios de Nayarit y Jalisco, que mandaban Rafael Buelna y Julián C. Medina, facilitaron el avance del Ejército del Noroeste por esas tierras. Del mismo modo, a partir de abril de 1914, cuando los revolucionarios tomaron Torreón y Monterrey y los *marines* Veracruz, muchas ciudades importantes del oriente, centro y sur de la República fueron cayendo en manos de los rebeldes.

Durante 1913 la Huasteca y Veracruz fueron escenarios militares secundarios que, sin embargo, por su importancia política y económica Carranza quiso mantener activos y atendidos, y varios grupos revolucionarios locales o enviados desde el Noreste sostuvieron en esas regiones una activa campaña guerrillera. Cándido Aguilar, activo en la Huasteca desde septiembre de

1913, en enero reunió el mando de diversos grupos y en abril ocupó Huejutla, Ciudad Valles y Tuxpan y empezó a avanzar hacia el sur, de modo que en agosto estaba frente a Xalapa. También Gertrudis Sánchez pasó a la ofensiva en mayo de 1914, adueñándose de Morelia el 31 de julio, cuando ya las fuerzas de Obregón campeaban en el Bajío.

Zapata, por su parte, había pasado a la ofensiva en el estado de Guerrero, tomando Chilpancingo el 24 de marzo de 1914. Otras fuerzas tomaron Iguala y Acapulco mientras Zapata se apoderaba también, al igual que Guerrero, de todo el estado de Morelos y ponía sitio a Cuernavaca, al tiempo que movilizaba importantes contingentes al sur del Distrito Federal. En agosto, cuando cayó el gobierno de Huerta, los zapatistas ocupaban todas las poblaciones del sur, el poniente y el oriente del Distrito Federal, desde Iztapalapa y Milpa Alta hasta Mixcoac, amenazando la capital de la República.

En esta ofensiva nacional, por decisión de Carranza, fueron los contingentes de Sonora los que se llevaron los reflectores de la victoria. Obregón lanzó sus fuerzas a la ofensiva más de un mes después que Pancho Villa, en mayo de 1914, enviando 7 000 soldados a territorio nayarita, donde Rafael Buelna tenía arrinconados a los federales. El 5 de mayo Buelna tomó Acaponeta y el 16, junto con Manuel M. Diéguez y Lucio Blanco, se apoderó de Tepic. Los restos de los contingentes federales cruzaron la sierra rumbo a Guadalajara. Obregón preparó durante unas semanas la logística para que el grueso de sus fuerzas pudiera seguir la misma ruta, que no estaba comunicada por ferrocarril, y entre el 6 y el 8 de julio destruyó a la penúltima división operativa del ejército federal, en la batalla de Orendáin y El Castillo, que le dio la llave de Guadalajara.

Tomada Guadalajara, el resto de la campaña del Ejército del Noroeste fue casi un paseo militar. Obregón ocupó Colima y dejó a Juan Cabral sitiando Manzanillo. En los últimos días de julio la vanguardia de su ejército llegó hasta el nudo ferroviario de Irapuato y avanzó hacia Querétaro. Cuando Obregón llegó ahí, el

1º de agosto, se encontró con las fuerzas del Noreste: el 29 de julio el general Francisco Murguía había tomado la hermosa ciudad barroca, a la que llegó poco después Pablo González, que apresuradamente despachó a Francisco Murguía a Toluca y a Jacinto B. Treviño a Pachuca —que tomaron una semana después—, mientras él esperaba a Obregón en Querétaro. Previamente había enviado a Alberto Carrera Torres a Guanajuato, quien la tomó a sangre y fuego el 31 de julio.

El 10 de agosto, Álvaro Obregón llegó a Teoloyucan, ya muy cerca de las avanzadas de la guarnición de la ciudad de México, y ahí empezó a concentrar a 18 000 hombres del Ejército del Noroeste. Al día siguiente llegó Pablo González con parte de las fuerzas del Noreste y ambos empezaron a preparar lo que pensaban que sería la batalla definitiva por la ciudad de México, que no ocurrió: antes de eso, los últimos representantes de una dictadura cuyo jefe, Victoriano Huerta, ya estaba bien lejos, decidieron negociar y Venustiano Carranza autorizó al general Obregón a recibir la rendición del enemigo derrotado.

El 13 de agosto, sobre el guardafango de un automóvil, el general de división Álvaro Obregón Salido, jefe del Ejército del Noroeste, y el general de brigada Lucio Blanco Fuentes, jefe de la División de Caballería del Noroeste, firmaron con el último representante de un gobierno que se desmoronaba y con el jefe de un ejército vencido en los campos de batalla, los Acuerdos de Teoloyucan, que formalizaron la entrega del poder a una de las corrientes de los revolucionarios vencedores y la disolución del viejo ejército federal.

Con este acto simbólico culminó el colapso de un Estado afanosamente construido durante el régimen de Porfirio Díaz. La revolución, finalmente, había subvertido todo el orden político de la nación. Habían desaparecido los tres poderes de la Unión; el personal ejecutivo de los cuatro niveles de gobierno (las jefaturas políticas fueron desaparecidas por el constitucionalismo como nivel de intermedio entre el estado y el municipio) había sido cambiado por completo, o iba a terminar de serlo al aplicarse los

Acuerdos; los partidos políticos, los periódicos nacionales, las organizaciones que respaldaban a la dictadura, el ejército federal, la marina, los rurales de la federación, en fin, todas las instituciones del Estado y aquellas que habían establecido una relación clientelar con este, fueron barridas por el huracán revolucionario y algunas estaban siendo sustituidas por otras nuevas.

Los llamados Acuerdos son, en realidad, dos actas: una que determina la entrega de la capital de la República al Ejército Constitucionalista, firmada por el licenciado Eduardo Iturbide, gobernador del Distrito Federal y máxima autoridad política del extinto régimen de Huerta, pues se habían fugado sucesivamente el general Victoriano Huerta y su intrascendente sucesor, el licenciado Francisco Carbajal, presidente interino de la República. El segundo documento es el acta de rendición y desarme del ejército federal y de la armada de México.

En este segundo documento, se especificaba que el principal contingente del ejército federal evacuaría la ciudad de México y sería desarmado a lo largo del ferrocarril México-Puebla por comisionados del «nuevo gobierno»; la entrega y disolución de las guarniciones federales en Manzanillo, Córdoba y Xalapa, así como las jefaturas de armas de Chiapas, Tabasco, Campeche y Yucatán; la sustitución de las guarniciones federales de las poblaciones del sur del Distrito Federal, que mantenían una línea defensiva contra el Ejército Libertador del Sur, del general Emiliano Zapata; y la concentración de los barcos de la Armada en los puertos de Manzanillo y Puerto México (Coatzacoalcos) para su entrega a los comisionados constitucionalistas.[8]

Así pues, desde el 13 de agosto de 1914 la revolución se erguía triunfante sobre los restos del antiguo régimen, pero la victoria se empañaba por las diferencias personales y de proyecto que dividían a los vencedores. La más evidente era la que separaba al Ejército Constitucionalista del Ejército Libertador del Sur: aparecía incluso en los Acuerdos de Teoloyucan, donde se especificaba que fuerzas constitucionalistas relevarían a las guarniciones federales que defendían el sur del Distrito Federal frente a la ofensiva del

Ejército zapatista. El movimiento suriano nunca había aceptado la preeminencia del Ejército Constitucionalista en la revolución, ni el liderazgo de su Primer Jefe, y una vez destruido el antiguo régimen, los zapatistas veían frente a sus posiciones militares un nuevo enemigo.

Pero también en las filas del victorioso ejército constitucionalista había diferencias evidentes, que se agravarían rápidamente, al grado de que fracciones de ese ejército empezaron a combatir entre sí, sobre todo en el estado de Sonora, antes de que pasara una semana de la firma de los Acuerdos de Teoloyucan y de la entrada triunfal de los jefes constitucionalistas a la ciudad de México. Formalmente, el Ejército Constitucionalista había llevado casi todo el peso de la lucha contra el gobierno de Victoriano Huerta, sostenido por el Ejército Federal y las instituciones forjadas por el régimen porfiriano. Formalmente, salvo las fuerzas del Ejército Libertador del Sur, los revolucionarios de todo el país estaban incorporados de una u otra forma al Ejército Constitucionalista. Formalmente, era indiscutible el carácter de Venustiano Carranza como Primer Jefe del Ejército Constitucionalista y encargado del poder ejecutivo, que en marzo de 1913 se había otorgado, o le habían otorgado los revolucionarios de Coahuila, mediante el Plan de Guadalupe.

Sin embargo, en agosto de 1914 estaba más que claro que numerosos grupos habían aceptado la jefatura de Carranza únicamente mientras durara la lucha contra Huerta, y que vencido ese gobierno su jefatura, y la misma existencia del Ejército Constitucionalista, ya no tenían razón de ser. Entre las personalidades y grupos que tenían esa convicción destacaban, por su fuerza y su prestigio, los jefes de la División del Norte. Del mismo modo, también el gobernador de Sonora, José María Maytorena, se declaraba abiertamente anticarrancista.

Para los vencedores era obvio que una vez desaparecido de la escena el ejército federal, no tardaría en producirse la escisión del constitucionalismo, latente desde diciembre de 1913, al menos, y bien visible desde mediados de junio de 1914. Así ocurrió en efecto, pero no de manera automática ni sencilla: los tres meses que siguieron a los Acuerdos de Teoloyucan fueron de los más complicados de nuestra historia y, al cabo de ellos, la guerra civil, apenas interrumpida, reinició con más fuerza enfrentando a los revolucionarios victoriosos divididos en Constitucionalistas y Convencionistas.

NOTAS

[1] Francisco L. Urquizo, *Obras Escogidas*, México, FCE, 2003, p. 376.

[2] Jorge Vera Estañol, *La revolución mexicana*, México, Porrúa, 1957, pp. 292-293.

[3] Juan Barragán, *Historia del Ejército y de la Revolución Constitucionalista. Primera época*, México, SEDENA-INEHRM-SEP, 1ª reimpr. facsimilar, 2013, p. 63.

[4] Testimonio de Francisco J. Múgica, citado por Armando de María y Campos, *Múgica, crónica biográfica*, México, INEHRM, 1963, pp. 59-64.

[5] Parte rendido por Obregón a Pesqueira el 7 de julio de 1913 en Álvaro Obregón, *Ocho mil kilómetros en campaña*, México, Fondo de Cultura Económica, 2ª ed., 1969, pp. 74-76.

[6] Alfredo Breceda, *México revolucionario, 1913-1917*, México, Editorial Botas, 1941, t. II, pp. 197-201.

[7] Adolfo Terrones Benítez, «La última batalla de Torreón», en *El Legionario. Órgano de la Legión de Honor Mexicana*, vol. 6, núm. 59 (México, enero de 1956), pp. 18-20.

[8] El texto de los Tratados de Teoloyucan puede consultarse en Manuel González Ramírez, *Planes políticos y otros documentos*, México, FCE, 1954, pp. 152-157.

Capítulo IV
LA REVOLUCIÓN POPULAR

1. El surgimiento del agrarismo y el Plan de Ayala

Es un lugar común señalar que el origen de la Revolución mexicana estuvo en el problema agrario. Como hemos mencionado, sin duda fue el más importante, y fue gracias a la incorporación masiva de miles de campesinos, arrendatarios, aparceros, medieros, peones, indígenas y demás grupos de la sociedad rural que el llamado maderista a la insurrección pudo materializarse, extenderse y tener éxito en derrocar al régimen de Porfirio Díaz. Sin embargo, como se ha visto, el tema agrario no fue el único que detonó el estallido social pues las demandas políticas, los agravios y otras demandas sociales como las relativas al trabajo y a la justicia también tuvieron un lugar destacado como causantes de la irrupción popular revolucionaria. Además, si bien las ocupaciones de tierras y los ataques de las bandas rebeldes contra las haciendas fueron un patrón constante en varias de las regiones del país en donde existían fuertes problemas agrarios durante los meses de marzo, abril y mayo de 1911, esas acciones tempranas no tenían todavía una formulación precisa que les permitiera generalizarse y trascender más allá del ámbito local y convertirse en una alternativa nacional.

El agrarismo, como proyecto social revolucionario, tenía antecedentes remotos. La defensa de su tierra agrupó a las comunidades indígenas y campesinas que resistieron, a lo largo del siglo XIX, la ofensiva de la gran propiedad y la legislación de los gobiernos liberales, para los cuales la propiedad comunal era un obstáculo para el desarrollo y modernización del país. La resistencia indígena y campesina, originó varias rebeliones campesinas que, aunque fueron derrotadas, no eliminaron las reivindicaciones ni las aspiraciones de justicia de los pueblos que veían la pérdida de sus propiedades como un despojo. Esas reivindicaciones de los pueblos se reactivaron con la revolución maderista y le dieron forma a un vasto movimiento agrario que se construyó a través de dos componentes: en primer lugar por la multitud de acciones de diversos grupos rurales e indígenas que se sumaron a la ola de la revolución maderista para resolver sus reclamos de tierra y aprovecharon la fuerza del movimiento insurreccional para recuperar sus tierras o exigir que se les dieran. En segundo lugar, el nuevo agrarismo se fue estructurando como un proyecto político mediante diversos planes y programas que plasmaron los reclamos de justicia agraria y que iban desde el artículo 3º del Plan de San Luis y el Plan de Tacubaya,[1] hasta su culminación en el Plan de Ayala zapatista de noviembre de 1911.

El zapatismo fue el movimiento agrario por excelencia en la Revolución Mexicana. Fue no sólo el que expresó con mayor claridad la solución al problema de la tierra sino que también fue el que aplicó la más profunda transformación agraria en la historia del país y el que tuvo mayor influencia en las luchas campesinas posteriores a la década revolucionaria.

La rebelión agraria de la que surgió el zapatismo tuvo sus orígenes en una problemática de larga duración, cuyos antecedentes se remontan a la época colonial, a través de una disputa centenaria por los valiosos recursos naturales de los fértiles e irrigados valles de Cuernavaca y Cuautla —en los que se implantó exitosamente, desde los albores de la época colonial, la caña de azúcar—, entre las comunidades indígenas y las haciendas. Esa disputa favoreció a los dueños de las haciendas e ingenios azucareros, quienes se apoderaron de la mayoría de las mejores tierras y aguas desde la época virreinal, originando tensiones y disputas con sus poseedores originales, los pueblos y las comunidades indígenas, conflictos que atravesaron la historia colonial de la región. Los tribunales novohispanos dan testimonio de los recursos legales interpuestos por los pueblos originarios para defender sus tierras, litigios que duraron décadas y, en ocasiones, centurias, y en los cuales la mayoría de las veces perdieron sus propiedades. Al finalizar el virreinato, las comunidades indígenas y mestizas de la región que luego tomó el nombre de Morelos, habían perdido la mayor parte de sus tierras, así como del uso de sus bosques y aguas. Las haciendas, junto con las órdenes religiosas, eran ya los principales propietarios de ellas, sobre todo de los valles centrales, fértiles e irrigados, mientras que los pueblos que pudieron conservar sus tierras fueron los de las zonas boscosas y frías de las regiones altas. Desde la época novohispana en Morelos, como en otras regiones, como se ha visto, se estableció una relación simbiótica entre los pueblos que habían perdido sus tierras y las haciendas. Los pueblos, para subsistir, trabajaban en las tierras de las haciendas como medieros, arrendatarios, aparceros, o jornaleros agrícolas. Las haciendas, ofrecían a cambio del trabajo parte de la cosecha o salarios, así como una serie de servicios como ayuda para las fiestas religiosas, educación, atención médica y protección ante amenazas externas. En varias de las haciendas más importantes de la región, los propietarios establecieron una relación patriarcal con sus trabajadores y con las comunidades campesinas aledañas, a través de una especie de pacto moral y una relación de beneficio mutuo, lo que les dio una relativa legitimidad que atenuó los conflictos desde el final del siglo XVIII y la mayor parte del siglo XIX.

Luego de que se consumó la Independencia, los pueblos no renunciaron a seguir luchando por recuperar las tierras que consideraban suyas; la zona que hoy ocupa el estado de Morelos fue uno de los principales bastiones insurgentes y los conflictos agrarios continuaron a lo largo del siglo XIX. La ofensiva de los gobiernos liberales de la segunda mitad del siglo XIX contra las tierras comunales, sin embargo, tuvo un impacto reducido en la región morelense, puesto que la mayoría de las comunidades indígenas y campesinas habían perdido sus tierras originales desde antes.

Durante el Porfiriato tuvo lugar una notable modernización en la industria cañera. Ese proceso alteró el equilibrio entre los distintos grupos agrarios y rompió la simbiosis entre haciendas y pueblos campesinos. Las haciendas necesitaron más tierra para producir más caña y comenzaron no sólo a sembrar tierras que mantenían ociosas, sino a ocupar las tierras que rentaban a los pueblos campesinos. Así pues, el sector más afectado fue el de los pueblos y familias que, no teniendo tierras propias, las rentaban a las haciendas.

Algunos de esos grupos de arrendatarios desplazados por las haciendas se incorporaron a la rebelión campesina de la que surgió el zapatismo. A ellos se sumaron otros grupos ligados estrechamente al campo morelense: campesinos con tierras, peones, permanentes o temporales, pequeños propietarios, rancheros, ganaderos, arrieros, leñadores, y también pequeños comerciantes, artesanos, trabajadores textiles de la zona y maestros rurales. A diferencia de los otros movimientos sociales que tuvieron un papel relevante en la Revolución mexicana, en el zapatismo no participaron ni tuvieron influencia importante miembros de las clases altas. Por tanto, el zapatismo fue un movimiento de campesinos y sectores rurales bajos.

El origen del zapatismo se explica, entonces, por la confluencia de dos causas: una ancestral reivindicación agraria de los pueblos que reclamaban la posesión original de sus tierras, derecho que reapareció, con gran fuerza, cuando estalló la rebelión en el norte del país contra el régimen de Porfirio Díaz. A esa reivindicación centenaria se sumó una demanda más reciente: el desplazamiento de los campesinos arrendatarios por las haciendas. La combinación de ese descontento, ancestral y reciente, fue aprovechada por los líderes campesinos que iniciaron la rebelión agraria de la que surgió el zapatismo, al sumarse a una rebelión nacional, como la maderista, que parecía ofrecerles una oportunidad para trascender el ámbito local, conseguir aliados externos y satisfacer sus demandas de tierra.

En marzo de 1911, al frente de un pequeño grupo de campesinos, Emiliano Zapata, un pequeño propietario de tierras nacido en Anenecuilco, con fama como domador de caballos y diestro jinete, reconocido como líder de su pueblo, se sumó a la rebelión maderista para derrocar al régimen de Porfirio Díaz. Zapata fue electo en 1909 representante de su pueblo por la comunidad y recibió en custodia los títulos coloniales de Anenecuilco otorgados por la Corona Española. Zapata encabezó la lucha legal por reivindicar sus derechos ancestrales y recuperar sus tierras originales, sin éxito. Su pueblo había perdido casi todas sus tierras ante el avance de la hacienda de *El Hospital* y sus habitantes se habían convertido en arrendatarios de ella, pagando una renta por cultivar las tierras que antes habían sido suyas. En 1909, sin embargo, se presentó una situación difícil para el pueblo pues el dueño de *El Hospital* les negó el acceso a trabajar las tierras, ante lo cual, los lugareños, desesperados y encabezados por Zapata, las ocuparon por la fuerza pero fueron reprimidos, por lo que Zapata y los otros líderes campesinos tuvieron que huir de la persecución del gobierno porfirista. En esas condiciones de aislamiento y represión, los rebeldes morelenses supieron del movimiento insurreccional contra el gobierno de Porfirio Díaz al que había llamado Madero y que estaba tomando fuerza en el norte del país en los primeros meses de 1911. Zapata y otros líderes campesinos con fuerte arraigo en sus localidades como Gabriel Tepepa, de Jojutla, y Genovevo de la O, carbonero de Santa María Ahuacatitlán, en las faldas del Ajusco, se sumaron a la revuelta maderista.

Su rebelión pronto se extendió por el campo morelense. Entre marzo y mayo de 1911, los rebeldes, que eligieron a Emiliano Zapata como su líder, sumaron a su movimiento insurreccional a los pueblos del campo morelense, muchos de los cuales tenían agravios agrarios contra las haciendas azucareras, unas de las más ricas del país, y contra el sistema político y de justicia porfiriano. La insurrección zapatista se caracterizó por un alto grado de violencia en contra de las haciendas, de sus dueños, capataces y administradores, de las autoridades locales y de representantes de las clases acomodadas. Entre marzo y mayo de 1911 las bandas rebeldes zapatistas atacaron haciendas e ingenios azucareros, quemaron campos cañeros, ejecutaron a varios administradores de las fincas y a jefes políticos, quemaron oficinas municipales y cárceles, liberaron a los presos e impusieron préstamos a comerciantes y hacendados. La radicalidad de esa protesta puso de manifiesto la magnitud de los agravios de los grupos campesinos y populares de la zona de Morelos y municipios colindantes a esa entidad en contra de la estructura de dominación y de las elites locales, y puso en alerta a esas elites contra una rebelión plebeya y radical que amenazaba desbordarse. La rebelión adquirió así un profundo arraigo local y se extendió. Las partidas rebeldes multiplicaron su ejército y en abril se apoderaron de Cuautla y de las principales ciudades de la entidad morelense, salvo Cuernavaca, resguardada por el ejército federal. Cuando Díaz renunció a la presidencia, los zapatistas eran el grupo revolucionario más importante de Morelos y, al igual que los grupos rebeldes en otros estados, se sentían con derecho a ocupar un lugar importante en la reorganización política y militar de su entidad.

Sin embargo Madero y el presidente interino León de la Barra los excluyeron del gobierno y de las fuerzas de seguridad locales. Los motivos de esa exclusión fueron el carácter violento y radical de la revuelta zapatista, las denuncias de los hacendados morelenses contra ellos y la diferencia de proyectos entre Madero, De la Barra y los zapatistas. El líder coahuilense enfatizaba el carácter político de la revolución; De la Barra quería proteger el *status quo* porfiriano, mientras que para los zapatistas la revolución tenía un carácter social que debía comenzar por devolver la tierra a las comunidades y pueblos campesinos. Esas tres visiones e intereses contrapuestos chocaron en Morelos en el verano de 1911. Madero, el líder de la revolución triunfante, quiso convencer a los zapatistas de que depusieran sus armas a cambio de la promesa de resolver por la vía institucional sus demandas agrarias. El gobierno de León de la Barra y los jefes del ejército federal, desconcertados y cautelosos ante la incertidumbre de hasta dónde podría llegar la revolución maderista, cambiaron su actitud expectante del mes de junio de 1911 por una más audaz y desafiante en julio y agosto en contra de Madero y de la parte más plebeya y radical de su movimiento, al cual buscaron por todos los medios de neutralizar. Los zapatistas, por su parte, al mantener con firmeza sus demandas, se convirtieron en un desafío tanto para Madero, como para los representantes de las elites porfirianas incrustados en el gobierno y en el ejército federal. El campo morelense fue el escenario en el que se llevó a cabo esa compleja trama en donde Madero, el gobierno interino, el ejército federal y los rebeldes de Zapata trataron de resolver en su favor las negociaciones para el desarme, sin conseguirlo.

El resultado de esa trama no estaba definido desde el principio, sino que fue el resultado de la interacción entre los principales personajes, los grupos e intereses que estaban detrás de ellos y, también, de las circunstancias. Así, en julio de 1911 comenzaron las negociaciones entre los zapatistas y Madero, quien fue personalmente a Morelos a convenir con Zapata el licenciamiento de sus fuerzas. Ambos eran hombres de buena fe. El líder suriano confiaba en Madero y en sus ofertas para dar solución legal y atender el problema agrario; comenzó así el desarme de sus fuerzas. No obstante, pronto entraron en escena otros personajes e intereses y el escenario se complicó, echando por tierra la negociación: el presidente León de la Barra sólo aceptaba el desarme incondicional de los zapatistas y movilizó a una fuerte columna federal, al mando del general Victoriano Huerta, para que presionara a los líderes surianos y los obligara a entregar inmediatamente sus armas. Los jefes del ejército federal, y particularmente Huerta, vieron en la coyuntura morelense una buena oportunidad para debilitar a Madero y obligarlo a romper con uno de los grupos revolucionarios más radicalizados y autónomos, además de recuperar el protagonismo de la institución castrense.

Por esa razón, en plenas negociaciones entre Zapata y Madero en Yautepec, un movimiento envolvente del ejército federal para apresar a Zapata interrumpió las pláticas. El líder suriano exigió el retiro del ejército y mayores garantías. Madero, desconcertado, pidió a De la Barra respetar las negociaciones y replegar al ejército.

Se comprometió a nombrar un gobernador identificado con la revolución que atendería el problema agrario y ofreció su palabra de respetar a las tropas de Zapata e incorporar a una parte de ellas a las fuerzas irregulares de Morelos. Sobre esas bases se reanudó el desarme. Sin embargo, el 19 de agosto Huerta nuevamente movilizó a sus tropas, en una acción ofensiva de provocación que evidenció las diferencias entre el líder de la revolución con el presidente interino y los jefes militares.

Eso provocó la ruptura definitiva entre Madero y Zapata. Este se sintió traicionado, se replegó a las montañas y le declaró la guerra a Madero, convencido de que todo había sido un ardid para asesinarlo y que el coahuilense formaba parte de él. Madero, impotente, se dio cuenta de que se habían burlado de él y de que no podía confiar en el presidente provisional ni en los altos mandos militares. De la Barra y el ejército federal salieron fortalecidos al provocar la fractura del maderismo con su ala más radical y agrarista y tuvieron un papel más protagónico y desafiante ante la revolución maderista.

Luego de la ruptura con Madero, el zapatismo fue capaz de reflexionar sobre esa fallida alianza con Madero. Con la necesidad de justificar su rebeldía contra el líder de la revolución, los zapatistas elaboraron el Plan de Ayala, uno de los textos políticos de mayor trascendencia en la Revolución Mexicana, que sentaba las bases para realizar un reforma agraria radical, en la que los pueblos recuperaran las tierras de las que habían sido despojados, pudieran adquirirlas cuando no las tuvieran, y las defendieran con las armas en la mano. El Plan de Ayala convirtió al zapatismo en el movimiento agrarista más importante de la revolución. Gracias a él, amplió su influencia a las zonas aledañas a Morelos: Puebla, Tlaxcala, Guerrero y partes del Estado de México y el suroriente del Distrito Federal y tuvo influencia ideológica y política en los movimientos agraristas de otras regiones así como en algunos líderes de las otras corrientes revolucionarias

El Plan de Ayala es, sin lugar a dudas, el documento básico y clave para explicar al movimiento suriano. A través de él, el zapatismo definió su identidad y el cuerpo de ideas centrales que constituirían el eje de su programa y de su actividad durante los siguientes años. Como texto fundador del zapatismo, el Plan de Ayala constituye un documento acabado, original, y que representa la culminación ideológica y política de lo que había sido la experiencia de los zapatistas, desde el comienzo de su insurrección contra Díaz, hasta la ruptura con Madero.

Madero asumió la presidencia del país el 6 de noviembre de 1911. Para entonces, los zapatistas tenían claro que no cambiaría su postura hacia ellos y que les exigiría una rendición incondicional, como en efecto sucedió. Así, en los primeros días de su gobierno, envió a Alfredo Robles Domínguez a negociar nuevamente el desarme de los surianos; sin embargo, los esfuerzos conciliadores nuevamente fracasaron porque Madero, desde la lógica de la razón de Estado, exigió el desarme incondicional mientras que los surianos reiteraron que primero tenía que cumplirse la devolución de tierras a los pueblos. Se dio entonces la ruptura definitiva entre Madero y Zapata. Por ello, para justificar su rebeldía ante sus seguidores y ante la opinión pública, Zapata decidió proclamar un plan en el que se expusieran, con claridad, los objetivos y los postulados de su lucha. Así, a principios de noviembre de 1911 encargó a Otilio Montaño, el maestro rural de Villa de Ayala, quien por entonces era su principal colaborador, que redactara un programa que sirviera de bandera al movimiento suriano.

Siempre los ratos que platicaba el profesor Montaño con el jefe Zapata, este quería que hubiera un Plan porque nos tenían por puros bandidos y comevacas y asesinos y que no peleábamos por una bandera, y ya don Emiliano quiso que se hiciera este Plan de Ayala para que fuera nuestra bandera», rememoró Francisco Mercado, miembro del Estado Mayor de Zapata y testigo de esos días.[2]

Según relata Porfirio Palacios, veterano zapatista, Montaño redactó el Plan de Ayala en el pueblo de Jumiltepec, municipio de Ocuituco, cercano a la frontera con Puebla. Zapata lo revisó y lo discutió con él. Posteriormente, una vez que recibieron una nueva respuesta negativa de Madero para resolver sus exigencias, Zapata decidió proclamar y difundir el Plan de Ayala. Ese acto tuvo lugar en el pueblo de Ayoxustla, Puebla, el 28 de noviembre de 1911. Según refiere Carlos Reyes Avilés, otro veterano zapatista, Zapata convocó a sus jefes ese día en dicho poblado y en un jacal les dijo, una vez que había revisado los últimos detalles con Montaño

> Esos que no tengan miedo, que pasen a firmar [...] y acto continuo, Montaño, de pie junto a una mesa de madera, pequeña y de rústica manufactura, que como histórica reliquia conservan los habitantes de Ayoxustla, con su voz áspera y gruesa y su acento de educador pueblerino, dio lectura al *Plan de Ayala*. Todos los presentes acogieron el documento con entusiasmo desbordante y los jefes y oficiales lo firmaron emocionados.[3]

A nivel de influencias ideológicas, el Plan de Ayala era heredero del liberalismo compartido por una buena parte de la clase política y cultural mexicana, en una tradición que iba desde Juárez y los hombres de la Reforma, hasta los magonistas, así como de la identidad nacional forjada por la historia patria en la segunda mitad del siglo XIX en su versión liberal. De igual modo, se advertían en él influencias como el Plan de Tacubaya, aparecido pocos meses antes, y en cuya elaboración habían participado Paulino Martínez y los hermanos Gildardo y Octavio Magaña, quienes poco después se unieron al zapatismo.

Sin embargo, lo que distinguía al Plan de Ayala era su énfasis en el carácter agrario del movimiento armado de 1910 y en la necesidad de resolver de raíz el problema del campo. El Plan, incluso, proponía la ocupación y la defensa, con las armas en la mano, de las tierras que necesitaran los pueblos, así como la toma del poder del Estado por los ejércitos revolucionarios para nombrar a un gobierno comprometido con esas reformas y proponía también la adecuación del orden jurídico para garantizar la reforma agraria.

El Plan de Ayala era una declaratoria de guerra contra Madero. Comenzaba detallando la traición de este, su alianza con los sectores porfiristas, su deseo de satisfacer sus ambiciones personales y su «profundo desacato al cumplimiento de las leyes preexistentes emanadas del inmortal código de 1857», decía el comienzo del artículo 1º. Le reclamaba no haber llevado a feliz término la revolución que había iniciado «con el apoyo de Dios y del pueblo, de incumplir el Plan de San Luis y de combatir a los verdaderos revolucionarios, a los que «... ha tratado de acallar, con la fuerza bruta de las bayonetas y de ahogar en sangre a los pueblos que le piden, solicitan o exigen el cumplimiento de las promesas de la revolución, llamándolos bandidos y rebeldes».

En consecuencia, lo desconocía como jefe de la revolución y llamaba a derrocarlo. Para encabezar la insurrección, proponía a Pascual Orozco, buscando una alianza que vinculara a los rebeldes morelenses con los norteños. Si Orozco no aceptaba, entonces la jefatura de la revolución recaería en Zapata. Los surianos asumían el compromiso de no «hacer transacciones ni componendas políticas» con los enemigos de la revolución y luchar hasta conseguir el triunfo de sus principios.

En los cinco primeros artículos, los zapatistas hacían un ajuste de cuentas con Madero, quien había dejado la revolución a medias y se había convertido en un obstáculo para su desarrollo. Sin embargo, la originalidad del Plan de Ayala estriba precisamente en los postulados que iban más allá del maderismo. El artículo 6º, el más importante, establecía que los pueblos y los individuos que habían sido despojados de sus tierras, aguas y montes por los hacendados, caciques y *científicos*, entrarían en posesión inmediata de ellas y las defenderían con las armas en la mano. Después del triunfo de la revolución, tribunales especiales recibirían y resolverían sobre las reclamaciones de los hacendados y terratenientes que se consideraran con derechos sobre ellas. Expresaba pues, el derecho de los pueblos despojados de sus recursos desde tiempos ancestrales, para restablecer la justicia rota. La función del Estado y de los distintos niveles de autoridad sería la de sancionar y legalizar esos derechos y esa justicia restablecida, por la vía de los hechos y con la fuerza de las armas.

El siguiente artículo sentaba las bases para una reforma agraria mediante la dotación de terrenos. Los pueblos e individuos que no hubieran sido despojados y que no tuvieran tierra, la obtendrían a través del Estado, mediante la expropiación —previa indemnización— de la tercera parte de los latifundios, con cuyas tierras se dotaría a los ejidos, colonias e individuos que carecieran de ellas. A continuación, el artículo 8 disponía que los bienes de los enemigos de la revolución y de los que se opusieran al Plan de Ayala —«los hacendados, *científicos* o caciques que se opongan directa o indirectamente al presente plan»—, serían nacionalizados; las dos terceras partes de esas propiedades confiscadas se destinarían a pagar pensiones para las viudas y huérfanos de la revolución.

El 9° reivindicaba a la época de la Reforma, a la figura de Juárez y a las leyes de desamortización, elementos significativos del horizonte cultural y político compartido por la tradición liberal mexicana. Los artículos 12 y 13 trataban el asunto del poder y le daban una dimensión nacional a la política revolucionaria, pues señalaban que los poderes públicos locales, estatales y nacionales se nombrarían por las juntas de jefes revolucionarios de cada entidad, quienes asumirían las facultades para llevar a cabo las transformaciones especificadas por el plan; hecho eso, se convocaría a la elección constitucional de las autoridades a nivel nacional. Finalizaba el plan con un exhorto a Madero para que renunciara y evitara un baño de sangre; de no hacerlo, habiendo demostrado su incapacidad para gobernar, lucharían hasta derrocarlo: «así como nuestras armas las levantamos para elevarlo al poder, las volveremos contra él por faltar a sus compromisos con el pueblo mexicano y haber traicionado la revolución iniciada por él.»[4]

El Plan de Ayala fue publicado en la capital de la República por el *Diario del Hogar* el 15 de diciembre de 1911 y se convirtió, desde entonces, en el texto esencial para los zapatistas y para los grupos revolucionarios que lo tomaron como ejemplo. También fue la base que orientó la profunda transformación agraria que tuvo lugar en Morelos y en las zonas de mayor influencia zapatista durante la década revolucionaria. Con la formulación del Plan de Ayala el zapatismo se convirtió en un movimiento político con una identidad definida y un proyecto político propio. Con él dio inició una nueva etapa, caracterizada por la lucha de los rebeldes zapatistas por conseguir los objetivos del *Plan*. Así, la lucha contra Madero y contra quienes lo sucedieron en el poder adquirió un nuevo sentido: los surianos lucharían los nueve años siguientes por el triunfo de los ideales expresados de manera ejemplar en ese Plan.

Con frecuencia, se ha dicho que el Plan de Ayala fue un documento parcial, pues sólo reflejaba las aspiraciones y la visión del mundo de los campesinos y que como tal era insuficiente para transformar al país. De manera particular, se ha criticado que no hiciera mención de la problemática obrera y que no tratara tampoco los demás problemas fundamentales del país. Como se ha señalado y como le reprocharon varios de los opositores contemporáneos al zapatismo, el Plan de Ayala tenía varias limitaciones. No definía con claridad el problema de los arrendatarios ni el de los campesinos sin tierra que no hubieran sido despojados de ella, ni el de los salarios y la organización de los peones, así como tampoco establecía los límites para la gran propiedad. Además, la expropiación de la tercera parte de sus tierras a los enemigos de la revolución era insuficiente para las regiones densamente pobladas del centro de la República en donde, además, la gran propiedad no era tan extensa como en el norte del país. De igual modo, era notoria la ausencia de la problemática de los sectores populares no agrarios, como los obreros, artesanos y empleados, así como del resto de las clases sociales. Otra debilidad era la búsqueda de una alianza que parecía muy nebulosa y pragmática con los revolucionarios del norte encabezados por Orozco, quien, por lo demás, en ese tiempo gozaba de un gran prestigio.

Sin embargo, quienes redactaron y enarbolaron el Plan de Ayala como su bandera nunca tuvieron la pretensión de que fuera un programa general para la transformación revolucionaria del país.

Siempre lo concibieron como la base para la transformación agraria y en diversas ocasiones aceptaron que se complementara con otras propuestas. En la Convención de Aguascalientes, en 1914 y 1915, los zapatistas estuvieron de acuerdo en que formara parte de un programa más amplio de reformas sociales, económicas y políticas que incluía propuestas para resolver el problema obrero, de justicia, de educación y de los demás aspectos relevantes de la problemática nacional ye ellos mismos desarrollaron esas otras propuestas para los demás sectores sociales en las leyes zapatistas de 1916. Hay que entender, por lo tanto, al Plan de Ayala como un programa campesino que reflejó de manera ejemplar la visión, las aspiraciones y los intereses campesinos de una manera sencilla, clara y radical. La fuerza discursiva y las acciones revolucionarias del zapatismo lo convirtieron en el símbolo del agrarismo y de la lucha campesina, durante la Revolución mexicana y más allá de ella.

Los propios zapatistas, por lo demás, lo fueron adaptando a las cambiantes circunstancias provocadas por la revolución. Así, luego del asesinato de Madero, era evidente que tenían que modificar el llamado a derrocarlo, que ya no tenía sentido, y ratificar la continuación de su lucha contra el gobierno de Victoriano Huerta. Por ello, el 30 de mayo de 1913 reformaron los artículos 1 y 3 del Plan de Ayala señalando que todo el contenido del primer artículo era aplicable al usurpador Victoriano Huerta, a quien consideraban «mucho peor que Madero», por lo que seguirían su movimiento armado hasta derrocarlo.

De igual modo, ante la alianza de Pascual Orozco con el gobierno de Huerta, reformaron el artículo 3 declarando «indigno» a Pascual Orozco de la encomienda que le habían hecho en el Plan de Ayala original para encabezar el movimiento revolucionario nacional, razón por la cual el liderazgo de ese proceso lo tendría Zapata.[5]

Y poco más de un año después, cuando Huerta había sido derrotado por el avance de los ejércitos constitucionalista, villista y zapatista, los surianos consideraron necesario ratificar el Plan de

Ayala y reafirmar sus principios, que representaban «el alma de la revolución» En el Acta de Ratificación del Plan de Ayala, los zapatistas creyeron indispensable

hacer constar a la faz de la República, que la Revolución de 1910, sostenida con tan grandes sacrificios en las montañas del Sur y en las vastas llanuras del Norte, lucha por nobles y levantados principios, busca primero que nada el mejoramiento económico de la gran mayoría de los mexicanos [...] sus propósitos son en beneficio de la gran masa de los oprimidos y por lo tanto se opone y se opondrá siempre a la infame pretensión de reducirlo todo a un simple cambio en el personal de los gobernantes.

En ese mismo sentido, los líderes zapatistas expresaron que ante la renuncia de Huerta no podían «reconocer a otro Presidente provisional que no sea el que se nombre por los jefes revolucionarios de las diversas regiones del país, en la forma establecida por el artículo 12 del Plan de Ayala». Y, de manera enfática, señalaron que:

La Revolución hace constar que no considerará concluida su obra, sino hasta que, derrocada la administración actual y eliminados de todo participio en el poder los servidores del huertismo y las demás personalidades del antiguo régimen, se establezca un gobierno compuesto de hombres adictos al Plan de Ayala, que lleven a la práctica las reformas agrarias, así como los demás principios y promesas incluidos en el referido Plan de Ayala.[6]

En los meses posteriores a la promulgación del Plan de Ayala, los pueblos invocaron y justificaron sus demandas de tierra basándose en sus postulados y, en la medida en que se fue extendiendo el control zapatista sobre Morelos, Guerrero y territorios aledaños, los zapatistas pudieron llevar a cabo una de las transformaciones agrarias más profundas en la historia del país.

El zapatismo mantuvo su lucha contra el gobierno de Madero durante todo el tiempo que duró este. Una vez que rompieron definitivamente con Madero y luego de reorganizarse en las montañas poblanas, los zapatistas regresaron a Morelos a continuar su rebelión. Al comenzar 1912 tenían a 3 500 hombres en armas con los que emprendieron una guerra de guerrillas contra los 8 000 federales que resguardaban el estado y realizaron una prolongada serie de acciones guerrilleras emboscando a unidades del ejército federal así como incursiones contra las ciudades medias y las principales haciendas de la zona. Ante la imposibilidad de Madero de acaba con la revuelta campesina, Madero adoptó una medida extrema: envió una iniciativa al congreso y obtuvo la aprobación de este de una ley que suspendía las garantías constitucionales en los estados de Morelos, Guerrero, Tlaxcala seis distritos del Estado de México y cinco de Puebla. En marzo de ese año, mientras enfrentaba las dos rebeliones populares, en el norte contra Orozco y en el sur contra Zapata, designó como jefe de la campaña en Morelos al general Juvencio Robles, quien llevó a cabo una brutal campaña no solo contra los zapatistas, sino también contra la población civil, mediante el bombardeo e incendio de poblados y la creación de campos de concentración en donde fueron recluidas buena parte de las familias de las comunidades morelenses. Los cadáveres de rebeldes colgados por el ejército a lo largo de los caminos morelenses en esos meses fueron el testimonio de una guerra de exterminio contra el zapatismo, cuyas manifestaciones más crueles fueron ocultadas por la prensa ya que Madero decidió establecer una censura periodística de la campaña de Morelos.

Esa guerra de exterminio, no obstante, fue un fracaso. Aunque el ejército tomó control de la mayor parte del estado y los zapatistas se tuvieron que atrincherar en las montañas vecinas, luego de la lluvias de ese año regresaron con nuevos bríos a hostigar al ejército federal, por lo que Madero dio un nuevo viraje: quitó a Juvencio Robles como jefe de la campaña militar y lo relevó por el general Felipe Ángeles, quien llevó a cabo una táctica distinta a la guerra arrasada que había fracasado con su antecesor. El abandono de las tácticas brutales del ejército contra la población civil parecía estar dando mejores resultados para debilitar al movimiento zapatista, pero no logró acabar con él. En esas condiciones estaba la guerra en el sur cuando estalló el golpe militar que acabó con Madero.

El asalto al poder de Huerta, viejo enemigo de los zapatistas, no dejó la mejor duda en Zapata y en sus principales generales de que no tenían otra opción que seguir combatiendo por su supervivencia y que de Huerta sólo podían esperar una escalada militar mayor que la que ya habían enfrentado hasta entonces. Como se ha visto, Huerta intentó cooptar a los líderes maderistas y trató de aprovechar que el Plan de Ayala había nombrado a Orozco jefe nacional de la rebelión contra Madero enviando al padre de este para que ofreciera una amnistía y una alianza a los zapatistas. Estos no sólo rechazaron ese ofrecimiento sino que apresaron al padre de Orozco y a sus acompañantes, les hicieron un juicio militar que hicieron público y los fusilaron en agosto de ese año. Algunos líderes zapatistas, sin embargo, aceptaron aliarse con Huerta, entre ellos Jesús *el tuerto* Morales, uno de los principales dirigentes rebeldes que operaba en Puebla. Zapata rechazó cualquier negociación y ordenó combatir y fusilar a los traidores.

Huerta lanzó una guerra sin cuartel, a sangre y fuego, contra los zapatistas y las comunidades campesinas de la zona. Con Juvencio Robles al frente nuevamente de la campaña, duplicó el número de efectivos federales, que llegaron a 14 000 y reanudó los bombardeos contra los poblados, la quema de estos, los fusilamientos de civiles y milicianos, la reconcentración de la población en pueblos controlados por el ejército federal, la leva masiva y la deportación de civiles que fueron enrolados y enviados a combatir a los revolucionarios norteños. Con la militarización de Morelos, el gobierno de Huerta controló nuevamente las mayores ciudades y las haciendas de la entidad. Los zapatistas emigraron e hicieron de Guerrero su principal base de operaciones, así como las zonas montañosas del Estado de México y Puebla, donde se atrincheraron y resistieron. La militarización de la región y la violencia indiscriminada contra la población civil tuvieron un efecto colateral devastador para la economía azucarera: ante la escasez de mano de obra y la destrucción de buena parte de la infraestructura productiva la economía se colapsó.

Entre tanto, a partir de septiembre de 1913, los rebeldes zapatistas iniciaron una nueva etapa ofensiva contra el gobierno huertista. Aliados con rebeldes guerrerenses como Jesús Salgado, Julián Blanco, Pedro Saavedra, Julio Gómez y Encarnación Díaz y aprovechando que Huerta concentró la mayor parte de sus tropas para enfrentar a los rebeldes norteños, tomaron control de la mayor parte de Guerrero y ocuparon Chilpancingo en marzo de 1914. Desde ahí, iniciaron la ofensiva para recuperar Morelos, lo cual lograron en los siguientes meses, en que tomaron todas las ciudades de la entidad, con la excepción de Cuernavaca. Cuando Huerta renunció al poder, los zapatistas eran nuevamente dueños de su estado y habían extendido su revolución en la región centro-sur del país, con una influencia que incluía la totalidad de Morelos y Guerrero, más los municipios colindantes del Estado de México, Puebla y Tlaxcala. Contribuyeron así a la derrota y caída de la dictadura, pero su objetivo de tomar la ciudad de México se vio frustrado por los Tratados de Teoloyucan, con los que Carranza logró el compromiso de mantener la línea de contención del ejército federal contra los zapatistas en el sur de la capital mientras los federales eran relevados en sus puestos por las fuerzas constitucionalistas.

2. La Comuna de Morelos

A mediados de 1914, el zapatismo controlaba los estados de Morelos y Guerrero y había sido capaz de incorporar a un grupo de intelectuales urbanos, como Antonio Díaz Soto y Gama, Manuel Palafox, Jenaro Amézcua y Manuel Mendoza López, quienes se convirtieron en los principales asesores del Cuartel General zapatista y en los forjadores de una ideología y de un discurso más elaborados, con pretensiones nacionales, en el que se amalgamaban la visión comunalista y campesina de los pueblos morelenses con elementos de liberalismo radical y anarcosindicalismo (del que provenía Soto y Gama) y de socialismo cristiano (del que era partidario Manuel Mendoza). En esa etapa, el zapatismo se consolidó como un movimiento campesino que, pese a su notoria debilidad militar —puesto que no había sido capaz de ocupar la capital del país ni de extender su influencia más allá de los límites que había alcanzado en 1914, y que abarcaba los estados de Morelos y Guerrero, así como los municipios limítrofes de los estados de Puebla, México, Tlaxcala, Oaxaca y el sur del Distrito Federal—, adquirió una gran influencia política tanto por haber puesto en el centro de la revolución las reformas sociales y económicas, como por haber sido el movimiento revolucionario en el que las comunidades y los pueblos tuvieron mayor peso y porque fue el único de los movimientos revolucionarios que fue capaz de realizar una profunda transformación agraria y de las relaciones sociales en la regiones donde tuvo mayor dominio.

Los intelectuales zapatistas tuvieron un papel central para dar una visión nacional al proyecto zapatista. Algunos de ellos, como Soto y Gama y Manuel Mendoza, que provenían de los círculos opositores al Porfiriato vinculados con el movimiento obrero radical, enriquecieron con su visión y su experiencia las propuestas de los campesinos surianos. E inversamente, la cultura de las comunidades campesinas, sus formas de organización colectiva, sus liderazgos tradicionales y la relación directa que tenían con Zapata y los demás líderes campesinos influyeron de manera decisiva en los intelectuales fuereños y enriquecieron su formación ideológica previa. De ese modo, los intelectuales zapatistas tuvieron una importante participación en la negociación con la que las distintas corrientes triunfadoras sobre el huertismo intentaron unificar la revolución en el verano de 1914. Fue precisamente en esa coyuntura en la que los intelectuales zapatistas hicieron su mayor contribución no sólo para formular con precisión la propuesta política nacional zapatista, sino al influir también en las propuestas del villismo y del constitucionalismo en la Convención de Aguascalientes, como se verá más adelante. En esa asamblea, los delegados zapatistas —entre los que destacaron Paulino Martínez, Soto y Gama y Otilio Montaño— hicieron los planteamientos de transformación social, económica y política más radicales y más sólidos. Sus propuestas fueron decisivas para conseguir que se aprobara en la Convención el Plan de Ayala y para elaborar el Programa de Reformas Económicas y Sociales de la Revolución, uno de los documentos políticos más avanzados de la etapa revolucionaria y que contenía, en rasgos generales, la propuesta zapatista para organizar el Estado nacional, resolver el problema agrario y la cuestión obrera, y establecía, de manera original, sus planteamientos para organizar el gobierno, la relación entre este y la sociedad, así como la educación nacional.

Cuando se fragmentó la Soberana Convención y comenzó la guerra civil contra el constitucionalismo, el movimiento zapatista atendió dos frentes. Por una parte, mantuvo su alianza con Villa para sostener a la Convención y a su gobierno, e hizo esfuerzos para combatir a las tropas constitucionalistas comandadas por Obregón que, en la primavera de 1915, librarían con Villa las batallas decisivas que definieron el rumbo de la revolución. Paralelamente, por decisión de Zapata y del Cuartel General, y aprovechando el respiro temporal que les dio el constitucionalismo, empeñado en derrotar primero a Villa, el movimiento zapatista se volcó al interior de Morelos para realizar una de las transformaciones sociales, económicas y políticas de mayor profundidad en toda la historia de México, conocida como la Comuna de Morelos.

Durante el período que va de la derrota de Huerta hasta mediados de 1916, los jefes y las comunidades zapatistas, una vez que tuvieron el control absoluto de Morelos y fortalecidos por su alianza con Villa, culminaron la aplicación regional del Plan de Ayala. Si bien la recuperación de las tierras por parte de los pueblos y comunidades campesinas había tenido lugar desde 1911 en algunos de los lugares dominados por el zapatismo, no fue sino hasta la victoria sobre Huerta cuando Zapata y el Cuartel General suriano expropiaron sin indemnización todas las haciendas e ingenios del estado y ocuparon sus ricas tierras e instalaciones. Fue el fin del régimen hacendario. La vieja clase terrateniente, que había dominado el paisaje morelense desde la época colonial, desapareció de la escena para no volver más. La zafra de 1914 fue la última que se cosechó bajo el régimen de las haciendas, barrido por la revolución campesina que tuvo en el zapatismo su punta de lanza.

Zapata y los lideres surianos aprovecharon la dimensión nacional que habían alcanzado al aliarse con Villa y tomar, junto con la División del Norte, la ciudad de México en noviembre de 1914 e instalar ahí el gobierno de la Convención para fortalecer su revolución regional. Los zapatistas apuntalaron las tareas del gobierno de la Convención, que desde la ciudad de México y desde lo que intentó ser un gobierno nacional, buscaban fortalecer la alianza de Villa y Zapata. Los surianos, así, ocuparon las secretarías de Guerra —en donde fue nombrado el líder campesino zapatista Francisco Pacheco— y la de Agricultura —con Manuel Palafox— en el gabinete convencionista encabezado por el villista Roque González Garza en enero de 1915. Manuel Palafox, por entonces el más influyente de los secretarios de Zapata, impulsó con febril actividad diversas iniciativas para concretar la reforma agraria y llevarla más allá de los límites morelenses. Fundó el Banco Nacional de Crédito Rural, promovió la creación de escuelas regionales de agricultura, organizó comisiones agrarias con jóvenes agrónomos para realizar el deslinde de las tierras de los pueblos y conminó a los campesinos de los estados de la República a que presentaran sus reclamos de tierra.

Sin embargo, su mayor esfuerzo y resultados estuvieron en el corazón del territorio zapatista. En enero de 1915 llegaron a Morelos 40 jóvenes estudiantes de la Escuela de Agricultura de Chapingo, invitados por el Cuartel General para delimitar las tierras recuperadas y entregadas a los pueblos. Esos jóvenes agrónomos hicieron el trabajo técnico que actualizó los límites de las propiedades ancestrales de las comunidades, cuyos títulos y mapas coloniales, a menudo, no correspondían con la demarcación posterior que habían hecho las haciendas al apoderarse de esas tierras. Ese proceso de reocupación y delimitación de la tierra por las comunidades campesinas fue impulsado y vigilado por Zapata mismo y sus ayudantes del Cuartel General. Los pueblos, a través de sus autoridades tradicionales y de la gente más anciana, avalaron esa reforma agraria desde abajo. En los casos en que había diferencias por los límites entre pueblos vecinos, Zapata buscó que se pusieran de acuerdo de manera democrática y pacífica e instruyó a los agrónomos de Chapingo para que hicieran los planos de conformidad con la decisión de los pueblos. La postura de Zapata al supervisar personalmente el trabajo de esas comisiones es muy ilustrativo al respecto:

> Los pueblos dicen que este tecorral es su lindero, por el que me van ustedes a llevar su trazo. Ustedes, los ingenieros, son a veces muy afectos a sus líneas rectas, pero el lindero va a ser el tecorral, aunque tengan que trabajar seis meses midiendo todas sus entradas y salidas.[7]

Las comunidades campesinas de Morelos, Guerrero Tlaxcala y municipios aledaños de Puebla y el Estado de México, recuperaron así las tierras que reclamaban como suyas. Los que no las tenían, fueron dotados de ellas con la tierra expropiada a las haciendas. En sólo dos meses, entre enero y marzo de 1915, 105 pueblos morelenses recuperaron sus tierras, como informó Zapata a Roque González Garza, encargado del Poder Ejecutivo del gobierno convencionista: «Lo relativo a la cuestión agraria está resuelto de manera definitiva, pues 105 diferentes pueblos del estado, de acuerdo con los títulos que amparan sus propiedades, han entrado en posesión de dichos terrenos».[8]

Paralelamente, el Cuartel General zapatista intervino todos los ingenios azucareros y estableció una administración centralizada de ellos. Al frente de cada uno estuvieron los principales jefes zapatistas: Genovevo de la O se hizo cargo del de Temixco; Emigdio Marmolejo, de El Hospital; Amador Salazar, de Atlihuayán; Lorenzo Vázquez, de Zacatepec. Se inició la reparación de los que estaban menos dañados a causa de los estragos de la guerra, y se hicieron cargo de su administración Modesto Rangel, de El Puente; Eufemio Zapata, de Cuautlixco; Maurilio Mejía, de Cuahuixtla. Esos eran los ingenios que estaban en condiciones para seguir produciendo azúcar y productos derivados de la caña; los demás ingenios habían sufrido mayores daños por la violencia revolucionaria y no fueron reactivados.

La intervención de los ingenios, los principales medios de producción en el estado morelense, los puso al servicio de las necesidades militares del ejército zapatista. Para poder financiar su guerra y auxiliar a las viudas de los soldados surianos, requerían contar con un aprovisionamiento regular y suficiente de caña. Por lo tanto, los pueblos en posesión de sus tierras tenían que seguir sembrando caña para surtir de materia prima a los ingenios. Sin embargo, Zapata había decidido que las comunidades libremente escogieran no solo si querían poseer y trabajar individual o colectivamente la tierra, sino también qué tipo de cultivos querían sembrar. Muchos pueblos que habían recibido tierras cañeras decidieron no sembrar más caña de azúcar, el símbolo de la opresión de las haciendas, y regresaron a cultivar sus productos tradicionales: maíz, frijol, chile, calabaza y arroz, sin hacer caso de los llamados de algunos jefes del Cuartel General que les recomendaban sembrar productos con mayor valor comercial ya que requerían que los ingenios en manos de los jefes zapatistas produjeran azúcar y alcohol para poder pagar los gastos del Ejército Libertador.

Pero muchos pueblos decidieron otra cosa. Además de sus tierras, recuperaron el uso de los bosques y de los ríos, arroyos y ojos de agua y también decidieron libremente cómo utilizarlos, aunque a veces su elección no solamente se contraponía a los deseos y las instrucciones del Cuartel General, sino también al control de las autoridades locales, algunas de las cuales se quejaron ante los jefes zapatistas de que los pueblos como «ahora dicen que estamos en revolución»[9] se sentían con derechos de decidir lo que hacían con ellos.

Cuando tuvieron libertad de elegir, la lógica de las comunidades —para las que pesaba más la tradición y la producción de valores de uso para su consumo cotidiano— se contrapuso a la lógica y a las necesidades de una economía de guerra representada por Zapata y sus jefes militares, para los cuales era más importante la producción de valores de cambio que pudieran servirles para vender azúcar y alcohol en el mercado y conseguir dinero para pagar los haberes de la tropa, comprar armas, municiones y ropa para el ejército suriano y forrajes para los caballos. Se presentó así una contradicción entre las necesidades de la guerra, que implicaban una lógica y una racionalidad con criterios comerciales y de eficiencia productiva, que chocaba con las necesidades inmediatas y la visión de la población común. Zapata, a pesar de ello, no impuso su opinión a los pueblos, por lo cual la administración de los ingenios tuvo muchas dificultades, pues a la falta de materia prima, de mano de obra y a la interrupción de los circuitos comerciales originada por la guerra y el aislamiento zapatista, se sumó la inexperiencia y las rivalidades entre los jefes zapatistas, lo que limitó la buena operación de la industria azucarera en manos del Ejército Libertador. Esa debilidad económica de la principal agroindustria regional influyó en la falta de medios para pagar, equipar y abastecer a las tropas surianas.

Además de la transformación económica, los pueblos y el ejército zapatista tuvieron la capacidad, en ese breve lapso de 1914 a 1916, de cambiar profundamente las relaciones sociales y políticas en su territorio. La sustitución de autoridades en los pueblos había comenzado desde 1911. Con el avance del movimiento zapatista y el control que adquirió sobre el territorio, el papel de las autoridades tradicionales de los pueblos se fortaleció. Zapata y el Cuartel General establecieron una relación directa con los pueblos en la que las autoridades tradicionales tuvieron un papel central para la organización de las distintas tareas de producción, abasto, vigilancia y protección de la población civil y fueron el enlace entre las comunidades y el Ejército Libertador. De ese modo, los presidentes municipales, síndicos, jueces y auxiliares, pudieron coordinar las actividades de apoyo a la rebelión, el cobro de las cuotas de ayuda impuestas a los pueblos y la supervisión del compromiso de los pueblos con la causa rebelde, así como, en coordinación con los jefes militares zapatistas y con el Cuartel General suriano, la impartición de la justicia, el arreglo a los diferendos entre los particulares y el castigo de los traidores.

El origen popular del liderazgo zapatista y el vínculo permanente que mantuvieron los jefes militares con sus comunidades sirvió también como mecanismo de supervisión sobre las autoridades. En los archivos surianos hay múltiples testimonios en los que los pueblos se quejaban ante los líderes del Ejército zapatista cuando la conducta de sus autoridades los lastimaba o cuando entraban en tratos con el enemigo. En la mayoría de los casos, Zapata y los demás jefes campesinos tomaron partido por la población civil y giraron instrucciones o intervinieron para corregir esas conductas o castigar a las autoridades denunciadas.

Esa experiencia de autogobierno, de libertad para las comunidades y de avances en la transformación de las relaciones sociales, económicas y políticas a nivel local estuvo acotada temporal y regionalmente. La derrota de Villa en 1915 ante Carranza y Obregón selló también el destino del zapatismo. Debido a su debilidad militar y económica y a su aislamiento, sin Villa, el movimiento suriano no podría ser ya una opción política nacional. Incapaces de llevar a cabo la revolución nacional, los zapatistas se concentraron, en 1915 y 1916, en profundizar la revolución local. Fue entonces cuando culminaron la reforma agraria, al repartir completamente la tierra de la zona entre los pueblos y comunidades campesinas, los cuales pudieron trabajarla con libertad, en lo que ha sido quizá la experiencia más importante de autogobierno y autoorganización popular en la historia del país. En ese período, que fue el cenit de su fuerza, el zapatismo logró establecer un poder regional autónomo —un Estado regional, en sentido estricto— en el territorio morelense, en el que los distintos poderes locales —gobernador, presidentes municipales y jueces— estuvieron subordinados a los jefes militares zapatistas o fueron puestos directamente por ellos.

Al mismo tiempo, el Cuartel General del Sur, que concentraba el poder político y militar del movimiento suriano, estableció un nuevo orden jurídico, a través de una legislación que los jefes zapatistas aplicaron en sus dominios. Los jefes campesinos zapatistas tuvieron en sus manos el factor decisivo para hacer valer su poder en la región que dominaron: el monopolio de la violencia, ejercido por las diferentes partidas del Ejército Libertador del Sur, que fueron el brazo armado del movimiento. Fue también en ese período cuando los intelectuales zapatistas agrupados en el Consejo Ejecutivo de la Convención, dieron forma a una serie de leyes y proyectos sobre la problemática agraria, laboral, educativa, de justicia y de gobierno que constituyeron la propuesta más acabada del zapatismo sobre la organización del Estado nacional. Esas propuestas prefiguraban un Estado benefactor, comprometido con las reformas sociales, y protector de los sectores populares más necesitados, así como una rígida moral y conducta revolucionaria por parte de los funcionarios públicos. Paradójicamente, esas propuestas de organización del Estado nacional las hizo el zapatismo cuando no era ya una alternativa política viable, cuando había perdido la guerra y estaba cada vez más arrinconado por sus enemigos.

Con todo, esa notable experiencia histórica —la comuna zapatista— no debe idealizarse. A menudo ha prevalecido una imagen romántica y estereotipada del zapatismo que lo presenta como un movimiento homogéneo de pueblos en lucha por su tierra que alimentaron un ejército popular con el que se enfrentaron unidos a sus enemigos en las distintas fases de su lucha. Sin embargo, las investigaciones más recientes del zapatismo han mostrado como esa visión idílica no se sostiene. Dentro del zapatismo, al igual que en todos los movimientos sociales, existieron conflictos internos, motivados por diversos intereses, actitudes, expectativas y ambiciones entre varios de los pueblos, a menudo vecinos, así como una asimétrica distribución del poder entre sus principales dirigentes y las comunidades. También hubo conflictos, rivalidades y luchas por el poder entre varios de sus dirigentes. Los conflictos internos, fueron un elemento constitutivo del zapatismo y es necesario tomarlos en cuenta para entender su naturaleza y su evolución.

El primer tipo de conflicto interno fue el de la tierra, que enfrentó entre sí a diversas comunidades y pueblos. La reforma agraria zapatista sacó a la luz viejos conflictos por límites y posesión de tierras, bosques y aguas que reaparecieron con gran fuerza en las condiciones atípicas provocadas por la revolución. Emergieron reivindicaciones de carácter tradicional, de usos y costumbres en donde distintos pueblos y comunidades reclamaron su derecho a trabajar la tierra, independientemente de si tenían o no sus los títulos de propiedad. De este modo, pueblos, villas y rancherías de la región exigieron a los jefes zapatistas que apoyaran y sancionaran esas peticiones. Revivieron así, añejos conflictos que enfrentaron —a menudo con violencia— a varias comunidades entre sí. Esos viejos pleitos por rivalidades pueblerinas y familiares se expresaron en liderazgos encontrados, en actos de desobediencia a las instrucciones del Cuartel General o de los jefes militares que trataron de mediar las disputas y, también, en enfrentamientos abiertos y desafíos que impidieron a menudo la realización de acciones unificadas que eran importantes para la táctica político militar definida por el alto mando zapatista.

El proceso de reparto agrario estuvo también preñado de dificultades por la imposibilidad de satisfacer los deseos de cada localidad, bien porque la tierra y el agua fueran insuficientes para las necesidades de los pueblos, bien porque estos no estuvieron conformes con la repartición que se les asignaba y, también, por la ausencia de criterios definidos claramente por el Cuartel General zapatista de cuál era la parte justa que debía tocar a cada uno de ellos. Surgieron así nuevas disputas que adquirieron una nueva dimensión, porque la revolución había hecho posible lo que las generaciones anteriores sólo habían soñado: la recuperación o adquisición de tierras, bosques y aguas por los pueblos y porque las comunidades confiaban en que las autoridades zapatistas les harían justicia. Adicionalmente —y ese no era un asunto menor—, una parte de la población rural no solo se encontraba armada, sino que había renovado autoridades y estaba haciendo, en la práctica, el restablecimiento de la justicia y de la ley.

Un segundo tipo de conflicto interno fue el que se presentó entre el Ejército Libertador y los pueblos y comunidades de la región. La existencia y crecimiento del zapatismo se basaba en el apoyo de la población civil. En algunos momentos, hubo una gran identificación entre las comunidades y pueblos con el ejército suriano, a través de una relación de conveniencia mutua, con una división del trabajo en la que los zapatistas defendían a la población civil y esta se encargaba de producir los alimentos y productos que necesitaban ambos. Mientras el movimiento fue en ascenso, entre 1911 y 1915, a los recursos de las comunidades se sumaron nuevos y cuantiosos recursos provenientes de las haciendas, comercios y bienes de las clases acomodadas —que fueron expropiadas—, y recursos de las zonas conquistadas en la periferia morelense, por lo que el movimiento contó con bienes y servicios suficientes no sólo para abastecer al ejército zapatista, sino que sirvieron también para alimentar a la población civil. El uso y distribución de los recursos se hizo de manera relativamente ordenada —aunque siempre con dificultades y resistencias—, en un proceso coordinado por los jefes guerrilleros con el auxilio de los representantes de las comunidades.

Sin embargo, después de 1915 la producción material llegó a su límite y comenzó un proceso de involución que afectó a la economía de la región. Por una parte el ejército zapatista se volvió una estructura profesional permanente y ya no sólo estacional, extrayendo de la producción a una buena parte de la población masculina, por lo que su manutención fue cada vez más costosa. Por otro lado, la economía de guerra impuesta por el Cuartel General zapatista chocó con las necesidades cotidianas de producción de valores de uso de las comunidades y se produjo una diferencia de intereses que provocó conflictos crecientes. La economía campesina llegó a sus límites en 1914, luego de 4 años de guerra y fue incapaz de seguir alimentando a las poblaciones rurales de la región y de atender al mismo tiempo las necesidades del ejército suriano. Además, la violencia de la guerra destruyó una parte considerable de las fuerzas productivas de la zona, concentradas en la industria azucarera. Así, el daño físico a las haciendas, a la maquinaria de molienda y a los campos cañeros, además de la falta de conocimiento de los jefes zapatistas que administraron los ingenios, de la escasez de mano de obra calificada y de combustible, la inutilización de las vías de ferrocarril, así como la interrupción y desarticulación de los ciclos económicos y de los circuitos comerciales, se conjugaron para provocar un colapso económico regional que generó una escasez extrema, carestía y disputas cada vez más agudas por la sobrevivencia.

Esto fue particularmente visible en la etapa final, cuando los zapatistas perdieron la guerra contra el constitucionalismo y tuvieron que replegarse. Muchas comunidades se resistieron a seguir ayudando al Ejército Libertador y la actitud de los jefes zapatistas se endureció contra ellas, incrementándose las contribuciones forzosas y los actos de presión, intimidación y violencia de las bandas armadas rebeldes, algunas de las cuales cometían actos de pillaje contra la población civil. La escasez extrema, el asedio y cerco de sus enemigos, el agotamiento de la población ante una guerra que duraba ya seis años y había consumido los recursos de las comunidades provocaron que se agudizara la lucha por sobrevivir y que se incrementaran los pleitos y los abusos de las partidas rebeldes contra la población.

Fue en esas condiciones en las que aumentó un tercer tipo de conflicto: el bandidaje contra la población civil. Si bien este fue llevado a cabo por núcleos y jefes guerrilleros que en ocasiones eran periféricos o no tenían que ver con el Ejército Libertador, también fue realizado por jefes que tenían un lugar central en el movimiento suriano. En los archivos se encuentran muchos testimonios de pueblos que protestaban de los abusos, préstamos forzosos, robos y violencia cometidos por las partidas zapatistas en contra de la población civil. Este conflicto fue un foco de tensión permanente entre el zapatismo y los pueblos y un factor que explica las limitaciones que tuvo para crecer y enfrentar con éxito a sus rivales. A pesar de sus esfuerzos, Zapata y el Cuartel General fueron impotentes para someter esas conductas delictivas y tuvieron que aceptarlas, con una actitud pragmática, castigando solo los actos que rebasaban los límites tolerables. El bandolerismo en la región morelense tenía antecedentes históricos remotos. Sin embargo, en la revolución reapareció con nueva fuerza, facilitado por la ausencia de leyes y autoridades y por la irrupción de una gran movilización social que creó una nueva correlación de fuerzas y permitió acciones reivindicatorias, de cobro de facturas y de justicia por propia mano. Los líderes zapatistas trataron de combatirlo, con instrucciones que trataban de regular el comportamiento de sus tropas y, ocasionalmente tomaron acciones correctivas o de castigo.

Cuando perdieron la guerra contra el constitucionalismo, se debilitó la unidad del zapatismo y tomó mayor fuerza el bandolerismo. Algunas comunidades y líderes entraron en tratos con el carrancismo. Muchos dirigentes se derrumbaron moralmente y renunciaron a una lucha que parecía inútil ya. Entonces la respuesta de Zapata y el Cuartel General se hizo más dura contra el bandolerismo, se permitió que las comunidades se armaran y se persiguió a los principales jefes que lo cometían. Tuvieron lugar, así, juicios militares y ejecuciones de varios de los principales dirigentes zapatistas. Esa difícil situación prevaleció en el ocaso del zapatismo, desde el inicio del cerco constitucionalista en 1916 y hasta el asesinato de Zapata el 10 de abril de 1919, acontecimiento que puso fin a la revolución suriana.

3. LA DIVISIÓN DEL NORTE

Ya se ha contado la participación de los revolucionarios norteños en la lucha contra los regímenes de Díaz y de Huerta, mencionando en el primer caso que en Chihuahua ocurrió una rebelión local por problemas sociales específicos, rebelión que dio el impulso decisivo a la rebelión nacional antiporfirista. En el segundo caso, vimos el levantamiento masivo contra el régimen huertista, y la decisiva contribución militar de la División del Norte que permitió la caída de la dictadura. Ahora, más allá de eso, ¿qué es lo que hace diferente al villismo de los otros dos grandes movimientos norteños definidos en el Capítulo III?

De entrada, hay diferencias significativas en el origen social del caudillo que dio su nombre al movimiento y de la mayoría de sus líderes, así como en la fuente de la legitimidad de su mando. Sobre el general en jefe, de estatura mítica, se escribieron centenares de biografías, casi todas exageradas y mal fundamentadas, aunque sabemos de cierto que fue peón de campo hasta los 16 años, bandido en su juventud; que aprendió a leer y escribir ya adulto y que en la primera década del siglo XX desempeñó diversos oficios, desde peón de albañil hasta ladrón de ganado.

Los 17 hombres que tuvieron mando de brigada o equivalente en 1913-1914 también procedían, en su mayoría de las clases populares: ocho eran propietarios de tierra o campesinos: Calixto Contreras, José E. Rodríguez, Toribio Ortega, Trinidad Rodríguez, Maclovio Herrera, Máximo García, Rosalío Hernández y Mateo Almanza. Había diferencias: el padre de José Rodríguez era peón pobre y Máximo García era un ranchero acomodado. También de origen rural eran el abigeo Tomás Urbina y el escribano de pueblo Severino Ceniceros. Los profesores Manuel Chao y José Isabel Robles sólo habían estudiado la primaria y sirvieron como maestros rurales siendo adolescentes. Orestes Pereyra era herrero en Gómez Palacio, Durango. Eugenio Aguirre Benavides fue empleado en los negocios de la familia Madero. De los orígenes de Martiniano Servín y Manuel Madinabeitia no se sabe gran cosa. Finalmente, Felipe Ángeles era militar de carrera formado en el Colegio Militar.

Entre los cien o 120 jefes del tercer escalón de mando (jefes de regimiento o equivalente), más de la mitad eran también de origen rural, algunos de familias de rancheros acomodados que pudieron estudiar la primaria, como Porfirio Talamantes, Fortunato

Casavantes o José Bencomo, y otros de extracción mucho más humilde como Julián Granados, Pablo Seáñez o Candelario Cervantes. También hay media docena de vaqueros y capataces de haciendas, entre ellos Nicolás Fernández y Fidel Ávila. Finalmente, entre los de origen rural hay que contar a los campesinos agraristas del oriente de Durango, como Lorenzo Ávalos, Canuto Reyes, los hijos de Calixto Contreras y varios más.

Proletarios o semiproletarios eran una docena de peones, mecánicos o trabajadores del ferrocarril, entre los que destacan Rodolfo Fierro, Santiago Ramírez y Salvador Rueda Quijano; media docena de mecánicos y trabajadores de las minas, como Eulogio Ortiz, Sóstenes Garza y Marcial Cavazos; y una decena de artesanos como Martín López (panadero) y Gabriel Pereyra (herrero); así como un par de tenderos de pueblo. Excepcionales, y cercanos a don Pancho Madero, algunos hombres con estudios medios y posición acomodada: sus hermanos Raúl y Emilio Madero González, Enrique Santos Coy o el duranguense Emiliano G. Saravia Ríos. Finalmente, media docena de militares profesionales que siguieron a Ángeles en su aventura revolucionaria, entre los que destacan Federico Cervantes y José Herón González, «Gonzalitos».

A diferencia de los mandos carrancistas, en el segundo escalón de mando del villismo no aparece ni un solo exreyista y apenas dos magonistas (Pereyra y Almanza). La proporción es similar en el tercer escalón de mando: los magonistas de Chihuahua y La Laguna se levantaron en armas contra Madero en 1911 y 1912, mientras que los futuros villistas defendieron con las armas en la mano a ese gobierno. Sin embargo, hay otro tipo de antecedentes políticos: como muchos de los jefes del Ejército Libertador del Sur, tres futuros jefes de brigada villistas (Calixto Contreras, Toribio Ortega y Severino Ceniceros) y una veintena de los jefes del tercer escalón de mando, participaron de manera sumamente activa en la defensa de las tierras o los recursos de los pueblos despojados por las haciendas; así como la defensa de la libertad municipal y las prácticas democráticas, que los pueblos de Chihuahua perdieron por la acción de los gobernadores porfiristas del estado.

La otra escuela política de los futuros jefes villistas fue el catolicismo social, devenido en mutualismo y sindicalismo, en el que se formaron no menos de veinte jefes villistas y algunos de los principales dirigentes civiles del movimiento.

Al mencionar estos tres antecedentes —el agrarista, el democrático y el sindicalista—, nos acercamos a las peculiares razones del movimiento norteño y al estilo y la fuente del mando de sus dirigentes. Ya se explicó que la convocatoria de Madero a la lucha armada tuvo un eco inesperado y masivo en Chihuahua y que fue el éxito o la persistencia de los guerrilleros de Chihuahua, lo que permitió el levantamiento nacional que precipitó la caída del régimen de Díaz en mayo de 1911.

Los rancheros de Chihuahua, que estaban armados y tenían una añeja tradición de organización militar, aprovecharon el llamado a las armas hecho por Madero para cobrarle al régimen sus agravios, entre los que destacaban el despojo de tierras y aguas hecho por los hacendados (que eran también los gobernantes del estado) y la supresión de sus libertades públicas y de la autonomía municipal. Los rancheros de estos pueblos se levantaron colectivamente y eligieron de entre ellos a sus propios líderes, que pronto remplazaron a los que habían designado Madero y el líder estatal del maderismo, Abraham González. De ese modo aparecieron en la superficie una serie de caudillos pueblerinos, de origen ranchero, que pronto encumbraron a dos de ellos por su carisma y sus capacidades militares: el arriero Pascual Orozco y el abigeo Pancho Villa.

Este conjunto de pronunciamientos y rebeliones pueblerinas fue la génesis del villismo, que tiene sus antecedentes en la insurrección de los pueblos de Chihuahua contra la autocracia de Díaz en los últimos días de noviembre de 1910. Como entonces, en febrero y marzo de 1913 los rebeldes de cada pueblo se levantaron otra vez por su cuenta y riesgo, para cobrarse añejos agravios y para luchar contra el gobierno de Huerta y vengar la muerte de Madero, recuperando ancestrales formas de organización vigorizadas y mejoradas por las recientísimas experiencias de la rebelión maderista y la lucha contra la rebelión de Orozco.

Como en 1910, en 1913 la rebelión surgió en el campo y muy pronto casi todas las poblaciones de cierta importancia que carecían de una fuerte guarnición federal cayeron en manos de los variopintos grupos rebeldes. Estos repitieron el patrón de levantamiento popular de 1910, pero con mayor efectividad y rapidez, pues además de que ya conocían el camino y no pocos de ellos estaban encuadrados en regimientos irregulares, ahora tenían más experiencia y confiaban en sus dirigentes regionales. Cada partida se levantó en armas por su cuenta, y por su cuenta hizo la guerra durante los primeros meses, sin que se reconociera más liderazgo que —a veces— el nacional de Venustiano Carranza. Los jefes de partida, casi todos los cuales empezaron a usar por decisión propia o de sus hombres el rango de generales y jefes de brigada en el verano de 1913, seguían siendo representantes naturales de sus hombres, para quienes siempre estuvo claro que los jefes mandaban por decisión suya.

El 29 de septiembre de 1913 varios de estos jefes chihuahuenses se reunieron en la hacienda de La Loma, Durango, junto con los dirigentes populares del norte y el oriente de Durango y los coroneles rebeldes de La Laguna vinculados desde antes de 1910 a la familia Madero, para planear el ataque a la cercana ciudad de Torreón. Durante la reunión, el general Villa afirmó que las necesidades de la campaña exigían la unificación de todas las fuerzas ahí reunidas bajo un mando común, por lo que proponía que de inmediato se eligiera, de entre los presentes, a un jefe que asumiera dicha responsabilidad, para lo cual Pancho Villa se proponía a sí mismo, o a Tomás Urbina y Calixto Contreras como opciones alternativas. Siguieron en el uso de la palabra varios de los presentes sin hacer otra cosa que darle vueltas al asunto, hasta que el coronel Juan N. Medina, jefe de Estado Mayor de la Brigada Villa, explicó claramente la situación, mostrando que cuanto podía alcanzarse mediante la lucha guerrillera se había alcanzado ya, y que era llegado el momento de pasar a la guerra regular o estancarse y ceder la iniciativa al enemigo, y la guerra regular, dijo, requería una organización superior y una indiscutible unidad de mando.

A la exposición de Medina siguió un instante de silencio que interrumpió el general Calixto Contreras, quien se puso de pie y tras rechazar su candidatura por no considerarse capacitado para asumir la enorme responsabilidad que el nuevo mando implicaba, resaltó «el prestigio del general Villa, como hombre de armas y experiencia, indiscutible valor y capacidad organizadora y pide a todos que reconozcan a Francisco Villa como jefe de la División del Norte».[10] Entonces terminaron las vacilaciones y todos a una y sin mayores discusiones, aclamaron a Pancho Villa como jefe. Así nació la División del Norte y, con ella, apareció en escena el villismo como movimiento revolucionario autónomo y con características propias, en un espacio que la dirección nacional del Constitucionalismo, ya firmemente establecida en Sonora, siempre pensó como teatro secundario de operaciones, y con unos hombres a los que Venustiano Carranza hubiera querido mantener cuidadosamente acotados. La elección de Villa no fue casual. Había sido el segundo hombre más importante de la revolución maderista en Chihuahua, solo detrás de Pascual Orozco y se había vuelto una figura nacional desde aquellos meses. Y aunque había estado en prisión durante buena parte de 1912 por órdenes de Victoriano Huerta y había escapado a los Estados Unidos poco antes de la Decena Trágica, desde que reingresó a Chihuahua para retomar las armas contra Huerta había mostrado su enorme capacidad de organización, su carisma y la férrea disciplina que había impuesto en sus fuerzas, lo que lo distinguía de los otros líderes norteños que podían haberle disputado el liderazgo.

Los caudillos que eligieron a Pancho Villa como jefe tuvieron siempre la conciencia de que este les debía su mando y era responsable sólo ante ellos, tanto como ellos eran responsables ante sus hombres. En junio de 1914, cuando Carranza intentó despojar a Villa del mando de la División, los jefes de brigada expresaron claramente al Primer Jefe la convicción de que el mando y la legitimidad revolucionaria del movimiento norteño, emanaba de ellos en tanto jefes a la vez que representantes de sus soldados por lo que se insubordinaron y decidieron mantener a Villa como su jefe supremo. Cuando cayó Chihuahua en manos del villismo y Pancho Villa consolidó su papel como comandante en jefe, los caudillos regionales aseguraron también sus propias posiciones, conservando el control de sus hombres y la influencia en sus regiones.

Si para los jefes de brigada estaba claro que Villa les debía el mando a ellos, los soldados también eran conscientes de que a su vez los jefes de las brigadas les debían a ellos el mando, de modo que cuando moría uno de ellos los soldados, en asamblea, elegían al nuevo jefe. Así, cuando murió don Juan E. García, los soldados de la Brigada Madero eligieron al hermano del jefe, coronel Máximo García, como nuevo comandante de la corporación. Cuando cayó muerto el general Miguel González, en la batalla de Paredón, los hombres de la Brigada Guadalupe Victoria decidieron fundirla con la Brigada Cuauhtémoc, del general Trinidad Rodríguez, a quien aclamaron como jefe; y cuando este murió en la batalla de Zacatecas, eligieron al coronel Isaac Arroyo para reemplazarlo, poniéndole a la brigada el nombre del jefe muerto.

Los jefes de brigada, pues, no sólo eran lugartenientes de Francisco Villa o jefes de corporaciones militares, sino, antes que eso, caudillos regionales. «Caudillos» por la connotación militar del término y porque debían su posición a sus cualidades carismáticas, que les permitieron construir extensas redes de apoyo en sus respectivos territorios, y porque exigían la transformación social empezando por la de la estructura de propiedad de la tierra. «Regionales», porque sólo unidos pudieron tener una trascendencia nacional, pero individualmente nunca superaron su dimensión regional, y por el claro dominio militar y político que llegaron a ejercer sobre sus territorios, dominio fundado en el prestigio y respeto que en muchos casos se habían labrado desde antes de la Revolución. En ese sentido, Pancho Villa empezó siendo un caudillo regional, como todos los otros, pero al ser electo jefe de la División del Norte y, sobre todo, desde que teniendo Chihuahua como base avanzó hacia el sur, trascendió esa categoría para alcanzar proyección nacional. Sobre estas características, que daban a la División del Norte una fuerte cohesión interna y a sus soldados un entusiasmo revolucionario igual o superior al de los carrancistas, se construyó una poderosa maquinaria de guerra financiada por los recursos de Chihuahua desde diciembre de 1913.

¿Cómo fue que un abigeo se convirtió en capitán guerrillero y luego en jefe de un poderoso ejército? Pancho Villa aunaba a su vida al filo de la ilegalidad y a su carisma personal, sus tres años de experiencia como afortunado capitán guerrillero y también había sacado provecho de su paso junto al ejército federal en la campaña contra Orozco, donde pudo estudiar las tácticas militares de los ejércitos regulares. Como Obregón, ese estudio lo hizo en la práctica, al calor de la campaña militar, ejerciendo un mando propio, y no en los largos años de estudio del Colegio Militar que, como las academias militares europeas de esa época, terminaba por crear una concepción rígida de la guerra y destruir la imaginación de los futuros jefes militares, como probó la terrible experiencia de la Primera Guerra Mundial. Por eso, Obregón y Villa, así como los jefes que se formaron a sus órdenes, unían el conocimiento elemental de las tácticas de artillería e infantería (las de caballería las traían ya de por sí, por su entorno el primero, por su pasado el segundo), a la flexibilidad y la imaginación. La visión estratégica, último elemento que les faltaba, lo adquirieron ambos al salir de sus regiones y percibir los alcances de la geografía nacional.

Así, entre marzo y junio de 1914 Pancho Villa condujo una notable y exitosa campaña militar que rompió el espinazo del ejército federal, en la cual dirigió batallas campales, tomó posiciones fortificadas con ataques de infantería (no de caballería, como equivocadamente se cree), empleó eficazmente la artillería según las tácticas vigentes entonces, y se convirtió en el más prestigiado y temido de los caudillos revolucionarios. Como él y a su lado, creció un grupo de caudillos populares, casi todos de origen campesino o popular, que destacaron como notables lugartenientes. Con esas cualidades personales y con un capaz cuerpo de generales y oficiales pudo organizar y convertir a la División del Norte en la más poderosa máquina de guerra de la revolución mexicana, con la que dominó Chihuahua y Durango. Desde esa plataforma regional, construyó en Estado emergente que intentó conquistar el Estado nacional luego de la derrota de Huerta.

4. EL PROYECTO REVOLUCIONARIO VILLISTA

El 8 de diciembre Pancho Villa hizo su entrada triunfal en la ciudad de Chihuahua al frente de sus hombres, y los generales de la División del Norte lo nombraron gobernador del estado. Para entonces, Chihuahua llevaba tres años en una guerra que había destruido buena parte de su economía. Faltaban trabajo, alimento y dinero. La población estaba muy dividida, pues había simpatizantes del antiguo régimen y de Orozco, y en los últimos meses la prensa había hecho una fuerte propaganda, mostrando a Villa como un sanguinario criminal.

Pancho Villa había palpado los sentimientos de desilusión y amargura de numerosos revolucionarios, por lo poco que obtuvieron durante el gobierno maderista, y sabía que tenía que ofrecer resultados concretos a las demandas populares y a sus soldados combatientes, sin enajenarse las simpatías de los sectores maderistas de la clase media. Para enfrentar los retos que suponía la administración de un estado enorme y complejo, Villa recurrió a un puñado de hombres con estudios formales, exfuncionarios del gobierno de Abraham González, que habían formado la Junta Constitucionalista de El Paso. Destacaba entre ellos Silvestre Terrazas, prestigiado periodista de oposición al régimen porfirista (y a su variante chihuahuense, el «clan Terrazas-Creel», periodista formado en el humanismo y el catolicismo social), a quien Pancho encomendó la Secretaría General de Gobierno, desde la que dirigiría la administración pública, a la sombra de Villa y siguiendo sus instrucciones.

Luego de algunas disposiciones tendientes a regularizar la administración pública y los servicios ferroviarios y telegráficos, y de atender las necesidades inmediatas de la población, el 12 de diciembre Pancho Villa hizo publicar un documento espectacular y de hondas repercusiones, algunas de ellas inmediatas: el «Decreto de confiscación de bienes de los enemigos de la Revolución», que en su parte central decía:

> Son confiscables y se confiscan, en bien de la salud pública y a fin de garantizar las pensiones a viudas y huérfanos causados por la defensa que contra los explotadores de la Administración ha hecho el pueblo mexicano, y para cubrir también las responsabilidades que por sus procedimientos les resulten en los juicios que a su tiempo harán conocer los Juzgados especiales que a título de restitución de bienes mal habidos se establecerán en las regiones convenientes, fijando la cuantía de esas responsabilidades, destinándolos íntegros para esos fines, los bienes muebles e inmuebles y documentaciones de todas clases pertenecientes a los individuos Luis Terrazas e hijos, hermanos Creel, hermanos Falomir, José María Sánchez, hermanos Cuilty, hermanos Luján, J. Francisco Molinar y todos los familiares de ellos y demás cómplices que con ellos se hubieren mezclado en los negocios sucios y en las fraudulentas combinaciones que en otro tiempo se llamaron políticas.[11]

Al triunfo de la causa, continuaba el decreto, una ley reglamentaria determinaría lo relativo a la distribución de esos bienes que, entre tanto, serían administrados por el Banco del Estado, creado por otro decreto del mismo día, con esos bienes como garantía de capital. Esos recursos, administrados por revolucionarios de confianza, bajo la fiscalización de Silvestre Terrazas, permitieron financiar el aparato militar villista así como su política social, durante los dos años que la División del Norte dominó Chihuahua.

En este decreto está expuesta la política agraria del villismo: los revolucionarios campesinos del norte llevaban tres años pensando en el tipo de sociedad que querían para «después del triunfo» y cómo habría de construirse esta, de modo que tan pronto tuvieron el poder, así fuera a escala local, lo aplicaron, de acuerdo con el «sueño de Pancho Villa», expuesto por el caudillo a John Reed más o menos al mismo tiempo que hizo público el decreto anterior. De ambos textos (y otros posteriores, que los complementan) se desprende la vaga utopía del México del futuro que forma parte fundamental del ser y el ideal del villismo. Con el tiempo, esa utopía fue convirtiéndose en un proyecto revolucionario, pero sin entrar en el análisis de ese programa hay que señalar la expedita justicia ranchera inherente al decreto de confiscación: aunque los resultados más importantes se verían «al triunfo de nuestra causa», sin esperar ese momento se expropiaban los latifundios del clan Terrazas-Creel y de otras familias vinculadas a ellos, justificando el hecho, en primer término, por las acciones políticas de los referidos oligarcas, que eran dueños de la mitad de las tierras del estado, de muchas de las cuales se habían apoderado en perjuicio de los pueblos libres y los pequeños propietarios, al amparo de la manipulación de las leyes liberales y porfiristas.

Otras acciones de Pancho Villa como gobernador fueron la reducción del precio de la carne, que quedó establecido en 15 centavos el kilo, la confiscación de ganado de los hacendados para sacrificarlo y repartirlo en los mercados de la ciudad, la dotación de raciones alimenticias diarias para los desempleados, así como la expulsión de los españoles, a quienes la tradición norteña identificaba con los capataces de las haciendas y otros sectores vinculados a la oligarquía; la persecución de la especulación y el bandolerismo, la reivindicación de Abraham González, cuyos restos fueron exhumados para enterrarlos en un mausoleo en el panteón de Chihuahua. Apresó también al hijo de Luis Terrazas, y mantuvo su cautiverio más de un año. Sin embargo, la confiscación de la riqueza de las familias más ricas para redistribuir una parte de esos recursos entre la población más pobre y sostener su cada vez más grande División del Norte no significó que afectara también a las clases medias ni a los empresarios extranjeros, particularmente los estadounidenses, cuyas propiedades respetó escrupulosamente. En fin: Pancho Villa gobernaba «a la ranchera», un poco como Sancho Panza en la Ínsula Barataria: con sentido común al servicio del pueblo, sin complicaciones y con la menor burocracia posible, convencido de que las artes y prácticas del gobierno eran «extraordinariamente innecesarias y enredosas». Sus colaboradores, sobre todo Terrazas, Sebastián Vargas y Manuel Chao, se encargaban de darle forma a sus decisiones. De esa manera trazó la política revolucionaria de Chihuahua, que sería la base del proyecto villista. Por primera vez, hubo un gobierno en el estado grande que realizó acciones en beneficio directo de la población más necesitada y que representaba un gobierno eficaz que garantizaba el orden y la seguridad, lo cual le dio a Villa un gran prestigio y apoyo popular. Al mismo tiempo, el estado recuperó la paz perdida, en parte como resultado de la popularidad del gobierno y en parte también por la creciente potencia de fuego y la movilidad de las columnas villistas enviadas a perseguir a los orozquistas y a partidas de bandidos.

El 7 de enero de 1914, poco más de cuatro semanas después de convertirse en gobernador de Chihuahua, Pancho Villa renunció en respuesta a una «sugerencia» de Carranza, quien le pidió que resignara esa responsabilidad en Manuel Chao. Villa entregó el gobierno y salió a Ojinaga a destruir el último bastión huertista del estado, para dedicarse después a armar y organizar a la División del Norte con los enormes recursos que ahora tenía a su disposición. Al renunciar al gobierno, no cedía Villa el poder, asegurado por su mando militar. Bajo su supervisión y la de Silvestre Terrazas y otro valioso colaborador integrado después, el leal maderista Federico González Garza, los gobernadores villistas, Manuel Chao y Fidel Ávila, prolongaron el estilo de Pancho Villa.

Las cuatro semanas que Villa gobernó Chihuahua transformaron al estado fronterizo y a la División del Norte. Le ganó el apoyo de las clases bajas, revirtió la mala impresión que tenía antes entre las clases medias, se ganó el respeto de los empresarios extranjeros y enfrentó a la oligarquía que había dominado en el estado desde décadas atrás. Al ofrecer una reforma agraria para los soldados de su ejército Villa pudo incrementar significativamente sus fuerzas y les dio esperanza a sus hombres, lo que convirtió a la División del Norte en un ejército bien organizado y pertrechado y con una gran motivación y una confianza en sí mismo que se acrecentó con sus notables victorias militares.

El invierno de 1913 a 1914 fue fundamental en la conformación del villismo por la confluencia de tres factores: las decisiones de Villa al frente del gobierno de Chihuahua. En segundo lugar, la acción revolucionaria de los caudillos de Durango, donde Calixto Contreras, Orestes Pereyra y Tomás Urbina impusieron al gobernador Pastor Rouaix una ley agraria que legalizó la recuperación de las tierras usurpadas por las haciendas, instrumentada desde 1912 por los revolucionarios, además de permitir la formación de nuevos núcleos de población dotados con tierra de las haciendas. Finalmente, la contribución intelectual de muchos destacados maderistas, rechazados por el Primer Jefe y que encontraron en Chihuahua un refugio natural, participando activamente en la definición política del villismo, en labores administrativas y de gobierno, en los debates políticos y sociales de la Revolución y en la redacción de leyes y decretos. Estos hombres, entre los que destacaban Federico y Roque González Garza, Miguel Díaz Lombardo, Manuel Bonilla y los generales Felipe Ángeles y Raúl Madero, contribuyeron a estructurar en torno a la demanda de democracia política y restauración de la legalidad propias del maderismo, las aspiraciones de autonomía municipal y de reforma agraria de los caudillos rancheros. De la confluencia de estas experiencias e intereses fueron surgiendo algunas demandas comunes que actuaron como catalizadores del proyecto de un movimiento revolucionario que conforme crecía en poder lo hacía también en expectativas y ambición. De ese modo, los maderistas incorporados al villismo vieron en este movimiento la oportunidad de llevar a sus últimas consecuencias la revolución democrática, haciendo lo que Madero no quiso o no pudo: destruir las estructuras del antiguo régimen.

Dos fueron los temas centrales que permitirían estructurar el proyecto villista: el problema agrario y la democracia. Desde 1911 algunos de los caudillos regionales que luego confluirían en la División del Norte y que tenían en sus manos el poder regional o suficientes elementos de presión, habían fomentado o tolerado la recuperación de las tierras usurpadas por las haciendas a los pueblos. Los dos casos más documentados son los de las regiones de Cuencamé y de Ojinaga, donde actuaban Calixto Contreras y Toribio Ortega, pero en otros pueblos de Chihuahua, Durango y La Laguna, la agitación agraria era uno de los ingredientes más notables del explosivo coctel político. Con esas experiencias en su haber y sobre la base de la incipiente (e inaplicada) legislación agraria de don Abraham González, Francisco Villa dictó el decreto de expropiación del 12 de diciembre de 1913. En ese momento estaban a su lado, aconsejándolo, Toribio Ortega y Orestes Pereyra, así como varios de los revolucionarios que habían tomado parte en los fuertes conflictos agrarios de las regiones de Satevó y San Andrés y los compañeros del recién fallecido Porfirio Talamantes, defensor de las tierras del pueblo de Janos. Las ideas de Villa y sus compañeros fueron puestas en el papel por Silvestre Terrazas, en un lenguaje que todos podían entender.

En el texto del decreto y «el sueño de Pancho Villa» que glosamos atrás, están las líneas principales del proyecto agrario del villismo, que habría de ser complementado por otros documentos promulgados en abril y mayo de 1914 por los gobernadores que sucedieron a Pancho Villa, los generales Manuel Chao y Fidel Ávila, y que pasando por la *Ley General Agraria* de julio de 1915, habría de alcanzar su expresión más acabada, luego de la confluencia del villismo con el zapatismo, en el *Programa de Reformas Económicas, Políticas y Sociales de la Convención*.

Por el decreto del 12 de diciembre de 1913 no sólo se expropiaban los latifundios de los enemigos de la Revolución (que eran casi todos los latifundistas del estado de origen mexicano), sino que se prometía repartirlos al triunfo de la Revolución y, mientras tanto, sus enormes recursos se ponían al servicio de la División del Norte.

Además, hay un elemento que no había aparecido en la legislación de Abraham González y que parece claro resultado de la influencia de Toribio Ortega, Calixto Contreras y Porfirio Talamantes: la promesa de restituir «a sus legítimos dueños, las propiedades que valiéndose del poder les fueron arrebatadas por dichos individuos [los oligarcas comprendidos en el decreto], haciéndose así plena justicia a tanta víctima de la usurpación». Pronto empezó a entenderse que esta promesa rezaba con las tierras de los pueblos fraccionadas de acuerdo con la Ley de 1905, independientemente de que en el proyecto villista (en decretos posteriores al del 12 de diciembre) también se considerara la reducción a propiedad particular de estas tierras, aunque de manera equitativa y justa. Puede verse, en ese sentido, el decreto relativo al deslinde y adjudicación de los terrenos expropiados a los soldados en servicio activo, sus deudos y «los pobres», publicado por el gobernador Chao el 5 de marzo de 1914, que considera la propiedad repartida «patrimonio familiar» y pone numerosas trabas a su enajenación.

Aparecen así los pueblos como sujetos activos, y esos pueblos son los del norte, base de la concepción democrático-militar del «sueño de Pancho Villa»: la república de pequeños propietarios independientes, armados, agrupados en pueblos o «colonias militares» autárquicos y autosuficientes. La legislación villista posterior trató de dar forma no tanto a esta utopía, pero sí al ideal ranchero de la pequeña propiedad agraria, productiva e independiente —en la modalidad, insistimos, de «patrimonio familiar»— como base de la riqueza del país, un ideal, dicho sea de paso, constante en los clásicos del liberalismo mexicano. Las disposiciones villistas estaban encaminadas a impulsar por todos los medios la pequeña propiedad: tras la expropiación de los latifundios vinieron otros decretos sobre compra de terrenos, fraccionamiento de tierras municipales y baldías y expropiación «por causa de utilidad pública»: todas las figuras legales posibles para, sin violentar el derecho a la propiedad ni la concepción capitalista de tal derecho, poder repartir tierras entre los campesinos o «los pobres» (categoría recurrente en la documentación villista que muestra la influencia del catolicismo social).

Pero no se proyectaba repartir las tierras y dejar a los nuevos propietarios a su suerte, pues entre las responsabilidades y funciones del

Banco del Estado estaban las de otorgar créditos de avío a estos agricultores e impulsar las obras de irrigación y otras mejoras. Por su parte el gobierno se comprometía a construir escuelas en los núcleos rurales y dar vida a escuelas agrícolas y a laboratorios de experimentación con semillas e insumos. Según las leyes agrarias, las adjudicaciones de tierras no serían gratuitas, sino en módicos pagos, y la venta o enajenación de las tierras adjudicadas encontraba innumerables obstáculos o prohibiciones. Si no se hicieron efectivos los repartos se debió a que Villa pensaba que los primeros beneficiarios debían ser los soldados y estos hacían la guerra fuera de las regiones villistas, por lo que la reforma agraria quedaría pendiente hasta después del eventual triunfo militar villista. Dentro de este cuerpo legislativo tenemos que considerar también la ya mencionada Ley Agraria de Pastor Rouaix, que permitió la legalización de las restituciones y expropiaciones hechas por la fuerza de las armas por Calixto Contreras, así como la formación de nuevos pueblos libres con tierra expropiada a las haciendas.

Es importante destacar que esta forma de concebir la solución del problema de la tierra era acorde con la planteada por los militantes católicos de Chihuahua y por el propio Madero, aunque la forma en que se hizo (o empezó a hacerse) fue mucho más expedita, sin parar mientes en consideraciones que habrían paralizado a los católicos militantes y que habían hecho avanzar a Madero a paso de tortuga. Según diversas fuentes de la época, aunque el catolicismo social chihuahuense estuvo más preocupado por los problemas de los trabajadores y el de la democracia, no por eso dejaba de lado el problema agrario. Desde 1907 el principal dirigente de ese grupo, Silvestre Terrazas (secretario general del gobierno villista de Chihuahua durante los dos años que este duró) promovía la formación de sindicatos agrícolas y uniones mutualistas que combatieran el latifundio e impulsaran la pequeña propiedad, mutualismo y cooperativismo, entendiéndose por esto no la propiedad colectiva, sino el trabajo cooperativo entre propietarios privados de riqueza similar. Un año después propuso medidas que impidieran que la pequeña propiedad agraria fuera garantía de préstamos y que dificultaran legalmente su venta o enajenación. Terrazas exigía mecanismos legales que protegieran a la pequeña propiedad y criticaba la manera en que se habían desamortizado o se estaban desamortizando las tierras de comunidad, pues en vez de crear pequeña propiedad, estaban dando lugar a desmesurados latifundios.

Estas acciones, así como el origen social de Pancho Villa y de muchos de sus lugartenientes, atrajeron sobre el villismo la atención de los jefes del movimiento agrarista del sur encabezado por Emiliano Zapata. A mediados del otoño de 1913 Pancho Villa y Emiliano Zapata iniciaron un intercambio epistolar en el que hablaban de la necesidad de instrumentar la reforma agraria. Poco a poco se fueron acercando, llegando a plantearse la posibilidad de una alianza futura. Las cartas enviadas por Zapata y la presencia de emisarios del caudillo suriano ante Pancho Villa, sobre todo de Gildardo Magaña, fortalecieron la convicción agraria del Centauro.

Los intelectuales maderistas en las filas villistas hicieron suyo este modelo de reforma agraria, que se complementó con el de los caudillos campesinos como Calixto Contreras, y aportaron también la definición del otro tema decisivo en el proyecto villista: la democracia, porque el otro aspecto de la ideología villista consistía en la exigencia de la restauración en todo su vigor del orden constitucional, poniendo énfasis tanto en la división de poderes como en la autonomía municipal, que emanaban de esa Carta Magna, acordes con las demandas autonomistas de los jefes populares del villismo.

Francisco I. Madero había sido un dirigente extremadamente carismático, y contagió su profunda convicción democrática a muchos de sus partidarios: para él, bastaba con eliminar los males de la dictadura para que se fueran solucionando, dentro del marco legal, los grandes problemas nacionales. Nada más natural que aquellos de sus cercanos colaboradores que fueron a dar a las filas villistas, insistieran en que el programa democrático del maderismo fuera cobijado y defendido por la poderosa División del Nor-

te. Desde principios de 1914 fue estableciéndose que el programa
democrático implicaba la restauración de la Constitución de
1857 en todo su vigor y la defensa a ultranza del lema maderista,
«Sufragio Efectivo, No Reelección». Felipe Ángeles habría de re-
sumir esa posición pocos años después:

> Lo más firme y respetable de una nación debe ser su ley fundamen-
> tal, porque es la base de sus instituciones, y porque es la expresión de
> la suprema voluntad del pueblo.
>
> Todas las reformas que pretendan hacerle los representantes de este,
> para adaptarla a la evolución de la sociedad, deben hacerse por los
> medios cautos que la misma Constitución prescribe, dando completas
> libertades a todas las formas de manifestación del pensamiento, para
> consultar concienzudamente la opinión de toda la República [...]
>
> La Revolución de 1910 tuvo por causa las usurpaciones de poder
> de Porfirio Díaz, y por fin principal, hacer respetar los preceptos de
> la Constitución.
>
> La Revolución de 1913 fue iniciada enarbolando la bandera de
> nuestra Ley Fundamental para derrocar al gobierno de Huerta,
> constituido mediante una violación de esa ley.[12]

Cuando escribieron sus memorias Federico y Roque González
Garza, Adrián y Luis Aguirre Benavides, Federico Cervantes y
algún otro de los intelectuales villistas, hicieron una defensa similar de la democracia desde la perspectiva maderista y del intento
de continuidad de la misma en el villismo. Ya en 1914, en un
momento en que el villismo había alcanzado mayor madurez,
Roque González Garza resumió ante los delegados a la Convención de Aguascalientes el programa villista, diciendo que consistía en la instalación de un gobierno provisional que restaurara el
orden para hacer dos cosas: «darle al pueblo la tierra que nos está
pidiendo a gritos» y preparar «el advenimiento de un gobierno
democrático constitucional».[13]

En torno a los dos principios cuyos planteamientos tempranos
hemos aquí esbozado, se fue construyendo el proyecto de nación

del villismo en el verano y el otoño de 1914, en el que además de desarrollarse y decantarse lo relativo a la redistribución de la propiedad raíz y la restauración del orden constitucional, se añadieron proyectos sobre la conducción económica del Estado, el federalismo y el municipio libre; sobre las condiciones de vida de los obreros y el carácter del Estado como árbitro entre las clases. El proyecto villista era una especie de maderismo popular y radicalizado, la continuación de un proyecto trunco con mayor determinación y sobre la base de un poderoso ejército popular que estaba transformando las relaciones sociales y de propiedad en las zonas que dominaba. La cristalización de este proyecto habría de llevarse su tiempo pero, por lo pronto, cuando el grueso de la División del Norte salió de Chihuahua rumbo al sur, para enfrentar a los mayores contingentes del Ejército federal, sus hombres ya llevaban en sus mochilas un proyecto revolucionario en embrión.

Notas

[1] El Plan de Tacubaya, promulgado el 31 de octubre de 1911 y firmado por el periodista Paulino Martínez —quien más tarde sería uno de los principales ideólogos del zapatismo— y por Francisco Guzmán, contenía una dura crítica a Madero, al que acusaba de haber traicionado la revolución y llamaba a derrocarlo para llevar a la presidencia a Emilio Vázquez Gómez, a quien se había obligado a renunciar a la secretaría de gobernación por sus conflictos con Madero y con el presidente interino León de la Barra. En su parte medular el Plan señalaba: «El problema agrario en sus diversas modalidades es, en el fondo, la causa fundamental de la que se derivan todos los males del país y de sus habitantes, y por esto se ha resuelto que las diversas soluciones de ese problema deben comenzar a ejecutarse y a realizarse lo mismo que los demás ideales de la revolución, en el momento en que el triunfo mismo se verifique, sin esperar más ni dilatar por motivo alguno la ejecución de las soluciones del problema agrario...». El Plan se puede consultar en González Ramírez, *op.cit.*, pp. 55-60.

[2] Rosalind Rosoff y Anita Aguilar, *Así firmaron el Plan de Ayala*, México, Sepsetentas, 1976, pp. 35-36.

³ Testimonio de Francisco Mercado, entrevista de Rosalind Rosoff a Francisco Mercado, en *Así firmaron el Plan de Ayala*, México, Sepsetentas, 1976, p. 38

⁴ La forma en que fue concebido el Plan de Ayala y su texto, puede consultarse en Womack Jr., John, *Zapata y la Revolución Mexicana*, México, Siglo XXI editores, 7ª edición, 1976, Apéndice B El Plan de Ayala, pp. 387-397.

⁵ *Reformas al Plan de Ayala*, 30 de mayo de 1913, en González Ramírez, *op. cit.*, pp. 84-85.

⁶ *Acta de Ratificación del Plan de Ayala*, 19 de julio de 1914, en: Laura Espejel, Alicia Olivera y Salvador Rueda, *Emiliano Zapata. Antología*, México, INEHRM, 1988, pp. 214-216.

⁷ La demarcación de los límites de los pueblos fue contada con detalle por uno de los jóvenes agrónomos que la llevaron a cabo, Marte R. Gómez, cuyo pequeño libro *Las comisiones agrarias del sur*, México, Centro de Estudios del Agrarismo en México, 1982, es un valioso testimonio de primera mano de ese proceso. La cita en pp. 76-77.

⁸ Zapata a Roque González Garza, citado en Gilly, Adolfo. *La revolución interrumpida*. México, El Caballito, 1988 (vigésima quinta edición), p. 241.

⁹ Carta de Lucio Zamorano a Genovevo de la O, Tenería, 13 de julio de 1914, AGN, FGO, caja 4, exp. 1, f. 96.

¹⁰ Terrones Benítez, Adolfo, «Se organizan las brigadas para emprender futuras operaciones militares», capítulo I, en *El Legionario; Órgano Mensual de Divulgación Doctrinaria e Información*, Vol. 8, no. 89, México, Secretaría de la Defensa Nacional, Legión de Honor Mexicana, Comandancia General, julio de 1958, pp. 28-33.

¹¹ *Periódico Oficial del estado de Chihuahua*, 21 de diciembre de 1913.

¹² Felipe Ángeles, «Al margen de la Constitución de Querétaro», en *Documentos...*, 1982, 135.

¹³ Discurso de presentación ante la Soberana Convención, el 10 de octubre de 1914, del coronel Roque González Garza, representante del general Francisco Villa, jefe de la División del Norte. En ACSDN, XI/III/1-250, 87-90.

Capítulo V
LA GUERRA CIVIL

1. La escisión revolucionaria

A mediados del verano de 1914 las tropas constitucionalistas, comandadas por Álvaro Obregón, habían conseguido llegar a la capital del país. Huerta había renunciado; el viejo y orgulloso ejército federal aceptaba su desmantelamiento; la burocracia federal que quedaba era sustituida por nuevos funcionarios adictos al constitucionalismo, la corriente revolucionaria que había ganado la carrera en llegar al centro político de la nación. La disolución del ejército federal, convenida en los Acuerdos de Teoloyucan, simbolizó la destrucción del Estado nacional, consolidado durante el largo gobierno de Porfirio Díaz, que había resistido hasta entonces el embate de la revolución y cuya última línea de defensa había sido la dictadura huertista.

Sin embargo, a pesar del triunfo revolucionario, la construcción de un nuevo poder nacional apenas comenzaba. En la lucha contra el régimen de Huerta se habían constituido tres grandes movimientos sociales y políticos regionales, que dieron lugar a tres ejércitos populares con sus propios liderazgos y proyectos. Entre 1913 y 1914 la lucha revolucionaria provocó el colapso, el desmantelamiento del Estado nacional y la ruptura y fragmentación de la soberanía. El derrumbe del poder soberano fue provocado por la irrupción de nuevos poderes regionales, que representaban estados regionales emergentes en las zonas controladas por las tres principales fracciones revolucionarias. El constitucionalismo carrancista dominaba Coahuila, Nuevo León, Tamaulipas, Sonora, Sinaloa y partes del centro y occidente del país; el villismo era amo y señor de Chihuahua y Durango; el zapatismo, por su parte, controlaba Morelos, Guerrero y los municipios colindantes del Estado de México y Puebla, así como partes de Tlaxcala y el sur del Distrito Federal. En esas regiones cada una de las fracciones tenía el control del territorio y de la población, ejercían el gobierno y la administración pública, tenían su propio ejército, dirigían la economía o tenían en su poder las principales actividades productivas y comerciales, administraban la justicia e incluso, acuñaban su propia moneda. Tenían pues el monopolio de la violencia, y el dominio del territorio, de la población, del gobierno, de la justicia y de la economía. Eran, en suma, tres estados regionales emergentes que, una vez que se derrotó al régimen de Huerta, aspiraban a establecer su hegemonía a nivel nacional y a restituir el poder soberano destruido por la revolución.

La existencia de tres fuertes ejércitos populares vencedores que controlaban su propio territorio y que aspiraban a llenar el vacío del poder soberano colapsado impuso, como una necesidad, un espacio de negociación entre el villismo, el zapatismo y el constitucionalismo. Esa necesidad era más apremiante porque, en las semanas previas, se habían agudizado las diferencias entre las tres principales facciones revolucionarias. Como se ha visto, la toma de Zacatecas por la División del Norte, precipitó la ruptura entre Villa y Carranza y parecía inminente el enfrentamiento entre esos dos poderosos ejércitos. Por su parte los zapatistas, que nunca habían reconocido el liderazgo de Carranza, sostenían tiroteos contra las tropas carrancistas en las afueras de la ciudad de México. Además, en la frontera norte sonorense, en Nogales, había enfrentamientos entre las tropas del gobernador Maytorena, quien se había aliado con Villa, contra las fuerzas de Plutarco Elías Calles, uno de los principales aliados de Obregón. Esos tres focos de tensión amenazaban con crecer y precipitar una guerra civil entre quienes habían sido hasta entonces aliados.

De esos focos de tensión el más grave, por la dimensión de las fuerzas encontradas, era el que enfrentaba a Villa con Carranza. La División del Norte villista era en esos momentos —verano de 1914— la más poderosa maquinaria bélica construida en el proceso revolucionario. Las mayores y más significativas victorias militares que habían destruido la columna vertebral y la moral del ejército federal fueron obra del ejército villista. Villa, en la cúspide de su meteórica carrera, parecía en esos momentos comandar un ejército invencible. Por ello, un sector del ejército constitucionalista del Noreste, encabezado por Pablo González y Antonio I. Villarreal, tomó la iniciativa de negociar con la División del Norte para limar las discrepancias y, sobre todo, evitar una guerra fratricida contra un enemigo al que temían.

En esas negociaciones, iniciadas el 4 de julio de 1914 y concluidas cuatro días después, conocidas como el Pacto de Torreón, los jefes militares de ambos ejércitos se comprometieron a que, una vez que Carranza tomara posesión del cargo de Presidente Interino, conforme al Plan de Guadalupe, convocaría a una Convención "que tendrá por objeto discutir y fijar la fecha en que se verifiquen las elecciones, el programa de gobierno que deberán poner en práctica los funcionarios que resulten electos y los demás asuntos de interés nacional". Ahí mismo, se acordó que dicha Convención tendría un carácter militar y que estaría integrada por delegados del ejército constitucionalista elegidos en juntas de jefes militares a razón de un delegado por cada mil hombres de tropa, es decir, la representación estaría en función del número de hombres en armas que cada fuerza acreditara. Parecía una buena solución al conflicto entre Villa y Carranza. Sin embargo este último, que advirtió que esos acuerdos acotaban y amenazaban su liderazgo, los desconoció arguyendo que los jefes del Ejército del Noreste que los habían negociado no tenían facultades para ello y que su autoridad no estaba a discusión.

Nuevamente la ruptura y el enfrentamiento parecían inminentes. Villa se replegó a Chihuahua a prepararse para las hostilidades que anunciaban la postura de Carranza. No obstante, en una

audaz y hábil maniobra, que le rendiría notables frutos meses
después, Álvaro Obregón, ya entonces el militar más brillante y
astuto de los que seguían a Carranza, decidió ir personalmente a
negociar con Villa a Chihuahua a fines de agosto de ese año, para
evitar el choque con el Centauro del Norte, un enemigo al que
temía y buscaba neutralizar. Obregón ofreció su respaldo a los
compromisos adoptados en el Pacto de Torreón: se convocaría a
una junta militar con los delegados de ambas fuerzas; Carranza
tendría que asumir la presidencia interina y no podría presentarse
como candidato a la presidencia constitucional; tendría que convocar a elecciones y asumir el cumplimiento del programa de gobierno que aprobara la convención militar, entre cuyas partes
centrales estaría la solución del problema agrario. Parecía nuevamente una salida adecuada: se evitaría el enfrentamiento entre
fuerzas hermanas y se cumpliría la principal promesa de la revolución, acelerando el restablecimiento del orden constitucional.
Sin embargo, cuando Obregón regresó a la capital del país a in-
formar a Carranza del resultado de su misión, este nuevamente
desconoció los acuerdos con Villa. "Cuestiones de tan profunda
importancia no pueden ser discutidas y aprobadas por un reducido número de personas", les contestó el de Coahuila. Obregón,
temerariamente, viajó otra vez a Chihuahua a mediados de septiembre para calmar a un Villa enfurecido porque tenía pruebas
del doble juego de Obregón y porque los compromisos para establecer la paz en Sonora entre Maytorena y Calles no se habían
cumplido. El Centauro estuvo a punto de fusilarlo pero algunos
de sus generales como Ángeles y Raúl Madero, así como la propia
esposa de Villa, Luz Corral, lo disuadieron de hacerlo. Calmada
la furia de Villa, Obregón le ofreció un compromiso de honor: se
celebraría la convención militar en una ciudad neutral, se aproba-
ría en ella el programa de gobierno, se obligaría a Carranza a
convocar a elecciones. Ambos suscribieron un documento que
enviaron al Primer Jefe en el que rechazaban la convocatoria que
había hecho días antes Carranza a los generales y gobernadores
constitucionalistas por considerarla poco representativa y porque

no tocaba el tema central de la revolución, la cuestión agraria. Asistirían, no obstante ello, para discutir sobre el liderazgo de Carranza, la convocatoria a elecciones generales y resolver el problema agrario.

Con ese pacto de honor Obregón cumplía varios objetivos: ganaba tiempo para no enfrentar a Villa en esos momentos; estrechó vínculos con varios de los generales villistas menos integrados a la División del Norte como José Isabel Robles y Eugenio Aguirre Benavides —quienes poco después romperían con el villismo, confirmando el buen olfato y la habilidad política de Obregón— y, aprovechando la fuerza de Villa, buscó también acotar el poder de Carranza, con la convicción de que el relevo natural del Primer Jefe sería el propio Obregón. Tampoco fue un logro menor el conocer desde dentro a la División del Norte, su fuerza militar, su artillería, la relación entre sus jefes y, sobre todo, la psicología y el carácter de Villa, conocimientos todos de los que Obregón sacaría provecho pocos meses después.

Para Villa, por su parte, la oportunidad de limitar el poder de Carranza, de obligarlo a cumplir con un programa de gobierno revolucionario y de establecer una incipiente alianza con un sector del constitucionalismo proclive a las reformas sociales también tenía relevancia.

Los planes de Carranza eran distintos. Desautorizó los compromisos de Obregón con Villa y, por su cuenta, convocó a una junta integrada por todos los generales del ejército constitucionalista, así como por los gobernadores y jefes políticos nombrados por él en los meses anteriores. Dicha junta se reuniría en la ciudad de México y tendría por objeto: "estudiar y resolver lo conducente a las reformas que deban llevarse a la práctica durante el gobierno provisional, así como también la fecha en que deban llevarse a cabo las elecciones generales y locales en la República."

La postura de Carranza, quien luego que Obregón salió de Chihuahua el 23 de septiembre ordenó interrumpir el tráfico de trenes al norte de Aguascalientes, en una abierta provocación a Villa, precipitó el rompimiento de la División del Norte, lo cual

hizo en un manifiesto que publicaron ese día en el que desconocieron el liderazgo del coahuilense:

> La División, propuso, de acuerdo con el cuerpo de Ejército del Noreste,
> en las conferencias de Torreón, el establecimiento de una Convención
> sobre bases democráticas para obligar al Primer Jefe a cumplir con el
> programa revolucionario, garantizando el establecimiento de un go-
> bierno democrático y las reformas necesarias en beneficio del pueblo.[1]

No obstante, en un último intento por evitar el choque, por
iniciativa una vez más de Lucio Blanco, 49 jefes constitucionalistas constituyeron el "Comité de Pacificación", que se reunió con
los jefes villistas y reiteraron el compromiso de convocar a una
Convención no solo de miembros del ejército constitucionalista
—en alusión implícita al zapatismo—, que se celebraría en Aguascalientes. La reunión tendría efecto el 10 de octubre.

Entre tanto, convocados por el Primer Jefe, el 1° de octubre de
1914 se reunieron en la ciudad de México más de 70 jefes del
ejército constitucionalista. La mayoría eran generales. Asistieron
también 12 civiles. Durante la discusión se definieron claramente
dos bloques: uno, el de los civiles y militares más identificados
con Carranza, capitaneados por Luis Cabrera, brillante intelectual quien era por entonces su principal asesor, y el otro, el de los
miembros del Comité de Pacificación encabezados por Álvaro
Obregón.

Los civiles defendieron la postura presentada por Carranza,
quien el 3 de octubre leyó lo que consideraba debía ser el programa político del gobierno provisional, cuyos puntos principales
eran: garantizar la libertad municipal; resolver el problema agrario "por medio del reparto de tierras nacionales, de los terrenos
que el gobierno compre a los grandes propietarios y de los terrenos que se expropien por causas de utilidad pública"; obligar a
que los trabajadores recibieran pagos semanales en efectivo, limitar las horas de trabajo, establecer el descanso dominical, legislar
los accidentes laborales; elaborar un catastro nacional que sirviera

de base para una modificación impositiva equitativa; reformar los aranceles y la legislación bancaria con miras a constituir un Banco de Estado; dar el carácter de contrato civil al matrimonio y establecer el divorcio por mutuo consentimiento.

Tales eran las reformas que Carranza consideraba impostergables para cumplir con las promesas revolucionarias. Concluida su exposición, hizo saber a la asamblea que entregaba el poder a los jefes ahí reunidos. A pesar de la importancia que ambos asuntos tenían, fue este último punto el que concentró la atención de la asamblea. Los jefes leales a Carranza, capitaneados por el habilidoso Luis Cabrera, no aceptaron la renuncia del Primer Jefe. Los pacificadores, aunque tenían mayoría, no estaban preparados todavía para asumir el liderazgo del movimiento constitucionalista y no tenían con quién sustituir a Carranza. No había aún en esa corriente alguien que garantizara la unidad y el apoyo de todas sus fuerzas y que aglutinara a los distintos liderazgos rivales que se habían ido afirmando al interior del constitucionalismo en los meses previos. Obregón fue el único que intentó que se discutiera la manera de sustituir a Carranza, pero no tuvo éxito.

Se llegó entonces a una transacción: los pacificadores reconocieron temporalmente la jefatura de Carranza y, a cambio, consiguieron el compromiso de todos los demás jefes constitucionalistas de reunirse con los delegados de la División del Norte en Aguascalientes. Con ello, Carranza logró reafirmar su liderazgo y neutralizar a jefes como Obregón y Lucio Blanco que buscaban promoverse y sacar provecho del cuestionamiento a su liderazgo. Sin embargo, aunque contuvo ese desafío, tuvo que aceptar que sus fuerzas concurrieran a una convención con los villistas con la que nunca estuvo de acuerdo. Así pues, para unos y otros el asunto medular, el del poder nacional y quien asumiría la conducción del nuevo proceso de reconstrucción nacional, quedaba en suspenso. Se definiría en un ámbito más amplio y representativo, con los villistas y, también, con los zapatistas.

Otro triunfo importante de Obregón y los pacificadores en la junta carrancista fue la exclusión de los civiles de la Convención.

En la polémica contra Luis Cabrera y el grupo de intelectuales carrancistas, que era en el fondo una discusión entre dos tácticas —enfrentar el desafío de Villa o buscar una negociación con él—, Obregón y los pacificadores no encontraron mejor argumento que restar validez a las opiniones de sus contrincantes por el simple hecho de ser civiles que no habían participado en acciones de armas. Los acusaron de haberse incorporado de manera oportunista a la revolución, de no tener convicciones ni compromiso con ella y, por tanto, les negaron el derecho de participar en la definición del rumbo que había de seguir la Revolución. Sólo podrían ir a Aguascalientes militares revolucionarios. Esa exclusión de los civiles habría de tener importantes repercusiones posteriores, pues privó tanto al constitucionalismo como al villismo de sus más connotados intelectuales, lo que limitó la discusión en la Convención y permitió, al mismo tiempo, que los intelectuales zapatistas, que también eran civiles y no habían participado en hechos de armas, pero que fueron legitimados con grados militares por Zapata, cuando se incorporaron a ella dominaran las discusiones de la asamblea. Por lo demás, ese asunto medular, el de la contribución de los intelectuales y el papel que les correspondía en la definición del proceso revolucionario, no quedó concluido ahí, quedó como un problema abierto y volvió a presentarse después. Luego de ese duro forcejeo, las fuerzas constitucionalistas asistirían, divididas, a la cita con los villistas en Aguascalientes.

2. La Convención de Aguascalientes

Después de muchos avatares, en medio de una gran expectación a nivel nacional, el 10 de octubre de 1914 se reunieron en el Teatro Morelos, de la ciudad de Aguascalientes, 155 jefes militares, gobernadores o representantes de las fuerzas constitucionalistas y villistas. De ese total, 37 solamente correspondían a delegados de la División del Norte, que se encontraba en minoría a pesar de que parecía ser el ejército revolucionario más numeroso en esos momentos. Los villistas cumplieron a cabalidad el compromiso que habían hecho con los pacificadores. Asistieron varios de sus principales generales: Felipe Ángeles, Eugenio Aguirre Benavides, Manuel Chao, Orestes Pereyra, José Isabel Robles, Raúl Madero y Fidel Ávila, este último gobernador de Chihuahua. Villa mismo, aunque no estuvo en las discusiones, se presentó a comprometerse con los acuerdos de la Convención y fue el único de los tres grandes caudillos que firmó solemnemente la bandera nacional en el recinto donde sesionaba la asamblea, pocos días después de la instalación de la Convención. De los principales personajes o aliados villistas no concurrieron los gobernadores de Sonora, José María Maytorena, ni de Sinaloa, Felipe Riveros, así como tampoco los jefes yaquis aliados de Maytorena, Luis Matus y Luis Espinosa. No estuvieron tampoco importantes líderes del ala más radical y plebeya del villismo, como Calixto Contreras o Tomás Urbina. A pesar de ello, de manera significativa, la División del Norte se comprometió a plenitud con la Convención.

Los jefes revolucionarios del Comité de Pacificación asumieron también con igual responsabilidad el compromiso contraído y concurrió casi la totalidad de sus miembros: Álvaro Obregón, Antonio I. Villarreal, Eduardo Hay, José Isabel Lugo, David Berlanga, Rafael Buelna, Juan G. Cabral, Martín Espinosa. Hubo una importante excepción: Lucio Blanco, responsable militar de la plaza de la ciudad de México, por atender esta tarea no asistió.

En contraste, el sector más cercano a Carranza ratificó las reservas que este tenía con la Convención: no asistió ninguno de los más importantes generales o gobernadores carrancistas y prefirieron mandar a representantes de segundo nivel. Así lo hicieron Pablo González, Alfredo Ricautt, Ignacio Pesqueira, Francisco Murguía, Fortunato Maycotte, Benjamín Hill, Ramón F. Iturbe, Jesús Carranza, Cándido Aguilar, Jacinto B. Treviño, Cesáreo Castro y Francisco Coss, al igual que los gobernadores o jefes políticos carrancistas Alberto Fuentes Dávila, de Aguascalientes; Manuel M. Diéguez, de Jalisco; Pablo de la Garza, de Guanajuato; Eleuterio Ávila, de Yucatán; Heriberto Jara, del Distrito Federal; Arturo Garcilazo, de Quintana Roo; Nicolás Flores, de Hidalgo; Jesús Agustín Castro, de Chiapas; Miguel Cornejo, de Baja California; Federico Montes, de Querétaro y Joaquín Muciel, de Campeche.

De los 155 delegados convencionistas, solo una tercera parte eran generales. La mayoría eran jefes y oficiales, algunos de los cuales, además, se destacaron por su formación intelectual y cultura. Por cuanto a la correlación de fuerzas entre los bloques, más de la mitad la tenían los pacificadores: poco menos de la cuarta parte eran villistas y una minoría semejante era la de los leales carrancistas; en caso de votaciones divididas por bloque, los seguidores de una tercera vía, encabezados por Obregón, podrían imponerse. Sin embargo, aun y cuando parecían muy definidas las posturas de las tres fuerzas concurrentes en la Convención, había entre muchos delegados coincidencias que atravesaban las líneas divisorias de sus corrientes, por lo que no estaba definido de antemano el rumbo que tomarían los acuerdos y estaba abierta la posibilidad de nuevas alianzas y reagrupamientos, como de hecho ocurrió.

La primera gran decisión de la Convención reunida en Aguascalientes fue declararse asamblea soberana. Los delegados presentes, conscientes de que tenían la representación de la revolución, decidieron convertirse en el máximo poder nacional. Había, sin embargo, una ausencia notable: los zapatistas, sin los cuales la representación revolucionaria no estaba completa. Por ello, los principales representantes de la División del Norte villista, Felipe Ángeles y Roque González Garza, propusieron que se incorporara al zapatismo y Ángeles pidió a la asamblea encabezar él mismo la comisión que se dirigiría a Morelos a invitar al Caudillo del Sur. El 14 de octubre, una vez que había asumido la soberanía nacional, los delegados prestaron juramento de cumplir y hacer cumplir los acuerdos de la Convención y sellaron su compromiso firmando sobre la bandera nacional; Villa se presentó en la asamblea y firmó la bandera, simbolizando así su compromiso con los acuerdos que ahí se tomaran.

Entretanto, la comisión encabezada por Ángeles se reunió con Zapata, quien les expuso que la participación del Ejército suriano estaría condicionada a la aceptación por la Convención del Plan de Ayala y la separación de Carranza del poder. Ángeles le garantizó que la Convención no pondría objeción a sus condiciones. Los zapatistas eligieron entonces a la comisión de 23 miembros que los representaría, encabezada por el veterano periodista Paulino Martínez. Además, destacaban varios civiles que se habían incorporado a sus filas, pero que no habían participado en acciones de armas, como el antiguo magonista y destacado abogado comprometido con las organizaciones laborales anarcosindicalistas Antonio Díaz Soto y Gama, los hermanos Gildardo y Octavio Magaña, el médico Alfonso Cuarón y Jenaro Amézcua. La participación de ese grupo de intelectuales significaba el retorno de los civiles a la discusión sobre el rumbo de la revolución. Significativamente, no asistió ninguno de los principales jefes militares zapatistas: Genovevo de la O, Francisco Pacheco, Francisco Mendoza, Amador Salazar o Eufemio Zapata, ni tampoco sus dos intelectuales más importantes, Otilio Montaño —quien se integraría semanas después— y Manuel Palafox.

El 27 de octubre, luego de entrevistarse con Villa y sellar una alianza con él, la delegación zapatista se presentó en la Convención. Paulino Martínez expuso los aspectos centrales de la posición zapatista, condensada en la aceptación del Plan de Ayala que, dijo, tenía por objeto:

devolver al pueblo sus tierras y libertades que le fueron arrebatadas desde hace cuatro siglos... tierra y libertad, tierra y justicia... para fundamentar la libertad económica del pueblo mexicano, base indiscutible de todas las libertades públicas, no sillones presidenciales para los ambiciosos de mando y de riqueza.[2]

El jefe de la delegación zapatista enfatizó también las diferencias entre el Plan de Guadalupe, que únicamente tenía por objeto "elevar a un hombre al poder atropellando la autoridad de un pueblo y los derechos de otros grupos revolucionarios", y el Plan de Ayala, que pretendía "redimir a una raza de la ignorancia y la miseria" y subrayó también el derecho que tenían todos los ciudadanos —y no sólo los militares—, de decidir sobre los problemas del país y de elegir al gobierno de la revolución.

Luego de esta intervención siguió el tristemente célebre discurso del zapatista Antonio Díaz Soto y Gama, quien encendió los ánimos en su contra y desvió la discusión al expresarse en términos que la mayoría de la asamblea consideró irrespetuosos para la bandera nacional, al catalogarla como un mero trapo que representaba el símbolo de la reacción criolla, lo cual provocó un zafarrancho. Calmados los ánimos, los villistas, por voz de Roque González Garza, comunicaron a la Asamblea que la División del Norte hacía suyo el Plan de Ayala, dejando constancia que el villismo y el zapatismo se habían aliado y comenzaban a actuar como un bloque contrapuesto a los constitucionalistas.

Al día siguiente los zapatistas reiteraron sus condiciones: la aceptación del Plan de Ayala y la separación de Carranza del poder. Para obtener el apoyo de las otras corrientes, Paulino Martínez señaló que los artículos más importantes del Plan de Ayala eran los que establecían la restitución de tierras a los pueblos despojados de ellas, la expropiación de una tercera parte de los latifundios, la confiscación de los enemigos de la revolución y la elección del presidente de la República por los jefes revolucionarios de los estados, dejando de lado las partes del Plan en que se denunciaba la traición de Madero, planteamiento inaceptable para los villistas.

Aunque algunos delegados constitucionalistas manifestaron su aceptación del Plan de Ayala, otros, como David Berlanga, expresaron que se quedaba corto pues únicamente se refería al asunto agrario y no contemplaba otras reformas que también eran necesarias: administrativas, penales, civiles, educativas y electorales. En la discusión, los constitucionalistas coincidieron en señalar que el Plan era insuficiente para las necesidades de la revolución. Luego, la Asamblea puso a votación la propuesta zapatista y el

Plan de Ayala fue aceptado por la Convención, en lo general, como el programa mínimo que debía servir como base para las reformas sociales y económicas que necesitaba el país. En lo particular, fueron aceptados los artículos de contenido agrario. En donde hubo mayor discusión fue en los de contenido político, que señalaban que la elección del presidente de la República y de los gobernadores fuera hecha por los jefes revolucionarios de todos los estados. Los constitucionalistas argumentaron que en las entidades donde la revolución no tenía presencia, el centro debía nombrar al gobernador, a lo que se opusieron los zapatistas por considerarlo una imposición del centro a la soberanía de los estados. Se resolvió entonces que la Convención designaría a esos gobernadores.

Con tales adiciones, la Convención adoptó formalmente el Plan de Ayala. Puesto que la Convención era en esos momentos la instancia con mayor legitimidad y representatividad del proceso revolucionario, el hecho de que adoptara como suyo el programa agrario que había tenido mayor influencia hasta esos momentos en la vorágine revolucionaria, parecía señalar un rumbo hacia una reforma agraria radical. Sin embargo, la aceptación del Plan de Ayala por la Convención pronto demostró que era una sólo una declaración formal, impuesta por las circunstancias políticas pero que no representaba ni interesaba realmente a la mayoría de los delegados de las otras corrientes revolucionarias, pues si bien tanto el villismo como un sector del constitucionalismo eran sensibles a la solución del problema agrario tenían propuestas diferentes a las que establecía el Plan de Ayala zapatista que reflejaban las diferencias regionales, de tradiciones agrarias y de ideología que cada una de las corrientes representaban.

Si la Convención quería consolidarse como el verdadero poder soberano nacional, tenía que imponerse y subordinar a los tres grandes caudillos, establecer la paz, y fortalecer una vía institucional de gobierno. La segunda condición de los zapatistas, la separación de Carranza del poder, al ser discutida en la Asamblea se convirtió en el acuerdo de pedir el retiro no sólo de Carranza, sino también de Villa y de Zapata, y la entrega del mando de sus fuerzas a la Convención. Los delegados cercanos a Obregón y a los pacificadores, así como la mayoría de los delegados villistas vieron la oportunidad de hacer a un lado no sólo a Carranza sino también a los otros dos grandes caudillos, Villa y Zapata, considerando que el liderazgo caudillista que ejercían se había convertido en un obstáculo para la unificación de los revolucionarios, en virtud de la rivalidad entre Villa y Carranza, y consideraron que si se hacía a un lado a ambos tenían que hacer lo mismo con Zapata. Ya que los zapatistas todavía no estaban integrados plenamente como delegados y sólo tenían voz pero no voto, el dictamen aprobado pedía el retiro de Carranza y Villa y posponía el retiro de Zapata para discutirse después. Esa propuesta fue aceptada por 93 votos contra 20, el 1° de noviembre de 1914, y la apoyaron todos los jefes constitucionalistas del Comité de Pacificación, encabezados por Obregón, Villarreal y Hay, quienes tenían ambiciones personales de sustituir al Primer Jefe, así como los representantes de jefes muy cercanos a Carranza como Pablo González, Jesús Acuña, Fortunato Maycotte y Francisco Coss. Votaron por la separación de Villa y de Carranza todos los delegados villistas, salvo Roque González Garza. Solo algunos delegados leales al Primer Jefe se opusieron, argumentando que la separación de Carranza no garantizaría la unidad revolucionaria. Así pues, casi todos los delegados villistas y constitucionalistas aceptaron que sus jefes supremos se habían convertido en un obstáculo para la unidad revolucionaria y, bien fuera por ese convencimiento, o porque veían la oportunidad de beneficiarse y promoverse ellos mismos, apoyaron esa resolución.

Sin embargo, muy pronto se mostró que una cosa era el deseo de los delegados convencionistas de prescindir de los principales caudillos de la revolución y otra la posibilidad de llevarlo a cabo. Carranza, quien siempre había tenido reservas y era de los tres grandes caudillos el menos comprometido con la Convención, comprendió que esta se había salido de control y pretendía destituirlo, por lo que maniobró hábilmente para recuperar el control de sus fuerzas. Para renunciar, puso como condición que Villa y Zapata lo hicieran antes; sólo así entregaría el poder y saldría, junto con Villa, del país. Zapata, quien tampoco tenía plena confianza en la Convención porque recelaba no solo de Carranza sino también de Obregón y de los pacificadores, consideró inaceptables las condiciones de Carranza y comprendió que este no renunciaría, por lo cual propuso que debía nombrarse una Junta de Gobierno que tomara el poder interinamente y que se le declarara la guerra al Primer Jefe. Villa, por su parte, fue el único de los tres principales líderes revolucionarios que aceptó totalmente el acuerdo de la Convención para hacerlo a un lado y, en uno de sus arranques histriónicos característicos, propuso que la asamblea lo consideraba necesario, tanto a Carranza como a él los pasaran por las armas.

Así pues, aunque en apariencia se había avanzado en la unidad de los revolucionarios y la Convención había votado por la separación de los caudillos, esa medida no pudo concretarse y muy pronto se vino abajo. No estaban dadas las condiciones para que esto sucediera. La revolución no podía deshacerse de sus principales caudillos, los ejércitos revolucionarios se habían constituido, en buena medida, alrededor de ellos, y las lealtades y compromisos hacia ellos seguían siendo determinantes. Por lo demás, no había quién los sustituyera pues ninguno de los líderes secundarios podía llenar el lugar que ocupaban en esos momentos Villa, Carranza y Zapata y no existían ni las instituciones ni la cultura política para desarrollar una transición alternativa que definiera el rumbo de la revolución y el gobierno que habría de conducirlo.

El siguiente paso que dieron los delegados convencionistas fue la formación de un nuevo gobierno nacional, que no existía desde la capitulación de Huerta, y cuya ausencia había sido suplida, de manera conflictiva, por la autoridad, el dominio y la administración de facto, regional, de Carranza, Villa y Zapata. Para los pacificadores, que tenían mayoría, y para los delegados carrancistas que consideraban necesaria la separación de su jefe, la elección del presidente provisional por la Convención era especialmente importante pues era la manera de capitalizar en su beneficio el haber hecho a un lado, al menos formalmente, a los otros caudillos y hacerse del poder nacional. Previamente, se habían puesto de acuerdo para impulsar la candidatura de Antonio I. Villarreal, dentro de una terna en la que también estaban el villista José Isabel Robles y el constitucionalista Juan Cabral. Dentro de la fracción pacificadora la voz cantante la llevaba Obregón, quien en los últimos meses había ido madurando un agudo olfato político y habilidad negociadora y había tenido un papel central en la realización de la Convención y para obligar a Carranza a aceptar las negociaciones y compromisos que había estado impulsando tanto con el villismo como al interior de las propias filas constitucionalistas. Con la eliminación de Carranza y de Villa para la ambición de Obregón, que se había incrementado en esas semanas, quedaba el camino despejado para convertirse en el hombre fuerte del nuevo gobierno. No obstante, para el sector de delegados más afines al Primer Jefe, Obregón no les inspiraba mucha confianza y por eso varios de los más prominentes generales carrancistas, como Pablo González, estaban de acuerdo en que el nuevo titular del Poder Ejecutivo fuera Villarreal. Sin embargo, la ambición y la habilidad política de Obregón, notables ya, y los propósitos de los delegados carrancistas que habían asistido sin mucho convencimiento a la Convención pronto se vieron frustrados por la postura zapatista que echó abajo sus planes.

La fortaleza y legitimidad del gobierno que se iba a elegir necesitaba del apoyo de todas las corrientes. Por eso, los planes de Obregón y de los pacificadores se vinieron abajo cuando los zapatistas, por voz de Paulino Martínez, expresaron que el Ejército Libertador tenía instrucciones de oponerse a la candidatura de Villarreal, quien había formado parte de una comisión constitucionalista que se entrevistó con Zapata dos meses atrás y con quien los zapatistas habían tenido fuertes diferencias. Ante ese veto, Obregón maniobró y, luego de un receso en el que discutieron con los jefes de las otras delegaciones, se presentó la candidatura de Eulalio Gutiérrez, general constitucionalista del Ejército del Noreste, quien aunque estaba también identificado con los pacificadores, tenía una postura relativamente independiente y significaba una candidatura de bajo perfil, sin fuerza propia. Gutiérrez era un candidato todavía más débil que Villarreal y servía también a los propósitos de los obregonistas.

Los villistas señalaron que no votarían por alguien de sus propias filas. Los zapatistas, que todavía no se habían integrado formalmente a la Convención, no votaron. De ese modo, los pacificadores decidieron la elección a favor de Eulalio Gutiérrez, por 88 votos, contra 37 a favor de Cabral, por quien votó la División del Norte. Entre manifestaciones de júbilo, en la sesión de ese 1° de noviembre de 1914, todas las corrientes se comprometieron a apoyar al presidente electo. Con la elección del presidente de la República en la Convención, esta llegaba a su cenit. Aparentemente se había encontrado el camino de la unidad y se podía esperar la superación de las diferencias y que el nuevo gobierno comenzara a materializar los anhelos de la revolución nacional, pero pronto se presentaron nubarrones en el horizonte y la unidad alcanzada mostró su fragilidad y se quebró.

Carranza, quien daba por hecho que el rumbo que habían tomado los acontecimientos en la Convención llevaba a su destitución, tomó sus providencias y salió de la capital del país, donde lo vigilaban las tropas de Lucio Blanco, un jefe en el que no confiaba y quien parecía haber tomado partido por la Convención. En Puebla, a donde se desplazó en la primera semana de noviembre, desconoció los acuerdos de la Convención, juntó a sus jefes más cercanos: Francisco Coss, Cesáreo Castro, Cándido Aguilar, Heriberto Jara y Jesús Carranza, e hizo un llamado a los demás para agruparse y preparar el enfrentamiento con la Convención. Los generales y gobernadores carrancistas ordenaron a sus delegados que abandonaran Aguascalientes y se concentraran con sus jefes. Dicho llamado produjo la desbandada de los delegados carrancistas y también de un sector considerable de los obregonistas y pacificadores ante la modificación del escenario previsto. La sesión del 5 de noviembre apenas contó con 70 delegados; se había producido una sangría de más de la mitad de sus miembros. Esa salida produjo una notable fractura en la Convención y, sobre todo, modificó el escenario de concordia y unidad, sobre el que se había estado trabajando, por otro de enfrentamiento militar. La postura de Carranza, al modificar la correlación de fuerzas interna, con el sector carrancista reagrupado y desafiante, obligó a la Convención a que lo declarara rebelde a sus dictados y a que el nuevo Presidente, Eulalio Gutiérrez tuviera que recurrir al jefe más prestigiado para combatir a Carranza, que no era otro que Villa. Por ello, al mismo tiempo, la postura desafiante de Carranza de enfrentar a la Convención obligó también al otro sector constitucionalista capitaneado por Obregón a definirse y tomar partido entre la Convención —dominada por la alianza villista-zapatista—, y Carranza. Esa disyuntiva los dividió. Una parte minoritaria de los jefes constitucionalistas rompieron con Carranza, se alinearon con la Convención y se convirtieron en la base de apoyo del gobierno de Eulalio Gutiérrez. El otro sector, incluidos Obregón, Hay y Villarreal, en una elección que denotaba la mayor afinidad de sus proyectos y una conveniencia táctica, optó por realinearse con Carranza.

El motivo central de los pacificadores, de evitar el enfrentamiento entre las facciones, se había desvanecido al fracasar los intentos de conciliación y de unidad, que dieron por resultado, al fracturarse la convención, en un mayor acercamiento entre Villa y Zapata, la agudización de la disputa por el poder, y la impugnación y desafío de Carranza hacia la asamblea revolucionaria. Obregón, que había sido el más audaz y podría haber sido el principal ganador, falló en su intento de desplazar al Primer Jefe, eliminar a Villa y tener el control del poder, a través de uno de sus allegados, y como principal sostén militar del gobierno provisional, prepararse para lanzar su candidatura a la presidencia constitucional de la República. Por lo tanto, no tenía nada que ganar permaneciendo al lado de la Convención, donde se había cristalizado la alianza de Villa y Zapata, y puesto que, además, Maytorena, que se había sumado a la Convención había tomado el control de la mayor parte de Sonora, la base de operaciones y de la fuerza de Obregón. Así pues, regresó al redil de Carranza en condiciones de subordinación y debilidad. Aunque temporalmente era el gran derrotado, su habilidad política y genio militar le harían tener un papel relevante en la siguiente etapa de enfrentamiento militar entre los revolucionarios. Haría mancuerna nuevamente con el Primer Jefe y esa alianza entre los dos caudillos tendría enormes repercusiones para ambos y para el destino de la Revolución.

El sector de los pacificadores se desgarró. Para la minoría que decidió quedarse en la Convención, encabezada por Eulalio Gutiérrez, Lucio Blanco y Rafael Buelna, se presentó una paradoja: ese sector, que había quedado a la cabeza del gobierno convencionista, se vio abandonado por las fuerzas obregonistas que lo habían llevado al poder, quienes al romper con la Convención, desafiaban a sus antiguos compañeros de armas; su principal sostén eran las tropas villistas y zapatistas, que no habían votado por ellos. Así, la suerte del gobierno convencionista de Eulalio Gutiérrez dependería de que pudiera servir como un instrumento efectivo para consolidar la alianza entre la División del Norte y el Ejército Libertador y de que tuviera éxito en sortear el reto constitucionalista. La guerra decidiría, en los meses siguientes, el destino de la Convención y de la revolución misma, pero antes de ir a los debates de la asamblea villista y zapatista, contaremos la guerra civil.

3. EL ESTALLIDO DE LA GUERRA CIVIL

El 14 de noviembre de 1914 se rompieron las hostilidades entre el constitucionalismo y la Convención, cuando la guarnición carrancista de León, Guanajuato, se retiró rumbo al sur levantando las vías, lo que estaba prohibido en el armisticio acordado un par de días antes por Pablo González y Eulalio Gutiérrez. Pancho Villa, quien fue nombrado por el gobierno de Eulalio Gutiérrez comandante en jefe de las fuerzas convencionistas, ordenó de inmediato el avance de sus tropas, que sorprendieron por completo a las avanzadas carrancistas, con lo que se inició el colapso de la primera línea de defensa constitucionalista, conformada por 20 000 hombres que González tenía repartidos desde San Francisco del Rincón hasta Pachuca. Con ese dispositivo pensaba ofrecer una "defensa elástica" como las que había conducido contra los federales en 1913, solo que esta vez no tenía enfrente a jefes de obtuso criterio y a un ejército de leva desmotivado, sino a un caudillo audaz e imaginativo que mandaba tropas entusiastas y acostumbradas a la victoria. Así inició la guerra civil entre los revolucionarios victoriosos, que habría de ser aún más enconada y sangrienta que la lucha contra Díaz y contra Huerta Sin embargo, antes de contarla, es necesario mostrar un retrato político-militar de la República en ese momento.

Es un lugar común en la historiografía de la Revolución decir que casi todas las ventajas estaban del lado convencionista, dueño de un ejército mayor en número y en recursos que el de los carrancistas, y en control de la mayor parte del territorio nacional. En realidad, la situación estaba mucho más equilibrada en términos militares y territoriales y, en el terreno económico, indispensable para financiar la guerra, la ventaja estaba del lado del Primer Jefe. Los carrancistas habían establecido una red de seguridad frente al villismo consistente en dos líneas de defensa: las ya mencionadas fuerzas al mando directo de Pablo González, con generales como Teodoro Elizondo, Alberto Carrera Torres y Jacinto B. Treviño, en Guanajuato, Querétaro e Hidalgo. Detrás de ellos había una segunda línea: 7 500 hombres de Francisco Murguía en Pachuca; 18 000 en la ciudad de México que estaban nominalmente a las órdenes de Álvaro Obregón, con Benjamín Hill y Salvador Alvarado y Lucio Blanco; y 8 000 más de Cesáreo Castro y Francisco Coss, en Puebla y Tlaxcala.

El problema de este dispositivo es que tenía algunos huecos, el más notable de los cuales consistía en la indefinición de Lucio Blanco, verdadero dueño de la capital con sus 12 000 jinetes y quien no se decidía a apoyar a alguno de los dos bandos. Por ello,

Venustiano Carranza decidió abandonar la capital y establecerse en Veracruz (aunque hubo de esperar unas semanas a que los *marines* lo evacuaran, lo que tuvo lugar en la tercera semana de noviembre de 1914). Además de ese hueco había un error de concepción en el plan de Pablo González, pues el general nuevoleonés calculó que los villistas avanzarían como los federales en 1913 y 1914, dándole tiempo de retirarse lentamente hacia México y Pachuca. Lo que en realidad ocurrió fue un ataque vertiginoso y efectivo, por lo que el incontenible avance de los villistas destruyó todo el dispositivo de defensa, del que González solo pudo salvar unos tres o cuatro mil hombres que llevó a Tampico a través de la Huasteca. Otros 5 000 soldados del general Alberto Carrera Torres huyeron de Guanajuato hacia su región original, en Tamaulipas, donde tardaron varias semanas en decidirse por el bando convencionista. El poderoso núcleo de la División del Noreste fue barrido por la División del Norte en unas cuantas semanas.

Además de este dispositivo de defensa, los carrancistas dominaban tres grandes regiones: el noreste, en donde controlaban Coahuila —menos La Laguna—, Nuevo León, Tamaulipas y parte de San Luis Potosí, con cerca de 20 000 hombres a las órdenes de los generales Antonio I. Villarreal, Luis Gutiérrez, Luis Caballero y Rafael Cepeda. En el occidente y el Noroeste, Manuel M. Diéguez tenía 8 000 soldados en Jalisco, Ramón F. Iturbe 5 000 en Sinaloa, y Plutarco Elías Calles 1 500 en la frontera de Sonora. Y controlaban también el oriente y el sureste donde los generales Cándido Aguilar, Jesús Carranza, Jesús Agustín Castro, Luis Felipe Domínguez reunían 14,000 hombres que dominaban las regiones —o al menos sus ciudades principales y las vías férreas— de Veracruz, Tabasco, el Istmo de Tehuantepec, Chiapas y la Península de Yucatán. Hay que señalar que la posesión del istmo y sus puertos —Coatzacoalcos y Salina Cruz— permitía a los carrancistas mantener comunicadas entre sí todas sus posiciones —salvo el enclave de Calles en la lejana frontera sonorense— por vía marítima, pues además tenían en su poder los seis buques de la armada de México. En síntesis, al inicio de la guerra las fuerzas de Carranza eran: 20 000 hombres de González; 21 000 o 22 000 de Obregón, Murguía, Castro y Coss en la segunda línea de defensa, sin contar las fuerzas de Lucio Blanco; 20 000 en el Noreste; unos 14 000 en occidente y el Noroeste; y 14 000 enqel oriente y el sureste. En total, unos 90 000 hombres.

Resulta mucho más difícil contabilizar los efectivos de la facción convencionista en el momento de la ruptura definitiva, aunque puede hacerse una aproximación a la cantidad de fuerzas operativas sobre la base de los hombres que Villa movilizó para la segunda ofensiva, posterior a la toma de la ciudad de México, cuando dividió sus fuerzas en tres columnas. La primera columna, que a las órdenes de Pancho Villa y Rodolfo Fierro, se desprendió de Irapuato hacia Guadalajara, sumaría unos 12 000 o 15 000 hombres. La segunda columna, que salió de Torreón rumbo a Saltillo a las órdenes de Felipe Ángeles y Emilio Madero, sumaba 12 000 hombres. Es más difícil precisar los efectivos de la tercera columna, que salió de San Luis Potosí rumbo a Tampico al mando de Tomás Urbina y Manuel Chao, tendría de 12 000 a 15 000 soldados. Si sumamos estas fuerzas, advertimos que Villa podía disponer de unos 45 000 hombres, a los que habría que sumar las guarniciones de los centros ferroviarios estratégicos como Irapuato y Torreón, y de las ciudades consideradas bases de operaciones, como Chihuahua (lo que daría unos efectivos similares a los de las columnas operativas: otros 15 000 soldados, quizá). Hay que considerar que en las cuentas anteriores ya se incluyen buena parte de los contingentes aliados al villismo, como los de Alberto Carrera Torres, Pánfilo Natera y Julián Medina, caudillos populares de Tamaulipas, Zacatecas y Jalisco, respectivamente.

De los zapatistas ha dicho la historiografía tradicional que en esa coyuntura, aún más que en los otros períodos de la lucha armada, demostraron su falta de vocación ofensiva y su regionalismo. Sin embargo esta opinión no ha sido exacta, pues no ha tenido en cuenta la ofensiva zapatista contra el gobierno de Huerta en 1914, cuando los surianos cercaron las ciudades del centro del país desde el campo y, sin tener acceso al mercado de armas, dislocaron las defensas federales en una región clave por su densidad económica y demográfica. Este prejuicio tampoco considera la carencia de armamento ofensivo y de municionamiento, ni la crisis de la economía del maíz con el consiguiente desabasto de alimentos para el Ejército Libertador del Sur. Durante la ofensiva contra el carrancismo, el zapatismo dependería una vez más, casi por entero, de los pueblos. A pesar de eso, los zapatistas sitiaron la capital de la República en el verano de 1914, y en diciembre pudieron movilizar quizá 30 000 hombres sobre Puebla, en el mayor esfuerzo bélico del zapatismo, por lo que se puede estimar en esa cifra el número de combatientes del Ejército Libertador. Había otros contingentes convencionistas en la costa del Pacífico: quizá 6 000 hombres leales al gobernador José María Maytorena, con el control de casi todo Sonora; y las fuerzas que reunió en Nayarit el general Rafael Buelna, que sumaban quizá 3 000 soldados, más los hombres de Jesús H. Salgado que controlaban Guerrero. En síntesis, los convencionistas podían contar con hasta 100 000 hombres, cifra ligeramente superior a la de los contingentes carrancistas.

Otro error común es contar entre los convencionistas a numerosos grupos indecisos, neutrales u hostiles al carrancismo después de 1916, que en 1915 no tenían ninguna relación orgánica con la Convención. Los más importantes de esos grupos en noviembre de 1914 eran los jefes cercanos a Lucio Blanco, y el general Gertrudis Sánchez, que con su División del Sur dominaba Michoacán. Los principales lugartenientes de ambos jefes, Enrique Estrada y Joaquín Amaro, terminarían uniéndose al Ejército de Operaciones de Álvaro Obregón. Neutrales, hasta el verano de 1915, fueron los oaxaqueños del general Guillermo Mexueiro y José Inés Dávila y el guardia blanco de las compañías petroleras en la Huasteca, Manuel Peláez.

Pero las posibilidades de un bando u otro en una guerra civil no inician ni terminan con el número de soldados y su poder de fuego. Se atribuye a Napoleón Bonaparte el dicho según el cual las guerras se ganan con tres cosas: dinero, dinero y dinero. Es probable que no la haya dicho él y seguro que no fue el primero en decirlo, pero la frase es certera sobre el punto que ahora abordaremos: los recursos para armar, sostener y poner en marcha a los ejércitos. En un país como el México de 1915, que libraba una guerra industrial (por el armamento y las municiones que se usaban) sin industria de armas, ese dinero debe entenderse como recursos frescos para adquirir materiales de guerra en un mercado en el que la demanda superaba con creces a la oferta y que provenía fundamentalmente de los Estados Unidos. Pero también, en un país en el que se han dislocado el mercado interno y el sistema monetario y han bajado claramente la producción agrícola y el hato ganadero, el dinero debe entenderse como recursos para alimentar a un ejército en movimiento sin matar de hambre —o no del todo— a la población civil. De tal modo que el mapa de la guerra no debe verse tanto en términos de extensión territorial como de control de recursos y, en particular, de aquéllos capaces de generar divisas y abastecer la operación de ejércitos masivos.

Considerando de esa forma el mapa del país, la "zona fundamental de los cereales" estuvo en disputa durante la guerra civil: los zapatistas controlaban su región meridional; en tanto que el Bajío y los llanos de Jalisco y Michoacán cambiaron tres veces de bando; por su parte, los carrancistas dominaban los valles de Puebla y Veracruz. Los otros graneros de México también estaban divididos: los de Sonora para los convencionistas, los de Sinaloa para los carrancistas, al igual que Tamaulipas. Debe señalarse, además, que fue justo el sector dedicado al consumo interno el que más resintió la violencia revolucionaria. Casi todos los datos son devastadores en ese sentido y explican la crisis de la economía del maíz que paralizó al Ejército Libertador del Sur, y las terribles hambrunas y epidemias que iniciaron en 1914 y alcanzaron sus cotas más altas en 1915. El sector agropecuario decreció entre 1910 y 1921 a un promedio del 4.9% anual, y las bajas de producción más drásticas ocurrieron entre 1914 y 1916. También la agroindustria de exportación estaba dividida, los villistas contro-

laban el algodón lagunero, aunque la más floreciente, la del henequén, estaba en la región dominada por los carrancistas.

Los recursos del subsuelo representaban más del 60% de las
exportaciones en 1910, y un porcentaje aún mayor en 1920. La
lucha armada provocó una gran inestabilidad en el sector minero,
sobre todo al afectar la disponibilidad de mano de obra y los sistemas ferroviarios, pero la minería siguió funcionando y aunque
experimentó una fuerte caída entre 1914 y 1916, se recuperó
muy rápido. Sin embargo, es justo en los años de la guerra civil
que ahora nos interesa cuando se experimentó el punto más bajo
de la productividad y por lo tanto, del pago de impuestos en un
sector que era controlado en un 90% por capital extranjero.

El único de los grandes negocios cuyo comportamiento es
opuesto a la tendencia general de la economía mexicana durante
esos años fue el petrolero. Las exportaciones petroleras pasaron de
0.2 millones de pesos en 1910-11 a 516.8 millones en 1920, cifra
esta última que representó el 60.4% de las exportaciones totales.
La producción del petróleo mexicano se concentraba en tres zonas. La principal era la llamada "Faja de Oro", situada en la llanu-
ra costera de la Huasteca Veracruzana, con Tampico y Tuxpan
como puertos de salida. Una segunda zona la formaban los campos del norte, en torno a El Ébano y Chijol, en la Huasteca Potosina, comunicados directamente por ferrocarril con Tampico. Finalmente, había pequeños campos en torno a Minatitlán, con
Puerto México como puerto de embarque. Los tres puertos de
salida del crudo mexicano permanecieron sin disputa bajo control
carrancista durante toda la guerra civil y fue el gobierno constitucionalista el que cobró íntegramente los impuestos de exportación. Fue ese mismo gobierno el que pudo ejercer presión sobre las
grandes potencias gracias al relativo control que tenía sobre este
recurso, fundamental para el movimiento de flotas y de tropas en
la guerra europea.

Las aduanas eran también una importante fuente de recursos.
Los carrancistas dominaban casi todas las aduanas marítimas,
tanto de la costa atlántica como en el Pacífico, y la más importan-

te de las fronterizas —Nuevo Laredo—, además de Matamoros, Reynosa, Piedras Negras y Naco. Para los convencionistas, Ciudad Juárez se convirtió en la principal puerta abierta al comercio exterior —lo que limitaba a esa facción a un sólo mercado externo: los Estados Unidos—, complementada por Nogales y Guaymas, para los maytorenistas.

Así pues, el estudio de las fuentes de recursos de México en 1914, y el cruce de esos datos con los mapas de las posiciones militares, nos muestra que los constitucionalistas, incluso en el momento de su máxima contracción territorial, entre noviembre de 1914 y febrero de 1915, controlaban las principales fuentes de riqueza capitalizable, lo que se traducía en la obtención más fluida y segura de divisas y también en recursos que le permitían presionar a las potencias, a las que todas las facciones tenían que acudir para adquirir pertrechos de guerra. Asimismo, es necesario señalar que las fuentes de abastecimiento del villismo y el zapatismo, la economía agroindustrial de Chihuahua y La Laguna en el primer caso y la economía campesina del centro sur de la República en el segundo, estaban prácticamente agotadas y no podían dar ya más de sí cuando comenzó la guerra civil entre los revolucionarios.

Así estaban las cosas cuando Pancho Villa y Emiliano Zapata prepararon en Xochimilco el plan de operaciones de los ejércitos convencionistas para la campaña que empezaba, luego de barrer con la primera línea carrancista y ocupar la ciudad de México. Para muchos historiadores, los caudillos campesinos no tenían ni podían tener una visión global de la guerra, por lo que su considerable ventaja inicial se diluyó cuando Villa dispersó sus fuerzas en vez de darle el golpe de gracia al carrancismo, acorralado en Veracruz, como sugirió Felipe Ángeles.

En lugar de marchar contra Veracruz, Villa atendió un urgente llamado del general Emilio Madero, jefe de armas de La Laguna, quien informó que una columna carrancista avanzaba desde Saltillo hacia Torreón. Fue entonces cuando decidió dejar a Zapata la línea de Veracruz y enviar a Ángeles, al frente de un poderoso contingente, a evitar la caída de Torreón y tomar a su vez Saltillo y Monterrey. De esa decisión se desprendió la siguiente, que implicó la fragmentación de la División del Norte en tres grupos principales y una fuerte reserva. El primero de esos grupos operaría sobre Saltillo y Monterrey, a las órdenes de Ángeles; el segundo, a las órdenes directas de Villa con Rodolfo Fierro como segundo, sobre Guadalajara; el tercero, mandado por Tomás Urbina y Manuel Chao, sobre Tampico y la zona petrolera. Así pues, Villa estableció una estrategia que tenía a buena parte del territorio nacional con tres grandes frentes atendidos por tres fuertes columnas de la División del Norte, y un cuarto del que era responsable Zapata.

Ángeles insistió de manera muy gráfica en su plan de atacar a Carranza en Veracruz, que los historiadores han considerado como el único acertado: el plan de Villa, al dispersar las fuerzas de la División contra enemigos secundarios, convertía en desventajas todas las ventajas de su posición central y daba al debilitado centro constitucionalista el tiempo que necesitaba para reorganizarse política y militarmente. Según la mayoría de los historiadores, Ángeles, que veía la guerra y el país con un criterio nacional y militar estratégico tenía la razón y la decisión de Pancho Villa resultaría en el desastre militar de la División del Norte. Sin embargo, cuando Villa dictó su plan general de operaciones, era un caudillo que había aprendido sobre el terreno los principios fundamentales del arte de la guerra, tenía una visión global del territorio, que había puesto en práctica en decisiones estratégicas de la campaña de 1913-1914. Conocía también los principales factores políticos, económicos, sociales y geográficos que se le presentaron, pues no sólo escuchó cuidadosamente las opiniones contrapuestas de Felipe Ángeles y Emiliano Zapata (el uno proponía que el grueso de la División del Norte atacara Veracruz, el otro solicitaba esa ruta "para sus armas") sino que prestó atención a varios de sus principales consejeros y sus más capaces generales.

Su negativa a desproteger Chihuahua y La Laguna para avanzar sobre Veracruz no se debía solamente a su preocupación regio-

nal y al temor de perder el apoyo de su base social y de aprovisionamiento, puesto que el elevado costo de mantenimiento de la
División del Norte se pagaba con recursos salidos de esas regiones. Tenía mucho más claro que Ángeles, militar profesional en-
focado a los temas puramente militares, que la ciudad de México
no podía funcionar como retaguardia estratégica.

Finalmente, aunque es posible que eso no lo supieran ni Villa
ni Ángeles, aunque por poco que conocieran la plástica y flexible
mente estratégica de Obregón podían suponerlo, que el caudillo
sonorense había previsto un vigoroso ataque enemigo sobre Veracruz y había explorado la posibilidad de retirar sus contingentes y
el centro Constitucionalista al Istmo de Tehuantepec en lo militar
y a Yucatán en lo político, de modo que, contra lo que Ángeles
opinaba, la caída de Veracruz no equivaldría al fin del constitucionalismo, máxime si consideramos que este no extraía sus principales recursos del puerto jarocho sino de la región petrolera y el
noreste en general, hacia donde Villa lanzó los principales esfuerzos de la campaña, y del inalcanzable Yucatán.

Villa, pues, decidió dividir a su ejército para asegurarse el apoyo social y los recursos de las zonas que ya estaban organizadas
como economías de guerra al servicio de la División del Norte y
para asegurarse también el control de la cuenca carbonífera de
Coahuila. Como segundo objetivo estaba la conquista de Tampico, Guadalajara y Monterrey, fuentes de recursos para los constitucionalistas, y con ello, la destrucción de tres grandes contingentes enemigos.

Además, el número de tropas constitucionalistas en Jalisco y el
Noreste (incluidos El Ébano y Tampico) era bastante considerable y era, incluso, superior al Ejército de Operaciones con el que
Obregón se internó en el corazón de la República. Los combates
en esos otros frentes también fueron fundamentales: a la postre, es posible que la defensa de El Ébano haya sido tan importante como las batallas de Celaya para la decisión final, lo mismo que
el hecho de que Pancho Villa no hubiese podido destruir los contingentes que Manuel M. Diéguez y Francisco Murguía tenían en

Jalisco. Fracasados sus planes, a veces por márgenes muy estrechos, Villa tuvo que pasar a la defensiva y adaptarse a las iniciativas de Obregón.

4. LAS GRANDES BATALLAS

Dos de las columnas villistas obtuvieron sonadas victorias parciales, pero no lograron acabar con sus enemigos respectivos: el 8 de enero de 1915, Felipe Ángeles despedazó en Ramos Arizpe, Nuevo León, la columna que mandaba Antonio I. Villarreal, y ocupó Saltillo y Monterrey, pero importantes contingentes carrancistas lo sitiaron en esa plaza. Por su parte, Pancho Villa y Rodolfo Fierro tomaron Guadalajara y derrotaron a Diéguez y Murguía en la Cuesta de Sayula, el 18 de febrero, pero esos jefes se refugiaron en Colima y recibieron hombres y armas por el puerto de Manzanillo, regresando a Jalisco poco después. La tercera columna, mandada por Tomás Urbina y Manuel Chao, nunca llegó a Tampico: fue detenida por Jacinto B. Treviño en el campo atrincherado de El Ébano, San Luis Potosí, donde se combatió intermitentemente durante más de tres meses.

Además, la guerra se libraba en multitud de frentes secundarios: el carrancista Ramón F. Iturbe combatía al convencionista Rafael Buelna en los límites de Nayarit y Sinaloa; el gobernador Maytorena atacaba al general Calles en las ciudades fronterizas de Sonora; Salvador Alvarado penetraba a territorio yucateco para llevar la revolución a la Península; zapatistas guerrerenses sitiaban el puerto de Acapulco. Se combatía en Chiapas y en Oaxaca, donde fue arteramente asesinado el general Jesús Carranza; en Tamaulipas y Nuevo León; en La Paz y en Mexicali... el país entero ardía en las llamas de la guerra civil.

Mientras tanto, Álvaro Obregón recibió el mando del Ejército de Operaciones, que se integró con diversas fuerzas del Noroeste y del Noreste y otras recién reclutadas, e inició una ofensiva sobre el centro del país. El 5 de enero, después de seis días de combates, arrebató Puebla a los zapatistas y el 28 ocupó la capital de la República, evacuada por el Ejército Libertador del Sur. El esfuerzo de guerra zapatista fue saboteado por los funcionarios del gobierno de Eulalio Gutiérrez y tras la ocupación de la capital por Obregón quedaron cortados de las principales fuentes de abastecimiento de materiales de guerra que les permitieran participar en una campaña fuera de su territorio, justo en el momento en que hacía crisis la economía del maíz en que basaba la manutención de su ejército. Por ello, quedaron fuera de la lucha principal, aunque hicieron esfuerzos importantes y continuos, pero infructuosos, para cortar a Obregón de Veracruz y dejarlo aislado en el centro del país. En realidad, a pesar de la voluntad de Zapata y sus generales, de ahí para adelante, en esa campaña Obregón no tendría más enemigo que Villa.

El caudillo sonorense estuvo en la capital de la República el menor tiempo posible, apenas para tratar de poner en orden la caótica ciudad que le dejaron los zapatistas, para mal traer a algunos curas y ricos del antiguo régimen, para firmar un importante pacto con la Casa del Obrero Mundial (con el cual esa organización, que era una de las principales organizaciones laborales de la ciudad de México, estableció una alianza con el constitucionalismo y formó varios contingentes militares, conocidos como Batallones Rojos, con los cuales lucharon contra las fuerzas de Zapata y Villa), y para recibir refuerzos en hombres y recursos de Veracruz. Las fuerzas zapatistas mantuvieron ataques por distintos puntos de la capital del país sin dar tregua a Obregón, quien prefirió dar inicio a lo que sabía serían las batallas decisivas contra Villa en el centro del país. Así, el 11 de marzo las tropas del sonorense salieron rumbo al norte, en busca del ejército villista. La hora de la verdad se acercaba. El Pacto con la Casa del Obrero Mundial, lo mismo que la Ley Agraria del 6 de enero de 1915, redactada por Luis Cabrera y promulgada por Venustiano Carranza en Veracruz, fueron medidas políticas importantes que tomó el constitucionalismo en su afán de ofrecer alternativas a las bases sociales del villismo y el zapatismo, para tratar de ganárselas y conseguir el apoyo de los obreros y campesinos de otras regiones del país. Esas iniciativas políticas, al tomar finalmente partido por las reformas sociales y la alianza con los sectores populares, obreros y campesinos, le dieron una legitimidad al constitucionalismo que no tenía hasta entonces y que le fue muy útil para enfrentar a sus enemigos convencionistas.

Al dejar atrás la capital, como en ocasiones anteriores, Obregón avanzó dejando a su retaguardia importantes contingentes enemigos (esta vez, los zapatistas) que podían cortar sus líneas de comunicación, pero también como otras veces, trató de reducir estos riesgos al mínimo, avanzando con lentitud y dejando bien asegurados los puntos cruciales del camino. Así, casi sin combatir, ocupó Celaya el 4 de abril, enviando sus avanzadas hasta Estación Guaje (hoy Villagrán), a la vista de la vanguardia villista mandada por el general Agustín Estrada.

Al mismo tiempo, desde todos los puntos del país llegaban al Cuartel General villista peticiones cada vez más perentorias de material de guerra, que empezaba a escasear, lo que da cuenta del agotamiento de los recursos de los convencionistas: las grandes haciendas ganaderas de Chihuahua y las riquísimas haciendas algodoneras de La Laguna, expropiadas por Pancho Villa y puestas bajo administración militar para alimentar al ejército, habían agotado sus recursos. El Centauro del Norte no podía diferir el encuentro decisivo.

El 6 y 7 de abril de 1915 se enfrentaron, por vez primera, los dos más formidables soldados de la revolución, Álvaro Obregón y Pancho Villa, en una batalla muy equilibrada por el control de Celaya, que terminó con una victoria parcial de los carrancistas. Una semana después, entre el 13 y el 15 de abril, se libró la segunda batalla de Celaya, en la que los villistas fueron derrotados nuevamente y recibieron un golpe demoledor. De nuevo el combate fue muy parejo y al final se decidió por la superioridad logística de Obregón y l eficacia de su táctica militar. Y aunque no fueron estas las batallas definitivas de la guerra, sí fueron las que inclinaron la balanza del lado constitucionalista.

La intención de Villa al atacar Celaya era clara: en esos momentos se combatía en muchos frentes, y la situación militar estaba muy equilibrada. Si la columna de Villa lograba poner en fuga al Ejército de Obregón, podrían capitalizarse los triunfos de Ángeles en el Noreste y reforzar las columnas de Fierro y Urbina, empantanadas en las líneas de Jalisco y Tamaulipas frente a los carrancistas. Pancho Villa comenzaba a darse cuenta de que el tiempo jugaba en su contra y que los recursos económicos se le agotaban, por lo que con una pequeña columna trató de forzar la situación en Celaya.

En la primera batalla, el Ejército de Operaciones, fortificado en Celaya, contaba con 12 000 hombres, y el ejército atacante con algunos menos. La lucha fue durísima a lo largo de todo el frente, y las primeras líneas de defensa de Obregón, comandadas por el general Francisco R. Manzo, tuvieron que replegarse con orden y sólo una situación fortuita decidió la batalla. El valor derrochado por los soldados de ambos bandos y el sufrimiento de los mismos, relatados por varios de los testigos y partícipes, muestran la guerra en todo su horror. Los villistas se retiraron tras sufrir numerosas bajas, pero con sus columnas ordenadas y toda su artillería, lo que se debió en parte a la actitud personal de Villa cuando las caballerías de Fortunato Maycotte iniciaron la contraofensiva ordenada por Obregón:

> Los soldados que quedaban se levantaban para huir. Villa personalmente juntó el mayor número de oficiales y de "Dorados" que pudo y con ellos rechazó a Maycotte. La forma en la cual Villa juntó a la gente en medio del pánico, fue verdaderamente fantástica: "Fórmense, mis hijitos" decía con voz que iba de la persuasión al grito de mando. "Fórmense, muchachitos, porque los van a matar; fórmense amigos, fórmense, ¡Hijos de tales!..."[3]

En Salamanca se concentraron los villistas, para preparar una nueva ofensiva. Villa recibió nuevos contingentes que aumentaron sus efectivos hasta los 15 o 18 000 soldados. Entre tanto, en

el campo obregonista también se recibieron importantes refuerzos, entre los que destacaban los michoacanos de Joaquín Amaro
y los veracruzanos de Gabriel Gavira, que hicieron subir los efectivos de la columna a unos 18 000 hombres. Obregón dispuso de
tiempo para distribuir la infantería en un círculo atrincherado
dividido en tres sectores, dejando la caballería en la retaguardia,
fuera de Celaya. El plan era muy sencillo: consistía en hacer que
los villistas se agotaran en sucesivos ataques contra los tres sectores de la defensa, para luego pasar a la ofensiva mediante un contraataque de la infantería y un movimiento envolvente de la caballería, que no participaría en la batalla sino hasta ese momento.

El combate empezó en la tarde del 13 de abril, con ataques
villistas contra todos los sectores de la defensa, y la batalla siguió
esa pauta durante más de 38 horas, aunque lo más señalado del
día 14 fue un prolongado duelo de artillería. Agotado el brío de
los villistas, siguiendo el plan original, las caballerías del general
Fortunato Maycotte cargaron sobre el flanco izquierdo villista,
mientras las infanterías sonorenses contraatacaban. Los villistas
resistieron los primeros embates, pero al atardecer del día 15 sus
líneas fueron penetradas por los carrancistas, y la derrota se convirtió en desastre: abandonando toda la artillería y numerosos
prisioneros, los villistas huían en desbandada, y sólo la serenidad
del general Villa, que reunió con sus "dorados" algunos contingentes de caballería que enfrentaron a Maycotte poniendo fin a la
persecución, evitó la total destrucción de la columna. Más que el
parte oficial del general Obregón, que exagera hiperbólicamente
tanto sus méritos como los efectivos enemigos, lo que muestra la
rudeza del combate y la dificultad con la que alcanzó la victoria
son los angustiosos telegramas que el general sonorense envió a
Carranza durante el transcurso de la batalla.

Tras ser derrotado en Celaya, Pancho Villa se retiró con sus
maltrechas columnas a León y empezó a concentrar ahí a lo más
granado de sus soldados y generales. Villa se olvidó de los otros
frentes y decidió jugarse el todo por el todo en la siguiente batalla
pues el tiempo y las derrotas previas jugaban cada vez más en su

contra. Urbina y Chao se retiraban del campo de batalla de El Ébano; Fierro y Seáñez dejaron Jalisco en poder de Diéguez y Murguía; José Rodríguez puso fin a su ofensiva sobre Matamoros; Felipe Ángeles fue llamado con urgencia... por todas partes, como resultado de las batallas de Celaya, los frentes villistas se hundían, pero el infatigable Centauro reunió todavía un formidable ejército para intentar detener el avance de Obregón.

Por su parte, el caudillo sonorense agregó a sus tropas victoriosas, los contingentes de Manuel M. Diéguez, Francisco Murguía, Enrique Estrada y otros generales de menor importancia, haciendo subir el número de sus efectivos a cerca de 30 000 hombres, con lo que la siguiente batalla volvería a darse entre fuerzas más o menos equilibradas en número. Obregón estableció un cuadro defensivo de 20 kilómetros de largo, con la Estación Trinidad (entre Silao y León) como centro, y esperó ahí los ataques villistas.

Entre el 27 de abril y el 31 de mayo hubo una serie de combates parciales en los que ambos ejércitos se movían con extremada cautela buscando que el enemigo se debilitara y mostrara un punto débil sobre el cual golpear con decisión. Finalmente, el 1º de junio empezó a romperse el equilibrio, cuando Pancho Villa concibió una audaz maniobra envolvente tratando de forzar el fin de la batalla. El 2 de junio el ejército de Obregón quedó rodeado por el enemigo y aunque algunos generales, Murguía sobre todo, insistían en tomar la contraofensiva desde luego, Obregón se negó a escucharlos, esperando para hacerlo a que el enemigo agotara su empuje y debilitara sus líneas.

El día 3 de junio, Obregón, acompañado de su Estado Mayor y de los generales Diéguez y Cesáreo Castro, visitó la posición de Murguía, fortificado frente al enemigo en la hacienda de Santa Ana del Conde. En el campanario de la hacienda el general Obregón explicó al bravo e impaciente Murguía el plan del contraataque que empezaría al día siguiente y consistía en una ofensiva emprendida por rumbos opuestos y combinada con un ataque a la retaguardia villista efectuado por las tropas que Maycotte y Amaro tenían en Irapuato. Habiendo ajustado el plan para la decisiva acción del día siguiente, Obregón, con los oficiales de su Estado Mayor, avanzó hacia la línea del frente, donde una granada villista le arrancó de cuajo el brazo derecho y lo sacó de la batalla. Benjamín Hill tomó el mando de las operaciones y el día 5 de junio dio la orden de pasar a la ofensiva de acuerdo con el plan trazado por Obregón. La operación se hizo con tal pulcritud, aprovechando la debilidad de las líneas enemigas prevista por Obregón, que antes de que terminara el día León estaba en manos de Murguía y los villistas huían en desorden hacia Aguascalientes.

En Celaya y Trinidad quedó vencido el villismo, y aunque por todas partes sus tropas retrocedían, el Centauro se fortificó en Aguascalientes decidido a presentar batalla otra vez. Envió una fuerte columna de caballería, a las órdenes de Rodolfo Fierro, a la retaguardia enemiga para desarticular las líneas de abastecimiento del Ejército de Operaciones. Fierro tuvo éxito en su misión, pero no evitó con ello que en la batalla de Aguascalientes, librada entre el 7 y el 10 de julio de 1915, la División del Norte fuera batida una vez más.

La batalla de Aguascalientes fue el último esfuerzo en gran escala realizado por el villismo para detener la marcha triunfal del Ejército de Operaciones. Durante septiembre, tres columnas mandadas por Obregón, Francisco Murguía y Jacinto B. Treviño recuperaron las ciudades del noreste y la propia plaza de Torreón, tan cara al villismo. Parecía que la campaña contra Villa había terminado, que sólo faltaba avanzar hasta Chihuahua derrotando a los últimos núcleos enemigos donde estos quisieran resistir, pero Pancho Villa, que nunca aceptó la realidad amarga de la derrota, concibió un plan audaz e inteligente, que revivió por unas semanas las esperanzas de sus partidarios: la campaña de Sonora.

Una serie de movimientos realizados a mediados de octubre llevaron a las últimas columnas operativas del villismo a las llanuras de Sonora, donde los esperaba su aliado, José María Maytorena; pero los carrancistas movieron con la misma rapidez dos columnas, que mayores en número y en recursos batieron a los villistas, que regresaron destrozados a Chihuahua, desde donde el Centauro del Norte, amargado por las derrotas y las deserciones, condujo a sus últimos leales a la hacienda de Bustillos y el 25 de diciembre disolvió la División del Norte, retirándose a la sierra con sus "dorados": la campaña de 1915, la más cruenta y reñida de la historia militar de México, había terminado. El poderoso ejército villista, que había doblegado al federal, había sido derrotado por otro ejército popular igual de motivado que el suyo, pero con mayores recursos y con un jefe militar que demostró ser mejor que el Centauro. La derrota militar de Villa acabó con las posibilidades de triunfo de la revolución campesina representada por él y por Zapata. Las derrotas villistas en el Bajío no fueron sólo el fin de la División del Norte y del villismo como proyecto político y social nacional, también significaron la derrota del zapatismo como alternativa de poder aliada al villismo, aunque las huestes del Ejército Libertador todavía resistirían heroicamente el asedio constitucionalista durante los siguientes cuatro años.

5. La Convención villista-zapatista

Retrocedamos un poco para narrar lo que ocurría en el otro frente, el político, con el que la alianza entre el villismo y el zapatismo intentaba convertirse en una alternativa de organización del Estado nacional. El 14 de noviembre de 1914, la Comisión Permanente de la Convención, órgano provisional que se nombró para que pudieran tomarse acuerdos y actuar en tanto se definía la pugna con el constitucionalismo, emitió un Manifiesto a la Nación, redactado por José Vasconcelos, el destacado abogado e ideólogo maderista que por entonces formaba parte del cuerpo de asesores cercanos al villismo en el que explicó el origen y el carácter de la Convención:

> La revolución tenía necesidad de otro órgano más congruente para definirse, y ese órgano lo encontró de un modo natural en el conjun-

to de los principales jefes revolucionarios (quienes) se habían hecho acreedores a la confianza del pueblo armado que al erigirlos en caudillos, los elegía de hecho en los genuinos representantes de la idea y de la práctica revolucionaria.

Luego, fundamentaba su soberanía: "La Convención de los representantes del pueblo armado debía en consecuencia asumir... la soberanía, toda vez que esta en los tiempos normales reside en el pueblo levantado en armas, en la masa de la población que reacciona contra la tiranía y que rompe con los viejos moldes insuficientes para contener las nuevas necesidades nacionales." A continuación, exponía que Carranza era incapaz de mantener la unidad revolucionaria y se había convertido en un obstáculo, por lo que habían tenido que desconocerlo y nombrar a un nuevo encargado del poder ejecutivo.

El manifiesto finalizó con lo que consideraba que era el programa mínimo de la revolución:

- Destruir el latifundismo y repartir la tierra individualmente
- Devolver a los pueblos los ejidos de que fueron despojados
- Confiscar los bienes de los enemigos de la revolución
- Dar independencia a los municipios
- Restringir las facultades del poder ejecutivo a través de la instauración de un régimen parlamentario
- Reorganizar el poder judicial e instruir a las clases trabajadoras.[4]

Para llevar a cabo esas tareas, la Convención debía fortalecerse e instalar su gobierno en la capital del país. La poderosa División del Norte inició su avance hacia el sur y pudo llegar hasta las puertas de la ciudad de México, a fines de noviembre de ese año, venciendo una ineficaz resistencia de las fuerzas de Pablo González. Ante el retiro de las tropas de Carranza, que decidió atrincherarse en territorio veracruzano, los zapatistas pudieron, después de años de intentos infructuosos, ocupar la codiciada ciudad capital.

El gobierno de Eulalio Gutiérrez, quien había nombrado a José I. Robles Secretario de Guerra y a Lucio Blanco de Gobernación, se instaló en el Palacio Nacional en la primera semana de diciembre, nombrando a Manuel Chao gobernador del Distrito Federal, a Mateo Almanza comandante militar de la plaza, y a Vito Alessio Robles Inspector General de Policía. Sin embargo, la expectación de la población capitalina estuvo centrada en el arribo de los ejércitos del Norte y del Sur y, particularmente, en Villa y Zapata, sus dos carismáticos caudillos.

Estos se reunieron el 4 de diciembre en Xochimilco, en una histórica entrevista en la que sellaron formalmente su alianza. En esa reunión reafirmaron sus propósitos y sus afinidades: el enemigo común era Carranza, por lo que debían sumar fuerzas para combatirlo; el reparto agrario era el principal problema de la revolución y debía ser atendido. Uno y otro, además, expresaron sus reservas, su desconfianza y su deslinde de los políticos y de la forma de hacer política que conocían. De manera transparente, ambos dejaron claro que no les interesaba personalmente el poder y que su labor consistía, básicamente, en vigilar el ejercicio de este para que no se desviara del rumbo. Sabían muy bien y lo mencionaron en su plática, que el poder de las armas lo tenían ellos y que no permitirían desviaciones de los políticos que ejercerían el gobierno de la revolución. Sin embargo, los dos caudillos con mayor arraigo popular y carisma de la revolución se refirieron al poder y a la política como algo ajeno y hostil, del que había qué desconfiar y al que había que controlar.

Esa distancia que tomaban del poder y de la política nacionales, que lindaba con un anarquismo empírico, contrastaba con el poder tutelar y patriarcal que ejercieron ambos caudillos en sus territorios. Además de ello, llamó notoriamente la atención una ausencia en su conversación: no se refirieron a ningún otro problema social que no fuera la cuestión de la tierra. Fue muy significativo el diálogo que tuvieron Villa y Zapata. En él expresaron la visión que tenían de la revolución, de su alianza, de las diferencias que tenían con Carranza y con varios de los generales constitucionalistas y, también, de la política, de la inminente campaña contra los constitucionalistas, del asunto de la tierra y de lo que esperaban de la Revolución. Esa conversación los pinta de cuerpo entero y, también, da muchas luces de lo que ocurrió con ellos después: Veamos una parte de ella:

Villa: Yo no necesito puestos públicos porque no los sé "lidiar". Vamos a ver por dónde están estas gentes. Nomás vamos a encargarles que no den quehacer.

Zapata: Por eso yo se los advierto a todos los amigos que mucho cuidado, si no, les cae el machete. Pues yo creo que no seremos engañados. Nosotros nos hemos estado limitando a estarlos arriando, cuidando, cuidando, por un lado, y por otro, a seguirlos pastoreando.

Villa: Yo muy bien comprendo que la guerra la hacemos nosotros los hombres ignorantes, y la tienen que aprovechar los gabinetes, pero que ya no nos den qué hacer.

Zapata: Los hombres que han trabajado más son los menos que tienen que disfrutar de aquellas banquetas. No más puras banquetas. Y yo lo digo por mí; de que ando en una banqueta hasta me quiero caer.

Villa: Este rancho está muy grande para nosotros; está mejor por allá afuera. Nada más que se arregle esto, para ir a la campaña del Norte. Allá tengo mucho qué hacer. Por allá van a pelar muy duro todavía.

Zapata: Porque se van a reconcentrar en sus comederos viejos.

Villa: Aquí me van a dar la quemada; pero yo creo que les gano. Yo les aseguro que me encargo de la campaña del norte, y yo creo que a cada plaza que lleguen también se las tomo, va a parar el asunto de que para los toros de Tepehuanes, los caballos de allá mismo… cuando la Convención empezaron: que se retire el general Villa y que se retire, y yo dije: yo creo que es bueno retirarse, pero es mejor hablar primero con mi general Zapata. Yo quisiera que se arreglara todo lo nuestro, y por allá, en un ranchito —lo digo por mi parte—, allá tengo unos jacalitos, que no son de la Revolución. Mis ilusiones son que se repartan los terrenos de los riquitos. Dios me perdone ¿no

habrá por aquí alguno? (voces: es pueblo, es pueblo) (continúa Villa:
Pues para ese pueblo queremos las tierritas. Ya después que se las
repartan, comenzará el partido que se las quite.

Zapata: Le tienen mucho amor a la tierra. Todavía no lo creen
cuando se les dice: "Esta tierra es tuya." Creen que es un sueño. Pero
luego ellos también: "Voy a pedir mi tierra y voy a sembrar." Sobre
todo ése es el amor que le tiene el pueblo a la tierra.[5]

La conversación anterior fue pública, con varios de los principales colaboradores de ambos caudillos como testigos (entre ellos
Manuel Palafox y Alfredo Serratos, por los zapatistas, y Roque
González Garza por los villistas). Con claridad diáfana, Villa y
Zapata expresaron la visión de la revolución campesina que ambos representaban mejor que nadie. Pero también su diálogo
mostró las limitaciones de su liderazgo: a ellos no les interesaba
personalmente el poder, buscarían conseguirlo para otros, se sentían extraños, incómodos y desconfiados en la orgullosa capital
del país y preferían la seguridad de su terruño. Habían ocupado
la capital de la República pero sabían que tenían que ganar primero la guerra y ya luego verían cómo hacerle para que los campesinos recuperaran y consiguieran la tierra, el verdadero motivo
de la lucha que ambos encabezaban.

Luego, Villa y Zapata se encerraron y solo permitieron la presencia de Manuel Palafox para una reunión secreta en la que posi-
blemente se pusieron de acuerdo en la táctica militar que emplea-
rían contra Carranza y en su instrumentación. Se desconoce a
ciencia cierta lo que platicaron y los compromisos a los que llegaron. Luego, salieron y suscribieron el pacto formal entre ambas
fuerzas que contenía la alianza militar entre la División del Norte
y el Ejército Libertador; la aceptación por los norteños del Plan de
Ayala en lo relativo al reparto de tierras, eliminándose los ataques
a Madero; Villa proporcionaría armas y pertrechos militares a los
zapatistas; ambos se comprometían a llevar a un civil identificado
con la revolución a la presidencia, una vez alcanzado el triunfo. Así
pues, los revolucionarios del norte y del sur trataron de unificar

sus respectivos proyectos y adoptaron una táctica militar común. Respetando sus respectivas áreas de influencia, como ocurrió en las siguientes semanas, Villa se haría cargo de enfrentar a los constitucionalistas en el norte; Zapata se haría responsable de la campaña en el sur y atacaría Puebla. Ambos buscarían hacer una pinza sobre las fuerzas carrancistas en Veracruz.

Sellado el Pacto de Xochimilco, el 6 de diciembre de 1914 se realizó la entrada conjunta de la División del Norte y del Ejército Libertador del Sur a la ciudad de México. Miles de hombres armados, bajo las banderas villistas y zapatistas, hicieron su entrada triunfal y sus jefes ocuparon simbólicamente el Palacio Nacional, en uno de los episodios culminantes de la Revolución mexicana y de toda la historia nacional. La toma de la capital de la República por los ejércitos populares de Villa y de Zapata y la ocupación del Palacio Nacional representa, sin duda, el cenit de la lucha popular mexicana pues nunca antes, ni tampoco después, los sectores populares han tenido la capacidad de volverlo a hacer. Parecía que el triunfo de la revolución campesina y popular estaba cerca. Sin embargo, la unidad alcanzada en Xochimilco fue efímera, pronto afloraron las diferencias entre el villismo y el zapatismo y, además, esa alianza fue saboteada por el gobierno de Eulalio Gutiérrez, como informó Zapata a Villa desde Puebla, el 16 de ese mismo diciembre:

> Como Puebla está bien cerca de la capital de la República a cada momento estoy recibiendo informes de que nuestros enemigos están trabajando muy activamente para dividir al Norte y al Sur, por lo que me veo precisado a recomendarle que tenga el mayor cuidado posible sobre este particular, pues por mi parte ya tomo todo género de precauciones para no dejarme sorprender y ya busco un remedio para la situación en beneficio de nuestro pueblo.[6]

Si bien es cierto que la relación entre ambos jefes nunca se rompió y que los zapatistas colaboraron, en la medida de sus posibilidades, en una campaña militar cuyo peso principal recayó sobre el villismo, la verdad es que la alianza nunca dio los frutos que se esperaban de ella y que la campaña militar conjunta nunca se realizó.

¿Qué es lo que explica esa actitud? Al parecer, al peso de los intereses regionales del villismo y el zapatismo (derivados de las diferencias regionales, sociales, históricas y culturales entre el norte mestizo y blanco y el centro-sur, indígena y mestizo), a la diferencia entre sus proyectos —más radical, comunalista, agrario y social el zapatista, menos radical, menos comunitario y con más énfasis en la política el villista—, a las desconfianzas y reservas mutuas de sus caudillos que nunca pudieron disiparse, se agregó un nuevo problema: las dificultades crecientes de Villa y Zapata con Eulalio Gutiérrez el presidente convencionista. El gobierno de la Convención nunca tuvo en sus manos realmente el poder; las decisiones importantes las tomaban los jefes villistas y zapatistas, y tanto Eulalio Gutiérrez como sus colaboradores más cercanos empezaron a tener pugnas cada vez agudas con los jefes campesinos, abriéndose un abismo entre unos y otros. La conducta de las tropas norteñas y surianas durante la ocupación de la capital, en donde ocurrieron algunos ajusticiamientos, desórdenes e intervención de propiedades, convenció a Gutiérrez, a Lucio Blanco, a José Isabel Robles y a José Vasconcelos —recién nombrado Secretario de Instrucción del gobierno convencionista—, que poco tenían en común con sus aliados. El gobierno convencionista, que desconfiaba de los jefes campesinos y sentía que la presión que estos ejercían sobre sus decisiones los llevaba en una dirección que no querían, obstaculizó la entrega de armamento y de víveres para los zapatistas y tuvo diferencias crecientes con las acciones de los jefes de ambos ejércitos, que eran el sostén militar del gobierno de Eulalio Gutiérrez durante las semanas finales de 1914 y las primeras de 1915. Eulalio Gutiérrez, Vasconcelos y otros ministros convencionistas como José I. Robles y Eugenio Aguirre Benavides —quienes eran de los jefes villistas menos integrados al liderazgo del Centauro, como ya la había constatado Obregón en su visita a Chihuahua— se fueron distanciando rápidamente de

Villa y de Zapata y eso aumentó la presión sobre aquéllos. Todos ellos, al no estar de acuerdo en lo esencial con los jefes villistas y zapatistas, empezaron a jugar un papel de ataque, desintegración y sabotaje desde dentro del gobierno convencionista, lo que vino a dar al traste con la campaña militar. Ese sector, en lugar de servir como instrumento para fortalecer la alianza entre Villa y Zapata, resultó ser un elemento hostil de desintegración. La situación se fue deteriorando rápidamente y se hizo insostenible. El rompimiento, inevitable, ocurrió el 15 de enero de 1915, cuando Gutiérrez y la mayoría de su gabinete abandonaron la Convención y huyeron hacia el norte.

Durante la ocupación de la ciudad de México por los convencionistas se privilegió el aspecto militar. Los demás asuntos fueron secundarios. Sin embargo, el triunfo militar sobres sus enemigos pasaba también por la política y por la economía. Para derrotar a Carranza y sus aliados —que no estaban a la zaga en recursos militares y económicos y que habían emprendido una fuerte contraofensiva política para restarle base social a los líderes campesinos—, la alianza de Villa y Zapata debía aprovechar su control de la capital del país responder a las expectativas de la población capitalina, obtener el apoyo de esta y establecer nuevas alianzas con otros sectores para sumarlos a su proyecto. El gobierno de la Convención, tanto desde el Poder Ejecutivo como desde la propia asamblea, no fue capaz de hacerlo. No obstante, hizo intentos de resolver algunos de los apremiantes problemas de la ciudad, como el de abasto de alimentos, la especulación y el encarecimiento de víveres que provocaron los comerciantes. El gobierno de la Convención estableció precios oficiales para la carne, el pan y otros artículos, transportó alimentos desde las zonas aledañas al Valle de México y repartió cereales a los sectores más necesitados. Con todo, fueron esfuerzos insuficientes y comenzaron los días difíciles de la gran urbe con escasez de víveres, carestía, inflación, inestabilidad política e inseguridad.

Después de la huida de Eulalio Gutiérrez, la Convención reanudó sus labores con una nueva composición. Era una nueva

Convención, compuesta exclusivamente por delegados villistas y zapatistas. El zapatismo se integró plenamente con 30 delegados, la mayoría de ellos intelectuales urbanos ligados al movimiento obrero y artesanal que se habían incorporado a ese movimiento en los meses anteriores, como Luis Méndez y Manuel Mendoza López. Destacó la incorporación de Otilio Montaño, así como el papel de Manuel Palafox, quien se hizo cargo de la secretaría que era crucial para los zapatistas, la de Agricultura. También hubo cambios en la delegación villista pues Felipe Ángeles y los principales generales de la División del Norte se incorporaron a la campaña militar y no regresarían más a la Convención. Los nuevos delegados norteños fueron oficiales medios e intelectuales, entre los cuales destacaba el mayor Federico Cervantes, representante de Felpe Ángeles, así como José Nieto, Salvador Cordero e Ignacio Borrego, miembros del sector ideológicamente más conservador del villismo.

La convención villista-zapatista fue una experiencia histórica notable, aunque efímera, pues en medio de la guerra civil entre los revolucionarios, trató de funcionar como un gobierno regional limitado y como una asamblea preconstituyente, cuyas discusiones y resoluciones prefiguraban el tipo de Estado que quería construir la alianza villista-zapatista. Entre las definiciones más importantes de la nueva convención estuvo la adopción del parlamentarismo como el sistema al que debía sujetarse el gobierno constitucional. La Convención podía destituir al encargado del Poder Ejecutivo por el voto de las dos terceras partes de sus miembros, si violaba o dejaba de cumplir los acuerdos de la Convención —entre ellos los principios del Plan de Ayala—, y si atentaba contra la soberanía de ella, la cual también podía destituir a los ministros. Esos principios de gobierno parlamentario no quedaron sólo en el papel sino que comenzaron a aplicarse dentro de la Convención.

El 16 de enero de 1915 fue elegido Roque González Garza, como "Presidente de la Convención, encargado del Poder Ejecutivo", quien reforzó su gabinete con los zapatistas Manuel Palafox en Agricultura, Francisco Pacheco en Guerra y Rodrigo Gómez en Justicia. Sin embargo, la suerte de ese gobierno y la posibilidad de representar una alternativa viable a nivel nacional, dependería del resultado de la guerra. Al estar en primer plano el aspecto militar, la responsabilidad mayor recayó necesariamente en la División del Norte, mucho más poderosa que el Ejército Libertador del Sur. Así, los soldados villistas se convirtieron en los protagonistas centrales de la tarea que los unificaba con el zapatismo: derrotar a Carranza.

En las filas constitucionalistas, Carranza encargó a Obregón hacerse cargo de encabezar la campaña militar contra Villa, al frente de lo que se denominó el Ejército de Operaciones, reabasteciéndose en Veracruz e iniciando su marcha hacia Puebla, ciudad que arrebató a los zapatistas en enero de 1915 sin mucha dificultad. Ante el avance del ejército de Obregón la Convención tuvo que abandonar la ciudad de México y se trasladó a Cuernavaca. Obregón sabía que el enemigo a vencer era Villa y se dirigió hacia el Bajío, lugar en donde se efectuaron las batallas decisivas con la División del Norte y que definieron el destino de la Convención y de la revolución mexicana. Villa, como ya hemos visto, perdió las decisivas batallas de Celaya y Trinidad ante las fuerzas de Obregón y eso significó la derrota no sólo de Villa, sino también de la Convención y del zapatismo. Esa derrota no fue sólo militar, también fue una derrota política ante la incapacidad de villistas y zapatistas de establecer una alianza efectiva entre ellos y por no haber podido incorporar a otros sectores a su causa.

Luego de las derrotas de Villa, la Convención quedó aislada del resto del territorio nacional, confinada al área zapatista. Sesionó en Cuernavaca, en Toluca y en Jojutla, a la defensiva, con recursos cada vez más precarios y con pugnas cada vez más agudas entre Roque González Garza, su presidente, con Manuel Palafox, el más influyente intelectual zapatista, que restaron efectividad e inmovilizaron la labor convencionista. Su principal labor, en esos meses, fue la discusión de un Programa de Reformas Económicas y Sociales, donde los delegados villistas y zapatistas protagonizaron algunas de los más importantes debates ideológicos que tuvieron lugar en los años revolucionarios. Ese programa, no obstante las marcadas diferencias en temas sustanciales entre villistas y zapatistas, reflejaba el tipo de proyecto nacional que hubieran podido construir ambas corrientes. Paradójicamente, lo hicieron cuando la Convención había perdido ya la batalla militar y política contra el constitucionalismo y no tenía ninguna posibilidad de materializarse.

En ese programa, los delegados villistas y zapatistas establecieron lo que era su concepción general del Estado como una entidad benefactora, protectora de las clases más necesitadas, con rasgos de paternalismo. La base social de ese Estado sería no solamente campesina, tendrían cabida también los sectores de pequeños y medianos propietarios agrarios, así como los industriales y comerciantes. Se repartiría la tierra, el Estado sería el pivote de ese proceso. Promoverían el esfuerzo individual y garantizarían por igual la propiedad privada y el respeto a las formas colectivas y a las tradiciones de las comunidades que así lo decidieran, cuyos derechos estarían garantizados legalmente por la propia actividad estatal. Paralelamente, recogieron algunas de las demandas más sentidas por el movimiento obrero y artesanal, al reconocer a las organizaciones de trabajadores, el derecho de huelga y de boicot; el Estado asumía también el papel de árbitro en los conflictos laborales. Junto al fortalecimiento del municipio, destacó también el establecimiento del sistema parlamentario, con lo que quisieron poner límite a la concentración del poder en manos del Poder Ejecutivo y contar con una cámara de diputados que no solo fuera un contrapeso, sino que tuviera en sus manos la facultad de veto, de vigilancia y de destitución del Presidente de la República. Sin embargo, ninguna de estas propuestas tuvo efectos prácticos inmediatos. Al perder la guerra contra los constitucionalistas, sus propuestas quedaron, en buena medida, marginadas de la discusión nacional en los meses siguientes.

Concluido el Programa de Reformas y luego de la debacle villista, la Convención se disolvió. Los pocos delegados norteños

que quedaban en ella emigraron, en medio de múltiples dificultades, hacia sus territorios. El zapatismo se quedó sólo, defendiendo su revolución local y al frente de una Convención que no podía seguir con la pretensión de ser un gobierno ni una asamblea
nacional ni tampoco un poder soberano. Así pues, decidieron
disolverla. En su lugar crearon, en la segunda mitad de 1915, el
Consejo Ejecutivo de la República, compuesto por Manuel Palafox, Otilio Montaño, Manuel Mendoza López, Luis Zubiría y
Campa y Jenaro Amézcua. Los cinco eran intelectuales incorporados al zapatismo y formaban parte del gabinete convencionista:
Palafox en la Secretaría de Agricultura, Montaño en Instrucción
Pública, Mendoza López en Justicia, Zubiría en Hacienda y
Amézcua en Guerra. Ese Consejo Ejecutivo formuló una serie de
leyes y disposiciones que, en conjunto, representan el cuerpo más
acabado hecho por el zapatismo sobre el proyecto general de gobierno que concebía para la nación mexicana, paradójicamente,
cuando menos posibilidades tenía de ser una alternativa nacional.

Ese conjunto de leyes y disposiciones eran continuación de los
artículos del Programa de Reformas Económicas y Sociales de la
Revolución, pero tenían una característica nueva: al estar solos,
los ideólogos zapatistas ya no tuvieron que hacer concesiones al
villismo y plasmaron de manera más nítida las ideas que habían
ido madurando en el transcurso de esos años sobre algunas cuestiones medulares: el tipo de Estado nacional, la reforma agraria,
la legislación laboral, la administración de la justicia, el papel de
las fuerzas armadas, la educación, la moralización de los funcionarios públicos, etc. De manera sucinta, sus propuestas sobre esos
temas fueron:

La cuestión agraria.- El Consejo Ejecutivo elaboró una Ley Agraria redactada por Manuel Palafox. La ley era considerada como reglamentaria del Plan de Ayala y de aplicación general para "destruir
de raíz y para siempre el injusto monopolio de la tierra". Consideraba que todo individuo tenía derecho natural a poseer la tierra que
necesitara para su subsistencia propia y la de su familia; el Estado
debía garantizar ese derecho y por lo tanto, declaraba una restitu-

ción inmediata de tierras, montes y aguas a las comunidades e individuos que hubieran sido despojados de ellas. Establecía la igualdad jurídica para las tierras comunales y particulares (estas bajo la modalidad de pequeñas propiedades) y el respeto a la libre decisión de las comunidades e individuos para optar por uno u otro régimen de posesión. Para dotar de tierra a los individuos y pueblos, se expropiarían los bienes rurales de los enemigos de la Revolución, definidos como todos aquellos que hubieran participado y colaborado con los regímenes de Díaz y Huerta. La ley fijaba límites a la pequeña propiedad, según una graduación de las tierras por climas, calidad y sistemas de riego. A los arrendatarios y aparceros se les otorgaría la propiedad de las tierras que trabajaban con absoluta preferencia sobre otros solicitantes. La instancia que centralizaría y coordinaría todo el proceso sería la Secretaría de Agricultura la cual, además, confiscaría las propiedades urbanas de los enemigos de la Revolución, cuyos recursos servirían para financiar las expropiaciones por causas de utilidad pública de los grandes latifundios, para crear un Banco Agrícola que fomentara la agricultura y para construir escuelas agrícolas regionales y estaciones experimentales. Los municipios serían los brazos ejecutores de tales disposiciones.

Así pues, en esa ley se plasmaba una reforma agraria nacional de carácter radical, conducida por la Secretaría de Agricultura, de la que dependerían la identificación, deslinde y restitución de tierras, así como el fomento, financiamiento y educación agrícolas. Los jefes surianos se oponían también a que fueran los gobiernos estatales los que asumieran esas tareas, prefiriendo la centralización federal como garantía de que no habría desviaciones y optaron por una relación directa entre los pueblos e individuos solicitantes y beneficiarios con las autoridades centrales. Al mismo tiempo, le dieron un lugar muy importante a los municipios y a las autoridades locales de las comunidades para la ejecución y vigilancia de la reforma agraria y de los problemas relacionados con la producción agrícola. En buena medida, esta propuesta era una proyección para el país de la experiencia zapatista en Morelos y en las zonas aledañas controladas por ellos.

El problema laboral. En la Convención, una de las diferencias más notables entre villistas y zapatistas fue el del reconocimiento de las asociaciones de trabajadores, el derecho de huelga y los métodos de lucha obrera como el boicot y el sabotaje. Los surianos, más radicales en su postura sobre estos temas, influidos por el anarcosindicalismo y el socialismo cristiano de Soto y Gama y Manuel Mendoza López, cuando propusieron estas medidas tuvieron mayoría y ganaron las votaciones a los del norte, que se oponían tajantemente a ellas.

El artífice de las propuestas que se plasmaron en la Ley General del Trabajo aprobada por el Consejo Ejecutivo fue Miguel Mendoza López, quien planteó que los asuntos del trabajo merecían un tratamiento especial, para lo cual era menester elevar al rango de Secretaría el Departamento del Trabajo, creado durante el maderismo. En ella se reivindicaba como un derecho natural tanto el trabajo como el disfrute íntegro de lo producido por los trabajadores. El Estado debía garantizar ese derecho y, reconociendo que faltaba mucho para construir un orden social basado en la justicia y la igualdad, la ley planteaba que debían adoptarse, mientras eso ocurría, medidas paliativas que aliviaran la situación de las clases trabajadoras. En la ley se establecía como objetivo la paulatina socialización de los medios de producción y de cambio, así como la constitución de sociedades cooperativas de producción y de consumo formadas por las clases productoras.

La ley establecía también una serie de reformas laborales importantes: jornada máxima de trabajo de ocho horas, descanso dominical obligatorio, salario mínimo fijado anualmente por las Juntas de Reformas Revolucionarias locales, prohibición del trabajo nocturno y subterráneo para las mujeres y de todo tipo de trabajo para las mujeres gestantes y los niños menores de 14 años; los patrones tenían obligación de proporcionar condiciones de higiene y seguridad adecuadas que evitaran accidentes laborales y de indemnizar a las víctimas de ellos. El Ministerio del Trabajo, las Juntas de Reformas Revolucionarias y las autoridades municipales trabajarían coordinadamente para implantar estas medidas y vigilar su cumplimiento.

Junto con esta ley el Consejo expidió otras dos que la complementaban: la Ley sobre Accidentes del Trabajo y la de Asistencia Pública en favor de los incapacitados por el trabajo. Con la primera buscaban la "justa compensación" a los riesgos y accidentes que sufrían los trabajadores, señalando la responsabilidad única e ineludible del patrono y la obligación que tenía este de indemnizar con su salario íntegro a los afectados por accidentes laborales y de indemnizar a sus deudos en caso de muerte.

La otra ley establecía la obligación de la sociedad y los gobiernos de "atender a la subsistencia de los seres humanos que, por cualquiera causa, se encuentren imposibilitados para el trabajo". Señalaba la ineficiencia de las instituciones de beneficencia pública y las criticaba por estar "basadas en la caridad, que rebaja la dignidad humana y es en todo contraria a las ideas de igualdad de todos los hombres". Así pues, la caridad cedería su lugar a la justicia y el Estado se haría cargo, a través de los ayuntamientos, de implementar la asistencia pública, para lo cual establecería comedores y dormitorios públicos y proporcionaría ropa, víveres y asistencia médica gratuita.

La administración de la justicia. Desmantelado el Estado porfirista por la Revolución, incluida la Suprema Corte de Justicia y los juzgados locales, los asuntos relacionados con la justicia habían pasado empíricamente a las manos de los jefes militares, quienes resolvieron los problemas y las disputas entre los particulares, las comunidades y entre los civiles y las fuerzas militares. En el zapatismo todos estos asuntos fueron atendidos por los jefes militares y, de manera centralizada, por el Cuartel General, al que recurrían naturalmente todos los ciudadanos y comunidades para hacerle saber multitud de asuntos de la más variada índole y del que esperaban protección y apoyo. El Cuartel General y Zapata dedicaban una parte considerable de su tiempo a conocer y arbitrar esas disputas, aplicando una justicia empírica basada en la costumbre, la tradición y el sentido común.

A pesar de esa centralización, Zapata y sus asesores se empeñaron en darle peso y autoridad a instituciones vinculadas directamente a la población en condiciones de paz, como los municipios, y trataron de darle vida a instancias novedosas como los jurados populares, órganos auxiliares a nivel municipal para la impartición de la justicia.

Dentro del Consejo Ejecutivo fue Miguel Mendoza López quien presentó un proyecto de Ley sobre la Administración de la Justicia en el que exponía que las leyes debían ser "expresión fiel de los preceptos eternos y absolutos de la justicia, para acabar para siempre y de raíz con el odioso monopolio de ella que ahora existe de hecho en favor de los abogados y de las clases privilegiadas". Consideraba que la administración de la justicia, además de ser parcial en favor de los poderosos, se había convertido en algo técnico y burocrático, enredada en fórmulas absurdas de protocolo y en procedimientos engorrosos, por lo que era necesario suprimirla y establecer mecanismos sencillos y expeditos. La nueva ley planteaba que la sociedad era la culpable de los delitos que se cometían, al dejar en la miseria, la ignorancia y el desamparo a la mayoría de los individuos, por lo que el Estado tenía que hacerse responsable no del castigo, sino de la regeneración de los delincuentes. Abolía para siempre la pena de muerte y proponía el establecimiento de centros de regeneración agrícolas e industriales para los delincuentes en donde, por medio del trabajo y la terapia moral, pudieran ser rehabilitados. Para garantizar el ejercicio de la justicia, proponía la constitución de los "Jurados Populares", compuestos por diez ciudadanos nombrados por insaculación en cada municipio de entre todos los ciudadanos que supieran leer y escribir, tuvieran profesión u oficio y que no pertenecieran al clero. Esos jurados populares conocerían y resolverían de manera exclusiva los delitos de imprenta, los políticos y todos aquellos delitos que fueran penados por dos o más años de prisión; sus decisiones serían inapelables.

La moralidad de los funcionarios públicos. El Consejo Ejecutivo aprobó también una Ley sobre los Funcionarios y Empleados Públicos elaborada por Miguel Mendoza López, en la que se expresaba una rígida moralidad que normaría el comportamiento de los servidores públicos. La moralidad de estos era una de las bases para la constitución de un Estado social basado en la justicia y la libertad como el que pretendía establecer el zapatismo. Los funcionarios debían tener "honradez y fidelidad a la causa revolucionaria", para lo cual era forzoso que pertenecieran a las "clases productoras" de la sociedad; por lo tanto, esa ley inhabilitaba para los cargos públicos a todas las personas que "no tuvieran necesidad de trabajar personalmente para subsistir". Después establecía que los funcionarios no podrían ejercer más de un cargo; debían devengar un sueldo que fuera solamente suficiente para su subsistencia y la de su familia "como miembros de la clase media"; debían declarar sus bienes de manera vitalicia y siempre que fueran requeridos por la prensa o las autoridades y, mientras durara el desempeño de su cargo, su vida pública y privada podía ser objeto de censura en caso justificado; también señalaba la ley que las concesiones, arrendamientos, ventas y contratos de bienes nacionales debían ser asignados mediante subasta públicas. Al igual que en los anteriores asuntos de administración de la justicia, se concedían facultades para la acción popular, a través de los Comités de Salud Pública que vigilarían y juzgarían la actividad de los servidores públicos.

Una vez concluida la elaboración de esas leyes, el Consejo Ejecutivo zapatista se disolvió en 1916. El conjunto de leyes y disposiciones que elaboraron los intelectuales zapatistas eran un reflejo de la transformación social, económica y política que había tenido lugar en los territorios dominados por el Ejército Libertador en los años precedentes y, también, representaban el diseño del Estado social que el zapatismo se proponía instaurar a nivel nacional si ganaba la revolución campesina. Como se ha visto, la derrota de Villa hizo inviable sus propuestas y estas quedaron como testimonio de lo que podría haber sido el Estado zapatista, aunque algunas de sus propuestas fueron parcialmente retomadas por la corriente ganadora de la revolución, en el Congreso Constituyente de Querétaro. Entre tanto, disuelta la Convención y su Consejo Ejecutivo, Zapata y sus jefes militares se concentraron los siguientes tres años en resistir en Morelos el asedio final del constitucionalismo.[7]

NOTAS

[1] Manifiesto de Villa, Chihuahua, 23 de septiembre, en: Cervantes, *Francisco Villa en la Revolución*, México, INEHRM, 2ª ed., 2000, pp. 262-265.

[2] Citado en Felipe Arturo Ávila Espinosa, *Las corrientes revolucionarias y la Soberana Convención*, México, INEHRM-El Colegio de México-Universidad de Aguascalientes-Congreso de Aguascalientes, 2014, pp. 300-301.

[3] Testimonio del capitán Gustavo Durón González, recogido por Cervantes, 1985, pp. 437-439.

[4] El manifiesto se encuentra en el Archivo General de la Nación, Fondo Soberana Convención Revolucionaria, c. 1, exp. 6, f. 11, citado en *ibidem*, p. 136.

[5] Versión taquigráfica de la conversación entre Villa y Zapata celebrada el 4 de noviembre de 1914 en Xochimilco, citada en González Ramírez, *op. cit.* pp. 113-121.

[6] Armando Ruiz Aguilar (comp.), *Nosotros los hombres ignorantes que hacemos la guerra. Correspondencia entre Francisco Villa y Emiliano Zapata*, México, Conaculta, 2010, pp. 140-141.

[7] *Ibidem*, pp. 209-228.

Capítulo VI
LAS BASES DEL NUEVO ESTADO

1. La reconstrucción nacional

Derrotado el villismo, que significaba el único desafío real, a escala nacional, a la hegemonía constitucionalista, el movimiento encabezado por Carranza pudo reconstituir el poder del Estado central. Por primera vez, desde la caída de Porfirio Díaz, parecía posible alcanzar la paz y la estabilidad a lo largo y ancho del territorio nacional y reactivar tanto las maltrechas ramas productivas de la economía, como el funcionamiento pleno de la administración pública en sus distintos niveles. Era necesario, para ello, someter a los movimientos locales que desafiaban al gobierno central, como el zapatismo en Morelos, los restos del villismo en el norte, o el control ejercido por Manuel Peláez en la zona petrolera de Las Huastecas, así como los focos de resistencia que caudillos locales mantenían en regiones de Oaxaca, con el movimiento soberanista, o en Chiapas, Veracruz y Tabasco donde Félix Díaz continuaba hostilizando al gobierno federal, y en Michoacán, donde grupos anticarrancistas seguían ofreciendo una pertinaz aunque estéril resistencia al triunfo indiscutible del constitucionalismo. Era preciso, también, redefinir las alianzas con los poderes y caudillos regionales, que habían adquirido gran relevancia ante la desaparición del Estado central en 1914 y la guerra civil entre los revolucionarios en 1915, y restaurar el tejido social dañado por cinco años de guerra civil. Y, finalmente, era indispensable que el proceso revolucionario, una vez que tenía un triunfador indiscutible, iniciara la reconstrucción nacional y redefiniera el rumbo y las instituciones del país, a través de un nuevo pacto social que resolviera las principales demandas que habían originado la revolución o que habían emergido durante ella. Ese nuevo pacto social tendría que expresar la nueva realidad nacional, las relaciones entre las principales clases y grupos sociales, el papel del Estado y de las instituciones, el marco jurídico y los principios fundamentales del país que emergía luego del cataclismo revolucionario.

Ante ese panorama, Carranza salió de Veracruz el 2 de octubre de 1915, donde había permanecido desde la ruptura con la Convención, para iniciar una gira por el norte del país en la que demoró seis meses. Concluida, entró nuevamente a la ciudad de México el 15 de abril de 1916. En la capital, se hizo cargo del Poder Ejecutivo nacional y comenzó la reconstrucción del poder soberano, que se había fragmentado en múltiples soberanías regionales dominadas por los principales caudillos y movimientos revolucionarios. La primera tarea de Carranza, luego de su victoria sobre Villa, fue la de restablecer el poder del Estado central. Para ello, el Primer Jefe ratificó en su cargo a los generales que habían consolidado su dominio en los estados donde había tenido más fuerza el constitucionalismo: Plutarco Elías Calles en Sonora; Rafael Iturbe en Sinaloa; Manuel M. Diéguez en Jalisco. Asimismo, distribuyó a varios de sus principales jefes militares y colaboradores civiles, con el fin de que se hicieran cargo del gobierno de las entidades federativas que ya estaban pacificadas. Carranza llevó a cabo esa labor siguiendo patrones diferentes: en los estados del noreste y del centro norte, donde había surgido el constitucionalismo y seguía siendo su principal área de influencia, puso al frente de los gobiernos locales a subordinados suyos con reconocimiento popular en esas regiones, como Gustavo Espinosa Mireles en Coahuila, o Rafael Cepeda en San Luis y Pastor Rouaix en Durango, quienes pusieron en marcha políticas reformistas, sobre todo en materia laboral, para ganar legitimidad y apoyo en los sectores populares urbanos.

En la cuestión agraria, sin embargo, la postura de su gobierno fue más moderada, en concordancia con la posición francamente conservadora de Carranza, reacio al reparto de la tierra y a la fragmentación de la gran propiedad. En los estados antes dominados por Villa y Zapata, sus grandes enemigos, la política aplicada por Carranza fue de guerra total, buscando acabar de raíz con la resistencia de esas regiones, mediante gobiernos militares de mano dura que no ofrecieron ninguna concesión a los campesinos, obreros y sectores populares, a los que consideraba seguidores de sus enemigos. La represión y persecución contra los restos del villismo y el zapatismo en Chihuahua, Durango, Morelos y partes de Puebla, no obstante, no logró eliminarlos y convirtió a esas regiones en zonas de disputa permanente, en donde el gobierno federal y el local controlaban las principales ciudades mientras en las zonas rurales, con ascensos y reflujos, los guerrilleros villistas y zapatistas siguieron hostilizando al Ejército federal y llegaron, en ocasiones, a ocupar algunas de las principales ciudades y buena parte de Chihuahua y Morelos.

En los estados del sur y sureste, en donde la revolución había tenido muy poca incidencia y los grandes finqueros y las oligarquías locales mantenían el control de esas regiones, Carranza permitió que ocuparan el poder algunos de los jefes constitucionalistas más agraristas y radicales, como Francisco J. Mújica, en Tabasco, o Salvador Alvarado, en Yucatán, quienes emprendieron medidas para acabar con el peonaje en las haciendas y organizar a los jornaleros agrícolas bajo un programa con fuertes tintes anticlericales y de radicalismo agrarista. En estados como Oaxaca o Chiapas, que estaban dominados por fuertes cacicazgos y liderazgos regionalistas, tuvo que enfrentarlos o negociar con ellos, sin lograr por ello quebrar la resistencia oaxaqueña, donde el movimiento soberanista de la sierra mixteca siguió siendo un dolor de cabeza para Carranza y llegó a controlar la capital del estado y la sierra mixteca antes de sufrir una fuerte derrota y convertirse en un movimiento guerrillero serrano marginal. Finalmente, en los estados del centro, donde ni el villismo ni el zapatismo tuvieron fuerte arraigo ni tampoco se construyeron liderazgos y movimientos regionalistas fuertes, Carranza pudo imponer el control con subordinados suyos moderados, que establecieron alianzas con las elites locales, afectadas por el cataclismo revolucionario de los años previos, para mantener el *statu quo*.

Una vez establecido su gobierno provisional en la capital del país, Carranza enfrentó un nuevo desafío por parte de uno de sus aliados más importantes, cuyo apoyo contribuyó a derrotar a la Convención. El pacto del constitucionalismo con el movimiento obrero, y particularmente con la Casa del Obrero Mundial (COM), le había permitido a esa organización convertirse en la principal central obrera del país. El constitucionalismo, por su parte, había buscado atraer desde meses atrás a las clases trabajadoras, tan importantes para vencer en la guerra civil a los convencionistas, mediante una política laboral reformista. En los estados controlados por Carranza, los gobiernos de Eulalio Gutiérrez en San Luis Potosí, Alberto Fuentes en Aguascalientes, Manuel M. Diéguez en Jalisco y Antonio I. Villarreal en Nuevo León, en 1914, promovieron leyes para establecer la jornada máxima de trabajo, el descanso obligatorio, el fin al endeudamiento de los trabajadores con sus empresas y un salario mínimo. Carranza había encargado, además, a dos de sus más cercanos colaboradores, Luis Manuel Rojas y José Natividad Macías, que elaboraran un código del trabajo que recogiera los planteamientos que estaban aplicando los países europeos para resolver los problemas laborales.

La COM aprovechó la alianza con el constitucionalismo para extender su influencia en varias regiones y para incorporar a sus filas a más ramas y asociaciones obreras y artesanales. El radicalismo de sus líderes no se había atenuado y pronto chocó con el conservadurismo dominante en el carrancismo. La guerra civil había afectado a varias de las principales ramas productivas y, de manera particular, a las mayores regiones productoras de alimentos, cuya escasez era crónica desde 1915. La continua emisión de papel moneda por Carranza avivó la inflación y la especulación de alimentos por los comerciantes; el cierre de fábricas había echado a la calle a muchos trabajadores. Esas condiciones propiciaron el reavivamiento de las protestas y movilizaciones obreras. Estallaron varias huelgas, entre ellas, las de los trabajadores portuarios en Veracruz y Tampico, los electricistas y tranviarios en Guadalajara y la ciudad de México, los mineros en el estado de México. Esas movilizaciones buscaban resarcir el poder adquisitivo de los trabajadores mediante el pago de sus salarios en oro y no en papel moneda, y exigir al gobierno que frenara la especulación y el encarecimiento de los alimentos.

La COM, que promovía varias de esas protestas, llamó a la huelga general para mayo de 1916, pero la pospuso para julio de ese año cuando el gobierno de Carranza prometió un aumento salarial que nunca llegó. La huelga general estalló en la capital del país el 31 de julio y paralizó durante tres días la ciudad. Uno de los sindicatos que estalló la huelga, el de los electricistas, provocó que no hubiera industria, ni transporte, por lo que no hubo tortillas, pan ni comercio, provocándose una situación de emergencia inédita ante el desafío obrero. Carranza movilizó tropas para ocupar militarmente los principales sindicatos y declaró ilegal a su antigua aliada, la COM. Encarceló a sus líderes y puso en vigor una ordenanza de 1862, que Juárez había establecido para castigar con la pena de muerte a los traidores a la Patria, medida de excepción dictada en el marco de la lucha contra la Intervención francesa, y la hizo extensiva a quienes atentaran contra la seguridad pública y organizaran huelgas. En los juicios contra los líderes sindicales, aunque se les acusó de alta traición, los tribunales los absolvieron y Carranza tuvo que liberarlos meses más tarde. Sin embargo, el golpe contra el movimiento obrero independiente estaba dado y se desmanteló temporalmente a la principal fuente de organización y movilización laboral independiente del nuevo Estado que construía el constitucionalismo.

Además de la agitación obrera y de la resistencia localizada villista y zapatista, en 1916 Carranza tuvo que lidiar con las rebeliones regionales que persistían en algunas regiones de Oaxaca, donde Félix Díaz había retornado para continuar su largo y estéril desafío a los gobiernos revolucionarios, con los soberanistas oaxaqueños, con el instrumento de las compañías petroleras en la Huasteca, Manuel Peláez, así como con los bandoleros encabezados por José Inés Chávez García en Michoacán. Esos movimientos, aunque persistentes, no lograron trascender su carácter regional.

Carranza estaba avanzando así en controlar esos desafíos y parecía que podría por fin obtener un préstamo de Estados Unidos para terminar de consolidar su gobierno, cuando un nuevo acontecimiento modificó el escenario. El ataque de Villa y 500 de sus seguidores a la población fronteriza de Columbus, Nuevo México, el 9 de marzo de 1916, provocó la airada reacción del gobierno del vecino país, que envió una columna de 10 000 soldados al territorio nacional, conocida como la expedición punitiva, para perseguir y acabar con Villa. Esa incursión no sólo enfrió el reconocimiento del poderoso vecino a Carranza, sino que tensó nuevamente las relaciones binacionales y se convirtió en un conflicto agudo en los meses siguientes que estuvo a punto de provocar una guerra entre México y Estados Unidos. Con todo, a pesar de esas resistencias locales, el proyecto carrancista pudo avanzar en la reconstrucción del Estado nacional, con lo que fue consolidándose el poder del gobierno central, sin que hubiera ningún movimiento regional que significara un serio desafío a su hegemonía nacional; las instituciones públicas en la Federación y en los estados reanudaron sus funciones; la nueva legislación pudo aplicarse de manera generalizada y las actividades económicas, en lo general, iniciaron su recuperación.

2. La NUEVA POLÍTICA EXTERIOR

Una de las principales fortalezas del movimiento encabezado por Carranza, que contrastaba fuertemente con las posiciones asumidas por las otras corrientes con las que se había enfrentado, fue su clara definición ante las relaciones que México debía tener con las otras naciones. Carranza, ante todo, era un nacionalista convencido, consciente, además, de la complejidad de compaginar el fortalecimiento de su movimiento, el control sobre una revolución social en ascenso y el respeto hacia los intereses económicos de las grandes compañías extranjeras, con la necesidad de obtener el reconocimiento de sus gobiernos y garantizar la adquisición de armas y armamento, todo ello sin poner en riesgo la soberanía nacional. No era fácil mantener el control en esa compleja trama en la que, a menudo, había intereses contrapuestos. Sin embargo, Carranza pudo hacerlo con gran habilidad, con una actitud firme que, con frecuencia, era tachada de terquedad, actitud que sacaba de quicio a interlocutores tan poderosos como el presidente de Estados Unidos, Woodrow Wilson.

En la vorágine revolucionaria, hubo varios episodios que tensaron la relación de Carranza con las naciones extranjeras, particularmente con Estados Unidos, que era la potencia que tenía mayores intereses económicos y políticos en México. En esos episodios, la actitud asumida por Carranza comenzó a perfilar los rasgos de una política exterior que más tarde sería conocida como la doctrina Carranza.

Los principios en los que se basó fueron el nacionalismo, la defensa de la soberanía, el rechazo a cualquier forma de intervención o de injerencia de un gobierno extranjero, el respeto y sometimiento a las leyes e instituciones nacionales por parte de los residentes y empresas extranjeras y el respeto a la libre determinación de la nación mexicana sobre sus asuntos internos.

El estallido de la primera guerra mundial le añadió un nuevo factor de tensión a la ya muy complicada relación de México con Estados Unidos originada por la revolución. El inminente involucramiento del vecino país en ese conflicto armado y la vertiginosa expansión de su industria, impulsada por la economía de guerra, requería no solamente que pudiera garantizar el abasto de materias primas que México le proporcionaba, como minerales, algodón, henequén y petróleo —muchos de los cuales eran producidos por compañías estadunidenses—, sino que también necesitaba que México estuviera en paz y no se convirtiera en un país hostil; menos aún, que pudiera aliarse a Alemania o Japón, los países con los que pronto entraría en guerra. El peor escenario para Estados Unidos era una guerra con México.

Carranza se dio cuenta de que esta trama tan complicada también entrañaba dificultades y oportunidades para México y trató de sacar provecho de ella. La incursión de la expedición punitiva a territorio mexicano para perseguir a Villa en marzo de 1916 fue condenada por Carranza, quien sin embargo se cuidó de declarar la guerra a un enemigo a todas luces superior. No obstante, movilizó tropas a Chihuahua con órdenes de impedir el paso hacia el sur de las fuerzas estadounidenses y denunció ante las naciones latinoamericanas que defendería la soberanía nacional y, si ocurría un conflicto bélico, la culpa no sería de México sino del ejército invasor. La Expedición Punitiva no sólo no logró atrapar a Villa sino que provocó que la fuerza de este aumentara, y que pudiera hostilizar tanto a los soldados extranjeros como también a las tropas carrancistas. Para resolver el conflicto, Carranza envió a su secretario de Guerra, Álvaro Obregón para que se reuniera con Hugh L. Scott, representante del gobierno estadunidense. Después de arduas negociaciones, ambos militares acordaron un protocolo que establecía el retiro de las tropas extranjeras, aunque no fijaba fecha para ello. Por esta razón y porque consideraba que el protocolo mismo legitimaba la invasión, Carranza se negó a firmarlo. Posteriormente, se estableció una comisión binacional en agosto de ese año. Luis Cabrera, el principal asesor de Carranza, encabezó la delegación mexicana que buscó que antes que nada se definiera la fecha de salida de las tropas estadunidenses, a lo que el gobierno de ese país se oponía si no se firmaba primero un protocolo que permitiera al gobierno de Estados Unidos intervenir unilateralmente cuando se vieran amenazados los intereses de las empresas de sus connacionales en México, con la amenaza velada de que si Carranza no aceptaba, podía implicar su derrocamiento. La comisión mexicana aceptó firmar el protocolo que Carranza rechazó. El Primer Jefe exigió que primero salieran las tropas extranjeras de nuestro país. La firmeza de la postura carrancista y las tensiones crecientes con Alemania, llevaron a Wilson a tomar la decisión de retirar sus tropas de México, con lo que Carranza consiguió un importante triunfo político y diplomático. Los últimos soldados invasores salieron del territorio nacional el 5 de febrero de 1917, el día en que se promulgaba la nueva Constitución Política mexicana.

Estados Unidos y Alemania ejercieron fuertes presiones para que México ingresara a la Gran Guerra Europea que se convirtió en guerra mundial con el ingreso del vecino del norte. El famoso telegrama Zimmerman que envió el ministro de Relaciones Exteriores alemán Arthur Zimmerman a Carranza, en donde le proponía una alianza militar de México con Alemania para que nuestro país le declarara la guerra a Estados Unidos y buscara también una alianza con Japón, a cambio de ayuda bélica de Alemania y su apoyo para que México recuperara los territorios que había perdido en la guerra con Estados Unidos, precipitó el ingreso de nuestro vecino a la guerra del lado de los aliados. Fue aprovechado por el presidente Woodrow Wilson para convencer a su congreso de declararle la guerra a Alemania y le sirvió para intensificar la presión sobre Carranza para que México ingresara a la guerra. El Primer Jefe mantuvo con firmeza la neutralidad de nuestro país y encabezó una postura pacifista entre los países neutrales para poner fin al conflicto bélico mediante un boicot comercial a los países en guerra. Protestó también ante el enrolamiento forzoso al ejército norteamericano de ciudadanos mexicanos residentes en Estados Unidos, muchos de los cuales perecieron en los frentes de batalla. Al final, la postura de liderazgo pacifista y neutral de México le valió el reconocimiento entre los países latinoamericanos.

Sin embargo, la actitud nacionalista de Carranza y su firme oposición a la intervención militar y a la mayor injerencia que buscaba Wilson en los asuntos mexicanos produjeron consecuencias negativas para su gobierno: el enfriamiento de la relación de México con su poderoso vecino del norte; la posposición del reconocimiento jurídico a su administración, así como otras dos más que tendrían graves repercusiones en el desarrollo de los acontecimientos políticos internos en los siguientes tres años: la prohibición de la venta de armas estadunidenses al gobierno de México y la negativa tácita de otorgarle préstamos a la administración carrancista. Ambas condiciones significaron un bloqueo *de facto* al gobierno de Carranza, que no podía obtener, por la guerra mundial, armas ni dinero de ninguna otra potencia, lo cual dificultó las finanzas públicas y la eficacia de las acciones militares del gobierno mexicano contra los movimientos rebeldes de Villa, Zapata, Félix Díaz y Manuel Peláez que nuevamente tomaron fuerza, volvieron a asolar a las tropas federales y recuperaron parte del control de los territorios que habían perdido en 1915 y 1916.

A pesar de ello, el firme nacionalismo de Carranza y su tajante rechazo a la intervención y a las injerencias del gobierno estadunidense —posición que también adoptó con las otras potencias extranjeras que, como Gran Bretaña, Alemania, Francia y Japón trataron de atraer a su gobierno hacia sus intereses en un escenario de conflagración bélica internacional—, sentaron las bases de la política exterior que distinguiría a México en los siguientes decenios. En su informe al Congreso el 1º de septiembre de 1918, el presidente Carranza resumió los principios de su política exterior, conocida como Doctrina Carranza, en estos términos: *Todos los países son iguales; deben respetar mutua y escrupulosamente sus instituciones, sus leyes y su soberanía; ningún país deberá intervenir en ninguna forma y por ningún motivo en los asuntos interiores de otro. Todos deben someterse estrictamente y sin excepciones al principio universal de no intervención; nacionales y extranjeros deben ser iguales ante la soberanía del país en que se encuentran...* La congruencia y la firmeza de Carranza le valieron el reconocimiento interno y lo distinguieron con relación a los otros caudillos revolucionarios, que tuvieron una posición más fluctuante y pragmática ante los gobiernos extranjeros, sobre todo ante el de Estados Unidos.

3. EL CONGRESO Y LA CONSTITUCIÓN

En junio de 1916, en cumplimiento del Plan de Guadalupe, Carranza consideró que había condiciones y que era necesario restablecer el orden constitucional, por lo cual emitió un decreto en el que convocaba a elecciones municipales que tendrían lugar el 1 de septiembre de ese año. En la convocatoria señaló dos restricciones importantes: ningún militar en activo podría ser elegido, ni tampoco (lo que era más importante), ninguna persona que hubiera «ayudado con las armas o desempeñado empleos públicos a gobiernos o facciones hostiles a la causa constitucionalista», con lo cual eliminaba de tajo a todos los que hubieran tenido alguna relación con Huerta, Zapata, Villa o la Convención, así como los demás movimientos regionales opositores. Luego, el 14 de septiembre de ese año, convocó a un Congreso Constituyente para redactar una nueva Constitución y se comprometió a enviar a ella un proyecto que incluiría las reformas sociales y políticas que había impulsado el constitucionalismo en los años anteriores, además de las que consideraba necesarias para resolver los principales problemas nacionales. La convocatoria excluyó a las mismas personas que el decreto anterior y, en una ley electoral emitida el 24 de septiembre, se definieron las condiciones de la elección. En ella, si bien se establecía que se podían organizar libremente partidos políticos de cualquier filiación y que los candidatos tenían que ser originarios de sus estados, se abrió la posibilidad de que pudieran ser electos ciudadanos que hubieran residido en su distrito solamente seis meses antes, lo cual permitía que fueran electos los jefes militares o dirigentes civiles constitucionalistas que se habían hecho cargo de los gobiernos estatales o que habían desempeñado puestos administrativos en los estados ocupados por el constitucionalismo.

Así pues, en las elecciones al Congreso Constituyente compitieron solamente candidatos pertenecientes a la corriente triunfadora de la revolución. Tanto Carranza como Obregón, los dos principales jefes de esa facción, maniobraron para que fueran elegidos diputados afines a ellos y lo consiguieron, con el apoyo de los gobernadores y jefes militares. Los diputados que resultaron electos fueron personajes pertenecientes, en su mayoría, a las clases medias urbanas, profesionistas, mayoritariamente abogados, muchos de los cuales habían ocupado cargos en la administración pública, federal o local, así como en los equipos de asesores de los principales jefes militares. Aunque estos últimos no participaron personalmente en el Congreso Constituyente, varios de los más connotados, entre ellos Obregón, tenían una notable influencia en algunos de los diputados radicales que más sobresalieron en los debates.

El Congreso Constituyente se reunió en la ciudad de Querétaro y comenzó sus sesiones preparatorias el 21 de noviembre de 1916 y el 1º de diciembre de ese año quedó formalmente instalado. Su encomienda era redactar una nueva constitución, que reflejara y ordenara las aspiraciones revolucionarias que se habían desarrollado en los seis años de guerra civil que cimbraron al país luego de la caída de Porfirio Díaz. Desde el comienzo de las sesiones quedó de manifiesto que existían dos bloques bien definidos en la asamblea: en uno de ellos estaban jóvenes diputados con una postura ideológica liberal radical, con ciertos tintes de socialismo y un marcado anticlericalismo, entre los que destacaban Francisco J. Múgica, Enrique Colunga, Luis G. Monzón, Esteban Baca Calderón, Heriberto Jara y Antonio Martínez de Escobar. Este bloque de diputados tenía cercanía y contaba con el apoyo de Álvaro Obregón y de otros militares que se habían ido distanciando en los meses anteriores de Carranza. Los jóvenes diputados radicales y los obregonistas, establecieron una alianza *de facto* para que en el Congreso Constituyente se aprobara una constitución de notable contenido social, en la que se plasmaran las principales demandas de los campesinos, trabajadores y sectores populares que habían engrosado los ejércitos revolucionarios y que no habían obtenido aún una solución satisfactoria a sus demandas. Varias de estas demandas agrarias, laborales y educativas habían sido llevadas a la práctica en 1915 y 1916 por los jefes militares y civiles radicales en los estados controlados por el constitucionalismo, como Salvador Alvarado en Veracruz, Francisco J. Múgica en Tabasco, Cándido Aguilar en Veracruz, Manuel M. Diéguez en Jalisco y Pastor Rouaix en Durango, por lo que buscaban plasmar estas reformas en el nuevo texto constitucional.

El otro bloque estaba compuesto por un grupo de destacados intelectuales afines a Carranza, entre quienes sobresalían Félix Palavicini, Luis Manuel Rojas, Alfonso Cravioto, José N. Macías y Gersayn Ugarte, intelectuales cercanos al maderismo que habían formado parte del *bloque renovador* en la famosa XXVI Legislatura y que habían permanecido en sus puestos después del asesinato de Madero y hasta que Huerta disolvió el Congreso, luego de lo cual se habían incorporado al movimiento carrancista, dentro del cual se convirtieron, junto con Luis Cabrera, en los principales asesores del Primer Jefe. Estos ideólogos carrancistas, de notable cultura y dotes oratorias, ideológicamente asumían un liberalismo moderado, similar al que profesaba Carranza.

La división entre ambos bloques quedó de manifiesto desde las primeras sesiones. Según el procedimiento establecido en el Congreso, su primera tarea era discutir y aprobar las credenciales de cada uno de los diputados electos. El ala radical criticó fuertemente y se opuso a que fueran aceptados en el Congreso algunos de los diputados más cercanos a Carranza, como Palavicini y Macías, denunciando su falta de firmeza y compromiso revolucionario, así como haber legitimado a la dictadura depor no haber renunciado luego del asesinato de Madero, con lo cual —según los denunciantes—, Palavicini y el resto de los diputados del *Bloque Renovador* habían legitimado al gobierno dictatorial de Victoriano Huerta. Los moderados se defendieron arguyendo que Carranza les había dado instrucciones de que permanecieran en sus cargos para oponerse al gobierno de Huerta desde el Congreso. Ante el inminente rechazo de sus credenciales en el Congreso, al tener mayoría los radicales, Carranza se vio obligado a manifestar que él había girado esas instrucciones, aunque nunca mostró la evidencia de que eso hubiera realmente ocurrido.

Esa división en el Congreso, sin embargo, era sólo la manifestación de otras dos divisiones, más profundas, en la fracción que había triunfado en la revolución. Por una parte, mostraba la separación, la rivalidad y el enfrentamiento que había comenzado a manifestarse entre sus dos principales caudillos victoriosos: Carranza y Obregón, cuya rivalidad había ido agudizándose luego del triunfo sobre Villa. El Constituyente de Querétaro fue el escenario donde se llevó a cabo la primera gran batalla entre ellos dos. Las grandes discusiones políticas e ideológicas —algunas de ellas memorables— que tuvieron lugar en esa asamblea, tenían como telón de fondo y como una de sus causas explicativas, la lucha política entre Carranza y Obregón para imponer su supremacía dentro de la fracción triunfadora.

La otra división, de mayor contenido y consecuencias para la historia del país, era la de los proyectos políticos distintos que representaban Carranza y Obregón, que tuvo en el Constituyente de Querétaro su gran escenario de confrontación. Carranza, un político moderado formado en el porfirismo, muy cercano a Bernardo Reyes, tenía una concepción del Estado nacional anclada en el paradigma del moderado liberalismo mexicano decimonónico: un Estado fuerte, centralizado, presidencialista, garante de las libertades individuales, defensor de la soberanía, nacionalista, promotor del desarrollo económico dentro del esquema del *laissez-faire, laissez-passer*. Carranza políticamente era muy conservador: reacio y aun contrario a la reforma agraria, no simpatizaba tampoco con las demandas laborales y asumía las leyes de Reforma, pero quería garantizar la libertad de creencias y tolerar que el clero tuviera la oportunidad de impartir educación religiosa en las escuelas. La paradoja de esa postura política e ideológica de Carranza, es que no se correspondía y no representaba las demandas y aspiraciones ni tampoco las transformaciones sociales y económicas que los seis años de revolución y guerra civil ya habían realizado. Esa postura, objetivamente, lo convertía en una rémora del pasado y en un obstáculo para las transformaciones que exigían los sectores sociales que habían alimentado las filas revolucionarias y que hacía suyas el ala más radical del constitucionalismo.

Obregón, por su parte, representaba un proyecto político diferente, que recogía algunas de las principales demandas sociales, económicas y políticas que se habían desarrollado durante la revolución y las asumía como programa para el nuevo Estado, convirtiendo a este en el garante de su cumplimiento. La fuerza del proyecto que representaba Obregón, la que lo hizo triunfar en el Constituyente y más tarde sustituir a Carranza, era que había entendido bien que el país había cambiado y que era necesario transformarlo aún más y darle cauce a las nuevas fuerzas sociales, a los nuevos grupos emergentes que habían sido excluidos en el ejercicio tradicional del poder y que serían las bases sociales que darían legitimidad y sustento al nuevo Estado surgido de la revolución. Carranza, anclado en el pasado, representaba el Estado liberal y el civilismo decimonónico, mientras que Obregón, con la mira puesta en el porvenir, daba cuerpo al nuevo Estado surgido de la revolución, comprometido y garante de las reformas sociales y pilar del nuevo pacto social de un Estado corporativo y populista, legitimado por el discurso revolucionario y por el apoyo de las organizaciones sociales, con el respaldo activo de las fuerzas armadas.

Carranza presentó al Congreso Constituyente su propuesta de nueva Constitución que, en esencia, era la misma de 1857 con algunos temas agregados que no representaban transformaciones de fondo, como era el caso del sufragio directo, la no reelección, la supresión de la vicepresidencia, reformar al sistema judicial y establecer la libertad municipal. La principal diferencia del proyecto de Carranza con la Constitución de 1857 fue sobre el sistema de gobierno. Carranza quería una presidencia fuerte, sin los controles parlamentarios que había establecido la Carta Magna de 1857. Consideraba que el parlamentarismo no era aplicable en nuestro país por la ausencia de partidos políticos. La moderación del proyecto carrancista sorprendió a muchos de los diputados y fue inmediatamente cuestionado. Los diputados radicales, que eran además mayoría en la asamblea, propusieron otros artículos, de contenido social más progresista, y dio comienzo una encarnizada disputa ideológica entre los principales representantes de ambos grupos. Aunque en las discusiones eran más sólidas y mejor argumentadas las exposiciones de los diputados carrancistas, quienes tenían una mayor preparación, cultura, habilidad oratoria y experiencia parlamentaria, en las votaciones se impusieron los radicales, que tenían mayoría absoluta en el Congreso y defendieron de manera vehemente y en ocasiones brillante, sus argumentos.

Los más importantes artículos de la nueva Constitución fueron el 27, el 123 y el 3º, que sentaron las bases para un nuevo Estado y un nuevo pacto social que redefinió las relaciones fundamentales entre las clases sociales. El artículo 27 recogió la principal demanda surgida en el proceso revolucionario, estableció un nuevo sistema de propiedad de la tierra y asumió como una responsabilidad del Estado llevar a cabo la reforma agraria. Lo novedoso del artículo fue que establecía un puente entre el pasado colonial y el futuro al que se quería llegar, al reivindicar para la nación —encarnada en el Estado— la propiedad original de la tierra, de las aguas y del subsuelo, y como una atribución del mismo Estado la transferencia de su dominio a los particulares, constituyendo así la propiedad privada, reservándose la facultad de expropiarla por causa de utilidad pública. El texto constitucional aceptaba como legítimo el reparto agrario, restituyendo la tierra a las comunidades rurales que hubieran sido despojadas de ella y otorgándola a quienes no la tuvieran. Por lo que respecta a los recursos naturales del subsuelo, petróleo, gas natural y minería, establecía la propiedad originaria de la nación sobre ellos y encomendaba al Estado su preservación, la facultad de concesionarlos y, además, de utilizarlos para impulsar el desarrollo nacional. El artículo 27 ponía así en manos del Estado y, sobre todo, del Presidente de la República, el formidable poder de decidir cómo, cuándo, a quiénes y en qué proporción debía repartirse la tierra, así como definir las modalidades para la explotación del subsuelo.

El artículo 123 recogió las principales demandas de los movimientos laborales de la época y tuvo un marcado tinte progresista, al reconocer el derecho a la organización y a la huelga de los trabajadores, fijar límites a la jornada de trabajo diurna y nocturna, establecer el salario mínimo y el descanso dominical, prohibir el trabajo infantil, el trabajo nocturno para las mujeres y niños menores de 14 años, y garantizar diversas disposiciones de seguridad, servicios sociales y prestaciones para los trabajadores, entre ellas, para las mujeres gestantes y las madres. De manera significativa, los constituyentes dieron al Estado el papel de mediador en las relaciones obrero-patronales, al asignarle la facultad de autorizar la constitución de las organizaciones laborales y, también, la capacidad de dictaminar sobre la licitud o no de sus huelgas. Como el artículo 27, el 123 dotaba al Estado y, particularmente al Presidente de la República, como jefe del Estado mexicano, de un enorme poder tanto sobre los trabajadores como sobre los patrones, subordinando a ambos sectores a sus designios. En ambos artículos, que fueron aprobados casi por unanimidad, los diputados constituyentes tuvieron la sensibilidad de recoger las demandas y las experiencias de los numerosos grupos campesinos y obreros que participaron en las distintas corrientes revolucionarias y, particularmente, las que habían desarrollado tanto el zapatismo como el villismo y las del sector más radical del constitucionalismo. La diferencia entre las propuestas zapatistas y villistas con el artículo 27 constitucional, sin embargo, estribaban en el hecho de que la reforma agraria que impulsaron aquéllos era una reforma agraria desde abajo, inmediata y con las comunidades campesinas armadas para defenderla. La que surgió en el Constituyente fue, en cambio, una reforma desde el Estado, llevada a cabo gradualmente por la vía institucional, y como una concesión desde el gobierno central hacia las comunidades campesinas, que tenían que solicitar la restitución o dotación de tierras y esperar el proceso establecido por las leyes para obtener una resolución, que podía ser favorable o no. Lo mismo ocurrió con los derechos laborales consagrados en el artículo 123: recogía las demandas más sentidas por el movimiento obrero radical, cuya tradición arrancaba desde la segunda mitad del siglo XIX, pasando por el magonismo y por la experiencia anarcosindicalista de los años álgidos de la revolución. Pero de nueva cuenta: la materialización de los derechos laborales que establecía la nueva Constitución, dependía de la actuación del Estado central, que sancionaba la constitución de los sindicatos y decidía, a través de tribunales especiales, la licitud o no de las huelgas.

El artículo 3º, a su vez —que provocó la más enconada y prolongada discusión en el Congreso, a una de las cuales asistió el propio Carranza—, fue una etapa culminante de la larga batalla que había librado el Estado liberal contra la Iglesia católica durante el siglo XIX. La propuesta original de Carranza era prácticamente igual a la de la Constitución de 1857, que garantizaba la libertad de creencias y la educación laica en las escuelas oficiales y mantenía las restricciones al clero al prohibir que tuviera propiedades y que pudiera hacer manifestaciones de culto fuera de los recintos religiosos. La propuesta de Carranza, sin embargo, fue juzgada como muy tibia para el sector de diputados más radicales, varios de los cuales profesaban un acendrado anticlericalismo y querían ir más allá que las leyes de Reforma e imponer nuevas restricciones al clero católico, al que consideraban uno de los más perniciosos enemigos del proyecto revolucionario y un obstáculo para el progreso del país. Así, presentaron un nuevo artículo en el que proponían la educación primaria como laica, obligatoria, gratuita y como una responsabilidad del Estado el garantizar su impartición. El clero no podría impartir educación religiosa en las escuelas particulares y estas tendrían que someterse a la vigilancia oficial. Complementariamente, los diputados jacobinos lograron la aprobación de los artículos 24 y 130, en los que reafirmaron no sólo la independencia del Estado y las iglesias, como en la Reforma del XIX, sino la supremacía del Estado sobre las iglesias, a las que se les negó su personalidad jurídica y se les sujetó al control estatal.

El liberalismo jacobino, renovado y fortalecido por la revolución, dio un paso más en la subordinación de la iglesia católica al Estado mexicano, reafirmó con más fuerza las disposiciones anticlericales de la Reforma y puso fin a la convivencia y a la violación a la legislación que había caracterizado la relación entre el poder civil y el religioso durante el porfiriato. El nuevo Estado que surgía de la revolución y particularmente el grupo identificado con Obregón y los jefes sonorenses que impusieron su mayoría en el Congreso y lograron la aprobación de sus propuestas, al determinar como obligatoria la enseñanza laica y prohibir expresamente al clero católico la posibilidad de impartir enseñanza, al negarle personalidad jurídica, prohibirle la actividad política y la adquisición de propiedades, proscribir las órdenes monásticas y establecer como obligación a los sacerdotes seguir la reglamentación oficial, asestaron una fuerte derrota no sólo a la iglesia católica, sino también a la numerosa y abrumadoramente mayoritaria población católica del país, que comenzó a ver cómo se restringía, desde el nuevo Estado, la libertad religiosa de la que habían gozado hasta entonces. El anticlericalismo triunfante que se plasmó en la nueva Constitución abrió así un nuevo frente de batalla con la jerarquía eclesiástica y con el pueblo católico más militante, que culminaría con la guerra cristera en la década siguiente.

En conjunto, la nueva Constitución promulgada el 5 de febrero de 1917, dio forma —dos decenios antes de que la crisis económica internacional y la guerra mundial hicieran necesario el Estado benefactor y el keynesianismo—, a un Estado que al reivindicar las reformas sociales, al constitucionalizar los derechos de los campesinos y obreros y convertir en responsabilidad del Estado el vigilar su cumplimiento y asumirlos como programa de gobierno, convirtió a este en el gran actor no sólo de la política nacional, sino también en el eje rector de la economía y en el gran árbitro de la esfera social y, poco más tarde, en el principal patrón y promotor de la cultura y forjador de la identidad nacional.

Desde luego esa transformación se llevó a cabo a través de un proceso que culminó a mediados del siglo xx, pero cuyos cimientos fueron establecidos por la Constitución de 1917, que dotó al

322

BREVE HISTORIA DE LA REVOLUCIÓN MEXICANA

Estado y particularmente a su representante máximo, el Presidente de la República, de un enorme poder y facultades para regir buena parte de los destinos nacionales. El Estado que resultó de la revolución fue así un Estado benefactor, interventor, regulador y conductor de la economía, con la capacidad de controlar, subordinar y movilizar a los sectores populares gracias a la enorme legitimidad que le dio su origen revolucionario y a su facultad para llevar a cabo la reforma agraria, ofrecer la educación pública y velar por los derechos de los trabajadores.

4. El gobierno de Carranza

Los diputados del Congreso Constituyente de Querétaro aprobaron una de las constituciones más radicales y avanzadas de su época a nivel internacional, sin romper con el modelo económico capitalista ni el del Estado liberal. Sin embargo una cosa era el contenido de las reformas aprobadas y otra el que pudieran aplicarse inmediatamente. Muy pronto se mostró que no existían condiciones para ello. En primer lugar, porque como lo había evidenciado el propio Congreso Constituyente, existía una profunda división en el grupo triunfador de la revolución. El 31 de diciembre de 1917, al recibir la Constitución recién aprobada, Carranza dejó entrever ciertas reservas con ella, al afirmar ante los diputados: «Sean cuales fueren los defectos que por deficiencia o exceso pueda tener la obra a la que dais cima…». Inmediatamente después de clausurado el Congreso, un numeroso grupo de diputados jacobinos publicó un manifiesto en el que acusó a los renovadores de retardatarios, obstruccionistas, aduladores e intrigosos. No obstante, Carranza, derrotado en el Congreso, mantenía el poder como presidente de la República así como el control sobre varios de los principales jefes militares y contaba con el apoyo de la mayoría de los gobernadores de los estados. Esa división en el grupo gobernante fue el primer obstáculo para llevar a cabo las reformas constitucionales recién aprobadas.

A esa dificultad inicial se añadieron otras más. Carranza, mucho más moderado que los diputados radicales, no estaba de acuerdo con el contenido de los artículos más avanzados; además de su rechazo ideológico, los consideraba inviables y que sólo provocarían conflictos con los poderosos sectores que se veían amenazados: los hacendados, las compañías extranjeras propietarias de las minas y del petróleo, la iglesia católica, así como los patrones que no estaban dispuestos a permitir que la organización sindical y las huelgas perjudicaran la situación de sus empresas, muchas de las cuales habían sido seriamente afectadas por la destrucción y el estancamiento económico originados por la revolución. Un tercer factor era justamente la oposición de los grandes intereses económicos y de la iglesia católica que vieron en la Constitución de 1917 un serio peligro a la situación de privilegio que habían disfrutado durante el porfiriato, situación que querían mantener, una vez que había disminuido el torbellino revolucionario.

Por si fuera poco, si bien Carranza había logrado debilitar a sus numerosos enemigos internos, los cuales como el villismo, el zapatismo y el felicismo ya no serían desafíos nacionales que pusieran en riesgo su gobierno, no había sido capaz de eliminarlos por completo y su persistencia regional siguió siendo un factor de inestabilidad. Además, al derrotar a la Convención, las fuerzas constitucionalistas habían logrado dominar al resto de las regiones y estados del país pero, al hacerlo, el constitucionalismo se había convertido en un movimiento mucho más descentralizado, cuyos jefes militares —los principales generales carrancistas—, fortalecieron su poder en las regiones que controlaban con una fuerte dosis de independencia y autonomía respecto a la jefatura de Carranza y lo siguieron haciendo durante el período de su gobierno constitucional. El poder del Estado central, a pesar de las amplias facultades que la nueva constitución otorgaba al titular del Poder Ejecutivo, estaba muy acotado por la fuerza de los jefes militares que controlaban las regiones y por la crónica debilidad de las finanzas públicas, cuya exigua recaudación se consumía, en su mayor parte, en sostener los gastos del numeroso Ejército federal (que ascendía en 1917 a cerca de 150 000 hombres), y no tenía el control de la principal fuente de ingresos del país, puesto que la zona petrolera del Golfo de México estaba en manos de Manuel Peláez.

Por último, Carranza no contaba con el apoyo del gobierno de Estados Unidos y se vio inmovilizado por el virtual bloqueo económico que impuso el poderoso vecino del norte sobre México, como parte de su estrategia regional derivada de su participación en la primera guerra mundial y de la negativa de Carranza a que México participara en la guerra. Así, la imposibilidad de obtener préstamos de los bancos extranjeros y de comprar armas en el mercado estadunidense o europeo mermaron seriamente la fortaleza económica y militar del gobierno carrancista.

Ante ese panorama, Carranza intentó consolidar su gobierno y llevar a cabo su proyecto político, a pesar de las adversidades. Una vez aprobada la Constitución y habiendo tomado posesión como presidente constitucional, Carranza asumió el gobierno nacional dentro de los marcos legales y tuvo que dejar atrás la dictadura militar y el gobierno *de facto* de la Primera Jefatura que había ejercido en los cuatro años anteriores. Una de sus principales preocupaciones fue recuperar el poder en todas las regiones y restablecer plenamente la legalidad institucional, para lo cual convocó a la elección de los gobiernos estatales. Por primera vez, desde la etapa maderista, se celebrarían elecciones para elegir a los gobernantes. A diferencia de lo ocurrido en el Constituyente, donde Carranza no consiguió la mayoría y tuvo que aceptar una Constitución con la que no estaba de acuerdo, puso entonces especial empeño en ganar las elecciones al Congreso y en que fueran electos en los gobiernos estatales hombres de toda su confianza.

En términos generales la operación política de Carranza fue exitosa, pues sus candidatos ganaron 14 de las 19 gubernaturas disputadas en las elecciones de 1917. En los estados de Sonora, Zacatecas y Guerrero, sin embargo, triunfaron los obregonistas Plutarco Elías Calles, Enrique Estrada y Silvestre Mariscal, respectivamente. Hubo, además, serios conflictos electorales en Sinaloa, Coahuila, Michoacán y Tamaulipas en donde caudillos regionales se enfrentaron a los candidatos oficiales de Carranza y se negaron a respetar el resultado de los comicios, rebelándose y rechazando a los nuevos gobernadores, por lo cual, para desactivar el conflicto, tuvieron que intervenir tanto Carranza como Obregón y, en algunos casos, se decidió nombrar a gobernadores interinos y convocar a nuevas elecciones una vez que se hubiera restablecido el orden. De ese modo, la primera experiencia electoral del México posrevolucionario no pasó la prueba democrática. Las elecciones estuvieron plagadas de vicios: injerencia ilegal de las autoridades, desde el presidente Carranza hasta miembros de su gabinete, gobernadores y jefes militares, uso de recursos públicos para impulsar a los candidatos oficiales, presiones sobre los candidatos opositores y, finalmente, conflictos poselectorales que llegaron a rebeliones armadas, todo lo cual evidenció la ausencia de una cultura democrática y de instituciones sólidas que la pudieran garantizar.

Sin embargo, poco después, en las elecciones para el Congreso Federal realizadas en 1917, Carranza perdió el control de ambas cámaras. El Partido Liberal Constitucional (PLC), que se había creado un año antes por iniciativa de algunos de los operadores de Álvaro Obregón, entre ellos su cercano pariente y afamado caudillo militar, Benjamín Hill, fue el triunfador absoluto. Las relaciones entre el PLC y Carranza se habían ido deteriorando en los meses anteriores, como consecuencia de la postura antirreformista de Carranza, del cierre de filas en torno a su liderazgo, y de las diferencias crecientes con Obregón. Los líderes de ese partido, más afines a Obregón y con una agenda propia, dieron un giro en su estrategia política y se convirtieron en una abierta oposición al gobierno carrancista. Carranza no tuvo la disposición ni la habilidad para negociar con el plc y se vio obligado a gobernar con un congreso beligerante y hostil, que obstaculizó la mayoría de sus iniciativas. En esas condiciones, se hizo todavía más difícil la aplicación de los preceptos constitucionales: los hacendados se oponían a que se expropiaran sus propiedades para comenzar la refor-ma agraria; las compañías extranjeras se negaban a que se aplicara retroactivamente el artículo 27 y, a través de sus gobiernos, pre-sionaban al de México para que pudieran seguir explotando, como hasta entonces, los recursos petroleros y mineros del país; el clero católico, a su vez, se oponía abiertamente al artículo 3.

Carranza, de manera pragmática y sin mucha libertad de ma-niobra, decidió congelar la aplicación de las reformas constitucio-nales y, más aún, operó en contra de ellas al permitir que muchos de los hacendados cuyas propiedades habían sido confiscadas du-rante la revolución, las recuperaran. La reforma agraria, por las diferencias en el bloque gobernante y el burocratismo, pero sobre todo por la falta de voluntad del poder central y de la mayoría de los gobernadores, avanzó muy poco: al final del mandato consti-tucional del viejo líder coahuilense, sólo se habían repartido 200 000 hectáreas de tierras entre los ejidatarios solicitantes, lo que representaba apenas el 1% del territorio nacional.

En el tema del trabajo, los avanzados preceptos del artículo 123 relativos a la jornada máxima, al salario mínimo, a los acci-dentes laborales y en contra de los despidos arbitrarios no se aplicaban en muchas fábricas del país. La pérdida del poder ad-quisitivo ocasionada por el estancamiento económico y la inesta-bilidad que había colapsado o afectado a la mayoría de los secto-res productivos, lo que a su vez había originado la escasez de productos y su encarecimiento, provocaron el estallido de huel-gas por los sindicatos más combativos: petroleros, textiles, tran-viarios. La legislación reglamentaria del artículo 123, necesaria para poder aplicar los postulados de la Constitución, tardó en promulgarse; sólo el estado de Veracruz emitió la suya en 1918. Carranza consideró que no había condiciones para reglamentar el artículo 123, por la beligerancia de los sindicatos. Por el lado de los trabajadores, los intentos de constituir una organización obrera nacional finalmente cristalizaron cuando concurrieron el interés de Carranza por controlar una central nacional de traba-jadores, y el de varios de los sindicatos más representativos de 18

estados del país. El gobernador de Coahuila, Gustavo Espinosa
Mireles, fue el anfitrión de una reunión nacional a la que asistieron delegados de los sindicatos más combativos y mejor organizados: textiles, electricistas, metalúrgicos, ferrocarrileros, tran-
viarios y mineros. El gobernador coahuilense y los líderes afines
a Carranza trataron de ganar la dirección de la que se pretendía
que fuera la principal central obrera del país. Sin embargo, la
dirección de la nueva central, llamada Confederación Regional
Obrera Mexicana (CROM), quedó en manos de Luis N. Morones,
un dirigente carismático, activo y pragmático, cercano desde entonces a Álvaro Obregón. A pesar de esos avances, la lucha de los
trabajadores por obtener mejores condiciones y salarios se enfrentó a las resistencias atávicas de los patrones y a la poca disposición del gobierno carrancista para apoyar reformas radicales y
aplicar los postulados del artículo 123 constitucional, que siguieron siendo una aspiración para la mayoría de los asalariados
del país. Y, a pesar de todo, las condiciones materiales de los
trabajadores mexicanos eran mejores que diez años antes: se había abolido el peonaje por deudas y los castigos corporales, ya no
había pago en especie, las jornadas de trabajo habían disminuido
y los salarios aumentaron, aunque insuficientemente.

El asunto del petróleo también se complicó, dificultando la
aplicación del artículo 27. El control del general Manuel Peláez
de la principal zona productora y las presiones de las compañías
petroleras apoyadas por sus gobiernos de Estados Unidos y Gran
Bretaña, además del escenario creado por la primera guerra mundial en donde los aliados no permitirían la suspensión del abasto
del crudo mexicano para sus industrias bélicas, hicieron inviable
la aplicación de la nueva legislación que establecía la soberanía
nacional sobre los recursos del subsuelo. Los intentos de Carranza
por imponer un impuesto al crudo y sujetar a un permiso oficial
la exploración de nuevos campos se toparon con la resistencia de
las empresas que exigían la no retroactividad del artículo 27. Esas
tensiones no resueltas y la neutralidad y ambigüedad en la postura de Carranza con relación al apoyo a Estados Unidos en la gue-

rra mundial, enfriaron todavía más las relaciones de México con el gobierno estadunidense.

La situación económica y de las finanzas públicas era desastrosa. En el campo, a la destrucción de la infraestructura productiva y la reducción de la fuerza de trabajo por la guerra y la emigración, se añadieron malas cosechas y el temor y la oposición de los grandes propietarios a la nueva legislación agraria; la producción de los principales alimentos fue en esos años menor a la del último período del porfiriato. Carranza trató de reactivar la producción con el apoyo de los hacendados y empresarios, para lo cual decidió restituir las haciendas confiscadas o intervenidas durante la revolución a sus antiguos dueños y ofrecerles estímulos fiscales y protección para que rehabilitaran sus campos de cultivo. Esta política surtió efecto en algunas zonas, sobre todo en aquellas cuyos productos encontraron una demanda extraordinaria por la guerra europea, como el henequén de Yucatán, donde el gobernador carrancista Salvador Alvarado constituyó una empresa comercializadora estatal que aprovechó el *boom* exportador para obtener ingresos también extraordinarios. Carranza tomó medidas más drásticas con los comerciantes y banqueros, presionando a los comerciantes para que dejaran de especular y garantizaran el abasto de productos básicos, confiscando las mercancías a quienes se negaron a hacerlo, importando alimentos de Estados Unidos y convocando a un Congreso de Comerciantes en 1917 para solucionar el abasto de víveres. En otras ramas productivas la política económica del nuevo gobierno constitucional no tuvo muchos efectos, como fue el caso del petróleo que constituía una especie de enclave de empresas extranjeras protegidas por sus gobiernos en territorio mexicano. La producción del crudo no dejó de aumentar durante la revolución y se benefició de los altos precios del mercado internacional derivados de la conflagración bélica internacional. Carranza intentó aplicar impuestos a la industria y encontró el rechazo de las compañías y la presión del gobierno de Estados Unidos para que no se aplicara retroactivamente el artículo 27. En la minería —que se había colapsado—, la revolución y la nueva legislación provocaron temores en los dueños de las minas y, en los hechos, menos del 20% de las minas que había antes de la revolución seguían trabajando diez años después. Carranza trató de obligar a sus propietarios extranjeros amenazándolos con multas y confiscaciones si no reanudaban sus actividades y buscó aumentarles los impuestos. Renovó las concesiones a las minas que aceptaron la nueva legislación mexicana bajo las condiciones establecidas por la Constitución. La demanda de minerales por la industria bélica en expansión de Estados Unidos fue, sin embargo, el estímulo que detonó la reapertura y la reinversión de capitales en las minas desperdigadas, sobre todo, en el norte del país.

La producción nacional comenzó así lentamente a recuperarse, de manera desigual, en las distintas ramas productivas y regiones. Crecieron aquellas que ofrecían productos altamente demandados por el mercado internacional, mientras que la producción para el mercado doméstico lo hizo a menor ritmo. De hecho, la producción de alimentos creció muy lentamente por la destrucción de los campos y vías férreas, la inseguridad prevaleciente en muchas regiones, los abusos de los jefes militares, la especulación de los comerciantes y las malas cosechas, todo lo cual hizo que volviera el hambre de 1915 en 1917 y 1918 y que se tuvieran que tomar medidas de emergencia por el gobierno, entre ellas la importación de trigo de Estados Unidos.

Por otra parte, el enorme gasto militar de un ejército que había crecido notablemente en los años de la guerra hasta alcanzar los 150 000 hombres, y la necesidad de combatir las continuas revueltas y las gavillas de bandidos que asolaron amplias regiones durante el gobierno de Carranza, exprimían las finanzas públicas que no tenían, además, muchas opciones para incrementar la recaudación ante una economía estancada y en lenta recuperación. Aunque Carranza obtuvo la aprobación por el Congreso para aumentar algunos impuestos, fueron insuficientes para solventar los gastos del gobierno. La ausencia de crédito, el caos monetario, la inflación y la depreciación de la moneda, hicieron urgente además la creación del Banco Único de Emisión, que sustituiría a los bancos de emisión privados, que fueron liquidados por el gobierno de Carranza. Sin embargo, no había capital en el país para crear el Banco de Estado, por lo que Carranza buscó un préstamo de 100 millones de dólares en Estados Unidos para arrancar su operación, crédito que no pudo conseguir por la guerra y por la reserva que había tomado el gobierno del vecino país respecto al presidente mexicano. La mejora material prometida por la revolución seguía siendo un lejano ideal para la mayoría de la población.

El incumplimiento de las reformas sociales y económicas y del programa de gobierno que emanaba de la Constitución de 1917 enajenó aún más el siempre escaso apoyo popular hacia Carranza. La permanencia de las rebeliones locales de Zapata, Villa, Félix Díaz y Manuel Peláez le restó también apoyo y eficacia a su gobierno. Esto no mejoró cuando uno de los más fieles de sus hombres, hasta entonces, Pablo.

González, urdió una trama para asesinar a Emiliano Zapata. El legendario Caudillo del Sur, el símbolo por excelencia del agrarismo en la Revolución mexicana, cayó muerto el 10 de abril de 1919 luego de una traición y una emboscada orquestada por Pablo González, y llevada a cabo por Jesús Guajardo, con el consentimiento de Carranza. Sin embargo, el mayor peligro para este no eran esas rebeliones de los caudillos sobrevivientes a la revolución y enemigos del constitucionalismo, rebeliones persistentes pero localizadas y sin posibilidad de trascender.

El verdadero desafío provenía de las propias filas del grupo constitucionalista victorioso. Desde 1917 se había mostrado una fisura mayor en ese grupo por la rivalidad entre sus dos figuras señeras, Carranza y Obregón. La ruptura, no obstante, se había interrumpido temporalmente por el retiro de Obregón de la vida pública. Pero resurgió, con toda su crudeza, al acercarse hacia su fin el mandato constitucional de Carranza. Obregón regresó con renovados bríos a la política nacional para luchar por la silla presidencial que tanto ambicionaba. Carranza se preparó para impedirlo. Se abrió así un nuevo y crucial episodio en la lucha por el poder entre las dos máximas figuras de la revolución triunfante, en lo que sería la continuación de la batalla política escenificada en el Congreso Constituyente de 1917 entre los dos proyectos políticos que representaban Carranza y Obregón y que habían llegado a una situación que hacía inevitable su enfrentamiento.

5. De Carranza a Obregón

Luego de su alejamiento temporal de la política nacional, cuando renunció a la Secretaría de Guerra en el gobierno de Carranza en mayo de 1917, Obregón regresó a la palestra en junio de 1919 al anunciar su intención de contender por la presidencia de la República con un manifiesto nacional en el que marcó su distancia con el antiguo Primer Jefe y manifestó no tener compromiso con ningún partido nacional ni con intereses extranjeros. En ese manifiesto, acusó a Carranza de inmoral y de sumir al país en una intranquilidad constante. La candidatura de Obregón pronto atrajo a las principales fuerzas políticas: el Partido Liberal Constitucionalista, la CROM, el Partido Cooperatista Nacional y mostró también que contaba con el apoyo de los principales jefes del ejército.

En el lado carrancista, algunos de los principales asesores del presidente, como Luis Cabrera y Félix Palavicini, emprendieron una intensa campaña de prensa en la que argumentaron cómo la opción por la que debía definirse el país era entre el militarismo —representado por Obregón— y el civilismo —representado por la continuidad del proyecto carrancista—. Desde su punto de vista, la mejor vía era la civil y trataron de minar la popularidad y los apoyos de Obregón, presentando al caudillismo militar como un mal y como un obstáculo para la democracia y el avance del país.

Obregón, si bien era el caudillo militar más importante y popular, no era el único que tenía ambiciones presidenciales. Pablo González, el viejo brazo derecho de don Venustiano tenía mando de fuerza y el respaldo de un sector importante del ejército, por lo que consideró llegado el momento de hacer valer la cercanía y lealtad que había tenido hasta entonces con Carranza. González esperaba que su antiguo jefe lo respaldara en sus aspiraciones. Así pues, hacia mediados de 1919 había dos candidatos militares con fuerza, Obregón y Pablo González, los dos puntales del Primer Jefe que habían sido decisivos para su ascenso al poder. Sin embargo, Carranza tenía otros planes y perfilaba una tercera opción, la candidatura oficial de Ignacio Bonillas, a quien trajo desde la embajada de México en Estados Unidos para que encabezara su proyecto de continuidad civilista. La de Bonillas era una propuesta desconcertante; ni los seguidores ni los enemigos de Carranza terminaban de entender el verdadero propósito del viejo líder al empeñarse en apoyar a un candidato tan gris y poco conocido, sin fuerza propia y sin vínculos con la política nacional.

Obregón dio muestras inmediatas de su fuerza, de sus alianzas y de su popularidad: jefes y sectores importantes del ejército y de la burocracia, líderes y organizaciones obreras, caudillos anticarrancistas como Félix Díaz, Peláez y algunos zapatistas apoyaron inmediatamente su candidatura. Incluso su rival electoral, Pablo González, cuando comprendió que no podría competir contra el popular *manco de Celaya —que en realidad era el manco de Santa Anna—*, abandonó sus aspiraciones presidenciales. El general invicto comenzó en enero de 1920 su aventura electoral repitiendo el itinerario de su triunfal travesía militar: de Sonora a la ciudad de México, en la que fue la más amplia y exitosa campaña electoral después de la de Madero y, en muchos sentidos, inspirada por su ejemplo. En sus actos de campaña, dio muestras de su gran carisma y capacidad de conectar con su auditorio, con un lenguaje sencillo, franco, directo, que podían entender sus oyentes. Su campaña fue en ascenso hasta abril, en que tuvo que escapar a la detención ordenada por Carranza quien, desesperado, buscaba implicarlo en un complot con un oscuro personaje detenido por esos días en la capital del país.

Carranza sabía que sólo podría frenar a Obregón por la fuerza y que la principal base de apoyo regional de este era Sonora, por

lo cual, para minarlo, urdió una maniobra que provocó un conflicto armado de la Federación con esa entidad. El pretexto fue el
envío de una columna de 8 000 hombres al mando de Manuel
M. Diéguez a Sonora, con el propósito, según se argumentó, de
someter a los yaquis, aquellos indómitos indígenas a los que el
gobernador Plutarco Elías Calles orilló nuevamente a la guerra
por la defensa de sus tierras, en 1916. El gobernador de la entidad
en 1920, Adolfo de la Huerta, el congreso local y todos los principales jefes obregonistas sonorenses consideraron esa movilización como un atentado que violaba la soberanía del Estado y le
declararon la guerra a Carranza. El estado fronterizo se alistó para
la lucha. Al frente de las tropas estatales se puso al antiguo aliado
de Obregón: Plutarco Elías Calles.

Entretanto, Obregón, quien se hallaba en la ciudad de México
para testificar en el complot en que se le quería implicar, con la
seguridad de que Carranza lo iba a detener, logró huir de forma
espectacular de la vigilancia carrancista y se refugió en Chilpancingo, donde el jefe de armas, Fortunato Maycotte, se había sumado a la rebelión contra Carranza. Luego pasó a Morelos, donde fue recibido por el antiguo general zapatista, Genovevo de la
O, con quien los obregonistas habían establecido una alianza semanas atrás.

El 23 de abril de 1920 los rebeldes obregonistas emitieron el
Plan de Agua Prieta, un plan político más cercano a los planes del
siglo XIX que al Plan de San Luis o al de Ayala. Desconocían a
Carranza y a los gobernadores recién electos en procesos electorales que calificaron de fraudulentos, así como a todos los que se les
opusieran. Muy pronto se vio que el obregonismo contaba con el
respaldo mayoritario del ejército puesto que los estados y las plazas militares comenzaron a caer sin resistencia: en unos días los
aguaprietistas controlaron Chihuahua y todos los estados del lito-
ral del Pacífico, incluido Jalisco, donde fue apresado Diéguez. La
península de Yucatán también cayó en sus manos, al igual que
Tamaulipas y la Huasteca. La situación para don Venustiano se
volvió aún más desesperada cuando el 30 de abril se rebeló tam-

bién su viejo aliado, Pablo González. El 5 de mayo, Carranza emitió un manifiesto a la Nación. Expresó que su intención era que la transmisión del poder si hiciera en el futuro y por siempre de manera pacífica, dejando atrás los cuartelazos. Criticó el manifiesto de Obregón en que se postuló a la presidencia de la República por no contener programa alguno y a su campaña por atacar cada vez con más fuerza a su gobierno, hasta alcanzar un tono «enteramente subversivo».

Carranza denunció que las giras de Obregón, más que impulsar su candidatura, lo que hacían era preparar un levantamiento armado, no sólo con los jefes militares, sino también con los jefes rebeldes que combatían a su gobierno.

La guerra que Sonora le declaró a la Federación había sido un movimiento premeditado para apoyar la candidatura de Obregón. Los estados sublevados de Sonora, Michoacán, Zacatecas y Tabasco, se levantaron en armas en sincronía con la fuga de Obregón de la ciudad de México, entre el 13 y el 15 de abril. El 20, Obregón se sumó a la rebelión de Agua Prieta desde Chilpancingo, al igual que el gobernador de Guerrero. Para Carranza:

> todos los levantamientos militares efectuados en los Estados de Zacatecas, Michoacán, Sonora, Guerrero y Tabasco, y los que recientemente han tenido lugar en los Estados de Chihuahua, Puebla, Oaxaca y México, indican por su número, por su semejanza de procedimientos y por las personas que en ellos se hallan envueltas, que se trata de un levantamiento general de las fuerzas que simpatizaban con la candidatura del General Obregón, los cuales, indudablemente preparaban un pronunciamiento para cuando las elecciones se hubieran efectuado, si su candidato no obtenía en ellas el triunfo, pero que, en virtud de las circunstancias antes referidas, se vieron obligadas a anticiparse.

Carranza denunció también la traición de Pablo González, e hizo un balance de la situación militar:

Una parte del Ejército, la que se encontraba formada por partidarios de los Generales González y Obregón, se ha levantado en armas con el propósito ostensible de adueñarse del poder, para efectuar elecciones de Presidente en las condiciones que ellos crean más favorables a sus respectivos propósitos.

Carranza enfatizó que, en esas condiciones, no podían efectuarse las elecciones. Una vez más, el coahuilense dio muestra de su entereza y de su voluntad de lucha, aunque las condiciones le eran totalmente adversas y escribió lo que sería su testamento político:

Mi deber como Presidente de la República es el de emplear todos los medios que la ley a mi cargo ponen a mi disposición para sofocar el movimiento armado y hacer respetar la autoridad del Gobierno constituido.

Me encuentro, por lo tanto, firmemente resuelto a luchar todo el tiempo que sea necesario y por todos los medios que sea posible, hasta vencer la rebelión, pues profeso la idea de que, como Jefe de una Nación legítimamente electo, no debo entregar la Primera Magistratura que el pueblo puso en mis manos, a ninguno que no haya sido legítimamente designado para recibirla.

Debo declarar que considero como uno de los más altos deberes que tengo ante la Historia, el dejar sentado [...] el principio de que el poder Público no debe ser ya en lo futuro un premio a los caudillos militares, cuyos méritos revolucionarios, por grandes que sean, no bastan para excusar posteriores actos de ambición; considero que es esencial para la salvación de la independencia y de la soberanía de México, que la transmisión del Poder se haga en todo caso pacíficamente y por procedimientos democráticos, quedando enteramente desterrado de nuestras prácticas políticas el cuartelazo, como medio de escalamiento del Poder; y considero, por último, que debe quedar incólume y respetarse siempre el principio que adoptaron los Constituyentes de 1917, de que no pueda regir los destinos de la República, ningún hombre que haya pretendido escalar el Poder por medio de la insubordinación, del cuartelazo o de la traición.[1]

Carranza trató de refugiarse en Veracruz, donde lo protegería Cándido Aguilar, uno de los pocos generales que permanecían leales, con la esperanza de que le funcionara una vez más la táctica de repliegue que había empleado con éxito cuando desconoció a la Convención en 1914.

Sin embargo, las circunstancias eran muy diferentes. El viejo jefe se había quedado solo y no tenía escapatoria. Pablo González tomó la capital del país; Obregón llegó poco después. Entre tanto, la mayoría de los estados caían en manos de los aguaprietistas. Obregón y González dieron un ultimátum a Carranza para que se pusiera a salvo.

Fue tan abrumador el respaldo y la facilidad con la que el ejército secundó la rebelión de Agua Prieta que algunos historiadores han llamado a ese movimiento «la huelga de los generales». Carranza, abandonado incluso por varios de sus más cercanos colaboradores, tuvo que internarse, con muchas dificultades, por la sierra de Puebla en un intento desesperado por acercarse a Veracruz. Acorralado, acompañado solo por Murguía, Luis Cabrera, Francisco L. Urquizo, Manuel Aguirre Berlanga, y unos pocos colaboradores más, llegó a Tlaxcalantongo, Puebla, el 20 de mayo de 1920, donde fue asesinado la madrugada del siguiente día por fuerzas al mando del general pelaecista (recién amnistiado) Rodolfo Herrero.

El triunfo del movimiento aguaprietista fue un hábil golpe militar orquestado magistralmente por Obregón, quien tuvo la capacidad de aglutinar un amplio movimiento anticarrancista en el que participaron, desde el zapatista Genovevo de la O, hasta quien había planeado el asesinato de Zapata, Pablo González, incluyendo al rebelde Manuel Peláez y a buena parte de los principales jefes del ejército. Con la muerte de Venustiano Carranza se cerró el ciclo iniciado por Madero al llamar al derrocamiento de Porfirio Díaz. El triunfo de Obregón abrió una nueva etapa de la revolución, en la que se crearían y consolidarían nuevas instituciones y se afirmaría el nuevo Estado posrevolucionario, bajo la égida de los militares sonorenses, la facción finalmente vencedora y usufructuaria de la revolución.

NOTA

[1] Manifiesto de Venustiano Carranza a la Nación, 5 de mayo de 1920, en Román Iglesias González (Introducción y recopilación), *Planes políticos, proclamas, manifiestos y otros documentos de la Independencia al México moderno, 1812-1940,* México, IIJ-UNAM, 1988, pp. 883-896.

EPÍLOGO
¿QUÉ CAMBIÓ CON LA REVOLUCIÓN?

La Revolución mexicana representó un parteaguas en la historia de los últimos cien años en nuestro país. Como todas las grandes revoluciones de la historia contemporánea del mundo, produjo cambios significativos pero mantuvo también notables continuidades con la etapa anterior. Y, también, produjo su propia historia y una ideología que alimentó la actuación de uno de los Estados más eficaces en su dominación y el más longevo del siglo XX a nivel mundial. El Estado posrevolucionario mexicano, un verdadero *Leviatán*, adquirió un carácter omnipresente en los ámbitos económicos, políticos, sociales y culturales del país y su ideología, como instrumento central de su dominación, se fue convirtiendo con el paso de los años en un elemento que mitificaba discursivamente sus orígenes y legitimaba el ejercicio del poder de un régimen dominado por una nueva oligarquía alejada cada vez más de los principios que representaron sus grandes caudillos revolucionarios fundadores.

Las luchas populares, sobre todo después de la década de 1960, tuvieron que enfrentarse a ese Estado y entablaron también la batalla contra su discurso de legitimación y contra sus símbolos. La historiografía académica de la Revolución, reflejó también ese desencanto y esa crítica contra el discurso histórico del gobierno. La historiografía producida mayoritariamente desde esos años se inscribe dentro de la corriente conocida como revisionista. Esa corriente, a pesar de las notables contribuciones que ha hecho, sobre todo a nivel de la historia regional, para explicar e interpretar mejor los múltiples procesos, actores, intereses y luchas que constituyen ese gran fresco que fue la Revolución, por su empeño en combatir y desmitificar la versión oficial de ella, ha terminado por negarla o minimizarla. Su relativismo extremo hace desaparecer virtualmente que haya habido una transformación del país, un antes y un después y, sobre todo, hace abstracción de lo que esa experiencia fue para las generaciones que la llevaron a cabo.

Sin embargo, admitiendo que la Revolución mexicana sigue siendo un tema historiográfico que no está agotado y que genera todavía una amplia discusión que debe seguirse dando, existen transformaciones fundamentales producidas por la Revolución que, independientemente de la posición historiográfica que se asuma, tienen que reconocerse. Las tres más significativas son:

1. Movilización y violencia popular

La Revolución mexicana fue un gran movimiento de masas. Miles de campesinos, de obreros, de trabajadores, artesanos, indígenas, profesionistas, miembros de las clases medias y altas, y gente de los distintos sectores sociales, se incorporaron paulatinamente al llamado de Francisco I. Madero a la revolución. Esa participación masiva se manifestó con su presencia multitudinaria en las calles, pero sobre todo en la incorporación popular a los grandes ejércitos, el maderista, el de Francisco Villa, el de Emiliano Zapata, el de Venustiano Carranza, el de Pablo González y el de Álvaro Obregón, por mencionar sólo a los jefes más importantes. Fueron esos miles de indígenas, de campesinos, de peones, de rancheros, de trabajadores y artesanos, de grupos populares y las clases medias de las ciudades y del campo quienes hicieron que la Revolución mexicana destruyera el régimen porfirista y fueron ellos quienes comenzaron a construir los cimientos del nuevo orden. Esa vasta movilización popular significó un viraje con relación al Porfiriato y a las décadas anteriores, en donde la política estaba restringida a las elites y tenía un carácter marcadamente clasista.

Pero además esa movilización popular, por encima de todo, fue vivida como un acontecimiento vital por sus participantes, quienes percibieron y fueron conscientes del efecto inédito y transformador de sus acciones. La gente común que se sumó a la revolución y la que sólo la vio sin participar directamente en la lucha armada, pudo constatar los cambios —impensables antes para esa generación—, que había logrado la movilización popular: derrumbar a un gobierno que parecía imbatible, expropiar a los propietarios, hacer huir a los hacendados y capataces, liberar a los presos, quemar oficinas públicas, ajusticiar a algunos de los opresores más odiados. Un mundo de cabeza producido por la violencia popular. Pero también un mundo nuevo, lleno de esperanzas de un futuro mejor, en el que muchos pueblos recuperaron las tierras que les pertenecían y se pusieron a trabajarlas en libertad y en donde los trabajadores podían confiar en que la nueva relación de fuerzas y los nuevos gobiernos a los que sus acciones habían permitido llegar al poder permitirían la solución satisfactoria a sus añejas demandas.

Las bandas rebeldes proliferaron en Chihuahua desde fines de noviembre y en diciembre de 1910 y en otros territorios del norte, centro y sur del país desde las primeras semanas de 1911. Las acciones violentas también. En varias regiones se dio una inusitada movilización y violencia popular. Uno de los rasgos más sobresalientes fue el de los ataques a comercios, archivos, oficinas de gobierno, telégrafos y cárceles en infinidad de poblaciones pequeñas que estaban a su alcance. A esas acciones siguieron, en algunas regiones, los ataques a las haciendas y quemas de campos de cultivo, así como los ajusticiamientos de policías, jefes políticos y diversas autoridades locales. Esas acciones eran la expresión de un cambio profundo: los marginados y agraviados, por la fuerza de la movilización popular y el poder de la multitud armada, se convirtieron, de víctimas, en jueces y verdugos. La justicia popular que aplicaron sus jefes militares o la multitud desbordada que lo hacía por propia mano, era una muestra tanto de los agravios de la población contra los signos más visibles del sistema de dominación, como de la debilidad de este, incapaz para mantener el respeto y la obediencia a las leyes, instituciones y autoridades. Esa incapacidad era, además, la constatación de que la movilización popular había invertido la correlación de fuerzas y de que el poder estaba cambiando de manos.

Con el crecimiento de la rebelión, las bandas armadas fueron capaces de tomar poblaciones mayores, de ocupar las capitales y las ciudades principales de sus estados y, pronto, pudieron deponer a las autoridades locales y elegir otras. Esa sustitución de autoridades locales significó un cambio profundo. Las nuevas, aunque en muchas ocasiones pertenecieran a las elites de las regiones, ocuparon esos puestos con una lógica, un mandato y una relación de fuerzas distinta a la que imperaba hasta entonces: eran representantes de lo que iba tomando forma y conciencia de sí misma como una revolución popular; llegaban al poder por obra de la revolución y tenían como encomienda ejercer la autoridad al servicio de la causa revolucionaria.

La fuerza de la revolución popular desbordó la capacidad militar del régimen de Díaz y lo obligó a renunciar. Las recepciones multitudinarias en las ciudades por las que pasó Madero en su viaje triunfal desde el norte de la República festejaban la demostración del poder popular que había derrotado al viejo dictador y que veía con esperanza lo que parecía ser el comienzo de una nueva era. No obstante, Madero no quiso o no pudo llevar la revolución hasta sus últimas consecuencias, y se limitó a encabezar una revolución política puesto que creía que la democracia sería la solución de los grandes problemas sociales del país. Madero se equivocó y fracasó en ese intento. Sin embargo, las energías contenidas que había hecho emerger el maderismo resurgieron, en una nueva fase más violenta y profunda, luego de la muerte trágica del líder que había iniciado ese proceso. En la lucha contra la dictadura de Huerta, los revolucionarios aprendieron y la lección y no cometieron los mismos errores que Madero y fueron capaces de concluir lo que el maderismo no había podido: destruir al Estado y al ejército del viejo régimen y fragmentar la soberanía del Estado nacional con la emergencia de tres estados regionales en las zonas dominadas por cada uno de los tres grandes ejércitos populares, el villista, el constitucionalista y el zapatista.

Derrotado el huertismo, las tres fracciones revolucionarias iniciaron la fase constructiva de la revolución y trataron de unificarla, fallidamente, en la Convención de Aguascalientes, que, como hemos visto, fracasó por las diferencias entre los proyectos villista, zapatista y constitucionalista y por el peso del caudillismo. A la ruptura de la Convención siguió la guerra civil entre la alianza villista y zapatista contra el constitucionalismo, que definió el curso de la revolución.

A pesar de la derrota de los ejércitos populares, el balance de esos seis años de movilización popular arrojó elementos muy significativos. La violencia revolucionaria logró lo que parecía imposible en 1910: destruir al Estado porfiriano y a su ejército, expulsar a una parte de las elites nacionales y regionales, intervenir las principales propiedades rurales, ocupar las mayores mansiones urbanas, sustituir a toda la vieja clase política y poner en su lugar a nuevos gobernantes salidos de las filas revolucionarias, así como comenzar la construcción de un nuevo orden y nuevas instituciones. Eran transformaciones que antes de 1910 su hubieran antojado imposibles para la generación que las estaba llevando a cabo y fueron vividas como lo que eran, cambios profundos en la política, en la economía, en las costumbres, en la relación entre las clases, y entre la gente común y las nuevas autoridades. Esos cambios en la actitud, en la mentalidad y en las costumbres se muestran con claridad en los corridos, en los diarios, en las cartas, en las memorias y en las novelas que dieron testimonio y que recrearon esos vertiginosos días. Todos esos cambios, fueron vividos por sus protagonistas con intensidad, como un presente único e irrepetible.

La gente común que se había sumado a la revolución sabía que estaba modificando el mundo jerarquizado, clasista, y excluyente que habían conocido hasta entonces, y estaba convencida de que se estaba construyendo un país nuevo. Se produjo un cambio en la mentalidad y en la actitud de la gente común e inició una etapa de larga duración, en donde la movilización popular sería una constante y un factor decisivo en los grandes acontecimientos que marcaron la evolución del país a lo largo del siglo xx: la Cristiada, las reformas cardenistas, la reforma agraria, la expropiación petrolera, la lucha obrera de los años cuarentas y cincuentas, los movimientos populares y guerrilleros de las décadas de los sesenta a los ochenta, hasta la insurrección de los indígenas chiapanecos neozapatistas de 1994 y las movilizaciones populares de los años más recientes.

Así, la revolución tuvo, entre sus principales efectos, el de iniciar una largo período de organización y de movilización popular que llega hasta nuestros días. La década revolucionaria de 1910-1920 fue la gran escuela en la que los diversos grupos populares aprendieron lo que podía conseguir la organización y la movilización populares, tanto en el aspecto ofensivo como en el defensivo. Esa herencia de la revolución ha tenido continuidad desde entonces en la lucha de los sectores populares rurales y urbanos que han seguido movilizándose y luchando por sus demandas hasta la fecha y representa un patrimonio irrenunciable. La política en las calles y la movilización popular constituyen un patrimonio para las luchas populares que sigue viendo en la revolución un referente fundamental y en sus principales caudillos —Villa y Zapata sobre todo—, un ejemplo constante que mantiene su memoria viva.

2. EL NUEVO ESTADO

Otras de las trasformaciones fundamentales producidas por la revolución fue la creación de un nuevo Estado. El Congreso Constituyente de Querétaro construyó un Estado que hizo suyas las principales demandas sociales enarboladas durante la revolución, las institucionalizó y convirtió en programa de gobierno, y culminó un proceso que había comenzado en los años postreros del Porfiriato, que haría del Estado el eje rector del desarrollo económico y el árbitro de los conflictos sociales.

El contenido social de la Constitución de 1917 fue la base de la legitimidad del Estado posrevolucionario. El artículo 27 recogió la principal demanda de la revolución y asumió como una responsabilidad del Estado la reforma agraria. Ese artículo, como se ha visto, puso en manos de la Nación —encarnada en el Estado— la propiedad de la tierra, de las aguas y del subsuelo, y estableció como una facultad del Estado la transferencia de su dominio a los particulares, constituyendo así la propiedad privada, pero reservándose el derecho de expropiarla por causa de utilidad pública. También dispuso que la Nación era la propietaria original de los recursos naturales del subsuelo: el petróleo, el gas natural y la minería serían preservados por el Estado, que los utilizaría para apuntalar el desarrollo del país. La vigencia de estos postulados se demostró con la intensa discusión pública y de las principales organizaciones políticas, con la reforma energética que se aprobó en 2014 y que hizo aflorar una polémica en la que lo que estaba en disputa eran los principios de la Constitución de 1917 y el proyecto de nación que esta representaba para el presente y el futuro de México.

Las principales demandas laborales de la época, enarboladas por los trabajadores y artesanos del país desde mediados del siglo XIX y durante el Porfiriato y la Revolución, fueron plasmadas como derechos constitucionales en el artículo 123, que estableció el derecho a la organización y a la huelga, fijó límites a la jornada de trabajo, determinó el salario mínimo y estableció también el derecho a la seguridad, servicios sociales y prestaciones.

De ese modo, la Revolución mexicana produjo un Estado comprometido con las reformas sociales, interventor, regulador y conductor de la economía y con la capacidad de controlar, subordinar y movilizar a los sectores populares gracias a la simbiosis funcional que pudo establecer con sus principales organizaciones y al control absoluto sobre el nuevo ejército, sobre el que se construyó el aparato institucional y el entramado de nuevas relaciones políticas y clientelares.

El Estado, además, se convirtió en importante propietario y patrón, al nacionalizar, expropiar y administrar sectores estratégicos de la economía y alentar el crecimiento de un amplio sector de empresas paraestatales. En las décadas que siguieron al fin de la revolución, el Estado mexicano fue dueño de los sectores energético, de telecomunicaciones, de los ferrocarriles, de la administración de los puertos y aeropuertos, y tuvo participación en la minería y la comercialización de los productos agrícolas, así como en una multitud de actividades productivas y de servicios a través de un voluminoso sector de empresas públicas que superaba las dos mil de ellas en la década de 1980. Devino también en patrón de los trabajadores al servicio del Estado y de las paraestatales. El Estado se convirtió así no sólo en rector de la economía, sino en propietario y pivote de la acumulación de capital, y en el actor central de la industrialización, el desarrollo económico y en el principal promotor del crecimiento de una nueva burguesía nacional. Ese híbrido proceso de desarrollo del capitalismo mexicano en el siglo XX, con un poderoso Estado propietario y rector de la economía, fue la base que permitió durante las décadas posteriores a la revolución que los gobiernos emanados de ella pretendieran que la Revolución mexicana había establecido una tercera vía de desarrollo, que no era capitalista ni socialista, y que se convirtiera en modelo para las luchas sociales y agrarias latinoamericanas durante buena parte del siglo XX. Ese Estado, ha sido desmantelado paulatinamente con las reformas neoliberales que han impulsado los distintos gobiernos federales que se han sucedido desde 1980; la mayoría de las empresas públicas, luego de haberse vuelto ineficientes y con un alto grado de corrupción, ha sido privatizadas y se ha ido derruyendo el Estado de bienestar social y las relaciones clientelares con las organizaciones populares. Sin embargo, ese proceso, a pesar de sus indiscutibles avances, no ha concluido ni tampoco la resistencia de los sindicatos, las organizaciones campesinas y los grupos populares que se niegan a dejar que desaparezcan esas conquistas sociales que lo hicieron posible y a quedar inermes ante las implacables e inhumanas fuerzas del mercado.

3. LA REFORMA AGRARIA

El tercer cambio fundamental producido por la revolución fue la reforma agraria. El desarrollo del capitalismo en el campo mexicano, dominado por la gran hacienda se encontraba, al comenzar el siglo XX, ante un callejón sin salida que no podía resolverse por sí mismo con una reforma desde arriba, por lo que se necesitó de una revolución social que resolviera sus contradicciones y derrocara a la oligarquía terrateniente.

La economía agrícola basada en la gran propiedad, no obstante el auge y dinamismo que había tenido desde el último tercio del XIX, tenía serias limitaciones estructurales: no había logrado establecer un mercado de libre fuerza de trabajo, pues había regiones en las que persistían lazos coercitivos extraeconómicos que sujetaban a los trabajadores rurales a las plantaciones. En segundo lugar, no había podido crear un mercado interno de productos básicos y de materias primas, pues la mayor parte de la producción primaria era de autoconsumo, al margen de los circuitos comerciales, y buena parte de los pocos cultivos que sí se destinaban a los mercados, se exportaban. La producción agrícola tampoco se había vinculado con la industria nacional ni había podido ser una palanca que impulsara su despegue. Finalmente, en una sociedad predominantemente rural, la concentración en pocas manos de las mayores y más fértiles tierras y de los principales recursos acuíferos era una fuente de inestabilidad política y de inequidad y conflicto social, como lo mostraron las revueltas agrarias que tuvieron lugar a lo largo del XIX y como lo ratificó el carácter predominantemente agrario de la revolución.

Así, entre las mayores transformaciones producidas por la revolución en el campo mexicano se puede señalar, en primer lugar, la pérdida del poder político de la oligarquía terrateniente porfirista. El Estado oligárquico porfiriano fue destruido por la revolución y el poder y la influencia de los terratenientes desaparecieron. Tuvieron que pasar décadas para que se reconstituyera la gran propiedad y el poder político de la oligarquía agraria y, a menudo, el origen de esta provenía de la revolución y de las nuevas elites dependientes del Estado posrevolucionario.

El segundo cambio fue la nueva conformación del campo mexicano producida por la reforma agraria. Esta comenzó a realizarse desde la misma década revolucionaria, particularmente en la zona zapatista, donde tuvo lugar una profunda reforma agraria, desde abajo. Los hacendados fueron expulsados y expropiados y los campesinos recuperaron sus tierras. La derrota zapatista, sin embargo, no significó una derrota completa para los campesinos morelenses, pues la alianza de los jefes zapatistas con los sonorenses en 1919 les permitió que en su entidad la reforma agraria posrevolucionaria tuviera uno de sus primeros y principales bastiones. A pesar de la inestabilidad de los años 20, de la debilidad del Estado posrevolucionario y de los compromisos de los nuevos gobernantes con las elites económicas, no pudo eludirse la presión de los grupos y organizaciones campesinas para realizar la reforma agraria y esta fue una realidad.

Y, de manera significativa, en los decenios que siguieron a la revolución, se entregó a los campesinos y a los ejidatarios más de cien millones de hectáreas, esto es, más de la mitad del territorio nacional. Esa reforma agraria convirtió al sector social del campesinado mexicano, a los ejidatarios y comuneros, en un actor central en el campo mexicano. Aún hoy, más de 100 años después, los campesinos son propietarios de más de la mitad de los recursos naturales de nuestro país, de las selvas y bosques, de las lagunas, de los litorales. La reforma agraria, además de darle un siglo más de vida a los campesinos como dueños de su tierra, le dio una configuración distinta al campo mexicano y una nueva estratificación, haciendo que coexistan en él, diversos sectores y estratos rurales, productores tecnificados y exitosos, que exportan a los principales mercados del mundo, junto con ejidatarios, campesinos y comuneros en los que el autoconsumo sigue siendo predominante, con una clase media rural entre ambos extremos, todo ello en un amplio mosaico en el que persiste una marcada desigualdad. Sin embargo, un siglo después de la Revolución los distintos grupos campesinos, a pesar de las condiciones precarias de muchos de ellos, y de los liderazgos corporativos y clientelares de la mayoría de sus organizaciones, han persistido en su movilización y han logrado que el Estado no pueda desentenderse de mantener apoyos, programas y recursos para tratar de mejorar su situación. Y antes de finalizar este recuento hay que mencionar también que es necesario hacer un balance crítico y objetivo de la Revolución Mexicana, lo que no se hizo en 2010. Ver sus logros, sus avances, las conquistas más importantes conseguidas por la lucha de las masas populares mexicanas y también sus limitaciones, la desviación que tuvo el proceso, las traiciones y ventajas que sacaron de ella quienes capitalizaron el triunfo y el fetiche ideológico en que la convirtieron la mayoría de los gobiernos emanados de ella. Esta es una tarea ineludible para las nuevas generaciones que han crecido ya sin ese referente ideológico y cultural que permeó la mayor parte del siglo pasado.

Concluyendo: la Revolución mexicana influyó y determinó en buena medida la evolución del país a lo largo del siglo XX, no sólo en la configuración del capitalismo con el Estado como pivote de la acumulación y del desarrollo económico, y no solo a través de un Estado corporativo que tuvo la capacidad de organizar, controlar y subordinar a las organizaciones populares a cambio de ofrecerles la solución desde arriba de algunas de sus principales demandas, lo que le permitió ser el Estado con el régimen político más estable y longevo a nivel internacional del siglo XX. También la revolución fue utilizada por las organizaciones populares como un referente y símbolo que orientaba sus luchas, su organización y su movilización. La forma predominante de hacer política a lo largo del siglo XX fue la política de masas establecida por la revolución, la de los grandes colectivos, la de la movilización y la lucha callejera, en los centros de trabajo, en los ejidos y escuelas, a través de actores colectivos: sindicatos, centrales campesinas, organizaciones populares y estudiantiles, ya sea que estos actores colectivos fueran aliados y subordinados al Estado corporativo y clientelar o fueran organizaciones independientes y contrarias al control estatal. La organización y la movilización popular logró algunas de las transformaciones más importantes a lo largo del siglo xx: las reformas cardenistas, el movimiento magisterial y médico de los años 60 del siglo pasado, el movimiento estudiantil de 1968, el sindicalismo independiente de los 70, la reconstitución del movimiento campesino y urbano popular de los 80, la insurgencia cívica electoral del neocardenismo de 1988, y la movilización popular que en enero de 1994 impidió que el ejército mexicano masacrara a los rebeldes indígenas chiapanecos del Ejército Zapatista de Liberación Nacional, por mencionar sólo algunas de las luchas y movilizaciones populares más importantes en las décadas que siguieron a la revolución. Sería pretencioso y erróneo atribuir a la influencia de la revolución el que se hayan dado esos acontecimientos, que tuvieron sus propias causas, demandas, estrategias de lucha y liderazgos. Pero sería igualmente erróneo negar que la Revolución mexicana fue el origen y la escuela formativa de esa forma de hacer política de los sectores populares y de sus organizaciones.

Pero además, y eso es lo que queremos subrayar aquí: en muchas de esas movilizaciones y luchas estuvo presente el significado que ha tenido para los sectores populares la Revolución Mexicana. Ante la ofensiva neoliberal de los años 80 para acá que ha ido desmantelando el Estado benefactor construido por la revolución, no ha sido casual que en la defensa de sus conquistas y en la resistencia esgrimida por las organizaciones populares los símbolos de la Revolución mexicana hayan sido enarbolados como estandartes y que Villa y Zapata sigan siendo los caudillos invocados una y otra vez por los movimientos populares que actualizan y retoman el significado de rebeldía y resistencia a la opresión que para ellos significan. Así, la revolución siguió y ha seguido siendo un referente básico de la cultura política y de la movilización y lucha de los sectores populares mexicanos.

BREVE COMENTARIO BIBLIOGRÁFICO

Los libros sobre la Revolución mexicana llenarían una biblioteca de regular tamaño. Los hay de todas las formas, tendencias y sabores, malos, muy malos, buenos y muy buenos. ¿Cómo puede un lector no especializado orientarse en ese mar? Terminemos esta síntesis de aquél movimiento con una breve guía de lecturas sugeridas en la que el lector interesado en conocer más sobre la revolución podrá acercarse a los que consideramos que son los libros básicos y más actuales que se han escrito sobre ella.

1. Obras generales

Antes de la profesionalización de los estudios históricos en México, las primeras obras acerca de la revolución fueron escritas por algunos de sus participantes, quienes escribieron sus testimonios apasionados y polémicos, en relatos que estaban entre la crónica testimonial y una incipiente intención de probar sus puntos de vista e interpretaciones con profusos documentos. Hubo después algunos esfuerzos de explicación global del movimiento revolucionario de manera más profesional y objetiva, alejada del faccionalismo y parcialidad de la primera generación de escritores de la revolución por autores como Manuel González Ramírez, Jesús Silva Herzog y José C. Valadés.[1] Unos y otros construyeron la versión de lo que se puede catalogar como la versión oficial de la Revolución mexicana, como un movimiento esencialmente agrario, nacionalista, antiimperialista y como una gran gesta del pueblo mexicano por la tierra, la justicia y la libertad.

En los años setenta y ochenta del siglo pasado aparecieron varios libros que revisaban aquellas interpretaciones desde ópticas distintas y novedosas: Adolfo Gilly, en *La revolución interrumpida,* cuenta «la irrupción violenta de las masas campesinas que en un momento dado de su trayectoria pudieron gobernar sus destinos, pero que fueron sometidas por una minoría que recuperó el mando e interrumpió un proceso real y tangible.» El autor presenta la revolución campesina como otra revolución distinta por su composición social y objetivos a la revolución constitucionalista, la que triunfó en el proceso, y muestra que los ejércitos campesinos tuvieron una dirección propia, surgida de abajo, que actuó con autonomía y se enfrentó a la dirección burguesa ya no «de la revolución», sino de la otra revolución, a la postre victoriosa. Todo en el libro de Gilly, escrito con una muy buena prosa que atrapa al lector, apuntala estas dos novedosas ideas, empezando por la estructura misma del trabajo. Algunas de sus conclusiones, resultado de las difíciles condiciones en las que se escribió, en la penitenciaría de Lecumberri, impregnadas por la ideología trotskista de la época, han sido matizadas o rebasadas por la historiografía posterior, pero no obstante ello, fue una obra pionera y muy leída, que motivó el interés en la Revolución mexicana y en la lucha de sus sectores populares más radicales.[2] Por su parte, Arnaldo Córdova, en *La ideología de la Revolución mexicana. La formación el nuevo régimen,* analiza de manera sistemática y sólida las ideas y los proyectos de las distintas corrientes revolucionarias y nos permite comprender tanto el carácter del Porfiriato como los resultados de la revolución, en una amplia y abarcadora interpretación de sus ideologías. El análisis de Córdova lo lleva a concluir que a pesar de sus diferencias evidentes, la ideología porfirista y la de los revolucionarios tenía más muchas más coincidencias, pues unas y otras se propusieron el desarrollo del capitalismo y la de 1910 fue una revolución política con efectos reformistas sobre la estructura social y abolió ciertos privilegios, sobre todo de la clase terrateniente, pero que no instauró un régimen democrático y las masas populares fueron manipuladas y controladas por los líderes de la clase media de la facción ganadora para legitimar a un régimen autoritario populista que supo hacer uso de las reformas sociales para consolidar su poder.[3]

Friedrich Katz, en *La guerra secreta en México,* explica «toda la urdimbre de las políticas internacionales, la interacción entre los intereses económicos y sus gobiernos, y su papel en los trastornos políticos y sociales de la emergente revolución…», así como «el efecto que estas fuerzas externas tuvieron en el desarrollo de la Revolución mexicana y la forma en que influyeron no sólo en la política exterior sino también en los programas y las políticas sociales y económicas internas de las facciones revolucionarias.» Katz realiza un exhaustivo análisis de las relaciones de las grandes potencias con México en los años del Porfiriato y la Revolución, y también, una de las mejores síntesis de la historia de México en esos años y de la interrelación entre lo interno y externo. México se muestra así como escenario de la lucha entre los intereses de las potencias en vísperas y durante la Primera Guerra Mundial y la revolución mexicana.[4]

Entre las revisiones críticas de la Revolución, conviene recordar la de François Xavier Guerra, quien en su libro *México: del antiguo régimen a la Revolución,* elaboró una original interpretación del largo período que va del fin del régimen colonial al estallido de la Revolución maderista a partir de una tesis central: con una óptica de larga duración, según la cual la historia de México desde las postrimerías de la etapa colonial y hasta la revolución se explicaría por las contradicciones, la resistencia y la lucha entre las elites liberales modernizadoras y la sociedad tradicional. Esa interpretación es demostrada con una sólida argumentación narrativa y conceptual y con una exhaustiva investigación empírica. Es cuestionable la identificación de la resistencia popular con el «antiguo régimen» y por lo tanto, con la tradición, pero sus conclusiones, sumamente sugerentes, han dado lugar a muchas de nuestras formas de entender aquel dilatado período.[5]

Estos libros pueden complementarse con el de Eric Hobsbawn, *La era del imperio,* que nos permite entender el contexto mundial en que se inserta el Porfiriato, que coincide con el período caracterizado por la división territorial del mundo entre las grandes potencias, en colonias formales e informales y esferas de influencia. Esta división del mundo tenía, fundamentalmente, una dimensión económica. En ese contexto, el papel de México, como el de otros países de Latinoamérica, era la producción de materias primas para beneficio de los imperios: México era una semicolonia cuyos principales recursos y cuya infraestructura estaban en manos de trasnacionales, que dejaban poco, a cambio del saqueo, todo lo cual se justificaba con un discurso pretendidamente científico.[6]

2. La crisis del Porfiriato

Friedrich Katz, en su estudio introductorio al libro *La servidumbre agraria en la época de Díaz,* sintetiza las características principales de las formas de propiedad agraria, de la mano de obra y de las relaciones laborales entre las haciendas y la fuerza de trabajo en las distintas regiones de la República. Explica cómo las condiciones geográficas, demográficas, productivas e históricas determinaron formas distintas de propiedad y de relaciones sociales y laborales en el norte, centro y sur del país y sintetiza las principales características de los grupos agrarios y de sus relaciones de propiedad y de trabajo en cada una de ellas.[7] Horacio Crespo, en *Modernización y conflicto social. La hacienda azucarera en el estado de Morelos, 1880-1913,* muestra cómo se desarrolló el capitalismo agrario en Morelos y explica las condiciones sociales, económicas y políticas en las que se desarrolló el movimiento zapatista, a través del estudio riguroso del funcionamiento de las haciendas azucareras de la zona. Sus conclusiones representaron un vuelco en la interpretación que se había hecho hasta entonces sobre el problema agrario en la región morelense, al señalar los pueblos campesinos e indígenas de la región habían perdido la mayor parte de sus tierras ante las haciendas azucareras desde la época colonial por lo que la ofensiva contra la propiedad comunal de la Ley Lerdo y de las leyes de Baldíos porfirianas no tuvieron gran impacto en esa zona. En cambio, sí lo tuvo el proceso de modernización productiva que, al demandar más tierra y agua para su explotación intensiva alteró el equilibrio entre las haciendas y los pueblos campesinos y privó a los campesinos arrendatarios de la posibilidad de seguir rentando tierras de las haciendas, lo que estuvo en el origen del descontento rural que dio vida al movimiento zapatista en 1910.[8]

Leticia Reyna, en *Las rebeliones campesinas en México (1819-1906)*, estudia las rebeliones campesinas e indígenas más importantes en el México decimonónico, contra el avance de un sistema que los oprimía y las políticas orientadas a despojarlos de sus tierras como las leyes de Desamortización de la Reforma y las leyes de Baldíos del Porfiriato. La autora agrupa los diferentes tipos de protesta campesina en dos categorías: movimientos prepolíticos (protestas individuales, bandolerismo social, sublevaciones, levantamientos y alzamientos) y los que califica como políticos, que «ponían en cuestión la estructura del poder en conjunto de manera consciente y organizada». Estos últimos se expresaban mediante rebeliones y los divide, de acuerdo a su ideología, en cinco categorías: mesiánicas; por autonomía local; por democracia agraria; anticolonialistas y socialistas. El texto analiza las principales rebeliones y hace un interesante estudio monográfico de cada una de ellas.[9]

En *Revuelta, rebelión y revolución*, un grupo de historiadores convocados por Friedrich Katz se reunieron para analizar los levantamientos rurales ocurridos en México desde el siglo XVI hasta el XX. Las preguntas a las que buscan responder los ensayos de este libro son: ¿cuáles fueron los grupos rurales que se sublevaron?; ¿cuáles fueron sus motivos?, ¿agrarios, en defensa de su autonomía local, contra los impuestos?, ¿contra quiénes dirigieron las sublevaciones?, ¿con quiénes se aliaron?, ¿qué papel tuvieron los factores étnicos y religiosos?; ¿hubo continuidad entre las revueltas campesinas?; ¿cuáles fueron sus efectos a corto y largo plazo?; ¿esa revueltas hicieron de México una excepción en América Latina? Los estudios ahí reunidos nos ayudan a comprender la génesis, el desarrollo, las características y los resultados de las distintas rebeliones rurales en la historia de México y ofrecen una visión distinta a la que había prevalecido en la historiografía anterior, pues muestran a campesinos que planearon, organizaron y llevaron a cabo sus levantamientos con una idea clara de lo que querían.[10]

Rodney Anderson, en *Parias en su propia tierra: los trabajadores industriales en México, 1906-1911*, presenta el estudio más completo acerca de los trabajadores mexicanos en los años finales del Porfiriato y el comienzo de la revolución. Según su autor, «Cuenta la historia de aquellos trabajadores que protestaron por las condiciones en que vivían y trabajaban, de las reivindicaciones que planteaban y de los cambios que demandaban. Es también la historia de las formas en que otros grupos reaccionaron en México ante la ´cuestión obrera´, y de los estereotipos y actitudes con que las clases no trabajadoras enfrentaron y comprendieron los problemas de los obreros.» El libro analiza la conformación de los obreros mexicanos, sus condiciones de vida y de trabajo y, sobre todo, la actitud de los trabajadores ante esas condiciones, las formas en que expresaron su descontento y su protesta ante ellas y sus relaciones con las otras clases y con el gobierno, sus formas de organización y de lucha, sus objetivos, su ideología y, finalmente, cómo fue su participación en la Revolución mexicana.[11]

La oposición estructurada en torno al Partido Liberal Mexicano fue estudiada por James Cockroft en *Precursores intelectuales de la Revolución mexicana*, quien buscó en las condiciones peculiares de San Luis Potosí el origen de ese partido y la trayectoria de sus primeros dirigentes.[12] Posteriormente, Armando Bartra compiló los documentos más significativos del grupo dirigido por Ricardo Flores Magón, explicando en la introducción la trayectoria, la ideología y el destino de aquellos revolucionarios que procuraron cambiar al país y que evolucionaron desde el liberalismo radical hasta el anarco-sindicalismo.[13] Complementaria y enriquecedora es la biografía de Ricardo Flores Magón escrita por Eduardo Blanquel.[14] La aportación de los magonistas a posteriores corrientes revolucionarias, así como la del reyismo, y el censo de cuadros revolucionarios formados en sus filas, puede consultarse en *Los carrancistas*, de Pedro Salmerón.[15]

Es importante mencionar también una notable biografía sobre Bernardo Reyes y el movimiento político opositor al régimen de Díaz organizado en torno a su figura en 1908 y 1909, escrito por Víctor Niemeyer, quien pone en contexto al personaje y explica su popularidad y sus vacilaciones hasta su trágica muerte.[16]

3. La Revolución democrática

Entre las biografías del líder de la revolución de 1910 destacan las de José C. Valadés y Adrián Aguirre Benavides,[17] previas a la profesionalización de la historia en México, ambas llenas de datos y muy comprensivas; y posteriormente, la de los historiadores estadounidenses Charles C. Cumberland y Stanley Ross. Cumberland fue el primer académico que intentó una biografía comprensiva sobre el personaje (1952), en la que se aboca al estudio de la formación y la personalidad de Madero, así como de sus propuestas políticas, sus campañas políticas, su fugaz participación en la lucha armada y los mecanismos de su gobierno.[18] Años después Ross ofreció una nueva versión de la vida y obra del jefe de la revolución de 1910, utilizando nuevas fuentes de primera mano que enriquecen y complementan las versiones previas. Concluye que Madero, «el apóstol de la democracia mexicana», intentó una empresa para la que el país no estaba preparado, a pesar de lo cual «sus realizaciones no deben ser ignoradas.»[19]

Santiago Portilla es el autor de la más completa investigación acerca de la insurrección maderista de 1910-1911. Su libro *Una sociedad en armas: insurrección antirreeleccionista en México 1910-*

1911, es una notable combinación de historia militar, historia política y geografía, con una abultada sección de mapas que muestran gráficamente el desarrollo de la insurrección maderista y que ayudan a explicar tanto la dinámica de la rebelión como los movimientos de las tropas federales que intentaron, infructuosamente, sofocarla. La tesis central de este trabajo es que el régimen de Díaz sufrió una derrota militar porque no fue capaz de derrotar una insurrección generalizada y multiclasista, que en poco tiempo se extendió a la mayor parte del país y obligó a Díaz a capitular.[20]

Un tema que durante muchos años pasó desapercibido, el gobierno interino de Francisco León de la Barra (mayo-noviembre de 1911), ha sido recientemente analizado por Felipe Ávila, quien en el libro *Entre el Porfiriato y la revolución. El gobierno interino de Francisco León de la Barra* muestra que en ese breve período aparecieron y se definieron temas y aspectos que en muchos sentidos marcarían el rumbo de la revolución. Ese período, en el que «lo nuevo no terminó de imponerse y lo viejo no logró ser desplazado», se caracterizó por ser una diarquía entre el presidente interino León de la Barra y Madero, el líder de la revolución triunfante, quien tuvo un papel protagónico en las principales decisiones que tomó ese gobierno y representó un poder paralelo que influyó de manera decisiva en el curso de los acontecimientos que tuvieron lugar en esos intensos seis meses en que ocurrió una considerable agitación y efervescencia política y social, que eran síntoma de la profunda transformación que se había puesto en movimiento con la revolución maderista.[21]

La Decena Trágica, episodio singular que es a la vez espejo de las contradicciones de la época, fue narrado de manera magistral por testigos como Manuel Márquez Sterling y Francisco L. Urquizo,[22] y recientemente recuperado por Adolfo Gilly y Paco Ignacio Taibo II. Gilly, en *Cada quien morirá por su lado. Crónica militar de la Decena Trágica,* hace un notable esfuerzo de síntesis de la conspiración de los grupos conservadores que veían amenazados sus privilegios por el gobierno de Madero, así como una detallada narración de las operaciones militares que culminaron en la Decena Trágica, y la forma en que fue gestándose la segunda traición, la de Huerta. La historia que narra Gilly no aporta datos que no se conocieran antes ni brinda una interpretación original. Pero el suyo es el mejor relato que hay de esos días, breve, muy bien escrito, con las fuentes y datos esenciales y con una historia humana donde aparecen los personajes centrales de la trama con toda su crudeza, con su valor y sus debilidades, con sus ambiciones, esperanzas y limitaciones. [23] Taibo II, con tan buena pluma como Gilly, expone en *Temporada de zopilotes* los datos de esos trágicos días con pasión, recordándonos que hay eventos ante los cuales el historiador no puede evitar indignarse.[24]

La historiografía de la revolución no ha prestado atención específica a Victoriano Huerta, quien encabezó el último intento de los grupos conservadores por contener y revertir la revolución. Con un explícito propósito de revaloración revisionista, Michael Meyer es autor del prácticamente único estudio monográfico sobre Victoriano Huerta y su gobierno. Sin embargo, aunque presenta un importante apoyo documental, su explícita toma de partido lo hace cerrar los ojos ante hechos innegables.[25] El libro de Meyer es una aportación importante, pero es mucho más consistente la caracterización del gobierno de Huerta que aparece en la historia de la ciudad de México durante la revolución, de Ariel Rodríguez Kuri;[26] así como la que ofrece Josefina MacGregor en varios de sus artículos sobre el tema, recientemente compilados.[27]

No podemos abandonar esta etapa de la revolución sin hablar de la ocupación estadounidense del puerto de Veracruz en 1914, tan plásticamente pintada en una memorable novela por José Mancisidor[28] y recuperada por varios historiadores de la Secretaría de Marina con motivo del Centenario de aquel evento, que nos cuentan la historia de la invasión estadounidense no sólo desde la óptica de los acontecimientos bélicos, sino también los aspectos diplomáticos que los rodearon, la intención del presidente de Estados Unidos, Woodrow Wilson de presionar a Huerta para que renunciara, así como la resistencia de los cadetes de la Escuela Naval y del pueblo de Veracruz ante la violación de la soberanía nacional, y la vida en el puerto durante la ocupación. Este mismo episodio ha sido retomado y profundizado por una veintena de investigadores académicos civiles y de la Marina Armada de México, en un nuevo libro que analiza la invasión a Veracruz desde diferentes perspectivas: la de los intereses económicos y geoestratégicos de Estados Unidos en vísperas de las Primera Guerra Mundial; la de los problemas militares y financieros del gobierno de Huerta ante el avance de los ejércitos revolucionarios que lo combatían; la de las consecuencias en términos militares que tuvo la invasión para la estrategia defensiva de Huerta; la firme postura de rechazo de Venustiano Carranza y de Emiliano Zapata ante la invasión; la respuesta de la sociedad civil ante ella y la historiografía de ese acontecimiento.[29]

4. La Revolución política

La mejor visión general de la revolución constitucionalista es la de Javier Garciadiego, cuyo libro *1913-1914. De Guadalupe a Teoloyucan,* permite la comprensión global del proceso de construcción del proyecto de Carranza, de la destrucción del Estado porfirista-huertista y de su paulatina sustitución por otros hombres y otras formas de hacer política. Su narración, detallada y comprensiva, ilustra la capacidad de la muy amplia coalición rebelde para mantenerse unida en torno al objetivo común de restablecer el orden constitucional interrumpido por el cuartelazo, a pesar de las crecientes diferencias de origen, estrategia y objetivos del movimiento encabezado por Carranza, quien tuvo la capacidad de controlarlo y conducirlo.[30]

Se han escrito numerosas biografías del jefe de la revolución constitucionalista, entre las que destacan dos recientes y complementarias entre sí: la de Javier Villarreal, quien explica en *Venustiano Carranza. La experiencia regional,* la clave justamente regional de la formación del personaje, de manera que entendemos sus ideas, sus impulsos y pulsiones, así como la raíz de su arraigo y liderazgo;[31] y la muy abarcadora y ambiciosa de Luis F. Barrón, quien presenta en *Carranza, el último reformista porfiriano*, el arco completo de la vida de Carranza, sus intereses, proyectos y debilidades; sus acciones políticas y sus tomas de posición. Se trata de un libro fundamental para entender al personaje y el proceso que encabezó que subraya la formación reyista de Carranza, mucho más cercana a Bernardo Reyes que a Madero, así como la notable experiencia política del Primer Jefe, que lo hizo consolidarse en la dirección del movimiento constitucionalista, así como la influencia de los antecedentes en el gobierno local que explican muchas de las iniciativas y posturas que tomó cuando gobernó al país.[32]

Las raíces y razones del movimiento carrancista en el noreste de la República, los orígenes y trayectoria de sus mandos, sus proyectos y sus bases sociales han sido estudiados recientemente por Pedro Salmerón; en tanto que los del Noroeste, los sonorenses que a fin de cuentas formarían en torno suyo la coalición vencedora en la lucha armada, han sido estudiados de manera notable por Héctor Aguilar Camín. Salmerón realiza un ensayo de geografía histórica y humana que revisa el carrancismo más allá del ámbito inmediato de don Venustiano y de su entorno (tan bien analizados por Javier Villarreal), para preguntarse por las razones profundas que llevaron a tantos hombres del noreste de la República al constitucionalismo.[33] El libro de Aguilar Camín entreteje magníficamente las historias personales de los jefes sonorenses con la historia de los desequilibrios y agravios generados en esa frágil sociedad de frontera por la acelerada modernización porfirista y la incorporación de Sonora (a lomos de ferrocarril) al resto del mundo, y Aguilar lo hace de manera tal que casi podríamos decir que cada uno de los futuros jefes de la insurrección, representa un agravio particular. Este libro, muy bien escrito y con una sólida y exhaustiva investigación y una mejor interpretación, es hasta la fecha la mejor obra para entender cómo se gestó la revolución en Sonora y cómo se formó el grupo de revolucionarios que fueron los triunfadores de la Revolución.[34]

5. La revolución popular

El libro de John Womack, *Zapata y la revolución mexicana,* por su ambiciosa y abarcadora mirada, sigue siendo el mejor para acercarse al zapatismo; es el análisis más completo de las causas que originaron al zapatismo, de su composición social, de su liderazgo y de la problemática entre las comunidades campesinas con el ejército y los líderes zapatistas. Tiene, además, la virtud, por lo bien escrito y por su capacidad evocativa, de ser una obra muy leída, en la que han abrevado muchos de los profesores y estudiantes de nuestro país. Lo que se propuso Womack fue comprender de dónde surgía el zapatismo, cómo se estructuró, cuáles fueron sus fortalezas y, también, sus debilidades. Según sus propias palabras, lo que hizo fue un relato y no un análisis de la lucha de los campesinos morelenses, «de cómo llevaron a cabo sus operaciones, de cómo se comportaron cuando fueron dueños del territorio y cuando estuvieron sometidos, de cómo finalmente volvió la paz y de cómo entonces los trató el destino.»[35] Sin embargo, al cabo del tiempo aparecieron nuevas preguntas y documentos, y sobre todo nuevas interpretaciones que obligaron a revisar las tesis de Womack. De ese modo, Felipe Ávila buscó responder a dos preguntas centrales: por qué fue posible la rebelión campesina en el centro-sur del país que tomó forma en el movimiento zapatista y cómo se articuló ese desafío a las elites regionales y al poder central hacia finales del Porfiriato y durante la primera etapa de la revolución mexicana. «Quiere explicar, entonces, los orígenes, las causas y las formas que tuvo el zapatismo en su etapa inicial, movimiento que comenzó como una rebelión local subordinada al maderismo y que pocos meses después se consolidó y sobrepasó el ámbito regional, y desarrolló una ideología y un programa propios. En este proceso se radicalizó, desafió el poder del Estado nacional, rompió su subordinación a Madero y construyó un proyecto que luchó para alcanzar el gobierno central». Uno de los temas novedosos que trata el libro es el de la compleja relación entre el ejército zapatista y las comunidades de la zona en que se desarrolló, encontrando una amplia gama de actitudes de la población civil ante la revolución zapatista, desde un apoyo decidido, hasta posturas de neutralidad y aún de rechazo ante los abusos cometidos por algunos de los jefes zapatistas·.[36]

Otras dos visiones novedosas que enriquecen la discusión del movimiento zapatista son las de Samuel Brunk y Francisco Pineda. Brunk, en *Zapata. Revolution and Betrayal in Mexico*, abordó el zapatismo desde una perspectiva global, construyendo una nueva historia general de la revolución zapatista, mediante un relato en donde se muestra el contexto político y social en que se desarrolló el movimiento y las diferentes etapas que siguió, siendo de particular interés el cuadro que ofrece de la conflictiva relación entre Zapata mismo, los jefes del Ejército Libertador y la gente de las zonas rurales zapatistas, por una parte, con los asesores urbanos que se adhirieron al zapatismo cuando este rebasó el ámbito morelense extendiéndose a otras regiones. Asimismo, destaca las diferencias y conflictos existentes al interior del zapatismo, en las propias localidades rurales, así como entre la gente de los lugares dominados por el zapatismo y el ejército zapatista. Brunk asigna a estas diferencias un peso decisivo y determinante para entender las limitaciones que tuvo el movimiento para convertirse en una opción nacional viable y para explicar, en parte, su derrota.[37] Pineda, por su parte, en *La revolución del sur. 1912-1914,* y en *Ejército libertador. 1915,* presenta, en un vasto y apasionante fresco, una historia militante de la revolución suriana, trabajada según el método de la antropología política. En sus libros parecen hablar los combatientes zapatistas y también, parecen invitarnos a continuar su lucha. Entre tantos aspectos notables, estos dos libros llaman exterminio al exterminio, racismo al racismo y genocidio a algo que si lo discutimos, podría resultar que lo fue.[38]

La otra gran corriente de la revolución popular, la villista, no ha sido menos estudiada. Aunque aparecieron como biografías del Centauro del Norte, los libros de Friedrich Katz y Paco Ignacio Taibo II son dos profundos análisis de la revolución villista.

Katz, en su libro *Pancho Villa,* presenta lo más cercano a una historia total del villismo. Busca las raíces, la ideología y la práctica revolucionaria del movimiento villista norteño, y expone con gran coherencia las causas que llevaron a la Revolución a quienes le darían vida. Analiza con cuidado la actuación revolucionaria del gobierno villista, sobre todo en los casos en que se tradujo en una completa transformación del orden de cosas, como la expropiación de los latifundios. Como en otros libros suyos, esta obra rebasa al personaje biografiado y rebasa también al movimiento villista y ofrece un amplio panorama de la Revolución mexicana que tiene por epicentro al villismo.[39] Y si Katz hace un inigualable retrato sociológico del caudillo y su movimiento, Taibo II presenta un espléndido retrato sicológico de uno de los personajes más controvertidos del movimiento, a la vez que hace hablar a sus compañeros y contemporáneos. Su biografía de Villa es un muy comprensivo retrato del movimiento telúrico que fue el villismo, espléndidamente contado que arroja una nueva luz para su comprensión.[40] Ambas biografías se complementan con el análisis de la geografía humana, económica y social de los territorios en que surgiría el villismo hecha por Pedro Salmerón, quien en *La División del Norte,* escribe una historia social del ejército villista en la que presenta, como indica el subtítulo de su libro, «la tierra, los hombres y la historia de un ejército del pueblo». Este libro, también muy bien escrito, es una buena combinación de historia política, historia militar, historia social y geografía que permiten acercarse al villismo desde una perspectiva local, como una serie de historias locales y personales que confluyen y ayudan a explicar cómo todo ello se integró en la poderosa División del Norte.[41]

6. La guerra civil

Dos libros recientes, de los autores de esta breve historia general de la revolución mexicana, presentan la interpretación más novedosa de esta coyuntura. Desde lo político y lo ideológico, Felipe

Ávila muestra el origen, desarrollo e ideología de las tres corrientes revolucionarias que participaron en la Convención de Aguascalientes: su composición social, su trayectoria, sus acciones militares y políticas, su ideología y el proyecto de nación que cada una enarbolaba, con el fin de explicar qué representaban cada una de ellas, sus similitudes y sus diferencias; así como sus posiciones en aquella asamblea. Tras el traslado de la Convención a la ciudad de México, se presenta un análisis de la ideología de los zapatistas, los villistas y sus aliados, y las discusiones que fueron dando forma a un proyecto de país que tenía por base la destrucción del latifundio y la transformación de las estructuras económicas y sociales de la nación. La conclusión del autor subraya la importancia de legado político e ideológico de la Convención.[42]

A su vez, desde lo militar, Pedro Salmerón se pregunta por las razones de la derrota de los ejércitos de Villa y Zapata, presentando las razones que detonaron la guerra civil y haciendo un balance de las fuerzas y de los recursos con que ambos bandos contaban, así como de la formación, los planes y la estrategia de sus mandos, para luego hacer una detallada narración de la guerra en su dimensión nacional. Este libro presenta al año de 1915 como el escenario de la gran batalla, la más amplia, la más sangrienta, la más destructiva. Es la batalla final por la revolución, por el triunfo definitivo, por el futuro y, por lo tanto, es una batalla nacional. 1915 es, quizás, el único momento de nuestra historia en el que prácticamente todo el territorio del país es un gran campo de batalla, con numerosos frentes, unos centrales, otros secundarios, en donde todos están vinculados y determinados entre sí. La mirada de Salmerón tiene esa perspectiva y demuestra, además, que lo que estuvo en juego fue la lucha entre dos grandes coaliciones revolucionarias, la constitucionalista y la villista-zapatista, cada una con poderosos ejércitos y con una estrategia militar nacional en condiciones muy equilibradas, tanto en lo material, como en la concepción y en la estrategia de guerra —y desde luego, en el terreno de las ideas. Echa por tierra, de ese modo, la visión historiográfica tradicional que explica el resultado de esa gran confrontación —el triunfo de Carranza y Obregón— a partir del supuesto no demostrado de que Villa y Zapata no tenían una estrategia militar nacional, en consonancia con su carencia de proyecto más allá de lo regional.[43]

7. Las bases del nuevo Estado

El período que sigue a la derrota de los ejércitos campesinos, en el cual se aprobó la Constitución y se sentaron las bases del nuevo Estado, ha sido estudiado en libros como los de Charles C. Cumberland (*Los años constitucionalistas*) y el ya comentado de Friedrich Katz (*La guerra secreta*, t. II). El libro de Cumberland narra el surgimiento del constitucionalismo y sus avances en la lucha contra Huerta, la imposibilidad de este para contener a los revolucionarios y su derrota. Describe también la ruptura entre las corrientes revolucionarias y las causas que explican el triunfo de Carranza sobre Villa, así como las acciones del gobierno preconstitucional del Primer Jefe previos a la Constitución de 1917.[44] La mejor monografía sobre el período es la de Álvaro Matute, quien en *Las dificultades del nuevo Estado,* muestra las dificultades y los desafíos que enfrentó el gobierno constitucional de Carranza, como la destrucción, la inercia de la guerra y la proliferación de caudillos. Para estudiar el gobierno de Carranza, Matute analiza lo ocurrido en tres esferas: la interacción con las potencias extranjeras; los intentos para imponer la autoridad del Estado central en las regiones; y el gobierno de Carranza propiamente dicho, abordando los problemas económicos, los sociales y las políticas públicas aplicadas por Carranza.[45]

NOTAS

[1] Manuel González Ramírez, *La revolución social de México*. México, Fondo de Cultura Económica, 1960-1966, 3 v.; Jesús Silva Herzog, *Breve historia de la revolución mexicana*, México, Fondo de Cultura

Económica, 1960, 2 v.; José C. Valadés, *La revolución y los revolucionarios*, 8 tomos, México, INEHERM, 2007.

[2] Adolfo Gilly, *La revolución interrumpida* (edición corregida y aumentada), México, Ediciones Era (Colección Problemas de México), 1994.

[3] Arnaldo Córdova, *La ideología de la Revolución mexicana. La formación el nuevo régimen*, México, Ediciones Era (El hombre y su tiempo), 1973.

[4] Friedrich Katz, *La guerra secreta en México*, México, Ediciones Era, 1982, 2 v.

[5] François Xavier Guerra, *México: del antiguo régimen a la Revolución*, México, FCE, 1988, II.

[6] Eric Hobsbawn, *La era del imperio, 1875-1914*, Barcelona, Editorial Labor, 1989.

[7] Friedrich Katz, estudio introductorio a *La servidumbre agraria en la época porfiriana*, México, Ediciones Era, 1980.

[8] Horacio Crespo, *Modernización y conflicto social. La hacienda azucarera en el estado de Morelos, 1880-1913*, México, INEHRM, 2009.

[9] Leticia Reyna, *Las rebeliones campesinas en México (1819-1906)*, México, Siglo XXI editores, 1980.

[10] Friedrich Katz, *Revuelta, rebelión y revolución. La lucha rural en México del siglo XVI al siglo XX*, México, Ediciones Era, 2 v.

[11] Rodney Anderson, *Parias en su propia tierra: los trabajadores industriales en México, 1906-1911*, México, El Colegio de San Luis Potosí, 2006.

[12] James D. Cockroft, *Precursores intelectuales de la Revolución Mexicana*, México, Siglo XXI, 1971.

[13] Armando Bartra (prólogo, recopilación y notas), *Regeneración 1900-1918. La corriente más radical de la revolución de 1910 a través de su periódico de combate*, México, Hadise, 1972.

[14] Eduardo Blanquel, «El pensamiento político de Ricardo Flores Magón, precursor de la Revolución mexicana», Tesis de maestría, UNAM, 1963.

[15] Pedro Salmerón, *Los carrancistas. La historia nunca contada del victorioso Ejército del Noreste,* México, Planeta, 2009.

[16] Niemeyer, Víctor, *El general Bernardo Reyes*, México, Gobierno del estado de Nuevo León, 1966.

[17] José C. Valadés, *Imaginación y realidad de Francisco I. Madero,* México, Antigua Librería de Robredo, 1960, 2 v.; Adrián Aguirre Benavides, *Madero el inmaculado. Historia de la revolución de 1910,* México, Diana, 1962.

[18] Charles Cumberland, *Madero y la revolución mexicana,* México, Siglo XXI Editores, 1977.

[19] Stanley Ross, *Madero, apóstol de la democracia,* México, Biografías Gandesa, 1959.

[20] Santiago Portilla. *Una sociedad en armas: insurrección antirreeleccionista en México 1910-1911,* México, El Colegio de México, 1996.

[21] Felipe Arturo Ávila Espinosa, *Entre el Porfiriato y la revolución. El gobierno interino de Francisco León de la Barra,* México, Instituto de Investigaciones Históricas-UNAM, 1ª reimpr., 2012.

[22] Manuel Márquez Sterling, *Los últimos días del Presidente Madero. (Mi gestión diplomática en México),* México, INEHRM, 2013; Francisco L. Urquizo, *La Ciudadela quedó atrás,* México, Costa Amic Editor, 1965.

[23] Adolfo Gilly, *Cada quien morirá por su lado. Crónica militar de la Decena Trágica,* México, Ediciones Era, 2013.

[24] Paco Ignacio Taibo II, *Temporada de Zopilotes,* México, Planeta, 2013.

[25] Michael C. Meyer, *Huerta: un retrato político,* México, Ed. Domés, 1983.

[26] Ariel Rodríguez Kuri, Ariel, *Historia del desasosiego. La revolución en la ciudad de México, 1911-1922,* México, El Colegio de México, 2010.

[27] Josefina MacGregor, *Del porfiriato a la revolución, México,* El Colegio de México (Antologías), 2015.

[28] José Mancisidor, *Frontera junto al mar,* México, Fondo de Cultura Económica, 1953.

[29] *De la Intervención Diplomática a la Invasión Armada. México frente a Estados Unidos durante 1914,* México, Secretaría de Marina Armada de México-INEHRM-SEP, 2014. *La invasión a Veracruz en 1914. Enfoques multidisciplinarios,* México, Secretaría de Marina Armada de México-INEHRM-SEP, 2015.

[30] Javier Garciadiego, *1913-1914. De Guadalupe a Teoloyucan,* México, Clío-Gobierno de Coahuila, 2013.

[31] Javier Villarreal, *Venustiano Carranza. La experiencia regional,* Saltillo, Instituto Coahuilense de Cultura, 2007.

[32] Barrón, *Carranza. El último reformista porfiriano*, México, Tusquets, 2009

[33] Pedro Salmerón, *Los carrancistas... op. cit...*

[34] Aguilar Camín, *La frontera nómada. Sonora y la Revolución Mexicana*, México, Secretaría de Educación Pública-Siglo XXI (Cien de México), 1985.

[35] John Womack Jr., *Zapata y la revolución mexicana*, México, Siglo XXI, 1969.

[36] Felipe Arturo Ávila Espinosa, *Los orígenes del zapatismo*, México, El Colegio de México-IIH, UNAM, 2012, 1ª reimpr.

[37] Samuel Brunk, *Zapata. Revolution and Betrayal in Mexico*, Albuquerque, University of Arizona, 1993.

[38] Francisco Pineda, *La revolución del Sur, 1912-1914*, México, Ediciones Era, 2005; y *Ejército Libertador, 1915*, México, Ediciones Era, 2013.

[39] Katz, *Pancho Villa*, México

[40] Paco Ignacio Taibo II, *Pancho Villa*, México, Planeta, 2006.

[41] Pedro Salmerón, *La División del Norte, La tierra, los hombres y la historia de un ejército del pueblo*, México, Planeta, 2006.

[42] Felipe Arturo Ávila Espinosa, *Las corrientes revolucionarias y la Soberana Convención*, México, El Colegio de México-INEHRM-Universidad de Aguascalientes-Congreso de Aguascalientes, México, 2014.

[43] Pedro Salmerón, 1915, *México en guerra*, México, Planeta, 2015.

[44] Charles Cumberland, *Los años constitucionalistas*, México, FCE, 1975.

[45] Álvaro Matute, *Las dificultades del nuevo Estado, 1917-1924, Historia de la Revolución Mexicana*, vol. 7, México, El Colegio de México, 1995.